譯註 禮記集說大全
祭法

編　陳澔(元)

附　正義·訓纂·集解

譯註 禮記集說大全
祭法

編　陳澔（元）

附　正義・訓纂・集解

鄭秉燮 譯

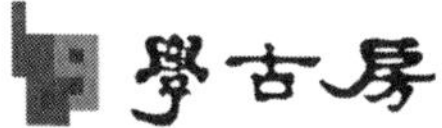

역자서문

「제법(祭法)」편은 제사의 규정을 기술한 문헌이다. 『예기』에는 「제법」편에 이어 「제의(祭義)」, 「제통(祭統)」편이 수록되어 있는데, 편명으로 인해 이 세 문헌은 세쌍둥이 문헌처럼 취급되지만, 내용은 전혀 관련이 없다. 특히 「제법」편은 체(禘) · 교(郊) · 조(祖) · 종(宗)의 제사, 천(天)과 지(地)의 제사 및 제신(諸神)들의 제사, 각종 제단과 묘제(廟制) 등을 수록하고 있는데, 다른 『예기』의 기록과 위배되는 내용이 많고, 오히려 참위설(讖緯說) 계통의 영향을 받은 것도 많아서, 그 신빙성에 대해서는 대대로 의심을 받아왔던 기록이다. 그러나 이러한 문헌이 『예기』에 편입된 것은 당시 참위설이 성행했었다는 사실을 반증한다. 또 『예기』의 다른 규정들과 상반된 기록들이 있는 것은 『예기』가 편찬될 당시에 예제(禮制)에 대한 다양한 이설(異說)들이 존재했었다는 사실도 나타낸다. 따라서 이 문헌은 예제의 이설들을 연구하는데 있어서 매우 중요한 자료가 된다.

「제법」편. 다시 한 권의 책을 내놓는다.

사람은 변한다. 시간이 흘렀고 또 흐르고 있다. 상황도 그에 맞춰 수없이 변하고 있다. 『예기』의 첫 권을 출판했을 때, 그 당시 가졌던 열정, 그리고 아무도 알아주지 않아도 그저 행복했던 시간, 그로부터 많은 시간이 흘렀고 난 변했다. 초심을 다잡거나 돌아가라는 말은 공허한 말이다. 제아무리 붙잡으려 노력해도, 변해버린 상황과 이미 멀리 흘러버린 시간을 등지고 처음으로 돌아갈 수는 없다. 초심으로 돌아간다는 말은 어쩌면 나태해진 내 자신이 두려워서 주문처럼 외우는 그런 말일 것이다.

난 두렵다. 번역이 항상 마음에 들지 않고, 마음에 들지 않다고 해서 더 이상 짜내도 더 좋은 결과물이 나오지 않아서 두렵고 짜증이 난다. 경제적인 여유만 있었어도, 돈을 벌기 위해 이처럼 많은 시간을 다른 일에 투자하지 않았더라면, 이런저런 가정을 해보지만, 이 역시 핑계이고 내 나약함의 표현이다.

사람은 나이를 먹어가며 성숙해지고, 유학에서는 자기수양을 강조함에도, 난 그저 오늘 나에게 부끄럽지 않고, 나약해지지 않기만을 바랄 뿐이다.

매번 노력을 한다고 하지만, 역자의 부끄러운 실력으로 인해 부족한 결과물을 내놓는다. 오역은 결국 역자의 실력이 부족하기 때문이다. 다만 이 책을 발판으로 더 좋은 번역서와 연구서가 나왔으면 하는 바람이다. 오역과 역자의 부족함에 대해 일갈을 해주실 분들이 있다면, bbaja@nate.com으로 연락을 주시거나 출판사에 제 연락처를 문의하셔서 가르침을 주신다면, 부족한 실력이지만 가르침을 받도록 최선을 다할 것이다.

역자는 성균관 대학교에서 유교철학(儒教哲學)을 전공했으며, 예악학(禮樂學) 전공으로 박사논문을 작성했다. 역자가 처음 『예기』를 접한 것은 경서연구회(經書硏究會)의 오경강독을 통해서이다. 이 모임을 만들어 후배들에게 경전에 대한 이해를 넓혀주신 임옥균 선생님, 경서연구회 역대 회장님인 김동민, 원용준, 김종석, 길훈섭 선배님께도 감사를 드리고, 현재 함께 경서연구회를 하고 있는 김회숙, 손정민, 김아랑, 임용균, 박대성 회원님께도 감사를 드린다. 끝으로 「제법」편을 출판할 수 있도록 허락해주신 학고방의 하운근 사장님께도 감사를 전한다.

일러두기 ⋙

1. 본 책은 역주서(譯註書)로써, 『예기집설대전(禮記集說大全)』의 「제법(祭法)」편을 완역하고, 자세한 주석을 첨부했다. 송대(宋代) 이전의 주석을 포함하고자 하여, 『예기정의(禮記正義)』를 함께 수록하였다. 그리고 송대 이후의 주석인 청대(淸代)의 주석을 포함하고자 하여 『예기훈찬(禮記訓纂)』과 『예기집해(禮記集解)』를 함께 수록하였다.

2. 『예기』 경문(經文)의 경우, 의역으로만 번역하면 문장을 번역한 방식을 확인하기 어렵고, 보충 설명 없이 직역으로만 번역하면 내용을 이해하기 힘들다. 따라서 경문에 한하여 직역과 의역을 함께 수록하였다. 나머지 주석들에 대해서는 의역을 위주로 번역하였다.

3. 『예기』 경문에 대한 해석은 진호의 『예기집설』 주석에 근거하였다. 경문 해석에 있어서, 『예기정의』, 『예기훈찬』, 『예기집해』마다 이견(異見)이 많다. 『예기집섭대전』의 소주(小註) 또한 진호의 주장과 이견을 보이는 곳이 있고, 소주 사이에도 이견이 많다. 따라서 『예기』 경문 해석의 표준은 진호의 『예기집설』 주석에 근거했으며, 진호가 설명하지 않은 부분들은 『대전』의 소주를 참고하였다. 또한 경문 해석에 있어서 『예기정의』, 『예기훈찬』, 『예기집해』에 나타나는 이견들은 특별한 경우를 제외하고는 각각의 문장을 읽어보면, 경문에 대한 이견을 알 수 있기 때문에, 이러한 경우에는 주석처리를 하지 않았다.

4. 본 역서가 저본으로 삼은 책은 다음과 같다.

- 『禮記』, 서울 : 保景文化社, 초판 1984 (5판 1995)
- 『禮記正義』 1~4(전4권, 『十三經注疏 整理本』 12~15), 北京 : 北京大學出版社, 초판 2000
- 朱彬 撰, 『禮記訓纂』 上 · 下(전2권), 北京 : 中華書局, 초판 1996 (2쇄 1998)
- 孫希旦 撰, 『禮記集解』 上 · 中 · 下(전3권), 北京 : 中華書局, 초판 1989 (4쇄 2007)

5. 본 책은 『예기』의 경문, 진호의 『집설』, 호광 등이 찬정한 『대전』의 세주, 정현의 주, 육덕명의 『경전석문』, 공영달의 소, 주빈(朱彬)의 『훈찬』, 손희단(孫希旦)의 『집해』 순으로 번역하였다.

6. 본래 『예기』「제법」편은 목차가 없으며, 내용 구분에 있어서도 학자들마다 의견차이가 있다. 또한 내용의 연관성으로 인하여, 장과 절을 나누기가 애매한 부분이 많다. 본 책의 목차는 역자가 임의대로 나눈 것이며, 세세하게 분절하여, 독자들이 관련내용들을 찾아보기 쉽게 하였다.

7. 본 책의 뒷부분에는 ≪祭法 人名 및 用語 辭典≫을 수록하였다. 본문에 처음으로 등장하는 용어 및 인명에 대해서는 주석처리를 하였다. 이후에 같은 용어가 등장할 때마다 동일한 주석처리를 할 수 없어서, 뒷부분에 사전으로 수록한 것이다. 가나다순으로 기록하여, 번역문을 읽는 도중 앞부분에서 설명했던 고유명사나 인명 등에 대해서 쉽게 찾아볼 수 있도록 하였다.

【546a】

祭法: 有虞氏禘黃帝而郊嚳, 祖顓頊而宗堯.

【546a】 등과 같이 【 】 안에 숫자가 기입되어 있는 것은 『예기』의 '경문'을 뜻한다. '546'은 보경문화사(保景文化社)판본의 페이지를 말한다. 'a'는 a단에 기록되어 있다는 표시이다. 밑의 그림은 보경문화사판본의 한 페이지 단락을 구분한 표시이다.

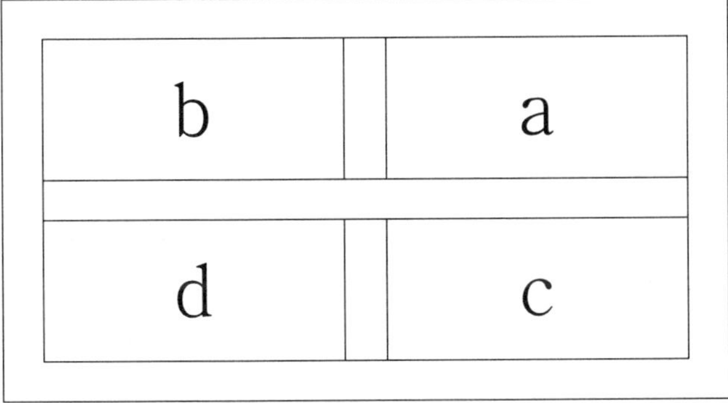

◆ **集說** 國語曰: 有虞氏禘黃帝而祖顓頊, 郊堯而宗舜.

"**集說**"로 표시된 것은 진호(陳澔)의 『예기집설(禮記集說)』 주석을 뜻한다.

◆ **大全** 馬氏曰: 禘者, 三年一祫五年一禘之禘.

"**大全**"으로 표시된 것은 호광(胡廣) 등이 찬정(撰定)한 『예기집설대전』의 세주(細註)를 뜻한다.

◆ **鄭注** 禘·郊·祖·宗, 謂祭祀以配食也.

"**鄭注**"로 표시된 것은 『예기정의(禮記正義)』에 수록된 정현(鄭玄)의 주(注)를 뜻한다.

◆ **釋文** 禘, 大計反. 嚳, 口毒反. 顓音專. 頊, 許玉反.

"**釋文**"으로 표시된 것은 『예기정의』에 수록된 육덕명(陸德明)의 『경전석문(經典釋文)』을 뜻한다. 『경전석문』의 내용은 글자들의 음을 설명하고, 간략한 풀이를 한 것인데, 육덕명 당시의 음가로 기록이 되었기 때문에, 현재의 음과는 맞지 않는 부분이 많다. 단순히 참고만 하기 바란다.

◆ **孔疏** ●"祭法"至"武王". ○正義曰: 此一經論有虞氏以下四代禘·郊·祖·宗所配之人.

"**孔疏**"로 표시된 것은 『예기정의』에 수록된 공영달(孔穎達)의 소(疏)를 뜻한다. 공영달의 주석은 경문과 정현의 주에 대해서 세분화하여 기록되어 있다. 따라서 '●'으로 표시된 부분은 공영달이 경문에 대해 주석을 한 부분이고, '◎'으로 표시된 부분은 정현의 주에 대해 주석을 한 부분이다. 한편 '○'으로 표시된 부분은 공영달의 주석 부분이다.

◆ **訓纂** 魯語, "有虞氏禘黃帝而祖顓頊, 郊堯而宗舜."

"**訓纂**"으로 표시된 것은 『예기훈찬(禮記訓纂)』에 수록된 주석이다. 『예기훈찬』 또한 기존 주석들을 종합한 책이므로, 『예기집설대전』 및 『예기정의』와 중복되는 부분은 생략하였다.

◆ **集解** 首言"祭法", 以冠通篇之義也.

"**集解**"로 표시된 것은 『예기집해(禮記集解)』에 수록된 주석이다. 『예기집해』 또한 기존 주석들을 종합한 책이므로, 『예기집설대전』 및 『예기정의』와 중복되는 부분은 생략하였다.

◆ 원문 및 번역문 중 '▼'로 표시된 부분은 한글로 표기할 수 없는 한자를 기록한 부분이다. 예를 들어 '▼(冏/皿)'의 경우 맹(盟)자의 이체자인데, '明'자 대신 '冏'자가 들어간 한자를 프로그램상 삽입할 수가 없어서, '▼(冏/皿)'으로 표시한 것이다. 즉 '▼(A/B)'의 형식으로 기록된 경우, A에 해당하는 글자가 한 글자의 상단 부분에 해당하고, B에 해당하는 글자가 한 글자의 하단 부분에 해당한다는 표시이다. 또한 '▼(A+B)'의 형식으로 기록된 경우, A에 해당하는 글자가 한 글자의 좌측 부분에 해당하고, B에 해당하는 글자가 한 글자의 우측 부분에 해당한다는 표시이다. 또한 '▼((A-B)/C)'의 형식으로 기록된 경우, A에 해당하는 글자에서 B 부분을 뺀 글자가 한 글자의 상단 부분에 해당하고, C에 해당하는 글자가 한 글자의 하단 부분에 해당한다는 표시이다.

목차

역자서문 _ v
일러두기 _ vii

제1절 각 왕조의 체(禘)·교(郊)·조(祖)·종(宗) 대상 ······ 37
제2절 천(天)과 지(地)의 제사 ······ 126
제3절 제신(諸神)의 제사 ······ 139
제4절 명(命)·절(折)·귀(鬼)와 변(變)·불변(不變) ······ 167
제5절 묘(廟)·조(祧)·단(壇)·선(墠)·귀(鬼) ······ 185
제6절 대사(大社)·왕사(王社)·국사(國社)·후사(侯社)·치사(置社) ······ 252
제7절 칠사(七祀)·오사(五祀)·삼사(三祀)·이사(二祀)·일사(一祀) ······ 268
제8절 각 계층에 따른 요절한 자의 제사 ······ 283
제9절 제사의 대상으로 정한 이유 ······ 287

그림목차

그림 1-1 황제(黃帝) 헌원씨(軒轅氏) ······ 95
그림 1-2 전욱(顓頊) 고양씨(高陽氏) ······ 96
그림 1-3 제곡(帝嚳) 고신씨(高辛氏) ······ 97
그림 1-4 제요(帝堯) 도당씨(陶唐氏) ······ 98
그림 1-5 제순(帝舜) 유우씨(有虞氏) ······ 99
그림 1-6 하(夏)나라 우왕(禹王) ······ 100
그림 1-7 은(殷)나라 탕왕(湯王) ······ 101
그림 1-8 주(周)나라 문왕(文王) ······ 102
그림 1-9 주(周)나라 무왕(武王) ······ 103
그림 1-10 제왕전수총도(帝王傳授總圖) ······ 104
그림 1-11 황제(黃帝)의 세계도(世系圖) ······ 105
그림 1-12 전욱(顓頊)의 세계도(世系圖) ······ 106
그림 1-13 제곡(帝嚳)의 세계도(世系圖) ······ 107
그림 1-14 유우씨(有虞氏) 세계도(世系圖) ······ 108
그림 1-15 하(夏)나라 세계도(世系圖) ······ 109
그림 1-16 기(杞)나라 세계도(世系圖) ······ 110
그림 1-17 은(殷)나라 세계도(世系圖) ······ 111
그림 1-18 송(宋)나라 세계도(世系圖) ······ 112
그림 1-19 주(周)나라 세계도(世系圖) Ⅰ ······ 113
그림 1-20 주(周)나라 세계도(世系圖) Ⅱ ······ 114
그림 1-21 주(周)나라 세계도(世系圖) Ⅲ ······ 115
그림 1-22 하(夏)나라의 세실(世室) ······ 116
그림 1-23 하(夏)나라의 세실(世室) ······ 117
그림 1-24 은(殷)나라의 중옥(重屋) ······ 118
그림 1-25 은(殷)나라의 중옥(重屋) ······ 119
그림 1-26 주(周)나라의 명당(明堂) ······ 120
그림 1-27 주(周)나라의 명당(明堂) ······ 121
그림 1-28 주(周)나라의 명당(明堂) ······ 122
그림 1-29 환구단(圜丘壇) ······ 123

그림 1-30 북두칠성의 자루와 12개월 ···· 124
그림 1-31 태미(太微)와 오제좌(五帝座: =帝座) ···· 125
그림 2-1 방구단(方丘壇) ···· 135
그림 2-2 경(磬) ···· 136
그림 2-3 오옥(五玉) : 황(璜) · 벽(璧) · 장(璋) · 규(珪) · 종(琮) ···· 137
그림 2-4 사규유저(四圭有邸)와 양규유저(兩圭有邸) ···· 138
그림 3-1 사직단(社稷壇) ···· 162
그림 3-2 숭우단(崇雩壇) ···· 163
그림 3-3 산천단(山川壇) ···· 164
그림 3-4 태산(泰山) ···· 165
그림 3-5 토고(土鼓) ···· 166
그림 4-1 태호(太昊) 복희씨(伏羲氏) ···· 179
그림 4-2 염제(炎帝) 신농씨(神農氏) ···· 180
그림 4-3 소호(少昊) 금천씨(金天氏) ···· 181
그림 4-4 복희(伏羲)의 세계도(世系圖) ···· 182
그림 4-5 신농(神農)의 세계도(世系圖) ···· 183
그림 4-6 소호(少皞)의 세계도(世系圖) ···· 184
그림 5-1 구주(九州)-『서』「우공(禹貢)」 ···· 189
그림 5-2 구주(九州)-『주례』 ···· 190
그림 5-3 천자의 궁성과 종묘(宗廟)의 배치 ···· 208
그림 5-4 천자의 칠묘(七廟) ···· 209
그림 5-5 주(周)나라의 칠묘(七廟) ···· 210
그림 5-6 주(周)나라의 칠묘(七廟)-손육(孫毓)의 주장 ···· 211
그림 5-7 주(周)나라의 구묘(九廟)-유흠(劉歆)의 주장 ···· 212
그림 5-8 노(魯)나라 세계도(世系圖) Ⅰ ···· 213
그림 5-9 종묘(宗廟) 건물의 각부 명칭 ···· 214
그림 5-10 대공복(大功服) 착용 모습 ···· 215
그림 5-11 대공복(大功服) 각부 명칭 ···· 216
그림 5-12 소공복(小功服) 착용 모습 ···· 217
그림 5-13 소공복(小功服) 각부 명칭 ···· 218
그림 5-14 제후의 오묘(五廟) ···· 223

그림 5-15 사(士)의 침(寢) 구조 ······ 248
그림 5-16 주공(周公)이 제단과 터를 만드는 모습 ······ 249
그림 5-17 제단과 터에서 제사를 지내며 축문을 읽는 모습 ······ 250
그림 5-18 위(衛)나라 세계도(世系圖) I ······ 251
그림 6-1 천자오문삼조도(天子五門三朝圖) ······ 264
그림 6-2 주(周)나라 때의 왕성(王城)·육향(六鄕)·육수(六遂) ······ 265
그림 6-3 향(鄕)의 행정구역 및 담당자 ······ 266
그림 6-4 수(遂)의 행정구역 및 담당자 ······ 267
그림 9-1 걸(桀)이 남소(南巢)로 추방되는 모습 ······ 316

경문목차

【546a】 17
【546a】 37
【547b】 126
【548b】 167
【548d】 185
【549a】 191
【549d】 219
【550a】 224
【550b】 229
【550b】 230
【550d】 252
【551b】 268
【551d】 287
【552b】 296
【552b】 298
【552c】 300
【552c】 303
【552c】 305
【552d】 309
【552d】 311
【552d】 312
【552d】 314
【553a】 319

【546a】

禮禮記集說大全卷之二十二 / 『예기집설대전』 제22권
祭法 第二十三 / 「제법」 제23편

大全 吳興沈氏曰: 祭法, 自燔柴於泰壇祭天也, 以至終篇, 卽書肆類于上帝, 禋于六宗, 望秩于山川, 徧于群神之義疏也. 上只添禘郊祖廟一段.

번역 오흥심씨[1]이 말하길, 「제법」편에서 "태단(泰壇)[2]에서 번시(燔柴)[3]를 하여 하늘에 제사를 지낸다."라고 한 구문부터 「제법」편의 끝까지는 『서』에서 "상제에게 드디어 유(類)[4]제사를 지내고, 육종(六宗)[5]에게 인

1) 오흥심씨(吳興沈氏, ?~?) : =심청신(沈淸臣)·심정경(沈正卿). 이름은 청신(淸臣)이고, 자(字)는 정경(正卿)이다. 자세한 사항은 알려져 있지 않다.
2) 태단(泰壇)은 남쪽 교외에 설치되었던 제단을 뜻한다. 하늘에 대한 제사를 지내던 곳이다. 제단 위에 섶을 쌓고, 그 위에 옥(玉)과 희생물을 올려놓고서, 불로 태워서 그 연기를 하늘로 피워 올리는 것이다. 태(泰)자는 천지(天地)와 같은 중요한 신들에게 제사를 지낸다는 뜻에서 붙여진 글자이다. 『예기』「제법(祭法)」편에는 "燔柴於泰壇, 祭天也."라는 기록이 있고, 이에 대한 공영달(孔穎達)의 소(疏)에서는 "謂積薪於壇上, 而取玉及牲, 置柴上燔之, 使氣達於天也."라고 풀이했다.
3) 번시(燔柴)는 고대에 하늘에 대해 제사를 지내던 의식을 뜻한다. 옥백(玉帛)이나 희생물 등을 땔나무 위에 쌓아두고 태웠던 의식이다.
4) 유(類)는 천신(天神)에게 지내는 제사의 일종이다. 『서』「우서(虞書)·순전(舜典)」편에는 "肆類于上帝."라는 기록이 있다. '유'제사와 관련된 예법들은 망실되어 전해지지 않지만, 군대를 출병하게 될 때 상제(上帝)에게 '유'제사를 지냈다는 기록이 있다. 『예기』「왕제(王制)」편에는 "天子將出, 類乎上帝, 宜乎社, 造乎禰."라는 기록이 있고, 이 문장에 대한 정현의 주에서는 "類·宜·造, 皆祭名, 其禮亡."이라고 풀이했다.
5) 육종(六宗)은 고대에 제사를 지냈던 여섯 신들을 뜻하는데, 구체적인 신들에 대해서는 이견이 많다. 『서』「우서(虞書)·요전(堯典)」편에는 "肆類於上帝, 禋於六宗, 望於山川, 遍於群神."이라는 기록이 있는데, 한(漢)나라 때 복승(伏勝)과 마융(馬融)은 천(天)·지(地)·춘(春)·하(夏)·추(秋)·동(冬)이라고 여겼다. 한나라 때 구양(歐陽) 및 대·소 하후(夏侯)와 왕충(王充)은 천지(天地)와 사방(四方) 사이에서 음양(陰陽)의 변화를 돕는 신들이라고 여겼다. 한

(禋)제사[6]를 지내며, 산천(山川)에게 망질(望秩)[7]을 하고, 뭇 신들에게 두루 제사를 지낸다."[8]라고 했던 뜻을 자세히 풀이한 것이다. 그 앞에는 다만 체(禘)제사[9]·교(郊)제사[10]·조묘(祖廟)의 제사에 관한 한 단락을 첨가했을

나라 때 공광(孔光)과 유흠(劉歆)은 건곤(乾坤)의 육자(六子)로 여겼으니, 수(水)·화(火)·뇌(雷)·풍(風)·산(山)·택(澤)을 가리킨다. 한나라 때 가규(賈逵)는 천종(天宗)의 셋인 일(日)·월(月)·성(星)과 지종(地宗)의 셋인 하(河)·해(海)·대(岱)로 여겼다. 한나라 때 정현(鄭玄)은 성(星)·신(辰)·사중(司中)·사명(司命)·풍사(風師)·우사(雨師)라고 여겼다. 한나라 이후에도 여러 학자들이 다양한 의견을 제시했다.

6) 인제(禋祭)는 연기를 피워 올려서 하늘에게 복을 구원했던 제사이다. 『시』「대아(大雅)·생민(生民)」편에는 "厥初生民, 時維姜嫄. 生民如何, 克禋克祀, 以弗無子."라는 기록이 있는데, 이에 대한 정현의 전(箋)에서는 "乃禋祀上帝於郊禖, 以祓除其無子之疾而得其福也"라고 풀이했다. 즉 교매(郊禖)를 제사지내는 곳에서 상제(上帝)에게 인(禋)제사를 올리며, 자식이 생기지 않는 병을 치료하고, 복을 받았다는 내용이다.

7) 망질(望秩)은 해당 대상의 등급을 살펴서, 산천(山川) 등에 망제(望祭)를 지낸다는 뜻이다. '망질'의 '망(望)'자는 망제를 뜻하고, '질(秩)'자는 계급에 따른 등차를 뜻한다. 고대인의 관념에서는 산천의 중요성에 따라 각각 등급이 있었다. 예를 들어 오악(五嶽)에 대한 제사에서는 삼공(三公)에 대한 예법에 견주어서 희생물을 사용하였고, 사독(四瀆)에 대한 제사에서는 제후에 대한 예법에 견주어서 희생물을 사용하였으며, 나머지 산천 등에 대해서도 차례대로 백작·자작·남작 등의 예법에 견주어서 희생물을 사용하였다. 『서』「우서(虞書)·순전(舜典)」편에는 "歲二月, 東巡守, 至于岱宗, 柴, 望秩于山川."이라는 기록이 있고, 이에 대한 공안국(孔安國)의 전(傳)에서는 "謂五嶽牲禮視三公, 四瀆視諸侯, 其餘視伯子男."이라고 풀이했다.

8) 『서』「우서(虞書)·순전(舜典)」: 正月上日, 受終于文祖, 在璿璣玉衡, 以齊七政, 肆類于上帝, 禋于六宗, 望于山川, 徧于群神, 輯五瑞, 旣月, 乃日覲四岳群牧, 班瑞于群后.

9) 체제(禘祭)는 천신(天神) 및 조상신(祖上神)에게 지내는 '큰 제사[大祭]'를 뜻한다. 『이아』「석천(釋天)」편에는 "禘, 大祭也."라는 기록이 있고, 이에 대한 곽박(郭璞)의 주에서는 "五年一大祭."라고 풀이하여, 대제(大祭)로써의 체제사는 5년마다 1번씩 지낸다고 설명한다. 그러나 『예기』「왕제(王制)」에 수록된 각종 제사들에 대한 기록을 살펴보면, 체제사는 큰 제사임에는 분명하나, 반드시 5년마다 1번씩 지내는 제사는 아니었다.

10) 교제(郊祭)는 '교사(郊祀)'라고도 부른다. 교외(郊外)에서 천지(天地)에 제사를 지냈기 때문에 붙여진 명칭이다. 음양설(陰陽說)이 성행했던 한(漢)나라 때에는 하늘에 대한 제사는 양(陽)의 뜻을 따라 남교(南郊)에서 지냈고, 땅에 대한 제사는 음(陰)의 뜻을 따라 북교(北郊)에서 지냈다. 『한서』「교사지하

따름이다.

孔疏 陸曰: 鄭云, "以其記有虞氏至周天子以下所制祀群神之數也."

번역 육덕명[11]이 말하길, 정현[12]은 "이 기록에서 유우씨(有虞氏)로부터 주(周)나라 천자 및 그 이하에 이르기까지 제사를 지내는 뭇 신들에 대한 수치를 제정했기 때문이다."라고 했다.

孔疏 正義曰: 按鄭目錄云: "名曰祭法者, 以其記有虞氏至周天子以下所制祀群神之數, 此於別錄屬祭祀."

번역 『정의』[13]에서 말하길, 정현의 『목록』[14]을 살펴보면, "편명을 '제법(祭法)'이라고 정한 것은 이 기록에서 유우씨(有虞氏)로부터 주(周)나라

(郊祀志下)」편에는 "帝王之事莫大乎承天之序, 承天之序莫重於郊祀. …… 祭天於南郊, 就陽之義也. 地於北郊, 卽陰之象也."라는 기록이 있다. 한편 '교사'는 후대에 제사를 범칭하는 용어로도 사용되었다. '교사' 중의 '교(郊)'자는 규모가 큰 제사를 뜻하며, '사(祀)'는 비교적 규모가 작은 제사들을 뜻한다.

11) 육덕명(陸德明, A.D.550~A.D.630) : =육원랑(陸元朗). 당대(唐代)의 경학자이다. 이름은 원랑(元朗)이고, 자(字)는 덕명(德明)이다. 훈고학에 뛰어났으며, 『경전석문(經典釋文)』 등을 남겼다.

12) 정현(鄭玄, A.D.127~A.D.200) : =정강성(鄭康成)·정씨(鄭氏). 한대(漢代)의 유학자이다. 자(字)는 강성(康成)이다. 『주역(周易)』, 『상서(尙書)』, 『모시(毛詩)』, 『주례(周禮)』, 『의례(儀禮)』, 『예기(禮記)』, 『논어(論語)』, 『효경(孝經)』 등에 주석을 하였다.

13) 『정의(正義)』는 『예기정의(禮記正義)』 또는 『예기주소(禮記注疏)』를 뜻한다. 당(唐)나라 때에는 태종(太宗)이 공영달(孔穎達) 등을 시켜서 『오경정의(五經正義)』를 편찬하였는데, 이때 『예기정의』에는 정현(鄭玄)의 주(注)와 공영달의 소(疏)가 수록되었다. 송대(宋代)에는 『오경정의』와 다른 경전(經典)에 대한 주석서를 포함한 『십삼경주소(十三經注疏)』가 편찬되어, 『예기주소』라는 명칭이 되었다.

14) 『목록(目錄)』은 정현이 찬술했다고 전해지는 『삼례목록(三禮目錄)』을 가리킨다. 『십삼경주소(十三經注疏)』에서 인용되고 있지만, 이 책은 『수서(隋書)』가 편찬될 당시에 이미 일실되어 존재하지 않았다. 『수서』「경적지(經籍志)」편에는 "三禮目錄一卷, 鄭玄撰, 梁有陶弘景注一卷, 亡."이라는 기록이 있다.

천자 및 그 이하에 이르기까지 제사를 지내는 뭇 신들에 대한 수치를 제정했기 때문이다. 「제법」편을 『별록』[15]에서는 '제사(祭祀)' 항목에 포함시켰다."라고 했다.

集解 愚謂: 此篇首言禘·郊·祖宗之法; 及篇末"夫聖王之制祭祀也"以下, 見於國語, 爲展禽論臧文仲祀爰居之言; 至其中間所言, 不見於國語者, 多有詭異, 而考之其他經傳, 往往不合. 禮記固多出於漢儒, 而此篇尤駁雜不可信.

번역 내가 생각하기에, 이곳 「제법」편의 첫 부분에서는 체(禘) · 교(郊) · 조종(祖宗)에 대한 예법을 나타내고 있고, 또 편의 끝에서 "무릇 성왕이 제사의 법칙을 제정하였다."[16]라고 한 구문부터 그 이하의 내용은 『국어』에 나타나니, 장문중(臧文仲)이 원거(爰居)라는 새에게 제사를 지냈는데, 이에 대해 전금(展禽)이 논의한 말에 해당한다. 그러나 중간에 언급한 내용들 중 『국어』에 나오지 않는 것들은 대부분 괴이한 내용이고, 다른 경문과 전문을 통해 고찰해보면, 종종 합치되지 않는 것들이 있다. 『예기』의 기록은 대부분 한(漢)나라 유학자들에게서 나온 것이고, 「제법」편은 더욱이 잡된 내용이 뒤섞여 있으니, 신뢰할 수 없는 문헌이다.

참고 『서』「우서(虞書) · 순전(舜典)」

經文 肆類于上帝.

번역 마침내 상제에게 유(類)를 했다.

---

15) 『별록(別錄)』은 후한(後漢) 때 유향(劉向)이 찬(撰)했다고 전해지는 책이다. 현재는 일실되어 존재하지 않으며, 『한서(漢書)』「예문지(藝文志)」편을 통해서 대략적인 내용만을 추측해볼 수 있다.

16) 『예기』「제법」【551d】: <u>夫聖王之制祭祀也</u>, 法施於民則祀之, 以死勤事則祀之, 以勞定國則祀之, 能禦大菑則祀之, 能捍大患則祀之.

孔傳 堯不聽舜讓, 使之攝位. 舜察天文, 考齊七政而當天心, 故行其事. 肆, 遂也. 類謂攝位事類. 遂以攝告天及五帝.

번역 요임금은 순임금의 제위 사양을 받아들이지 않고, 그로 하여금 제위를 대신하도록 시켰다. 순임금은 천문을 살피고 칠정을 상고하고 천심에 마땅하게 했기 때문에 그 일을 시행하였다. '사(肆)'자는 마침내[遂]라는 뜻이다. '유(類)'는 제위를 대신하는 일 등의 부류를 뜻한다. 마침내 하늘 및 오제(五帝)[17]에게 자신이 제위를 대신한다는 사실을 아뢴 것이다.

釋文 王云: "上帝, 天也." 馬云: "上帝, 太一神, 在紫微宮, 天之最尊者."

번역 왕씨가 말하길, "상제는 하늘이다."라고 했다. 마씨가 말하길, "상제는 태일의 신이며, 자미궁(紫微宮)[18]에 있고, 천신 중 가장 존귀한 자이다."라고 했다.

孔疏 見七政皆齊, 知己受爲是, 遂行爲帝之事, 而以告攝事類祭於上帝, 祭昊天及五帝也. 又禋祭於六宗等尊卑之神, 望祭於名山· 大川 · 五岳 · 四瀆, 而又徧祭於山川 · 丘陵 · 墳衍 · 古之聖賢之群神, 以告己之受禪也.

---

17) 오제(五帝)는 천상(天上)의 다섯 신(神)을 가리킨다. 오행설(五行說)과 참위설(讖緯說)에 영향을 받은 것으로, 중앙의 황제(黃帝)인 함추뉴(含樞紐), 동쪽의 창제(蒼帝)인 영위앙(靈威仰), 남쪽의 적제(赤帝)인 적표노(赤熛怒), 서쪽의 백제(白帝)인 백소구(白昭矩: =白招拒), 북쪽의 흑제(黑帝)인 협광기(叶光紀)를 가리킨다.

18) 자미(紫微)는 삼원(三垣) 중의 하나이며, 자미원(紫微垣)·자미궁(紫微宮)으로 부르기도 한다. 고대 중국에서는 천체(天體) 상에 나타나는 별들을 삼원(三垣)과 28수(宿) 등으로 분류하였는데, 그 중 '삼원'은 태미원(太微垣), 자미원(紫微垣), 천시원(天市垣)을 송대(宋代)의 왕응린(王應麟)은 『소학감주(小學紺珠)』「천도(天道) · 삼원(三垣)」편에서 "三垣, 上垣太微十星, 中垣紫微十五星, 下垣天市二十二星. 三垣, 四十七星."이라고 기록했다. 즉 '삼원' 중 '태미원'에는 10개의 별들이 속하고, '자미원'에는 15개의 별들이 속하며, '천시원'에는 22개의 별들이 속하여, '삼원'에는 모두 47개의 별들이 속해있다.

번역 칠정(七政)[19]이 모두 가지런하게 된 것을 보고서 자신이 제위를 받아들이는 것이 옳다는 사실을 알았다. 그래서 결국 제왕에 오를 일들을 시행하고, 상제에게 제왕의 일들을 대신한다는 사실을 아뢰며 유(類)제사를 지낸 것이니, 호천(昊天) 및 오제에게 제사를 지낸 것이다. 또 육종(六宗) 등의 여러 신들에게 인(禋)제사를 지내고, 명산(名山)[20]·대천(大川)[21]·오악(五岳)[22]·사독(四瀆)에게 망(望)제사를 지내고, 또 산천·구릉·분

---

19) 칠정(七政)은 천문(天文)과 관련된 용어이다. 그러나 '칠정'이 가리키는 것에 대해서는 그 해석이 다양하다. 첫 번째는 해[日], 달[月]과 금(金), 목(木), 수(水), 화(火), 토(土)의 오성(五星)을 가리킨다. 『서』「우서(虞書)·순전(舜典)」편에는 "在璿璣玉衡, 以齊七政."이란 기록이 있는데, 이에 대한 공안국(孔安國)의 전(傳)에서는 "七政, 日月五星各異政."이라고 풀이하였으며, 공영달(孔穎達)의 소(疏)에서도 "七政, 謂日月與五星也."라고 풀이했다. 두 번째는 천(天), 지(地), 인(人)과 춘(春), 하(夏), 추(秋), 동(冬)을 가리킨다. 『상서대전(尙書大傳)』에는 "七政者, 謂春, 秋, 冬, 夏, 天文, 地理, 人道, 所以爲政也."라는 기록이 있다. 세 번째는 북두칠성(北斗七星)을 가리킨다. 북두칠성은 일곱 개의 별들로 구성되어 있는데, 이 별들이 해[日], 달[月], 오성(五星)을 각각 주관한다고 여겼기 때문에, 북두칠성을 '칠정'으로 불렀다. 『사기(史記)』「천관서(天官書)」편에는 "北斗七星, 所謂'旋璣玉衡以齊七政."이라는 기록이 있는데, 이에 대한 배인(裴駰)의 집해(集解)에서는 마융(馬融)의 『상서(尙書)』에 대한 주를 인용하여, "七政者, 北斗七星, 各有所主. 第一曰正日. 第二曰主月. 第三曰命火, 謂熒惑也, 第四曰煞土, 謂填星也. 第五曰伐水, 謂辰星也. 第六曰危木, 謂歲星也. 第七曰剽金, 謂太白也. 日月五星各異, 故曰七政也."라고 풀이한다.

20) 명산(名山)은 저명하고 큰 산을 뜻한다. '명(名)'자를 대(大)자의 뜻으로 풀이하기도 한다. 고대에는 대부분 '오악(五岳)'을 뜻하는 용어로 사용되었다. 『예기』「예기(禮器)」편에는 "因名山升中于天."이라는 기록이 있는데, 이에 대한 정현의 주에서는 "名, 猶大也."라고 풀이했고, 손희단(孫希旦)의 『집해(集解)』에서는 "名山, 謂五嶽也."라고 풀이했다.

21) 대천(大川)은 큰 강을 뜻한다. 고대에는 주로 '사독(四瀆)'을 뜻하는 용어로 사용되었다.

22) 오악(五岳)은 오악(五嶽)이라고도 부르며, 다섯 방위에 따른 대표적인 산들을 뜻한다. 그러나 각 기록에 따라서 해당하는 산의 명칭에는 다소 차이가 있다. 첫 번째 주장은 동쪽의 태산(泰山), 남쪽의 형산(衡山), 서쪽의 화산(華山), 북쪽의 항산(恒山), 중앙의 숭산(嵩山:= 嵩高山)을 '오악'으로 부른다. 『주례』「춘관(春官)·대종백(大宗伯)」편에는 "以血祭祭社稷·五祀·五嶽."이라는 기록이 있는데, 이에 대한 정현의 주에서는 "五嶽, 東曰岱宗, 南曰衡山, 西曰

연(墳衍)[23] 및 고대 성현 중 천상의 신이 된 자들에게 두루 제사를 지내어, 자신이 제위를 선양받았음을 아뢰었다.

孔疏 ◎傳"堯不"至"五帝". ○正義曰: 傳以旣受終事, 又察璣衡, 方始祭於群神, 是舜察天文, 考齊七政, 知己攝位而當於天心, 故行其天子之事也. 祭法云: "有天下者祭百神", 偏祭群神是天子事也. "肆"是縱緩之言, 此因前事而行後事, 故以"肆"爲遂也. "類"謂攝位事類, 旣知攝當天心, 遂以攝位事類告天帝也. 此"類"與下"禋"·"望"相次, 當爲祭名. 詩云"是類是禡", 周禮·肆師云"類造上帝", 王制云"天子將出類乎上帝", 所言"類"者皆是祭天之事, 言以事類而祭也. 周禮·小宗伯云: "天地之大災, 類社稷, 則爲位." 是類之爲祭, 所及者廣. 而傳云"類謂攝位事類"者, 以攝位而告祭, 故類爲祭名. 周禮·司服云: "王祀昊天上帝, 則服大裘而冕, 祀五帝亦如之." 是昊天外更有五帝, 上帝可以兼之, 故以"告天及五帝"也. 鄭玄篤信讖緯, 以爲"昊天上帝謂天皇大帝, 北辰之星也. 五帝謂靈威仰等, 太微宮中有五帝座星是也". 如鄭之言, 天神有六也. 家語云: "季康子問五帝之名, 孔子曰: '天有五行: 金木水火土. 分時化育, 以成萬物, 其神謂之五帝.'" 王肅云: "五行之神, 助天理物者也." 孔意亦當然矣. 此經惟有祭天, 不言祭地及社稷, 必皆祭之, 但史略文耳.

華山, 北曰恒山, 中曰嵩高山."이라고 풀이했다. 두 번째 주장은 동쪽의 태산(泰山), 남쪽의 곽산(霍山), 서쪽의 화산(華山), 북쪽의 항산(恒山), 중앙의 숭산(嵩山)을 '오악'으로 부른다. 『이아』「석산(釋山)」편에는 "泰山爲東嶽, 華山爲西嶽, 翟山爲南嶽, 恒山爲北嶽, 嵩高爲中嶽."이라는 기록이 있다. 세 번째 주장은 동쪽의 대산(岱山), 남쪽의 형산(衡山), 서쪽의 화산(華山), 북쪽의 항산(恒山), 중앙의 악산(嶽山: =吳嶽)을 '오악'으로 부른다. 『주례』「춘관(春官)·대사악(大司樂)」편에는 "凡日月食, 四鎭·五嶽崩."이라는 기록이 있는데, 이에 대한 정현의 주에서는 "五嶽, 岱在兗州, 衡在荊州, 華在豫州, 嶽在雍州, 恒在幷州."라고 풀이했고, 『이아』「석산(釋山)」편에는 "河南, 華; 河西, 嶽; 河東, 岱; 河北, 恒; 江南, 衡."이라고 풀이했다.

23) 분연(墳衍)은 물가와 저지대의 평탄한 지형을 뜻한다. 『주례』「하관(夏官)·원사(邍師)」편에는 "掌四方之地名, 辨其丘陵墳衍邍隰之名."이란 기록이 있고, 이에 대한 가공언(賈公彦)의 소(疏)에서는 "水涯曰墳, 下平曰衍."이라고 풀이하였다.

번역 ◎孔傳: “堯不”~“五帝”. ○공안국의 전문(傳文)에서는 종사(終事)를 받고 또 기형(璣衡)을 살피고서 비로소 뭇 신들에게 제사를 지낸 것은 순임금이 천문을 살피고 칠정(七政)을 고찰하고서 자신이 지위를 대신하고 천심에 합당하다는 사실을 안 것이므로, 천자의 일을 시행했다고 여겼다. 『예기』「제법」편에서는 “천하를 소유한 자는 모든 신들에게 제사를 지낸다.”[24]라고 했는데, 이것은 뭇 신들에게 두루 제사를 지내는 것이 천자의 일임을 나타낸다. ‘사(肆)’자는 천천히 했다는 뜻인데, 이곳에서는 앞의 사안에 따라서 뒤의 일을 시행하였기 때문에 ‘사(肆)’자를 마침내[遂]라고 여겼다. ‘유(類)’자는 제위를 대신하는 일 등의 부류를 뜻한다고 했는데, 이미 제위를 대신하고 천심에 마땅하다는 사실을 알아서, 마침내 제왕의 지위를 대신하는 일들을 천제에게 아뢴다는 의미이다. 그런데 이곳에 나온 ‘유(類)’자는 그 뒤에 나오는 ‘인(禋)’자 및 ‘망(望)’자와 차례대로 기록되어 있으니, 마땅히 제사 명칭이 되어야 한다. 『시』에서는 “이에 유(類)제사를 지내고 이에 마(禡)제사[25]를 지낸다.”[26]라고 했고, 『주례』「사사(肆師)」편에서는 “상제에게 유(類)제사와 조(造)제사[27]를 지낸다.”[28]라고 했으며, 『예기』「왕제(王制)」편에서는 “천자가 출정을 하려고 하면 상제에게 유(類)제사를 지

24) 『예기』「제법」【547c~d】: 埋少牢於泰昭, 祭時也. 相近於坎壇, 祭寒暑也. 王宮, 祭日也. 夜明, 祭月也. 幽宗, 祭星也. 雩宗, 祭水旱也. 四坎壇, 祭四方也. 山林·川谷·丘陵能出雲, 爲風雨, 見怪物, 皆曰神. 有天下者祭百神. 諸侯在其地則祭之, 亡其地則不祭.

25) 마(禡)는 군대를 출병할 때 지내는 제사이다. ‘마’제사와 관련된 예법은 망실되어, 자세한 내용을 알 수 없다. 다만 정벌한 지역에서 지내는 제사로, 병사들을 위해 기도하는 것이 주된 목적이었다. 『예기』「왕제(王制)」편에는 “天子將出征, 類乎上帝, 宜乎社, 造乎禰, 禡於所征之地, 受命於祖, 受成於學.”이라는 기록이 있고, 이 문장에 대한 정현의 주에서는 “禡, 師祭也, 爲兵禱, 其禮亦亡.”이라고 풀이했다.

26) 『시』「대아(大雅)·황의(皇矣)」: 臨衝閑閑, 崇墉言言. 執訊連連, 攸馘安安. 是類是禡, 是致是附. 四方以無侮. 臨衝茀茀, 崇墉仡仡. 是伐是肆, 是絶是忽. 四方以無拂.

27) 조(造)는 부친의 묘(廟)에서 지내는 제사를 뜻한다. ‘조(造)’자는 “~에 이르다.”는 뜻으로, 부친의 묘에 가서 지내는 제사이기 때문에, ‘조’라고 부른다.

28) 『주례』「춘관(春官)·사사(肆師)」: 類造上帝, 封于大神, 祭兵于山川, 亦如之.

낸다."[29]라고 했으니, 이러한 기록들에서 말한 '유(類)'는 모두 하늘에 대한 제사를 가리키는 것이며, 어떠한 사안에 따라서 제사를 지낸다는 의미이다. 『주례』「소종백(小宗伯)」편에서는 "천지의 큰 재앙이 들어서 사직(社稷)에게 유(類)제사를 지내게 된다면, 해당 자리를 마련한다."[30]라고 했다. 이것은 유(類)자가 제사가 됨을 뜻하는데, 언급하는 것이 매우 폭넓다. 공안국의 전에서 "'유(類)'는 제위를 대신하는 일 등의 부류를 뜻한다."라고 했는데, 이것은 제위를 대신하는 일로 인해 그 사실을 아뢰며 제사를 지내는 것이다. 그렇기 때문에 '유(類)'자는 제사 명칭이 된다. 『주례』「사복(司服)」편에서는 "천자가 호천상제에게 제사를 지내게 된다면, 대구(大裘)[31]를 착용하고 면류관을 쓰며, 오제에게 제사를 지낼 때에도 이처럼 한다."[32]라고 했는데, 이것은 천(天) 이외에 별도로 오제(五帝)가 있음을 뜻하고, 상제(上帝)라는 말은 그것들을 포괄할 수 있기 때문에 "천 및 오제에게 아뢴다."라고 했다. 정현은 참위의 학문을 독실하게 믿어서, "호천상제는 천황태제가 되어 북극성을 뜻한다. 오제는 영위앙 등을 뜻하는데, 태미궁(太微宮)[33] 안

---

29) 『예기』「왕제(王制)」【153d】: 天子將出, 類乎上帝, 宜乎社, 造乎禰. 諸侯將出, 宜乎社, 造乎禰.

30) 『주례』「춘관(春官)·소종백(小宗伯)」: 凡天地之大災, 類社稷宗廟, 則爲位.

31) 대구(大裘)는 천자가 제천(祭天) 의식을 시행할 때 입었던 복장이다. 『주례』「천관(天官)·사구(司裘)」편에는 "司裘掌爲大裘, 以共王祀天之服."이라는 기록이 있다. 즉 사구(司裘)는 '대구' 만드는 일을 담당하여, 천자가 하늘에 제사를 지낼 때 입는 의복으로 제공한다. 또한 이 기록에 대해 정현의 주에서는 정사농(鄭司農)의 주장을 인용하여, "大裘, 黑羔裘, 服以祀天, 示質."이라고 풀이했다. 즉 '대구'라는 의복은 검은 양의 가죽으로 만든 옷이며, 이것을 입고 하늘에 제사를 지내는 것은 질박함을 보이기 위함이다.

32) 『주례』「춘관(春官)·사복(司服)」: 王之吉服, 祀昊天·上帝, 則服大裘而冕, 祀五帝亦如之. 享先王則袞冕, 享先公·饗·射則鷩冕, 祀四望·山川則毳冕, 祭社稷·五祀則希冕, 祭群小祀則玄冕.

33) 태미(太微)는 삼원(三垣) 중의 하나이다. 태미원(太微垣)·태미궁(太微宮)으로 부르기도 한다. 고대에는 천체(天體) 상에 나타나는 별들을 '삼원', 28수(宿) 등으로 분류하였는데, 그 중 '삼원'은 '태미원', 자미원(紫微垣), 천시원(天市垣)을 가리킨다. 송대(宋代)의 왕응린(王應麟)은 『소학감주(小學紺珠)』「천도(天道)·삼원(三垣)」편에서 "三垣, 上垣太微十星, 中垣紫微十五星, 下垣天市二十二星. 三垣, 四十七星."이라고 기록했다. 즉 '삼원' 중 '태미원'에는 10개의 별들이 속하고, '자미원'에는 15개의 별들이 속하며, '천시원'에는 22

에 있는 오제좌(五帝座)의 별들이 여기에 해당한다."라고 했다. 정현의 이와 같은 말대로라면 천신은 여섯 종류가 있게 된다. 『공자가어』에서는 "계강자가 오제의 이름에 대해 묻자, 공자는 '하늘에는 오행이 있으니, 금·목·수·화·토이다. 사계절에 각각 나뉘어 화육해서 만물을 이루는데, 그것들을 담당하는 신을 오제라고 부른다.'"[34]라고 했고, 왕숙은 "오행의 신은 하늘을 도와 만물을 다스리는 자이다."라고 했다. 공안국의 의도 또한 이러하다. 이곳 경문에서는 다만 하늘에 대해 제사를 지낸다고 했고, 땅 및 사직에게 제사를 지낸다고는 말하지 않았는데, 반드시 그들 모두에게 제사를 지냈던 것이지만, 사관이 문장을 간략히 기록했을 뿐이다.

經文 禋于六宗.

번역 육종에게 인(禋)을 했다.

孔傳 精意以享謂之禋. 宗, 尊也. 所尊祭者, 其祀有六, 謂四時也 · 寒暑也 · 日也 · 月也 · 星也 · 水旱也. 祭亦以攝告.

번역 뜻을 전일하게 하여 흠향을 시키는 것을 '인(禋)'이라고 부른다. '종(宗)'자는 "존숭한다[尊]."는 뜻이다. 존숭하여 제사를 지내는데, 그 제사의 대상에는 여섯 부류가 있으니, 사계절 · 추위와 더위 · 해 · 달 · 별 · 수재와 가뭄이다. 제사 또한 제왕의 지위를 대신한다는 사실을 아뢰는 것이다.

釋文 禋音因, 王云: "絜祀也." 馬云: "精意以享也." 六宗, 王云: "四時 · 寒暑 · 日 · 月 · 星 · 水旱也." 馬云: "天地四時也."

번역 '禋'자의 음은 '因(인)'이며, 왕씨는 "뜻을 고요히 만들고서 지내는

개의 별들이 속하여, '삼원'에는 모두 47개의 별들이 속해있었다는 설명이다.

34) 『공자가어(孔子家語)』「오제(五帝)」: 季康子問於孔子曰, "舊聞五帝之名, 而不知其實, 請問何謂五帝?" 孔子曰, "昔丘也聞諸老聃曰, '天有五行, 水火金木土, 分時化育, 以成萬物.' 其神謂之五帝."

제사이다."라고 했고 마씨는 "뜻을 전일하게 해서 흠향을 시키는 것이다."라고 했다. 육종(六宗)에 대해서, 왕씨는 "사계절 · 추위와 더위 · 해 · 달 · 별 · 수재와 가뭄이다."라고 했고, 마씨는 "천지와 사계절이다."라고 했다.

孔疏 ◎傳"精意"至"攝告". ○正義曰: 國語云: "精意以享禋也." 釋詁云: "禋, 祭也." 孫炎曰: "禋, 絜敬之祭也." 周禮·大宗伯云: "以禋祀祀昊天上帝, 以實柴祀日月星辰, 以槱燎祀司中 · 司命 · 風師 · 雨師." 鄭云: "禋之言煙, 周人尙臭, 煙氣之臭聞者也." 鄭以"禋祀"之文在"燎" · "柴"之上, 故以"禋"爲此解耳. 而洛誥云"秬鬯二卣, 曰明禋", 又曰"禋于文王 · 武王", 又曰"王賓殺禋咸格". 經傳之文, 此類多矣, 非燔柴祭之也, 知"禋"是精誠絜敬之名耳. "宗"之爲尊, 常訓也. 名曰"六宗", 明是所尊祭者有六, 但不知六者爲何神耳. 祭法云: "埋少牢於太昭, 祭時. 相近於坎壇, 祭寒暑. 王宮, 祭日. 夜明, 祭月. 幽禜, 祭星. 雩禜, 祭水旱也." 據此言六宗, 彼祭六神, 故傳以彼六神謂此六宗. 必謂彼之所祭是此六宗者, 彼文上有祭天 · 祭地, 下有山谷 · 丘陵, 此"六宗"之文在上帝之下, 山川之上, 二者次第相類, 故知是此六宗. 王肅亦引彼文乃云: "禋于六宗, 此之謂矣." 鄭玄注彼云: "四時謂陰陽之神也." 然則陰陽寒暑水旱各自有神, 此言"禋于六宗", 則六宗常禮也. 禮無此文, 不知以何時祀之. 鄭以彼皆爲祈禱之祭, 則不可用鄭玄注以解此傳也. 漢世以來, 說六宗者多矣. 歐陽及大小夏侯說尙書皆云: "所祭者六, 上不謂天, 下不謂地, 旁不謂四方, 在六者之間, 助陰陽變化, 實一而名六宗矣." 孔光·劉歆以"六宗謂乾坤六子: 水火雷風山澤也". 賈逵以爲: "六宗者, 天宗三, 日月星也; 地宗三, 河海岱也." 馬融云: "萬物非天不覆, 非地不載, 非春不生, 非夏不長, 非秋不收, 非冬不藏, 此其謂六也." 鄭玄以六宗言"禋", 與祭天同名, 則六者皆是天之神祇, 謂"星 · 辰 · 司中 · 司命 · 風師 · 雨師. 星謂五緯星, 辰謂日月所會十二次也. 司中 · 司命文昌第五第四星也. 風師, 箕也. 雨師, 畢也". 晉初幽州秀才張髦上表云: "臣謂禋于六宗, 祀祖考所尊者六, 三昭三穆是也." 司馬彪又上表云, 歷難諸家及自言己意"天宗者, 日月星辰寒暑之屬也; 地宗, 社稷五祀之屬也; 四方之宗, 四時五帝之屬". 惟王肅據家語六宗與孔同. 各言其志, 未知孰是. 司馬彪續漢書云: "安帝元初六年, 立六宗祠於洛陽城西北亥地, 祀比大社, 魏亦因之. 晉初荀顗定新祀, 以六宗之神諸說不同廢之. 摯虞駁之, 謂: 宜依舊, 近代以來皆不立六宗之祠也."

번역 ◎孔傳: "精意"~"攝告". ○『국어』에서는 "뜻을 전일하게 해서 흠향시키는 것이 인(禋)이다."[35]라고 했고, 『이아』「석고(釋詁)」편에서는 "인(禋)은 제사이다."[36]라고 했으며, 이에 대해 손염[37]은 "인(禋)은 마음을 고요히 하고 공경하며 지내는 제사이다."라고 했다. 또 『주례』「대종백(大宗伯)」편에서는 "인사(禋祀)로 호천상제에게 제사를 지내며, 땔감을 쌓아서 해 · 달 · 별들에게 제사를 지내고, 유료(槱燎)로 사중(司中)[38] · 사명(司命) · 풍사(風師) · 우사(雨師)에게 제사를 지낸다."[39]라고 했고, 이에 대해 정현은 "인(禋)자는 연기를 피운다는 뜻으로, 주나라 때에는 냄새를 숭상했으므로, 연기를 통해 냄새를 맡도록 하는 것이다."라고 했다. 정현은 '인사(禋祀)'라는 단어가 '료(燎)'나 '시(柴)'보다 앞에 있기 때문에, '인(禋)'에 대해서 이러한 풀이를 했던 것이다. 그런데 『서』「낙고(洛誥)」편에서는 "검은 기장과 울금초로 담근 술 2잔을 따라주며 '밝게 공경하라.'라고 명했다."[40]라고 했고, 또 "문왕과 무왕에게 인(禋)제사를 지냈다."[41]라고 했으며, "천자의 빈객들은 천자가 희생물을 도축하여 인(禋)제사를 지내므로 모두 이르렀다."[42]라고 했다. 경문과 전문의 기록 중에는 이러한 부류들이 많이 나타나니, 이것은 땔감을 태워서 제사를 지낸다는 뜻이 아니며, '인(禋)'이

---

35) 『국어(國語)』「주어상(周語上)」: 精意以享, 禋也; 慈保庶民, 親也.

36) 『이아』「석고(釋詁)」: 禋 · 祀 · 祠 · 蒸 · 嘗 · 禴, 祭也.

37) 손염(孫炎, ?~?) : 삼국시대(三國時代) 때의 학자이다. 자(字)는 숙연(叔然)이다. 정현의 문도였으며, 『이아음의(爾雅音義)』를 저술하여 반절음을 유행시켰다.

38) 사중(司中)은 문창성(文昌星)의 별자리 중 다섯 번째에 위치한 별을 뜻한다.

39) 『주례』「춘관(春官) · 대종백(大宗伯)」: 以禋祀祀昊天上帝, 以實柴祀日 · 月 · 星 · 辰, 以槱燎祀司中 · 司命 · 飌師 · 雨師.

40) 『서』「주서(周書) · 낙고(洛誥)」: 伻來毖殷乃命寧, 予以秬鬯二卣, 曰, 明禋, 拜手稽首休享.

41) 『서』「주서(周書) · 낙고(洛誥)」: 予不敢宿, 則禋于文王武王.

42) 『서』「주서(周書) · 낙고(洛誥)」: 王賓殺禋, 咸格, 王入太室祼.

곧 정성을 다하고 공경함을 다한다는 뜻임을 알 수 있다. '종(宗)'자를 존숭한다는 뜻으로 풀이하는 것은 일반적인 해석이다. 그런데 이것을 '육종(六宗)'이라고 불렀다면, 이것은 존숭하여 제사를 지내는 대상에 여섯 부류가 있음을 분명히 나타내지만, 여섯 부류가 구체적으로 어떠한 신들인지는 알 수 없을 따름이다. 「제법」편에서는 "태소(泰昭)에서 소뢰(少牢)를 매장하는 것은 사계절에게 제사를 지내는 방법이다. 감단(坎壇)에서 전송하고 맞이하는 것은 추위와 더위에게 제사를 지내는 방법이다. 왕궁(王宮)에서 제사를 지내는 것은 태양에게 제사를 지내는 방법이다. 야명(夜明)에서 제사를 지내는 것은 달에게 제사를 지내는 방법이다. 유종(幽宗)에서 제사를 지내는 것은 별에게 제사를 지내는 방법이다. 우종(雩宗)에서 제사를 지내는 것은 물과 가뭄의 신에게 제사를 지내는 방법이다."[43]라고 했다. 이곳에서는 육종(六宗)이라고 했고, 「제법」편에서는 여섯 신에게 제사를 지낸다고 했기 때문에, 전문에서는 「제법」편에 나온 여섯 신이 이곳에 나온 육종을 뜻한다고 했다. 「제법」편에서 제사를 지내는 대상이 이곳에 나온 육종에 해당한다고 분명히 말할 수 있는 이유는 「제법」편의 문장 기술에 있어서, 그 앞에는 하늘과 땅에게 제사를 지낸다는 기록이 있고, 그 뒤에는 산과 계곡 및 구릉에게 제사지내는 내용이 나오는데, 이곳에서 육종을 말한 문장은 상제에 대한 내용 뒤에 있고, 또 산천에 대한 내용 앞에 있어서, 두 문장의 기술에 있어서 그 순서가 서로 유사하다. 그렇기 때문에 여섯 신들이 육종에 해당함을 알 수 있다. 왕숙 또한 「제법」편의 문장을 인용하여, "육종에게 인(禋)제사를 지내는 것은 바로 이것을 뜻한다."라고 했다. 「제법」편에 대한 정현의 주에서는 "사계절은 음양의 신들을 뜻한다."라고 했다. 그렇다면 음양·추위와 더위·수재와 가뭄에는 각각 그것들을 주관하는 신이 있고, 이곳에서 "육종에게 인(禋)제사를 지낸다."라고 했으니, 육종에 대한 제사는 일상적인 예법에 해당한다. 그런데도 『예경』에 이와 관련된

---

43) 『예기』「제법」【547c~d】 : 埋少牢於泰昭, 祭時也. 相近於坎壇, 祭寒暑也. 王宮, 祭日也. 夜明, 祭月也. 幽宗, 祭星也. 雩宗, 祭水旱也. 四坎壇, 祭四方也. 山林·川谷·丘陵能出雲, 爲風雨, 見怪物, 皆曰神. 有天下者祭百神. 諸侯在其地則祭之, 亡其地則不祭.

문장이 없어서, 어느 시기에 그들에게 제사를 지내는지는 알 수 없다. 정현은 「제법」편에 나온 내용을 모두 기도를 올리는 제사라고 여겼으니, 정현의 주를 활용하여 이곳의 전문을 풀이할 수 없다. 한나라 이후로 육종에 대해 설명한 것들은 다양하다. 구양 및 대하후 · 소하후는 『상서』에 대해 설명하며, 모두 "제사를 지내는 대상은 여섯인데, 위로는 하늘까지 소급되지 않고, 아래로는 땅까지 소급되지 않으며, 옆으로는 사방까지 소급되지 않는데, 육방(六方)의 사이에 있으면서 음양의 변화를 돕고, 실제로는 하나이지만 육종이라고 부른 것이다."라고 했다. 공광[44]과 유흠은 "육종은 건곤의 육자(六子)이니, 물 · 불 · 우뢰 · 바람 · 산 · 못이다."라고 했다. 가규는 "육종은 천종의 셋인 해 · 달 · 별이며, 지종의 셋인 황하 · 바다 · 대종이다."라고 했다. 마융은 "만물은 하늘이 아니라면 덮어줄 것이 없고 땅이 아니라면 실어줄 것이 없으며, 봄이 아니라면 생겨나지 못하고, 여름이 아니라면 자라나지 못하며, 가을이 아니라면 거둬들이지 못하고, 겨울이 아니라면 보관하지 못하니, 이러한 것들이 바로 여섯 대상이다."라고 했다. 정현은 육종에 대해서 인(禋)제사를 지낸다고 하여, 하늘에 대한 제사와 명칭이 동일하다면, 여섯 대상은 모두 하늘에 있는 신들이라고 여겼다. 그래서 "성(星) · 신(辰) · 사중(司中) · 사명(司命) · 풍사(風師) · 우사(雨師)이다. 성은 다섯 위성(緯星: =行星)을 뜻하고, 신은 해와 달이 모이게 되는 12차(次)를 뜻한다. 사중과 사명은 문창성의 다섯 번째와 네 번째 별이다. 풍사는 기수(箕宿)이고, 우사는 필수(畢宿)이다."라고 했다. 진나라 초기 유주의 수재였던 장발은 상소를 올려서 "신이 생각하건대, 육종에게 인(禋)제사를 지낸다고 했는데, 조상들에게 제사를 지내며 존귀하게 높이는 대상이 여섯이라는 뜻으로, 3개의 소묘(昭廟)와 3개의 목묘(穆廟)에 있는 조상신을 뜻합니다."라고 했고, 사마표[45] 또한 상소를 올리며, 여러 학자들의 주장을 비판하고 자신의 의견을 개진하여, "천종은 해 · 달 · 성 · 신 · 추위 · 더위 등의 부류입

44) 공광(孔光, B.C.65～A.D.5) : 전한 때의 학자이다. 자(字)는 자하(子夏)이다. 공자(孔子)의 14대손이다.

45) 사마표(司馬彪, ?～A.D.306?) : 서진(西晉) 때의 학자이다. 자(字)는 소통(紹統)이다. 저서로는 『구주춘추(九州春秋)』·『속한서(續漢書)』 등이 있다.

니다. 지종은 사직과 오사 등의 부류입니다. 사방의 종은 사계절과 오제 등의 부류입니다."라고 했다. 다만 왕숙이 『공자가어』에서 제시한 육종은 공안국과 동일할 따름이다. 각자 그들의 뜻을 개진한 것이지만, 누가 옳은지는 모르겠다. 사마표는 『속한서』에서 "안제 원초 6년에 낙양성 서북쪽 해(亥) 방위에 해당하는 곳에 육종에 대한 사당을 세웠는데, 그 제사는 태사(太社)[46]의 제사에 견주었고, 위나라 또한 그에 따랐다. 진나라 초기 순의는 새로운 제사 방법을 제정하여 육종의 신들에 대한 여러 이설들을 없앴다. 그런데 지우가 그것을 반박하며, '마땅히 옛 것에 따라야 하는데, 근래에는 모두 육종의 사당을 세우지 않았다.'"라고 했다.

經文 望于山川, 徧于群神.

번역 산천에게 망(望)을 했고, 뭇 신들에게 두루 지냈다.

孔傳 九州名山大川·五岳四瀆之屬, 皆一時望祭之. 群神謂丘陵·墳衍·古之聖賢, 皆祭之.

번역 구주(九州)에 속한 명산대천 및 오악과 사독 등의 부류이니, 이들에 대해서는 일시에 바라보며 제사를 지낸다. 뭇 신들은 구릉·분연 및 옛 성현들을 뜻하니, 이들 모두에 대해서 제사를 지낸다.

釋文 墳, 扶云反. 衍音演.

번역 '墳'자는 '扶(부)'자와 '云(운)'자의 반절음이다. '衍'자의 음은 '演(연)'이다.

孔疏 ◎傳"九州"至"祭之". ○正義曰: "望於山川", 大總之語, 故知九州之內所有名山大川·五岳四瀆之屬, 皆一時望祭之也. 王制云: "名山大川不以

46) 태사(太社)는 천자가 토지신이나 곡신(穀神)에게 제사 드리던 장소를 뜻한다.

封.” 山川大, 乃有名, 是“名”·“大”互言之耳. 釋山云: “泰山爲東嶽, 華山爲西嶽, 霍山爲南嶽, 恒山爲北嶽, 嵩高山爲中嶽.” 白虎通云: “岳者何? 捔也, 捔考功德也.” 應劭風俗通云: “岳者, 捔考功德黜陟也.” 然則四萬方有一大山, 天子巡守至其下, 捔考諸侯功德而黜陟之, 故謂之“岳”. 釋水云: “江河淮濟爲四瀆. 四瀆者, 發源注海者也.” 釋名云: “瀆, 獨也, 各獨出其水而入海也.” 岳是名山, 瀆是大川, 故先言名山大川, 又擧岳瀆以見之. 岳瀆之外猶有名山大川, 故言“之屬”以包之. 周禮 · 大司樂云: “四鎭五嶽崩, 令去樂.” 鄭云: “四鎭, 山之重大者, 謂揚州之會稽山, 青州之沂山, 幽州醫無閭山, 冀州之霍山.” 是五岳之外名山也. 周禮 · 職方氏每州云“其川” · “其浸”, 若雍州云“其川涇 · 汭, 其浸渭 · 洛”, 如此之類, 是四瀆之外大川也. 言“徧于群神”, 則神無不徧, 故“群神謂丘陵 · 墳衍 · 古之聖賢, 皆祭之”. 周禮 · 大司樂云: “凡六樂者, 一變而致川澤之示, 再變而致山林之示, 三變而致丘陵之示, 四變而致墳衍之示.” 鄭玄大司徒注云: “積石曰山, 竹木曰林, 注瀆曰川, 水鍾曰澤, 土高曰丘, 大阜曰陵, 水崖曰墳, 下平曰衍.” 此傳擧“丘陵墳衍”則林澤亦包之矣. “古之聖賢”謂祭法所云“在祀典”者, 黃帝 · 顓頊 · 句龍之類皆祭之也.

번역 ◎孔傳: “九州”~“祭之”. ○“산천에게 망(望)을 했다.”라고 했는데, 이것은 큰 범주를 묶어서 말한 것이다. 그렇기 때문에 구주에 속한 명산대천 및 오악과 사독 등의 부류에 대해서 모두 일시에 바라보며 제사를 지낸다는 뜻임을 알 수 있다. 『예기』「왕제(王制)」편에서는 “명산과 대천으로는 분봉을 하지 않는다.”[47]라고 했다. 산과 하천 중 규모가 큰 것은 곧 명성을 얻게 되니, 이곳에서 ‘명(名)’과 ‘대(大)’라고 한 말은 상호 그 뜻을 드러내도록 말한 것일 뿐이다. 『이아』「석산(釋山)」편에서는 “태산(泰山)은 동악이며, 화산(華山)은 서악이고, 곽산(霍山)은 남악이며, 항산(恒山)은 북악이고, 숭고산(嵩高山)은 중악이다.”[48]라고 했다. 『백호통』에서는 “악(岳)이란

---

47) 『예기』「왕제(王制)」【146c】: 凡四海之內, 九州. 州方千里, 州建百里之國, 三十. 七十里之國, 六十. 五十里之國, 百有二十. 凡二百一十國. <u>名山大澤, 不以封</u>, 其餘, 以爲附庸間田, 八州, 州二百一十國. / 『예기』「왕제」【183d】: <u>名山大澤, 不以封</u>, 其餘, 以爲附庸閒田. 諸侯之有功者, 取於閒田, 以祿之, 其有削地者, 歸之間田.

무엇인가? 헤아린다는 뜻이니, 공덕을 헤아려 살핀다는 의미이다."라고 했다. 응소[49]의 『풍속통』에서는 "악(岳)은 공덕을 헤아리고 살펴서 높여주거나 낮춘다는 뜻이다."라고 했다. 그렇다면 사방에는 하나의 큰 산이 있고, 천자가 순수를 하여 그 밑에 도달하게 된다면, 제후의 공덕을 헤아리고 살펴서 그의 등급을 높여주거나 낮추는 것이다. 그렇기 때문에 그 산을 '악(岳)'이라고 부른다. 『이아』「석수(釋水)」편에서는 "장강(長江)·황하(黃河)·회하(淮河)·제수(濟水)는 사독이 된다. '사독(四瀆)'이라는 것은 물이 발원하여 바다로 흘러가는 것이다."[50]라고 했다. 『석명』[51]에서는 "'독(瀆)'자는 홀로[獨]라는 뜻으로, 각기 홀로 그 물을 뿜어내어 바다로 흐른다."라고 했다. 악은 명산이 되고, 독은 대천이 된다. 그렇기 때문에 먼저 명산과 대천을 말하고 재차 오악과 사독을 제시해서 드러낸 것이다. 그런데 오악과 사독 이외에도 명산과 대천이 있기 때문에 '～의 부류[之屬]'라고 표현하여, 나머지 것들도 포함시켰다. 『주례』「대사악(大司樂)」편에서는 "사진(四鎭)과 오악이 무너지면 음악을 제거시킨다."[52]라고 했고, 이에 대해 정현은 "'사진(四鎭)'은 산 중에서도 중대한 것이니, 양주의 회계산(會稽山), 청주의 기산(沂山), 유주의 의무려산(醫無閭山), 기주의 곽산(霍山)이다."라고 했는데, 이것은 오악 이외의 명산을 뜻한다. 또 『주례』「직방씨(職方氏)」편에서는 매 주에 대해서 '그 하천'과 '그 관개에 쓰이는 하천'을 언급했는데, 옹주의 경우 "그 하천은 경수와 예수이고, 그 관개에 쓰이는 하천은 위수와 낙수이다."[53]라고 했다. 이와 같은 부류들이 바로 사독 이외의 대천이다.

---

48) 『이아』「석산(釋山)」: 泰山爲東嶽, 華山爲西嶽, 霍山爲南嶽, 恒山爲北嶽, 嵩高爲中嶽.

49) 응소(應劭, ?～?): 후한(後漢) 때의 학자이다. 자(字)는 중원(仲遠)·중원(仲援)·중원(仲瑗)이다. 저서로는 『율략론(律略論)』·『풍속통의(風俗通義)』·『한관의(漢官儀)』·『한서집해(漢書集解)』 등이 있다.

50) 『이아』「석수(釋水)」: 江·河·淮·濟爲四瀆. 四瀆者, 發源注海者也.

51) 『석명(釋名)』은 후한(後漢) 때의 학자인 유희(劉熙)가 지은 서적이다. 오래된 훈고학 서적의 하나로 꼽힌다.

52) 『주례』「춘관(春官)·대사악(大司樂)」: 凡日月食, 四鎭五嶽崩, 大傀異災, 諸侯薨, 令去樂.

53) 『주례』「하관(夏官)·직방씨(職方氏)」: 正西曰雍州, 其山鎭曰嶽山, 其澤藪曰

"뭇 신들에게 두루 지냈다."라고 했으니, 신들에 대해서는 두루 제사를 지내지 않는 것이 없다. 그렇기 때문에 "뭇 신들은 구릉·분연 및 옛 성현들을 뜻하니, 이들 모두에 대해서 제사를 지낸다."라고 한 것이다. 「대사악」편에서는 "무릇 음악을 여섯 차례 연주함에 있어서, 악조가 한 차례 변하면 산과 못의 신들을 이르게 하고, 두 차례 변하면 산림의 신들을 이르게 하며, 세 차례 변하면 구릉의 신들을 이르게 하고, 네 차례 변하면 분연의 신들을 이르게 한다."[54]라고 했고, 『주례』「대사도(大司徒)」편에 대한 정현의 주에서는 "돌이 쌓인 곳을 산(山)이라고 부르고, 나무가 우거진 곳을 임(林)이라고 부르며, 사독으로 흘러가는 하천을 천(川)이라고 부르고, 물이 고여 있는 곳을 택(澤)이라고 부르며, 땅 중에 높이 솟은 곳을 구(丘)라고 부르고, 큰 언덕을 능(陵)이라고 부르며, 물가의 언덕을 분(墳)이라고 부르고, 저지대의 평지를 연(衍)이라고 부른다."[55]라고 했다. 이곳의 전문에서는 "구릉과 분연이다."라고 거론했으니, 그 안에는 임과 택 또한 포함된 것이다. '옛 성현들'이라고 했는데, 「제법」편에서 말한 "제사의 법도를 기록한 문헌에 포함된다."라고 한 말에 해당하는 것으로, 황제(黃帝)·전욱(顓頊)·구룡(句龍) 등의 부류에 대해서는 모두 제사를 지낸다는 의미이다.

참고 『국어(國語)』「노어상(魯語上)」

원문 海鳥曰, "爰居", 止於魯東門之外三日①, 臧文仲使國人祭之②. 展禽曰, "越哉, 臧孫之爲政也③! 夫祀, 國之大節也④; 而節, 政之所成也⑤. 故愼制祀以爲國典⑥. 今無故而加典, 非政之宜也⑦."

弦蒲, 其川涇汭, 其浸渭洛, 其利玉石, 其民三男二女, 其畜宜牛馬, 其穀宜黍稷.

54) 『주례』「춘관(春官)·대사악(大司樂)」: 凡六樂者, 一變而致羽物及川澤之示, 再變而致贏物及山林之示, 三變而致鱗物及丘陵之示, 四變而致毛物及墳衍之示, 五變而致介物及土示, 六變而致象物及天神.

55) 이 문장은 『주례』「지관(地官)·대사도(大司徒)」편의 "以天下土地之圖, 周知九州之地域廣輪之數, 辨其山林·川澤·丘陵·墳衍·原隰之名物."이라는 기록에 대한 정현의 주이다.

번역 해안에서 서식하는 새를 '원거(爰居)'라고 부르는데, 그 새가 노나라 동쪽 문밖에 3일 동안 머물렀다. 그래서 장문중은 사람을 시켜 제사를 지내도록 했다. 전금은 "장무중이 시행한 정령은 너무 우활하구나! 무릇 제사라는 것은 나라의 큰 제도이고, 제도라는 것은 정령을 이루는 것이다. 그러므로 제사에 대해서는 제도를 신중하게 만들어서 나라의 법전으로 삼는다. 그런데 지금은 아무런 이유도 없이 새로운 제도를 만들었으니, 정령의 마땅함이 아니다."라고 했다.

韋注-① 爰居, 雜縣也. 東門, 城東門也.

번역 '원거(爰居)'는 잡현(雜縣)이라는 새이다. '동문(東門)'은 국성의 동쪽 문이다.

韋注-② 文仲不知, 以爲神也.

번역 문중은 무지하여 그것을 신으로 여겼다.

韋注-③ 越, 迂也, 言其迂闊不知政要也.

번역 '월(越)'자는 "우활하다[迂]."는 뜻으로, 우활하여 정령의 핵심을 모른다는 의미이다.

韋注-④ 節, 制也.

번역 '절(節)'자는 제도[制]를 뜻한다.

韋注-⑤ 言節所以成政也.

번역 제도는 정령을 완성시킨다는 뜻이다.

韋注-⑥ 典, 法也.

번역 '전(典)'자는 법도[法]를 뜻한다.

韋注-⑦ 加, 益也, 謂以祭鳥益國法也.

번역 '가(加)'자는 "더한다[益]."는 뜻이니, 새에게 제사를 지냄으로써 나라의 법도를 늘려놨다는 의미이다.

• 제 1 절 •

각 왕조의 체(禘)·교(郊)·조(祖)·종(宗) 대상

【546a】

祭法: 有虞氏禘黃帝而郊嚳, 祖顓頊而宗堯; 夏后氏亦禘黃帝而郊鯀, 祖顓頊而宗禹; 殷人禘嚳而郊冥, 祖契而宗湯; 周人禘嚳而郊稷, 祖文王而宗武王.

직역 祭法에 있어서 有虞氏는 黃帝에게 **禘**하고 **嚳**에게 郊하며, **顓**頊을 祖하고 堯를 宗하며; 夏后氏도 亦히 黃帝에게 **禘**하나 **鯀**에게 郊하며, **顓**頊을 祖하고 禹를 宗하며; 殷人은 **嚳**에게 **禘**하고 冥에게 郊하며, 契을 祖하고 湯을 宗하며; 周人은 **嚳**에게 **禘**하고 稷에게 郊하며, 文王을 祖하고 武王을 宗하다.

의역 제사의 법도에 있어서, 유우씨 때에는 황제에게 체(禘)제사를 지냈고 제곡에게 교(郊)제사를 지냈으며, 전욱을 조(祖)로 모셨고 요임금을 종(宗)으로 모셨다. 하후씨 때에는 황제에게 체제사를 지냈고 곤에게 교제사를 지냈으며, 전욱을 조로 모셨고 우임금을 종으로 모셨다. 은나라 때에는 제곡에게 체제사를 지냈고 명에게 교제사를 지냈으며, 설을 조로 모셨고 탕임금을 종으로 모셨다. 주나라 때에는 제곡에게 체제사를 지냈고 후직에게 교제사를 지냈으며, 문왕을 조로 모셨고 무왕을 종으로 모셨다.

구분	체(禘)	교(郊)	조(祖)	종(宗)
유우씨(有虞氏)	황제(黃帝)	곡(嚳)	전욱(顓頊)	요(堯)
하후씨(夏后氏)		곤(鯀)		우(禹)
은인(殷人)	곡(嚳)	명(冥)	설(契)	탕(湯)
주인(周人)		직(稷)	문왕(文王)	무왕(武王)

集說 國語曰: 有虞氏禘黃帝而祖顓頊, 郊堯而宗舜; 夏后氏禘黃帝而祖顓頊, 郊鯀而宗禹; 商人禘嚳而祖契, 郊冥而宗湯; 周人禘嚳而郊稷, 祖文王而宗武王.

번역 『국어』에서 말하길, 유우씨는 황제에게 체(禘)제사를 지내고 전욱을 조(祖)로 모시며, 요임금에게 교(郊)제사를 지내고 순임금을 종(宗)으로 모셨다. 하후씨는 황제에게 체(禘)제사를 지내고 전욱을 조(祖)로 모시며, 곤에게 교(郊)제사를 지내고 우임금을 종(宗)으로 모셨다. 은나라 때에는 제곡에게 체(禘)제사를 지내고 설을 조(祖)로 모시며, 명에게 교(郊)제사를 지내고 탕임금을 종(宗)으로 모셨다. 주나라 때에는 제곡에게 체(禘)제사를 지내고 후직에게 교(郊)제사를 지냈으며, 문왕을 조(祖)로 모시고 무왕을 종(宗)으로 모셨다.[1]

<table>
<tr><th>구분</th><th>체(禘)</th><th>교(郊)</th><th>조(祖)</th><th>종(宗)</th></tr>
<tr><td>유우씨(有虞氏)</td><td rowspan="2">황제(黃帝)</td><td>요(堯)</td><td rowspan="2">전욱(顓頊)</td><td>순(舜)</td></tr>
<tr><td>하후씨(夏后氏)</td><td>곤(鯀)</td><td>우(禹)</td></tr>
<tr><td>은인(殷人)</td><td rowspan="2">곡(嚳)</td><td>명(冥)</td><td>설(契)</td><td>탕(湯)</td></tr>
<tr><td>주인(周人)</td><td>직(稷)</td><td>문왕(文王)</td><td>무왕(武王)</td></tr>
</table>

集說 石梁王氏曰: 此四代禘郊祖宗, 諸經無所見, 多有可疑, 雜以緯書, 愈紛錯矣.

번역 석량왕씨[2]가 말하길, 이곳에서 사대(四代)의 체(禘)·교(郊)·조(祖)·종(宗)으로 섬겼다고 한 내용은 여러 경문에는 나타나지 않으니, 의심스러운 부분이 많으며, 위서(緯書)의 내용이 뒤섞여서 더욱 혼란스럽게 되

1) 『국어(國語)』「노어상(魯語上)」: 故有虞氏禘黃帝而祖顓頊, 郊堯而宗舜; 夏后氏禘黃帝而祖顓頊, 郊鯀而宗禹; 商人禘舜而祖契, 郊冥而宗湯; 周人禘嚳而郊稷, 祖文王而宗武王.

2) 석량왕씨(石梁王氏, ?~?) : 자세한 이력이 남아 있지 않다.

었다.

集說 劉氏曰: 虞 · 夏 · 殷 · 周皆出黃帝, 黃帝之曾孫曰帝嚳, 堯則帝嚳之子也. 黃帝至舜九世, 至禹五世, 以世次言, 堯 · 禹兄弟也. 按詩傳姜嫄生棄爲后稷, 簡狄生契爲司徒, 稷契皆堯之弟. 契至冥六世, 至湯十四世, 后稷至公劉四世, 至大王十三世. 四代禘郊祖宗之說, 鄭氏謂經文差互, 今以成周之禮例而推之, 有天下者, 立始祖之廟, 百世不遷, 又推始祖所自出之帝, 祭於始祖之廟, 而以始祖配之, 則虞夏皆當以顓頊爲始祖, 而禘黃帝於顓頊之廟, 祭天於郊, 則皆當以顓頊配也; 殷當以契爲始祖, 而禘帝嚳於契廟, 郊則當以契配也. 至於祖有功而宗有德, 則舜之曾祖句芒, 嘗有功可以爲祖, 今旣不祖之矣, 瞽瞍頑而無德, 非所得而宗者, 故當祖嚳而宗堯也. 蓋舜受天下於堯, 堯受之於嚳, 故堯授舜, 而舜受終于文祖, 蘇氏謂卽嚳廟也; 舜授禹, 禹受命于神宗, 卽堯廟也. 卽是可以知虞不祖句芒而祖嚳, 不宗瞽瞍而宗堯也明矣. 先儒謂配天必以始祖, 配帝必以父, 以此宗字卽爲宗祀明堂之宗, 故疑舜當宗瞽瞍, 不當宗堯. 竊意五帝官天下, 自虞以上, 祖功宗德, 當如鄭註尙德之說; 三王家天下, 則自當祖宗所親. 然鯀嘗治水而殛死, 有以死勤事之功, 非瞽瞍比也, 故當爲祖, 但亦不當郊耳. 冥亦然. 由是論之, 則經文當云有虞氏禘黃帝而郊頊, 祖嚳而宗堯; 夏后氏亦禘黃帝而郊頊, 祖鯀而宗禹; 殷人禘嚳而郊契, 祖冥而宗湯; 周人禘嚳而郊稷, 祖文王而宗武王. 如此則庶乎其無疑矣. 大抵祖功宗德之宗, 與宗祀明堂之宗不同. 祖其有功者, 宗其有德者, 百世不遷之廟也; 宗祀父於明堂以配上帝者, 一世而一易, 不計其功德之有無也. 有虞氏宗祀之禮未聞, 借使有之, 則宗祀瞽瞍以配帝, 自與宗堯之廟不相妨. 但虞不傳子, 亦無百世不遷之義耳.

번역 유씨[3]가 말하길, 우(虞) · 하(夏) · 은(殷) · 주(周) 네 왕조는 모두

---

3) 장락유씨(長樂劉氏, A.D.1017~A.D.1086) : =유씨(劉氏) · 유이(劉彝) · 유집중(劉執中). 북송(北宋) 때의 성리학자이다. 자(字)는 집중(執中)이다. 복주(福州) 출신이며, 어려서 호원(胡瑗)에게서 학문을 배웠다. 『정속방(正俗方)』, 『주역주(周易注)』를 지었으나 현존하지 않는다. 『칠경중의(七經中議)』, 『명

황제(黃帝)에게서 비롯되었으니, 황제의 증손자를 '제곡(帝嚳)'이라고 부르고, 요임금은 제곡의 자식이 된다. 황제로부터 순임금에 이르기까지 9세대가 되고, 우임금까지 5세대가 되는데, 세대의 순서에 따라 말을 해본다면 요임금과 우임금은 형제 항렬이 된다. 『시전』을 살펴보니 강원은 기(棄)를 낳았으니 이 자가 후직(后稷)이 되었고, 간적은 설(契)을 낳았으니 사도(司徒)가 되었는데, 후직과 설은 모두 요임금의 동생 항렬이 된다. 설로부터 명(冥)에 이르기까지는 6세대이고, 탕임금에 이르기까지는 14세대가 되며, 후직으로부터 공유(公劉)에 이르기까지 4세대가 되고, 태왕에게 이르기까지는 13세대가 된다. 네 왕조에서 체(禘)·교(郊)·조(祖)·종(宗)으로 섬겼다고 하는 주장에 대해서, 정현은 경문을 착간하여 보았는데, 현재 주나라의 예법에 따라 추론해보면, 천하를 소유한 자는 시조의 묘(廟)를 세우고, 100세대가 지나더라도 체천시키지 않고, 또 시조를 파생시킨 상제(上帝)를 추존하여, 시조의 묘에서 제사를 지내고 시조를 배향하니, 우와 하 때에는 마땅히 전욱(顓頊)을 시조로 삼아야 하고, 전욱의 묘에서 황제(黃帝)에게 체(禘)제사를 지내며, 교(郊)에서 하늘에 대한 제사를 지낸다면 모두 전욱을 배향해야 한다. 또 은나라 때에는 마땅히 설(契)을 시조로 삼아야 하고, 설의 묘에서 제곡(帝嚳)에게 체(禘)제사를 지내야 하며, 교(郊)제사에서는 마땅히 설을 배향해야 한다. 그리고 공덕을 세운 자를 조(祖)로 삼고 덕을 갖춘 자를 종(宗)으로 삼게 되니, 순임금의 증조인 구망(句芒)은 일찍이 공덕을 세웠으므로 조(祖)로 삼을 수 있는데, 현재는 그를 조(祖)로 삼지 않았고, 고수(瞽瞍)는 아둔하고 덕이 없어서, 종(宗)으로 삼을 수 있는 자가 아니다. 그렇기 때문에 마땅히 제곡을 조(祖)로 삼고 요임금을 종(宗)으로 삼아야 한다. 무릇 순임금은 요임금에게 천하를 선양받았고, 요임금은 제곡에게서 천하를 선양받았다. 그렇기 때문에 요임금은 순임금에게 천하를 선양하고, 순임금은 문조(文祖)에게서 제위를 받았다고 했는데,[4] 소씨(蘇氏)는

선집(明善集)』, 『거이집(居易集)』 등이 남아 있다.

4) 『서』「우서(虞書)·순전(舜典)」: 正月上日, 受終于文祖, 在璿璣玉衡, 以齊七政, 肆類于上帝, 禋于六宗, 望于山川, 徧于群神, 輯五瑞, 旣月, 乃日覲四岳群牧, 班瑞于群后.

제곡의 묘에 나아가서 받은 것이라고 했다. 또 순임금은 우임금에게 선양을 했고, 우임금은 신종(神宗)에게서 명을 받았다고 했는데,[5] 곧 요임금의 묘에 나아가서 받은 것이다. 이것을 통해서 우(虞) 때에는 구망(句芒)을 조(祖)로 삼지 않았고 제곡을 조(祖)로 삼았으며, 고수를 종(宗)으로 삼지 않았고 요임금을 종으로 삼았다는 사실을 명확히 알 수 있다. 선대 학자들은 하늘에 배향할 때에는 반드시 시조를 배향하고, 상제에게 배향할 때에는 반드시 부친을 배향한다고 하여, 이곳의 '종(宗)'자를 곧 명당(明堂)[6]에서 종주로 삼아 제사를 지낸다고 할 때의 '종(宗)'자로 여겼다. 그렇기 때문에 순임금은 고수를 종(宗)으로 삼아야 하며 요임금을 종(宗)으로 삼아서는 안 된다고 의심을 품었다. 내가 생각하기에, 오제(五帝)가 천하를 다스림에 우(虞)로부터 그 이상에 있어서는 공덕을 세운 자를 조(祖)로 삼았고 덕을 갖춘 자를 종(宗)으로 삼았으니, 마땅히 정현의 주에서 말한 것처럼 덕을 숭상한다는 주장과 같아야 한다. 그러나 삼왕이 천하를 다스렸을 때라면 그들에게 있어서 친근한 자를 조(祖)와 종(宗)으로 삼아야 한다. 그러므로 곤(鯀)은 일찍이 치수를 담당했지만 사형을 받아 죽었는데, 맡은 일에 목숨을 바친 공덕이 있으니, 고수가 미칠 수 있는 것이 아니다. 그렇기 때문에 마땅히 조(祖)로 여겨야 하지만, 또한 교(郊)제사를 지낼 수 없을 따름이다. 명(冥) 또한 이와 같다. 이를 통해 논의해본다면, 경문에서는 마땅히 "유우씨는 황제에게 체(禘)제사를 지냈고 전욱에게 교(郊)제사를 지냈으며, 제곡을 조(祖)로 모셨고 요임금을 종(宗)으로 모셨다. 하후씨 또한 황제에게 체(禘)제사를 지냈고 전욱에게 교(郊)제사를 지냈으며, 곤을 조(祖)로 모셨고 우임금을 종(宗)으로 모셨다. 은나라 때에는 제곡에게 체(禘)제사를 지냈고

---

5) 『서』「우서(虞書)·대우모(大禹謨)」: 正月朔旦, <u>受命于神宗</u>. 率百官若帝之初.

6) 명당(明堂)은 일반적으로 고대 제왕이 정교(政敎)를 베풀던 장소를 지칭하는 용어로 사용되었다. 이곳에서는 조회(朝會), 제사(祭祀), 경상(慶賞), 선사(選士), 양로(養老), 교학(敎學) 등의 국가 주요 업무가 시행되었다. 『맹자』「양혜왕하(梁惠王下)」편에는 "夫<u>明堂</u>者, 王者之堂也."라는 용례가 있고, 『옥태신영(玉台新詠)』「목난사(木蘭辭)」편에도 "歸來見天子, 天子坐<u>明堂</u>."이라는 용례가 있다. '명당'의 규모나 제도는 시대마다 다르다. 또한 '명당'이라는 건물군 중에서 남쪽의 실(室)을 가리키는 용어로도 사용되었다.

설에게 교(郊)제사를 지냈으며, 명을 조(祖)로 모셨고 탕임금을 종(宗)으로 모셨다. 주나라 때에는 제곡에게 체(禘)제사를 지냈고 후직에게 교(郊)제사를 지냈으며, 문왕을 조(祖)로 모셨고 무왕을 종(宗)으로 모셨다."라고 해야 한다. 이처럼 한다면 의심할 것이 거의 없게 된다. 대체로 공덕을 세운 자를 조(祖)로 모시고 덕을 갖춘 자를 종(宗)으로 모신다고 했을 때의 '종(宗)'은 명당에서 종주로 삼아 제사를 지낸다고 할 때의 '종(宗)'과는 다르다. 공덕을 세운 자를 조(祖)로 섬기고 덕을 갖춘 자를 종(宗)으로 섬긴다고 했는데, 이들은 100세대가 지나더라도 체천되지 않는 묘(廟)에 안치된다. 반면 명당에서 종주로 삼아 부친에게 제사를 지내고 상제에게 배향할 때에는 한 세대가 지나면 한 차례 바뀌게 되니, 공덕의 유무를 따지지 않는다. 유우씨 때에도 종주로 삼아 제사를 지내는 예법이 있었다는 사실은 들어보지 못했지만, 만약 그러한 예법이 있었다면, 고수를 종주로 삼아 제사를 지내며 상제에게 배향을 하더라도, 요임금을 종(宗)으로 삼아서 체천되지 않는 묘에 안치시킨 것과 서로 간여되지 않는다. 다만 우(虞) 때에는 자식에게 제위를 물려주지 않았으니, 또한 100세대가 지나더라도 체천되지 않는다는 뜻이 없을 따름이다.

구분	체(禘)	교(郊)	조(祖)	종(宗)
유우씨(有虞氏)	황제(黃帝)	전욱(顓頊)	곡(嚳)	요(堯)
하후씨(夏后氏)			곤(鯀)	우(禹)
은인(殷人)	곡(嚳)	설(契)	명(冥)	탕(湯)
주인(周人)		직(稷)	문왕(文王)	무왕(武王)

集說 今按: 以此章之宗, 爲宗其有德者, 自無可疑. 但殷有三宗, 不惟言宗湯, 則未能究其說也.

번역 현재 살펴보니, 이곳 문장에서 말한 '종(宗)'자는 덕을 갖춘 자를 종(宗)으로 삼는다는 뜻임을 의심할 수 없다. 다만 은나라 때에는 '삼종(三宗)'이 있어서, 탕임금만을 종(宗)으로 모셨다고는 말할 수 없을 따름이니,

그 주장을 완전히 믿을 수는 없다.

大全 馬氏曰: 禘者, 三年一祫五年一禘之禘. 郊者, 郊天於圜丘之郊. 祖者, 所以祖有功. 宗者, 所以宗有德. 先王四時之祭, 則有常禮, 以常禮爲未足以極其追遠之意, 而又爲禘以祭, 則及其所出之祖. 先王宗廟之制, 則有常數, 以常數爲未足盡祭享之意, 而又立廟以尊之, 則及於所祖宗之廟. 禮不王不禘, 王者, 禘其祖之所自出. 以傳考之, 虞夏者, 黃帝之所自出也, 故虞夏禘黃帝. 商周者, 嚳之所自出, 故商周禘帝嚳.

번역 마씨[7]가 말하길, '체(禘)'는 3년마다 한 차례 협(祫)제사를 지내고, 5년마다 한 차례 체(禘)제사를 지낸다고 할 때의 '체(禘)'제사를 뜻한다.[8] '교(郊)'는 환구(圜丘)[9]에서 하늘에 대한 교(郊)제사를 지낸다고 할 때의

---

7) 마희맹(馬晞孟, ?~?) : =마씨(馬氏)·마언순(馬彦醇). 자(字)는 언순(彦醇)이다. 『예기해(禮記解)』를 찬술했다.

8) 체협(禘祫)은 고대에 제왕(帝王)이 시조(始祖)에게 지냈던 제사를 뜻하니, 일종의 성대한 제사의례를 가리킨다. 간혹 '체협'을 구분하여 각각에 의미를 부여하기도 하며, 혹은 '체협'을 합쳐서 같은 의미로 사용하기도 한다. 이 문제에 대해서 장병린(章炳麟)은 『국고논형(國故論衡)』「명해고하(明解故下)」에서 "禘祫之言, 訩訩爭論旣二千年. 若以禘祫同爲殷祭, 祫名大事, 禘名有事, 是爲禘小於祫, 何大祭之云? 故知周之廟祭有大嘗·大烝, 有秋嘗·冬烝. 禘祫者大嘗·大烝之異語."라고 주장한다. 즉 '체협'이라는 말에 대해서 의견들이 분분한데, 만약 '체협'을 모두 은(殷)나라 때의 제사라고 말하며, '협(祫)'은 '중대한 사안[大事]'이 발생했을 때 지내는 제사를 뜻하고, '체(禘)'는 유사시에 지내게 되는 제사를 뜻한다고 한다면, '체'는 '협'보다 규모가 작은 것인데, 어떻게 대제(大祭)라고 말할 수 있겠는가? 그렇기 때문에 '체협'은 주(周)나라 때의 제사이다. 주나라 때 종묘(宗廟)에서 지내는 제사에는 대상(大嘗), 대증(大烝)이라는 용어가 있었고, 또 추상(秋嘗: 가을에 지내는 상(嘗)제사), 동증(冬烝: 겨울에 지내는 증(烝)제사라는 용어가 있었으니, '체협'은 대제(大祭)를 뜻하는 용어로, 대상이나 대증을 다르게 부른 명칭이다. 또한 『후한서(後漢書)』「장제기(章帝紀)」편에는 "其四時禘祫於光武之堂."이라는 기록이 있는데, 이에 대한 이현(李賢)의 주에서는 『속한서(續漢書)』를 인용하여, "五年再殷祭. 三年一祫, 五年一禘."라고 풀이한다. 즉 5년마다 2번의 성대한 제사를 지내게 되는데, 3년에 1번 '협'제사를 지내고, 5년에 1번 '체'제사를 지낸다.

9) 환구(圜丘)는 원구(圓丘)라고도 부른다. 고대에 제왕이 동지(冬至)에 제천(祭天) 의식을 집행하던 곳이다. 자연적으로 형성된 언덕의 형상을 본떠서, 흙

'교(郊)'제사를 뜻한다. '조(祖)'는 공덕을 세운 자를 조(祖)로 섬기는 것이다. '종(宗)'은 덕을 갖춘 자를 종(宗)으로 섬기는 것이다. 선왕은 사계절마다 지내는 제사에 있어서, 일상적인 예법을 제정하였지만, 일상적인 예법으로는 추원의 뜻을 지극히 하기에 부족하다고 여겨서, 또한 체(禘)를 통해 제사를 지냈으니, 그 대상은 시조를 낳은 조(祖)에게까지 미쳤다. 선왕은 종묘의 제도에 있어서, 고정된 수치를 제정해 두었지만, 규정된 수치로는 제향의 뜻을 다하기에 부족하다고 여겨서, 묘(廟)를 세워서 존숭하였으니, 조(祖)와 종(宗)으로 모시는 자들의 묘(廟)에까지 미쳤다. 예법에 따르면, 천자가 아니면 체(禘)제사를 지내지 않고, 천자는 자신의 시조를 낳은 대상에게 체(禘)제사를 지낸다고 했다.[10] 전수된 기록에 따라 고찰해보면, 우와 하의 시조는 황제에게서 파생된 자들이다. 그렇기 때문에 우와 하 때에는 황제에게 체(禘)제사를 지냈다. 또 은과 주의 시조는 제곡에게서 파생된 자들이다. 그렇기 때문에 은과 주 때에는 제곡에게 체(禘)제사를 지냈다.

鄭注 禘·郊·祖·宗, 謂祭祀以配食也. 此禘, 謂祭昊天於圜丘也. 祭上帝於南郊, 曰郊. 祭五帝·五神於明堂, 曰祖·宗, 祖·宗通言爾. 下有禘·郊·祖·宗. 孝經曰: "宗祀文王於明堂, 以配上帝." 明堂月令: "春曰其帝大昊, 其神句芒. 夏曰其帝炎帝, 其神祝融. 中央曰其帝黃帝, 其神后土. 秋曰其帝少昊, 其神蓐收. 冬曰其帝顓頊, 其神玄冥." 有虞氏以上尙德, 禘·郊·祖·宗, 配用有德者而已. 自夏已下, 稍用其姓代[11]之, 先後之次, 有虞氏·夏后氏宜

을 높이 쌓아올려 만들었기 때문에, '구(丘)'자를 붙여서 부른 것이며, 하늘의 둥근 형상을 본떴다는 뜻에서 '환(圜)' 또는 '원(圓)'자를 붙여서 부른 것이다. 『주례』「춘관(春官)·대사악(大司樂)」편에는 "冬日至, 於地上之圜丘奏之."라는 기록이 있고, 이에 대한 가공언(賈公彦)의 소(疏)에서는 "土之高者曰丘, 取自然之丘. 圜者, 象天圜也."라고 풀이했다.

10) 『예기』「대전(大傳)」【424a】: 禮不王不禘. 王者禘其祖之所自出, 以其祖配之. / 『예기』「상복소기(喪服小記)」【411b】: 禮不王不禘. / 『예기』「상복소기」【408d】: 王者禘其祖之所自出, 以其祖配之, 而立四廟. 庶子王亦如之.

11) '대(代)'자에 대하여. '대'자는 본래 '씨(氏)'자로 기록되어 있었는데, 완원(阮元)의 『교감기(校勘記)』에서는 "혜동(惠棟)의 『교송본(校宋本)』에서는 '씨'자를 '대'자로 기록하고 있고, 『송감본(宋監本)』·『악본(岳本)』·『가정본(嘉靖

郊顓頊, 殷人宜郊契. 郊祭一帝, 而明堂祭五帝, 小德配寡, 大德配衆, 亦禮之殺也.

번역 체(禘)·교(郊)·조(祖)·종(宗)은 제사를 지내며 배향해서 흠향을 시킨다는 뜻이다. 이곳의 '체(禘)'는 환구(圜丘)에서 호천(昊天)[12]에게 제사를 지낸다는 뜻이다. 남쪽 교외에서 상제(上帝)에게 제사를 지내는 것을 '교(郊)'라고 부른다. 명당(明堂)에서 오제(五帝)[13] 및 오신(五神)[14]에게 제

本)』 및 위씨(衛氏)의 『집설(集說)』에도 동일하게 기록되어 있다. 『정의』에서도 '대'자로 기록하고 있으니, 이곳 판본은 '씨'자로 잘못 기록한 것이다." 라고 했다.

12) 호천상제(昊天上帝)는 호천(昊天)과 상제(上帝)로 구분하여 해석하기도 하며, '호천상제'를 하나의 용어로 해석하기도 한다. 후자의 경우 '호천'이라는 말은 '상제'를 수식하는 말이다. 고대에는 축호(祝號)라는 것을 지어서 제사 때의 용어를 수식어로 꾸미게 되는데, '호천상제'의 경우는 '상제'에 대한 축호에 해당하며, 세부하여 설명하자면 신(神)의 명칭에 수식어를 붙이는 신호(神號)에 해당한다. 『예기』「예운(禮運)」편에는 "作其祝號, 玄酒以祭, 薦其血毛, 腥其俎, 孰其殽."라는 기록이 있고, 이에 대한 진호(陳澔)의 주에서는 "作其祝號者, 造爲鬼神及牲玉美號之辭. 神號, 如昊天上帝."라고 풀이했다. '호천'과 '상제'로 풀이할 경우, '상제'는 만물을 주재하는 자이며, '상천(上天)'이라고도 불렀다. 고대인들은 길흉(吉凶)과 화복(禍福)을 내릴 수 있는 능력을 갖추고 있었다고 생각하였다. 한편 '상제'는 오행(五行) 관념에 따라 동·서·남·북·중앙의 구분이 생기면서, 천상을 각각 나누어 다스리는 오제(五帝)로 설명되기도 한다. '호천'의 경우 천신(天神)을 뜻하는데, '상제'와 비슷한 개념이다. '호천'을 '상제'보다 상위의 개념으로 해석하여, 오제 위에서 군림하는 신으로 해석하는 경우도 있다.

13) 오제(五帝)는 전설시대에 존재했다고 전해지는 다섯 명의 제왕(帝王)을 뜻한다. 그러나 다섯 명이 누구였는지에 대해서는 이설(異說)이 많다. 첫 번째 주장은 황제(黃帝: =軒轅), 전욱(顓頊: =高陽), 제곡(帝嚳: =高辛), 당요(唐堯), 우순(虞舜)으로 보는 견해이다. 『사기정의(史記正義)』「오제본기(五帝本紀)」편에는 "太史公依世本·大戴禮, 以黃帝·顓頊·帝嚳·唐堯·虞舜爲五帝. 譙周·應劭·宋均皆同."이라는 기록이 있고, 『백호통(白虎通)』「호(號)」편에도 "五帝者, 何謂也? 禮曰, 黃帝·顓頊·帝嚳·帝堯·帝舜也."라는 기록이 있다. 두 번째 주장은 태호(太昊: =伏羲), 염제(炎帝: =神農), 황제(黃帝), 소호(少昊: =摯), 전욱(顓頊)으로 보는 견해이다. 이 주장은 『예기』「월령(月令)」편에 나타난 각 계절별 수호신들의 내용을 종합한 것이다. 세 번째 주장은 소호(少昊), 전욱(顓頊), 고신(高辛), 당요(唐堯), 우순(虞舜)으로 보는 견해이다. 『서서(書序)』에는 "少昊·顓頊·高辛·唐·虞之書, 謂之五典, 言常道也."라는 기록이

사지내는 것을 '조(祖)'와 '종(宗)'이라고 부르는데, 조(祖)와 종(宗)은 통괄적으로 말한 것일 뿐이다. 아래문장에도 체(禘)·교(郊)·조(祖)·종(宗)에 대한 기록이 나온다. 『효경』에서는 "명당에서 문왕을 종주로 삼아 제사를 지내어, 상제에게 배향했다."[15]라고 했다. 『명당음양』에서는 "봄을 담당하는 상제는 태호(太昊)[16]이고, 그를 보좌하는 신은 구망(句芒)[17]이다. 여름을 담당하는 상제는 염제(炎帝)[18]이고, 그를 보좌하는 신은 축융(祝融)[19]

있다. 또 『제왕세기(帝王世紀)』에는 "伏羲·神農·黃帝爲三皇, 少昊·高陽·高辛·唐·虞爲五帝."라는 기록이 있다. 네 번째 주장은 복희(伏羲), 신농(神農), 황제(黃帝), 당요(唐堯), 우순(虞舜)으로 보는 견해이다. 이 주장은 『역』「계사하(繫辭下)」편의 내용에 근거한 주장이다.

14) 오신(五神)은 다섯 방위를 담당하는 신으로, 구망(句芒)·축융(祝融)·후토(后土)·욕수(蓐收)·현명(玄冥)을 뜻한다. 이들은 또한 오행(五行)을 관장하는 신이라고도 부른다.

15) 『효경』「성치장(聖治章)」: 宗祀文王於明堂, 以配上帝.

16) 태호(太皞)는 태호(太昊)라고도 부른다. '태호'는 복희(伏犧)를 가리킨다. 오행(五行)으로 구분했을 때 목(木)을 주관하며, 계절로 따지면 봄을 주관하고, 방위로 따지면 동쪽을 주관하는 자이다. 『여씨춘추(呂氏春秋)』「맹춘기(孟春紀)」편에는 "其帝, 太皞, 其神, 句芒."이라는 기록이 있고, 이에 대한 고유(高誘)의 주에서는 "太皞, 伏羲氏, 以木德王天下之號, 死祀於東方, 爲木德之帝."라고 풀이했다.

17) 구망(句芒)은 오행(五行) 중 목(木)의 기운을 주관하는 천상의 신(神)이다. 목(木)의 기운을 담당했기 때문에, 그 관부의 이름을 따서 목관(木官)이라고도 부르고, 관부의 수장이라는 뜻에서 목정(木正)이라고도 부른다. '구망'은 소호씨(少皞氏)의 아들 또는 후손으로 알려져 있으며, 이름은 중(重)이었다고 전해진다. 생전에 목덕(木德)의 제왕이었던 태호(太皞: =伏羲氏)를 보좌하였고, 죽은 이후에는 목관(木官)의 신이 되었다고도 전해진다. '오행' 중 목(木)의 기운은 각 계절 및 방위와 관련되어, '구망'은 봄과 동쪽에 해당하는 신이라고도 부른다. 다만 목덕(木德)을 주관했던 상위의 신은 '태호'이고, '구망'은 태호를 보좌했던 신이다. 『예기』「월령(月令)」편에는 "其帝, 太皞, 其神, 句芒."이라는 기록이 있는데, 이에 대한 정현의 주에서는 "句芒, 少皞氏之子, 曰重, 爲木官."이라고 풀이했다. 『여씨춘추(呂氏春秋)』「맹춘기(孟春紀)」편에는 "其帝, 太皞, 其神, 句芒."이라는 기록이 있는데, 이에 대한 고유(高誘)의 주에서는 "句芒, 少皞氏之裔子曰重, 佐木德之帝, 死爲木官之神."이라고 풀이했다. 한편 『춘추좌씨전』「소공(昭公) 29년」편에는 "木正曰句芒."이라는 기록이 있다.

18) 염제(炎帝)는 신농(神農)이다. 소전(少典)의 아들이고, 오행(五行)으로 구분했을 때 화(火)를 주관하며, 계절로 따지면 여름을 주관하고, 방위로 따지면

이다. 중앙의 계절을 담당하는 상제는 황제(黃帝)[20]이고, 그를 보좌하는 신

남쪽을 주관하는 자이다. 『여씨춘추(呂氏春秋)』「맹하기(孟夏紀)」편에는 "其日丙丁, 其帝炎帝."이라는 기록이 있고, 이에 대한 고유(高誘)의 주에서는 "炎帝, 少典之子, 姓姜氏, 以火德王天下, 是爲炎帝, 號曰神農, 死託祀於南方, 爲火德之帝."라고 풀이했다. 한편 '염제'는 신농의 후손들을 지칭하기도 한다. 『사기(史記)』「봉선서(封禪書)」편에는 "神農封泰山, 禪云云; 炎帝封泰山, 禪云云."라는 기록이 나오는데, 이에 대한 『사기색은(史記索隱)』의 주에서는 "神農後子孫亦稱炎帝而登封者, 律曆志, '黃帝與炎帝戰於阪泉', 豈黃帝與神農身戰乎? 皇甫謐云炎帝傳位八代也."라고 풀이했다. 즉 신농의 자손들 또한 시조의 명칭에 따라서 '염제'라고 부르기도 하는데, 『사기』「율력지(律曆志)」편에는 황제(黃帝)와 '염제'가 판천(阪泉)에서 전쟁을 벌였다는 기록이 있는데, 어떻게 시대가 다른 두 사람이 직접 전쟁을 할 수 있는가? 황보밀(皇甫謐)은 이 문제에 대해서 여기에서 말하는 '염제'는 신농의 8대손이라고 풀이했다.

19) 축융(祝融)은 전설시대에 존재했다고 전해지는 고대 제왕 중 한 명이다. 삼황(三皇) 중 한 명이다. '삼황'에 속한 인물들에 대해서 대부분 복희(伏羲)와 신농(神農)이 포함된다고 주장한다. 그러나 나머지 1명에 대해서는 이견(異見)이 많은데, 어떤 자들은 수인(燧人)을 포함시키기도 하고, 또 어떤 자들은 여왜(女媧)를 포함시키기도 하며, 또 어떤 자들은 '축융'을 포함시키기도 한다. 『잠부론(潛夫論)』「오덕지(五德志)」편에는 "世傳三皇五帝, 多以爲伏羲·神農爲二皇, 其一者或曰燧人, 或曰祝融, 或曰女媧, 其是與非未可知也."라는 기록이 있다. 한편 '축융'은 신(神)을 뜻하기도 한다. 고대인들은 '축융'을 전욱씨(顓頊氏)의 후손이며, 노동(老童)의 아들인 오회(吳回)로 여겼다. 또한 생전에는 고신씨(高辛氏)의 화정(火正)이 되었으며, 죽어서는 화관(火官)의 신이 되었다고 생각했다. 즉 고대에는 오행설(五行說)이 유행하여, 오행마다 주관하는 신들이 있었다고 여겨졌다. 그중 신농(神農)은 화(火)를 주관한다고 여겨졌고, '축융'은 신농의 휘하에서 '화'의 운행을 돕는 신으로 여겨졌다. 『예기』「월령(月令)」편에는 "其日丙丁, 其帝炎帝, 其神祝融."이라는 기록이 있고, 『여씨춘추(呂氏春秋)』「맹하기(孟夏紀)」편에는 "其神祝融."이라는 기록이 있는데, 이에 대한 고유(高誘)의 주에서는 "祝融, 顓頊氏後, 老童之子吳回也, 爲高辛氏火正, 死爲火官之神."이라고 풀이했다. 또한 '축융'은 오방(五方) 중 남쪽을 다스리는 신으로 여겨졌다. 이러한 사유 또한 오행설에 근거한 것으로, 고대인들은 '오방'마다 각각의 방위를 주관하는 신들이 있었다고 여겼다. 그러나 해당하는 신들에 대해서는 이견(異見)이 존재한다. 이러한 기록들 중 『관자(管子)』「오행(五行)」편에는 "得奢龍而辯於東方, 得祝融而辯於南方."이라는 기록이 있고, 『한서(漢書)』「양웅전상(揚雄傳上)」편에는 "麗鉤芒與驂蓐收兮, 服玄冥及祝融."이라는 기록이 있는데, 이에 대한 안사고(顏師古)의 주에서는 "祝融, 南方神."이라고 풀이했다.

20) 황제(黃帝)는 헌원씨(軒轅氏), 유웅씨(有熊氏)이라고도 부른다. 전설시대에

은 후토(后土)[21]이다. 가을을 담당하는 상제는 소호(少昊)[22]이고, 그를 보좌하는 신은 욕수(蓐收)[23]이다. 겨울을 담당하는 상제는 전욱(顓頊)[24]이

존재했다고 전해지는 고대 제왕(帝王)이다. 소전(少典)의 아들이고, 성(姓)은 공손(公孫)이다. 헌원(軒轅)이라는 땅의 구릉 지역에 거주하였기 때문에, 그를 '헌원씨'라고도 부르는 것이다. 또한 '황제'는 희수(姬水) 지역에도 거주를 하였기 때문에, 이 지역의 이름을 따서 성(姓)을 희(姬)로 고치기도 하였다. 그리고 수도를 유웅(有熊) 땅에 마련하였기 때문에, 그를 '유웅씨'라고도 부르는 것이다. 한편 오행(五行) 관념에 따라서, 그는 토덕(土德)을 바탕으로 제왕이 되었다고 여겼는데, 흙[土]이 상징하는 색깔은 황(黃)이므로, 그를 '황제'라고 부르는 것이다. 『역』「계사하(繫辭下)」편에는 "神農氏沒, 黃帝·堯·舜氏作, 通其變, 使民不倦."이라는 기록이 있는데, 이에 대한 공영달(孔穎達)의 소(疏)에서는 "黃帝, 有熊氏少典之子, 姬姓也."라고 풀이했다. 한편 '황제'는 오제(五帝) 중 하나를 뜻한다. 오행(五行)으로 구분했을 때 토(土)를 주관하며, 계절로 따지면 중앙 계절을 주관하고, 방위로 따지면 중앙을 주관하는 신(神)이다. 『여씨춘추(呂氏春秋)』「계하기(季夏紀)」편에는 "其帝黃帝, 其神后土."라는 기록이 있고, 이에 대한 고유(高誘)의 주에서는 "黃帝, 少典之子, 以土德王天下, 號軒轅氏, 死託祀爲中央之帝."라고 풀이했다.

21) 후토(后土)는 토지신을 뜻한다. 『주례』「춘관(春官)·대종백(大宗伯)」편에는 "王大封, 則先告后土."라는 기록이 있고, 이에 대한 정현의 주에서는 "后土, 土神也."라고 풀이했다.

22) 소호씨(少皞氏)는 전설상의 인물이다. 소호(少昊)라고도 부른다. 고대 동이족의 제왕으로, 황제(黃帝)의 아들이었다고도 전해진다. 이름은 지(摯)인데, 질(質)이었다고도 한다. 호(號)는 금천씨(金天氏)이다. 소호(少皞)는 새의 이름으로 관직명을 지었다고 전해지며, 사후에는 서방(西方)의 신(神)이 되었다고 전해진다. 『춘추좌씨전』「소공(昭公) 17년」편에는 "郯子曰 我高祖少皞摯之立也, 鳳鳥適至, 故紀於鳥, 爲鳥師而鳥名."이라는 기록이 있는데, 이에 대한 두예(杜預)의 주에서는 "少皞, 金天氏, 黃帝之子, 己姓之祖也."라고 풀이했다.

23) 욕수(蓐收)는 오행(五行) 중 금(金)의 기운을 주관하는 천상의 신(神)이다. 금(金)의 기운을 담당했기 때문에, 그 관부의 이름을 따서 금관(金官)이라고도 부르고, 관부의 수장이라는 뜻에서 금정(金正)이라고도 부른다. '욕수'는 소호씨(少皞氏)의 아들 또는 후손으로 알려져 있으며, 이름은 해(該)였다고 전해진다. 생전에 금덕(金德)의 제왕이었던 소호(少皞: =金天氏)를 보좌하였고, 죽은 이후에는 금관(金官)의 신이 되었다고도 전해진다. '오행' 중 금(木)의 기운은 각 계절 및 방위와 관련되어, '욕수'는 가을과 서쪽에 해당하는 신이라고도 부른다. 다만 금덕(金德)을 주관했던 상위의 신은 '소호'이고, '욕수'는 소호를 보좌했던 신이다. 『예기』「월령(月令)」편에는 "其日庚辛, 其帝少皞, 其神蓐收."라는 기록이 있는데, 이에 대한 정현의 주에서는 "蓐收, 少皞氏之

고, 그를 보좌하는 신은 현명(玄冥)[25]이다."라고 했다. 유우씨로부터 그 이상의 시대에서는 덕을 숭상하였고, 체(禘)·교(郊)·조(祖)·종(宗)의 제사에 있어서도 덕을 갖춘 자를 배향했을 따름이다. 하나라로부터 그 이하로

子曰該, 爲金官."이라고 풀이했다. 『여씨춘추(呂氏春秋)』「맹추기(孟秋紀)」편에는 "其日庚辛, 其帝少皞, 其神蓐收."라는 기록이 있는데, 이에 대한 고유(高誘)의 주에서는 "少皞氏裔子曰該, 皆有金德, 死託祀爲金神."이라고 풀이했다.

24) 전욱(顓頊)은 고양씨(高陽氏)라고도 부른다. '전욱'은 고대 오제(五帝) 중 하나이다. 『산해경(山海經)』「해내경(海內經)」편에는 "黃帝妻雷祖, 生昌意, 昌意降處若水, 生韓流. 韓流, …… 取淖子曰阿女, 生帝顓頊."이라는 기록이 있다. 즉 황제(黃帝)의 처인 뇌조(雷祖)가 창의(昌意)를 낳았는데, 창의가 약수(若水)에 강림하여 거처하다가, 한류(韓流)를 낳았다. 다시 한류는 아녀(阿女)를 부인으로 맞이하여 '전욱'을 낳았다. 또한 『회남자(淮南子)』「천문훈(天文訓)」편에는 "北方, 水也, 其帝顓頊, 其佐玄冥, 執權而治冬."이라는 기록이 있다. 즉 북방(北方)은 오행(五行)으로 배열하면 수(水)에 속하는데, 이곳의 상제(上帝)는 '전욱'이고, 상제를 보좌하는 신(神)은 현명(玄冥)이다. 이들은 겨울을 다스린다. 또한 '전욱'과 관련하여 『수경주(水經注)』「호자하(瓠子河)」편에는 "河水舊東決, 逕濮陽城東北, 故衛也, 帝顓頊之墟. 昔顓頊自窮桑徙此, 號曰商丘, 或謂之帝丘."라는 기록이 있다. 즉 황하의 물길은 옛날에 동쪽으로 흘러서, 복양성(濮陽城)의 동북쪽을 경유하였는데, 이곳은 옛 위(衛) 지역으로, '전욱'이 거처하던 터이며, 예전에 '전욱'이 궁상(窮桑) 땅으로부터 이곳으로 옮겨왔기 때문에, 이곳을 상구(商丘) 또는 제구(帝丘)라고도 부른다.

25) 현명(玄冥)은 오행(五行) 중 수(水)의 기운을 주관하는 천상의 신(神)이다. 수(水)의 기운을 담당했기 때문에, 그 관부의 이름을 따서 수관(水官)이라고도 부르고, 관부의 수장이라는 뜻에서 수정(水正)이라고도 부른다. '오행' 중 수(水)의 기운은 각 계절 및 방위와 관련되어, '현명'은 겨울과 북쪽에 해당하는 신이라고도 부른다. 다만 수덕(水德)을 주관했던 상위의 신은 전욱(顓頊)이었고, '현명'은 '전욱'을 보좌했던 신이다. 한편 다른 오관(五官)의 신들과 달리, '현명'에 해당하는 인물에 대해서는 이견(異見)이 있다. 『예기』「월령(月令)」편에는 "其日壬癸, 其帝顓頊, 其神玄冥."이라는 기록이 있는데, 이에 대한 정현의 주에서는 "玄冥, 少皞氏之子曰脩, 曰熙, 爲水官."이라고 풀이한다. 즉 소호씨(少皞氏)의 아들 중 수(脩)와 희(熙)라는 인물이 있었는데, 이들은 생전에 수관(水官)이 되어 공덕(功德)을 쌓았고, 죽어서는 '현명'에 배향되었다고 설명한다. 『여씨춘추(呂氏春秋)』「맹동기(孟冬紀)」편에는 "其日壬癸, 其帝顓頊, 其神玄冥."이라는 기록이 있는데, 이에 대한 고유(高誘)의 주에서는 "玄冥, 官也. 少皞氏之子曰循, 爲玄冥師, 死祀爲水神."이라고 풀이한다. 즉 '현명'은 관직에 해당하는데, '소호씨'의 아들이었던 순(循)이 생전에 '현명'이라는 관부의 수장을 지냈기 때문에, 그가 죽었을 때에는 수신(水神)으로 배향을 했다는 뜻이다.

는 점차 같은 성씨(姓氏)로 대체하여 선후의 차례가 생겼으니, 유우씨와 하후씨 때에는 마땅히 전욱에게 교(郊)제사를 지내야 하고, 은나라 때에는 설에게 교(郊)제사를 지내야 한다. 교(郊)제사는 오제(五帝) 중에서도 한 명의 제왕에게 제사를 지내지만, 명당에서 제사를 지낼 때에는 오제에게 두루 제사를 지내며, 덕이 작은 자는 배향하는 것이 적고 덕이 많은 자는 배향하는 것이 많으니, 이 또한 예법에 따라 줄이는 것이다.

<table>
<tr><th>구분</th><th>체(禘)</th><th>교(郊)</th><th>조(祖)</th><th>종(宗)</th></tr>
<tr><td>유우씨(有虞氏)</td><td></td><td rowspan="2">전욱(顓頊)</td><td></td><td></td></tr>
<tr><td>하후씨(夏后氏)</td><td></td><td></td><td></td></tr>
<tr><td>은인(殷人)</td><td></td><td>설(契)</td><td></td><td></td></tr>
<tr><td>주인(周人)</td><td></td><td></td><td></td><td></td></tr>
</table>

釋文 禘, 大計反. 嚳, 口毒反. 顓音專. 頊, 許玉反. 鯀, 本又作▼(骨+系), 古本反, 篇末皆同. 冥, 莫經反. 契, 息列反, 下同. 圜音圓. 大昊音泰, 下"大廟"·"大祖"·"大昊"同. 昊, 亦作皞, 胡老反, 下放此. 句, 古侯反. 芒音亡. 夏, 戶嫁反, 後"夏曰"皆同. 少, 詩召反, 下放此. 蓐音辱, 本亦作辱. 以上, 時掌反, 下"上去"·"以上"同. 殺, 色界反, 徐所例反.

번역 '禘'자는 '大(대)'자와 '計(계)'자의 반절음이다. '嚳'자는 '口(구)'자와 '毒(독)'자의 반절음이다. '顓'자의 음은 '專(전)'이다. '頊'자는 '許(허)'자와 '玉(욱)'자의 반절음이다. '鯀'자는 판본에 따라서 또한 '▼(骨+系)'자로도 기록하는데, 그 음은 '古(고)'자와 '本(본)'자의 반절음이며, 이 편에 나오는 글자는 모두 그 음이 이와 같다. '冥'자는 '莫(막)'자와 '經(경)'자의 반절음이다. '契'자는 '息(식)'자와 '列(렬)'자의 밟덜음이며, 아래문장에 나오는 글자도 그 음이 이와 같다. '圜'자의 음은 '圓(원)'이다. '大昊'에서의 '大'자는 그 음이 '泰(태)'이며, 아래문장에 나오는 '大廟'·'大祖'·'大昊'에서의 '大'자도 그 음이 이와 같다. '昊'자는 또한 '皞'자로도 기록하는데, 그 음은 '胡(호)'자와 '老(로)'자의 반절음이며, 뒤에 나오는 글자도 이에 따른다. '句'자는 '古

(고)'자와 '侯(후)'자의 반절음이다. '芒'자의 음은 '亡(망)'이다. '夏'자는 '戶(호)'자와 '嫁(가)'자의 반절음이며, 뒤에 나오는 '夏曰'에서의 '夏'자도 모두 그 음이 이와 같다. '少'자는 '詩(시)'자와 '召(소)'자의 반절음이며, 아래에 나오는 글자도 이에 따른다. '蓐'자의 음은 '辱(욕)'이며, 판본에 따라서는 또한 '辱'자로도 기록한다. '以上'에서의 '上'자는 그 음이 '時(시)'자와 '掌(장)'자의 반절음이며, 아래문장에 나오는 '上去'과 '以上'에서의 '上'자도 그 음이 이와 같다. '殺'자는 '色(색)'자와 '界(계)'자의 반절음이며, 서음(徐音)은 '所(소)'자와 '例(례)'자의 반절음이다.

孔疏 ●"祭法"至"武王". ○正義曰: 此一經論有虞氏以下四代禘 · 郊 · 祖 · 宗所配之人. "有虞氏禘黃帝"者, 謂虞氏冬至祭昊天上帝於圜丘, 大禘之時, 以黃帝配祭.

번역 ●經文: "祭法"~"武王". ○이곳 경문은 유우씨로부터 그 이하의 네 왕조가 체(禘) · 교(郊) · 조(祖) · 종(宗)을 지내며 배향했던 자들을 논의하고 있다. 경문의 "有虞氏禘黃帝"에 대하여. 유우씨 때에는 동지(冬至)에 환구(圜丘)에서 호천상제에게 제사를 지냈고, 성대한 체(禘)제사를 지낼 때에는 황제(黃帝)를 배향하여 제사를 지냈다.

孔疏 ●"而郊嚳"者, 謂夏正建寅之月, 祭感生之帝於南郊, 以嚳配也.

번역 ●經文: "而郊嚳". ○하정(夏正)[26]으로 북두칠성의 자루가 인(寅)

26) 하정(夏正)은 하(夏)나라의 정월(正月)을 뜻한다. 이러한 뜻에서 파생되어 하나라의 역법(曆法)을 지칭하기도 한다. 하력(夏曆)을 기준으로 두었을 때, 은(殷)나라는 12월을 정월로 삼았으며, 주(周)나라는 11월을 정월로 삼았다. 『사기(史記)』「역서(曆書)」편에서는 "秦及漢初曾一度以夏曆十月爲正月, 自漢武帝改用夏正后, 曆代沿用."이라고 하여, 진(秦)나라와 전한초기(前漢初期)에는 하력에서의 10월을 정월로 삼았다가, 한무제(漢武帝)부터는 다시 하력을 따랐다고 전해진다. 또한 '하력'은 농력(農曆)이라고도 부르는데, '하력'에 기준을 두었을 때, 농사의 시기와 가장 잘 맞았기 때문이다. 따라서 역대 왕조에서 역법을 개정할 때에는 '하력'에 기준을 두게 되었다.

의 방위에 걸리는 달, 남쪽 교외에서 감생제(感生帝)[27]에게 제사를 지내고, 제곡(帝嚳)을 배향했다는 뜻이다.

孔疏 ●"祖顓頊而宗堯"者, 謂祭五天帝·五人帝及五人神於明堂, 以顓頊及堯配之, 故云"祖顓頊而宗堯". 祖, 始也, 言爲道德之初始, 故云"祖"也. 宗, 尊也, 以有德可尊, 故云"宗". 其夏后氏以下禘·郊·祖·宗, 其義亦然, 但所配之人當代各別. 虞氏云"有"者, 以虞字文單, 故以有字配之, 無義例也. 夏云后氏者, 后, 君也, 受位於君, 故稱后. 殷周稱人, 以人所歸往, 故稱人. 此並熊氏之說也.

번역 ●經文: "祖顓頊而宗堯". ○천상의 다섯 제왕과 인간 세상의 다섯 제왕 및 다섯 신들에 대해 명당(明堂)에서 제사를 지내며, 전욱(顓頊)과 요임금을 배향했다. 그렇기 때문에 "전욱을 조(祖)로 모셨고 요임금을 종(宗)으로 모셨다."라고 했다. '조(祖)'자는 시초[始]를 뜻하니, 도덕의 시초가 된다는 뜻이다. 그렇기 때문에 "시조로 삼다[祖]."라고 말했다. '종(宗)'자는 존숭[尊]을 뜻하니, 덕을 갖춘 자는 존숭할 수 있다. 그렇기 때문에 "종주로 삼다[宗]."라고 했다. 하후씨로부터 그 이하로 체(禘)·교(郊)·조(祖)·종(宗)에 있어서 그 의미 또한 이와 같다. 다만 배향하는 대상은 당시 왕조에 따라서 각각 구별된다. 유우씨(有虞氏)에 대해서는 '유(有)'자를 붙여서 말했는데, '우(虞)'자 홀로 기록되므로 '유(有)'자를 함께 기록한 것이니, 특별한 의미에 따른 용례는 아니다. 하(夏) 왕조에 대해서는 '후씨(后氏)'라는 말을 붙여서 불렀는데, '후(后)'자는 군주[君]를 뜻하니, 군주로부터 제위를 받았기 때문에 '후(后)'라고 지칭한다. 은(殷)나라와 주(周)나라에 대해서는 '인(人)'자를 붙여서 불렀는데, 사람들이 회귀하는 대상이기 때문에 '인(人)'자를 함께 지칭했다. 이러한 설명은 모두 웅안생[28]의 주장이다.

---

27) 감생제(感生帝)는 감제(感帝)·감생(感生)이라고도 부른다. 태미오제(太微五帝)의 정기를 받아서 태어난 인간세상의 제왕을 뜻한다. 고대에는 각 왕조의 선조들이 모두 상제(上帝)의 기운을 받아서 태어났다고 여겼기 때문에, '감생제'라는 명칭이 생기게 되었다.

28) 웅안생(熊安生, ?~A.D.578) : =웅씨(熊氏). 북조(北朝) 때의 경학자이다. 자

孔疏 ◎注"禘郊"至"殺也". ○正義曰: "此禘, 謂祭昊天於圜丘也"者, 但經傳之文稱禘非一, 其義各殊. 論語云"禘自旣灌", 及春秋"禘于大廟", 謂宗廟之祭也. 喪服小記云"王者禘其祖之所自出也", 及大傳云"禮, 不王不禘", 謂祭感生之帝於南郊也. 以禘文旣多, 故云"此禘, 謂祭昊天上帝於圜丘". 必知此是圜丘者, 以禘文在於郊祭之前, 郊前之祭, 唯圜丘耳. 但爾雅·釋天云"禘, 大祭", 以比餘處爲大祭, 總得稱禘. 按聖證論: "以此禘黃帝, 是宗廟五年祭之名, 故小記云'王者禘其祖之所自出, 以其祖配之', 謂虞氏之祖出自黃帝, 以祖顓頊配黃帝而祭, 故云以其祖配之." 依五帝本紀黃帝爲虞氏九世祖, 黃帝生昌意, 昌意生顓頊, 虞氏七世祖. 以顓頊配黃帝而祭, 是禘其祖之所自出, 以其祖配之也. 肅又以祖·宗爲祖有功, 宗有德, 其廟不毁. 肅又以郊與圜丘是一, 郊卽圜丘, 故肅難鄭云: "按易'帝出乎震', '震, 東方', 生萬物之初, 故王者制之. 初以木德王天下, 非謂木精之所生. 五帝皆黃帝之子孫, 各改號代變, 而以五行爲次焉. 何大微之精所生乎? 又郊祭, 鄭玄云'祭感生之帝, 唯祭一帝耳'. 郊特牲何得云'郊之祭大報天而主日'? 又天唯一而已, 何得有六? 又家語云'季康子問五帝. 孔子曰: 天有五行, 木·火·金·水及土, 分[29]時化育以成萬物. 其神謂之五帝'. 是五帝之佐也, 猶三公輔王, 三公可得稱王輔, 不得稱天王. 五帝可得稱天佐, 不得稱上天. 而鄭玄[30]以五帝爲靈威仰之屬, 非也. 玄以圜丘祭昊天最爲首禮, 周人立后稷廟, 不立嚳廟, 是周人尊嚳不若后稷. 及文·武以嚳配至重之天, 何輕重顚倒之失? 所郊則圜丘, 圜丘則郊, 猶王城之內與京師, 異名而同處." 又王肅·孔晁云: "虞·夏出黃帝, 殷·周出帝嚳, 祭法四代

(字)는 식지(植之)이다. 『주례(周禮)』, 『예기(禮記)』, 『효경(孝經)』 등 많은 전적에 의소(義疏)를 남겼지만, 모두 산일되어 남아 있지 않다. 현재 마국한(馬國翰)의 『옥함산방집일서(玉函山房輯佚書)』에 『예기웅씨의소(禮記熊氏義疏)』 4권이 남아 있다.

29) '분(分)'자에 대하여. '분'자 앞에는 본래 '사(四)'자가 기록되어 있었는데, 손이양(孫詒讓)의 『교기(校記)』에서는 "『공자가어(孔子家語)』「오제(五帝)」편에는 '사'자가 없으니, 이곳 판본의 '사'자는 연문으로 기록된 글자이다."라고 했다.

30) '현(玄)'자에 대하여. '현'자는 본래 '운(云)'자로 기록되어 있었는데, 손이양(孫詒讓)의 『교기(校記)』에서는 "'운'자는 마땅히 '현'자가 되어야 한다."라고 했다.

禘此二帝, 上下相證之明文也. 詩云'天命玄鳥', '履帝武敏歆', 自是正義, 非讖緯之妖說." 此皆王肅難, 大略如此. 而鄭必爲此釋者, 馬昭申鄭云: "王者禘其祖之所自出, 以其祖配之. 按文自了, 不待師說. 則始祖之所自出, 非五帝而誰? 河圖云'姜原履大人之跡生后稷, 大姒夢大人死而生文王', 又中候云'姬昌, 蒼帝子', 經·緯所說明文. 又孝經云'郊祀后稷以配天', 則周公配蒼帝靈威仰. 漢氏及魏據此義而各配其行. 易云: '帝出乎震.' 自論八卦養萬物於四時, 不據感生所出也." 又張融評云: "若依大戴禮及史記, 稷·契及堯俱帝嚳之子, 堯有賢弟七十, 不用須舜擧之, 此不然明矣. 漢氏, 堯之子孫, 謂劉媪感赤龍而生高祖, 薄姬亦感而生文帝, 漢爲堯允[31]而用火德. 大魏紹虞, 同符土行. 又孔子刪書, 求史記, 得黃帝玄孫帝魁之書. 若五帝當身相傳, 何得有玄孫帝魁?" 融據經典三代之正, 以爲五帝非黃帝子孫相續次也. 一則稽之以湯武革命不改稷·契之行, 二則驗之以大魏與漢襲唐虞火土之法, 三則符之堯舜湯武無同宗祖之言, 四則驗以帝魁繼黃帝之世, 是五帝非黃帝之子孫也. 此是馬昭·張融等申義也. 但張融以禘爲五年大祭, 又以圜丘卽郊, 引董仲舒·劉向·馬融之論, 皆以爲周禮圜丘, 則孝經云南郊, 與王肅同, 非鄭義也. 又春秋命曆序: "炎帝號曰大庭氏, 傳八世, 合五百二十歲. 黃帝一曰帝軒轅, 傳十世, 二千五百二十歲. 次曰帝宣, 曰少昊, 一曰金天氏, 則窮桑氏傳八世, 五百歲. 次曰顓頊, 則高陽氏傳二十世, 三百五十歲. 次是帝嚳, 卽高辛氏, 傳十世, 四百歲." 此鄭之所據也. 其大戴禮"少典產軒轅, 是爲黃帝; 產玄囂, 玄囂產喬極, 喬極產高辛, 是爲帝嚳; 帝嚳產放勳, 是爲帝堯. 黃帝產昌意, 昌意產高陽, 是爲帝顓頊; 產窮蟬, 窮蟬產敬康, 敬康產句芒, 句芒產蟜牛, 蟜牛產瞽叟, 瞽叟產重華, 是爲帝舜; 及產象敖. 又顓頊產鯀, 鯀產文命, 是爲禹". 司馬遷爲史記依而用焉, 皆鄭所不取. 云"祭五帝五神於明堂, 曰祖·宗, 祖·宗通言爾"者, 以明堂月令云"春曰其帝大皞, 其神句芒". 五時皆有帝及神, 又月令"季秋大享帝", 故知明堂之祭, 有五人神及五天帝也. 又孝經云"宗祀文王於明堂, 以配上帝",

---

31) '윤(允)'자에 대하여. '윤'자는 본래 '숙(夙)'자로 기록되어 있었는데, 완원(阮元)의 『교감기(校勘記)』에서는 "혜동(惠棟)의 『교송본(校宋本)』에는 '윤'자로 기록되어 있으니, 이곳 판본은 '육'자를 잘못하여 '숙'자로 기록한 것이다."라고 했다.

故知於明堂也. 以孝經云"宗祀文王於明堂", 此云"宗武王", 又此經云"祖文王", 是文王稱祖, 故知"祖·宗通言爾". 雜問志云: "春曰其帝大皞, 其神句芒. 祭蒼帝靈威仰, 大皞食焉. 句芒祭之於庭. 祭五帝於明堂, 五德之帝亦食焉, 又以文武配之." 祭法"祖文王而宗武王", 此謂合祭於明堂. 漢以正禮散亡, 戴禮文殘缺, 不審周以何月也. 於月令以季秋, 此文武之配, 皆於明堂上, 或解云武王配五神於下, 屈天子之尊而就五神在庭, 非其理也. 此祖·宗祭五帝, 郊特牲祭一帝, 而在祖·宗上者, 以其感生之帝, 特尊之, 故鄭注典瑞云"所郊亦猶五帝. 殊言天者, 尊異之", 是異也. 云"有虞氏以上尚德, 禘·郊·祖·宗, 配用有德者而已"者, 以虞氏禘·郊·祖·宗之人皆非虞氏之親, 是尙德也. 云"自夏已下, 稍用其姓代之"者, 而夏之郊用鯀, 是稍用其姓代之. 但不盡用己姓, 故云稍也. 云"先後之次, 有虞氏·夏后氏宜郊顓頊, 殷人宜郊契"者, 今有虞氏先云"郊嚳", 後云"祖顓頊"; 夏后氏先云"郊鯀", 後云"祖顓頊"; 殷人先云"郊冥", 後云"祖契". 是在前者居後, 在後者居前, 故云"宜"也. 云"郊祭一帝, 而明堂祭五帝, 小德配寡, 大德配衆, 亦禮之殺也"者, 郊祭雖尊, 但祭一帝, 以嚳與鯀及冥·后稷之等配之, 皆不如所祖·宗之人, 是"小德配寡". 明堂雖卑於郊, 總祭五帝, 而以顓頊·契·湯·文·武配之, 皆優之於所配郊之人, 是"大德配衆, 禮之殺也".

번역 ◎鄭注: "禘郊"~"殺也". ○정현이 "이곳의 '체(禘)'는 환구(圜丘)에서 호천(昊天)에게 제사를 지낸다는 뜻이다."라고 했는데, 다만 경문과 전문에 나타나는 '체(禘)'는 한 가지가 아니니, 그 의미도 각각 다르다. 『논어』에서 '체(禘)제사에서 이미 관주를 한 것으로부터'[32]라고 했고, 『춘추』에서 "태묘(太廟)에서 체(禘)제사를 지냈다."[33]라고 했는데, 이때의 '체(禘)'는 종묘에서 지내는 제사를 뜻한다. 『예기』「상복소기(喪服小記)」편에서 "천자는 시조를 출생시킨 제왕에게 체(禘)제사를 지낸다."[34]라고 했고,

32) 『논어』「팔일(八佾)」: 子曰, "禘自旣灌而往者, 吾不欲觀之矣."

33) 『춘추』「희공(僖公) 8년」: 秋, 七月, 禘于太廟, 用致夫人.

34) 『예기』「상복소기(喪服小記)」【408d】: 王者禘其祖之所自出, 以其祖配之, 而立四廟. 庶子王亦如之.

『예기』「대전(大傳)」편에서 “예법에 따르면, 천자가 아니면 체(禘)제사를 지내지 않는다.”[35]라고 했는데, 이때의 ‘체(禘)’는 남쪽 교외에서 감생제에게 제사를 지낸다는 뜻이다. ‘체(禘)’라고 기록한 문장이 다양하기 때문에, “이곳의 ‘체(禘)’는 환구에서 호천에게 제사를 지낸다는 뜻이다.”라고 했다. ‘환구(圜丘)’에서 제사를 지내는 것임을 분명히 알 수 있는 이유는 체(禘)자가 교(郊)제사 앞에 기록되어 있는데, 교(郊)제사보다 앞서는 제사는 오직 환구에서 지내는 제사밖에 없기 때문이다. 다만 『이아』「석천(釋天)」편에서는 “체(禘)는 대제(大祭)[36]이다.”[37]라고 했는데, 다른 장소에서 지내는 제사들과 비교해보면 성대한 제사가 되어서, 이러한 것들을 총괄하여 ‘체(禘)’라고 지칭할 수 있다는 뜻이다. 『성증론』[38]을 살펴보면, “이곳에서는 황제(黃帝)에게 체(禘)제사를 지낸다고 했으니, 이것은 종묘에서 5년을 주기로 지내는 제사의 명칭이다. 그렇기 때문에 「상복소기」편에서는 ‘천자는 시조를 출생시킨 제왕에게 체(禘)제사를 지내며, 자신의 시조를 배향한다.’라고 한 것이니, 이것은 유우씨의 시조는 황제로부터 파생되었으므로, 전욱(顓頊)을 조(祖)로 삼아서 황제에게 배향하여 제사를 지낸다는 뜻이다. 그렇기

---

35) 『예기』「대전(大傳)」【424a】 : 禮不王不禘. 王者禘其祖之所自出, 以其祖配之.

36) 대제(大祭)는 큰 제사라는 뜻이며, 천지(天地)에 대한 제사 및 체협(禘祫) 등을 일컫는다. 『주례』「천관(天官)·주정(酒正)」에 “凡祭祀, 以法共五齊三酒, 以實八尊. 大祭三貳, 中祭再貳, 小祭壹貳, 皆有酌數.”라는 기록이 있다. 이에 대한 정현의 주에서는 “大祭, 天地. 中祭, 宗廟. 小祭, 五祀.”라고 풀이하여, ‘대제’는 천지에 대한 제사를 뜻한다고 설명한다. 그리고 『주례』「춘관(春官)·천부(天府)」편에는 “凡國之玉鎭大寶器藏焉, 若有大祭大喪, 則出而陳之, 旣事藏之.”라는 기록이 있다. 이에 대한 정현의 주에서는 “禘祫及大喪陳之, 以華國也.”라고 풀이하여, ‘대제’를 ‘체협’으로 설명한다. 그리고 ‘체(禘)’제사와 ‘대제’의 직접적 관계에 대해서는 『이아』「석천(釋天)」편에서 “禘, 大祭也.”라고 풀이하고, 이에 대한 곽박(郭璞)의 주에서는 “五年一大祭.”라고 풀이하여, ‘대제’로써의 ‘체’제사는 5년마다 지내는 제사로 설명한다.

37) 『이아』「석천(釋天)」 : 禘, 大祭也.

38) 『성증론(聖證論)』은 후한(後漢) 때 학자인 왕숙(王肅)의 저작으로, 정현의 학설을 반박하는 내용으로 구성되어 있다. 저서는 이미 산일되어 없어졌으나, 남아 있던 일부 기록들은 수합되어 『옥함산방집일서(玉函山房輯佚書)』에 수록되어 있으며, 청(淸)나라 때 학자인 피석서(皮錫瑞)는 『성증론보평(聖證論補評)』을 저술하였다.

때문에 그 시조를 배향한다고 했다."라고 했다. 『사기』「오제본기(五帝本紀)」의 기록에 근거해보면, 황제는 유우씨의 9대조 조상이고, 황제는 창의(昌意)를 낳았고 창의는 전욱(顓頊)을 낳았으며 전욱은 유우씨의 7대조 조상이 된다. 전욱을 황제에게 배향하여 제사를 지내는 것은 시조를 출생시킨 제왕에게 체(禘)제사를 지내며 자신의 시조를 배향하는 것이 된다. 왕숙[39]은 또한 조(祖)와 종(宗)에 대해서, 공덕을 세운 자를 조(祖)로 삼고, 덕을 갖춘 자를 종(宗)으로 삼으며, 그들의 묘(廟)는 훼철시키지 않는다고 했다. 왕숙은 또한 교(郊)제사와 환구(圜丘)에서 지내는 제사는 동일하니, 교외[郊]가 곧 환구에 해당한다고 했다. 그렇기 때문에 왕숙은 정현을 비판하며, "『역』을 살펴보니, '제(帝)가 진괘(震卦)에서 나온다.'[40]라고 했고, '진괘는 동쪽에 해당한다.'[41]라고 했으니, 만물을 낳는 시초이기 때문에 천자가 그에 따라 제정한 것이다. 애초에 목덕(木德)으로 천하에 왕노릇을 한 것이니, 목(木)의 정기를 통해 출생했다는 뜻이 아니다. 오제(五帝)는 모두 황제의 자손이며, 각각 그 호칭을 바꾸고 대수에 따라 변화된 것이며, 오행(五行)에 따라 순차를 정한 것이다. 그런데 어떻게 대미(大微)[42]의 정기를

---

39) 왕숙(王肅, A.D.195~A.D.256) : =왕자옹(王子雍). 위진남북조(魏晉南北朝) 때의 위(魏)나라 경학자이다. 자(字)는 자옹(子雍)이다. 출신지는 동해(東海)이다. 부친 왕랑(王朗)으로부터 금문학(今文學)을 공부했으나, 고문학(古文學)의 고증적인 해석을 따랐다. 『상서(尙書)』, 『시경(詩經)』, 『좌전(左傳)』, 『논어(論語)』 및 삼례(三禮)에 대한 주석을 남겼다.

40) 『역』「설괘전(說卦傳)」: 帝出乎震, 齊乎巽, 相見乎離, 致役乎坤, 說言乎兌, 戰乎乾, 勞乎坎, 成言乎艮.

41) 『역』「설괘전(說卦傳)」: 萬物出乎震, 震東方也, 齊乎巽, 巽東南也, 齊也者, 言萬物之絜齊也.

42) 대미오제(大微五帝)는 하늘을 '다섯 방위[五方]'로 구분하였을 때, 이러한 오방(五方)을 주관하는 각각의 신(神)들을 총칭하는 말이다. 동방(東方)을 주관하는 신은 영위앙(靈威仰)이고, 남방(南方)을 주관하는 신은 적표노(赤熛怒)이며, 중앙을 주관하는 신은 함추뉴(含樞紐)이고, 서방(西方)을 주관하는 신은 백초거(白招拒)이며, 북방(北方)을 주관하는 신은 즙광기(汁光紀)이다. 『예기』「대전(大傳)」편에는 "禮, 不王不禘, 王者禘其祖之所自出, 以其祖配之."라는 기록이 있는데, 이에 대한 정현의 주에서는 "王者之先祖皆感大微五帝之精以生. 蒼則靈威仰, 赤則赤熛怒, 黃則含樞紐, 白則白招拒, 黑則汁光紀."라고 풀이하였다.

받아 출생한 것이겠는가? 또 교(郊)제사에 대해서 정현은 '감생제에게 제사를 지내니, 오직 한 명의 제(帝)에게 제사를 지낼 따름이다.'라고 했다. 정현의 말대로라면 어떻게 『예기』「교특생(郊特牲)」편에서 '교(郊)의 제사는 하늘의 큰일에 대해서 크게 보답하고, 하늘대신 해[日]를 위주로 한다.'[43] 라고 말할 수 있었겠는가? 또 하늘은 오직 하나일 뿐인데, 어떻게 6개가 있을 수 있겠는가? 또 『공자가어』에서는 '계강자가 오제(五帝)에 대해서 묻자, 공자는 하늘에는 오행(五行)이 있으니, 목(木)·화(火)·금(金)·수(水)·토(土)가 각각 시기를 나누어 화육하여 만물을 완성한다. 그 신을 오제(五帝)라고 부른다.'[44]라고 했다. 이들은 오제를 보좌하는 신들이니, 삼공(三公)이 천자를 보좌하는 것과 같지만, 삼공을 '왕보(王輔)'라고는 부를 수 있어도 '천왕(天王)'이라고는 부를 수 없다. 따라서 '오제(五帝)'에 대해서는 '천좌(天佐)'라고 지칭할 수는 있어도 '상천(上天)'이라고 부를 수는 없다. 그런데도 정현은 '오제(五帝)'를 영위앙(靈威仰)[45] 등의 부류로 여겼으니, 잘못된 주장이다. 정현은 환구에서 지내는 제사를 호천(昊天)에게 지내는 제사라고 여겨서 가장 높은 예법이라고 여겼는데, 주나라 때에는 후직(后稷)의 묘(廟)는 세웠어도 제곡(帝嚳)의 묘는 세우지 않았으니, 주나라 때에는 제곡을 존귀하게 높였더라도 후직만 못했었다는 사실을 나타낸다. 따라서 문왕과 무왕이 제곡을 지극히 중대한 하늘에 배향을 했다면, 어떻게 경중이 전도되는 잘못을 범할 수 있는가? 이른바 교(郊)라는 것은 곧 환구(圜丘)이고 환구라는 것이 곧 교이니, 왕성의 내부라는 표현이나 '경사(京師)'[46]라는 호칭이 명칭은 다르지만 동일한 장소를 뜻하는 경우와 같

---

43) 『예기』「교특생(郊特牲)」【327c~328a】 郊之祭也, 迎長日之至也. 大報天而主日也, 兆於南郊, 就陽位也. 掃地而祭, 於其質也. 器用陶匏, 以象天地之性也.

44) 『공자가어(孔子家語)』「오제(五帝)」: 季康子問於孔子曰, "舊聞五帝之名, 而不知其實, 請問何謂五帝?" 孔子曰, "昔丘也聞諸老聃曰, '天有五行, 水火金木土, 分時化育, 以成萬物. 其神謂之五帝.'"

45) 영위앙(靈威仰)은 참위설(讖緯說)을 주장했던 자들이 섬기던 오제(五帝) 중 하나이다. 동방(東方)의 신(神)이자, 봄을 주관하는 신이다. 『예기』「대전(大傳)」편에는 "禮, 不王不禘, 王者禘其祖之所自出, 以其祖配之."라는 기록이 있는데, 이에 대한 정현의 주에서는 "王者之先祖皆感大微五帝之精以生. 蒼則靈威仰, 赤則赤熛怒, 黃則含樞紐, 白則白招拒, 黑則汁光紀."라고 풀이하였다.

다."라고 했다. 또 왕숙과 공조는 "우(虞)와 하(夏)는 황제에게서 나왔고, 은(殷)과 주(周)는 제곡에게서 나왔는데, 「제법」편에서 네 왕조가 이러한 두 명의 제왕에게 체(禘)제사를 지낸다고 하여, 상하가 서로의 내용을 증명해주는 명확한 문장이 있다. 『시』에서는 '하늘이 제비에게 명령하였다.'[47] 라고 했고, '상제 발자국에 엄지발가락을 밟았다.'[48]라고 했는데, 이것은 바로 올바른 뜻이며, 참위의 요상한 주장이 아니다."라고 했다. 이것은 모두 왕숙의 비판으로, 대략적으로 이와 같다. 그러나 정현이 기어코 이곳의 풀이를 이처럼 한 것에 대해, 마소는 정현의 뜻을 변론하여, "천자는 시조를 출생시킨 제왕에게 체(禘)제사를 지내며, 자신의 시조를 배향한다고 했는데, 이것은 그 자체로 뜻을 드러내므로 다른 해석을 덧붙일 필요가 없다. 그렇다면 시조를 출생시킨 대상이 오제가 아니라면 누구이겠는가? 『하도』에서는 '강원이 거인의 발자국을 밟고서 후직을 낳았고, 대사는 꿈에 거인이 죽은 것을 보고 문왕을 낳았다.'라고 했고, 또 『중후』에서는 '희창(姬昌)은 창제(蒼帝)[49]의 자식이다.'라고 했으니, 경서(經書)와 위서(緯書)에서 명확히 설명하고 있다. 또 『효경』에서는 '교외에서 후직에게 제사를 지내며 하늘에 배향한다.'[50]라고 했으니, 주공은 창제인 영위앙에게 배향했던 것

---

46) 경사(京師)는 그 나라의 수도를 뜻한다. 『시』「대아(大雅)·공유(公劉)」편에는 "京師之野, 于時處處."라는 기록이 있고, 이에 대해 마서신(馬瑞辰)의 『통석(通釋)』에서는 오두남(吳斗南)의 주석을 인용해서, "京者, 地名. 師者, 都邑之稱. 如洛邑, 亦稱洛師之類."라고 풀이했다. 즉 '경(京)'자는 단순한 지명이었고, '사(師)'자가 수도를 뜻하는 단어였다. 이후에는 '경사'라는 단어를 그 나라의 수도를 가리키는 용어로 사용하였다.

47) 『시』「상송(商頌)·현조(玄鳥)」: 天命玄鳥, 降而生商, 宅殷土芒芒.

48) 『시』「대아(大雅)·생민(生民)」: 厥初生民, 時維姜嫄. 生民如何, 克禋克祀, 以弗無子. 履帝武敏, 歆攸介攸止, 載震載夙, 載生載育, 時維后稷.

49) 창제(蒼帝)는 창제(倉帝)·청제(靑帝)라고도 하며, 동방(東方)을 주관하는 오제(五帝) 중 하나이다. 영위앙(靈威仰)을 가리킨다. 동쪽은 오행(五行)으로 따지면, 목(木)에 해당하는데, 나무의 색깔은 청색에 해당하여 '창(蒼)'자를 붙여서 부르는 것이다. 『사기(史記)』「천관서(天官書)」편에는 "蒼帝行德, 天門爲之開."라는 기록이 있고, 이에 대한 장수절(張守節)의 『정의(正義)』에서는 "蒼帝, 東方靈威仰之帝也."라고 풀이했다.

50) 『효경』「성치장(聖治章)」: 昔者周公郊祀后稷以配天. 宗祀文王於明堂以配上帝.

이다. 한(漢)과 위(魏)나라는 이러한 뜻에 의거하여 각각 자신들에게 맞는 오행(五行)의 상제에게 배향했던 것이다. 『역』에서 '제(帝)가 진괘에서 나온다.'라고 했는데, 이것은 팔괘가 사계절에 따라 만물을 배양하는 것을 논의한 것이지 감생제로부터 나오는 것에 기준을 둔 말이 아니다."라고 했다. 또 장융은 평가를 하며, "만약 『대대례기』와 『사기』에 의거한다면, 후직과 설 및 요임금은 모두 제곡의 자손이 되고, 요임금에게는 현명한 동생이 70명이나 있어서 순임금을 등용할 필요가 없었으니, 그렇지 않다는 사실이 자명하다. 한나라는 요임금의 자손이 되니, 유온은 적룡의 기운에 감응하여 고조(高祖)를 낳았고, 박희 또한 감응하여 문제(文帝)를 낳았으니, 한나라는 요임금의 적통을 이어 화(火)의 덕을 사용하였다. 대위(大魏)는 우(虞)를 계승하여, 오행 중 토(土)에 부합하였다. 또 공자는 『서』를 산정하며, 역사 기록을 찾아서 황제의 현손인 제괴(帝魁)에 대한 글을 얻었다. 만약 오제 본인이 서로에게 제위를 전수하였다면 어떻게 현손인 제괴가 있을 수 있겠는가?"라고 했다. 장융은 경전 중 삼대의 사실을 기록한 것에 근거하여, 오제는 황제의 자손들이 순서에 따라 열거된 것이 아니라고 여겼다. 그 근거로 첫 번째 탕임금과 무왕이 혁명을 했지만 후직과 설을 고치지 않았던 행실을 살펴보면 알 수 있고, 두 번째 대위와 한나라가 당우(唐虞)[51]에 해당하는 화(火)와 토(土)를 이어받은 법도를 통해 증명할 수 있으며, 세 번째 요임금·순임금·탕임금·무왕이 동일한 종(宗)과 조(祖)를 섬기지 않았다는 말을 통해서 알 수 있으며, 네 번째 제괴가 황제의 세대를 잇고 있다는 사실을 통해 증명할 수 있으니, 이러한 증거들은 오제가 황제의 자손들이 아니라는 사실을 나타낸다. 이것은 마소와 장융 등이 정현의 뜻을 부연 설명한 것이다. 다만 장융은 체(禘)를 5년마다 지내는 성대한 제사라고 여겼고, 또 환구(圜丘)를 교(郊)제사라고 여겨서, 동중서[52]·유

---

51) 당우(唐虞)는 당요(唐堯)와 우순(虞舜)을 병칭하는 용어이다. 요순(堯舜)시대를 가리키며, 의미상으로는 태평성세(太平盛世)를 뜻한다. 『논어』「태백(泰伯)」편에는 "唐虞之際, 於斯爲盛."이라는 용례가 있다.

52) 동중서(董仲舒, B.C.179~B.C.104) : 전한(前漢) 때의 유학자이다. 호(號)는 계암자(桂巖子)이다. 『공양전(公羊傳)』을 공부하여, 박사(博士)를 지냈으며,

향[53]·마융[54] 등의 의론을 인용하여, 이 모두가 『주례』에 나오는 환구의 제사로 여겼으니, 『효경』에 나오는 '남교(南郊)'에 대한 말은 곧 왕숙의 주장과 동일해지므로, 정현의 본래 뜻이 아니다. 또 『춘추명력서』에서는 "염제(炎帝)는 '대정씨(大庭氏)'[55]라고 부르니, 8세대를 전수하였고, 총 520년이 된다. 황제는 '제헌원(帝軒轅)'[56]이라고도 부르는데, 10세대를 전수하였고, 총 2520년이 된다. 그 다음의 제왕을 '제선(帝宣)'이나 '소호(少昊)'라고

유학의 관학화에 기여를 하였다. 저서로는 『춘추번로(春秋繁露)』, 『동자문집(董子文集)』 등이 있다.

53) 유향(劉向, B.C77~A.D.6) : 전한(前漢) 때의 학자이다. 자(字)는 자정(子政)이다. 유흠(劉歆)의 부친이다. 비서성(秘書省)에서 고서들을 정리하였다. 저서로는 『설원(說苑)』·『신서(新序)』·『열녀전(列女傳)』·『별록(別錄)』 등이 있다.

54) 마융(馬融, A.D.79~A.D.166) : =마계장(馬季長). 후한대(後漢代)의 경학자(經學者)이다. 자(字)는 계장(季長)이며, 마속(馬續)의 동생이다. 고문경학(古文經學)을 연구하였으며, 『주역(周易)』, 『상서(尙書)』, 『모시(毛詩)』, 『논어(論語)』, 『효경(孝經)』 등을 두루 주석하고, 『노자(老子)』, 『회남자(淮南子)』 등도 주석하였지만 현재 전해지지 않는다.

55) 대정씨(大庭氏)는 대정씨(大廷氏)라고도 부른다. 전설시대에 존재했다고 전해지는 고대 제왕(帝王)의 이름이다. '대정씨'는 염제(炎帝)인 신농씨(神農氏)를 뜻하기도 한다. 혹은 고대 국가의 명칭을 뜻하는 용어로도 사용된다. 고국(故國) '대정씨'의 터는 노(魯)나라의 국성(國城) 안에 위치했었다고 전해지며, 노나라는 그 터에 창고를 지었다고 전해진다. 『춘추좌씨전』「소공(昭公) 18년」편에는 "宋·衛·陳·鄭皆火, 梓愼登大庭氏之庫以望之."라는 기록이 있는데, 이에 대한 두예(杜預)의 주에서는 "大庭氏, 古國名, 在魯城內, 魯於其處作庫."라고 풀이했고, 공영달(孔穎達)의 소(疏)에서는 "先儒舊說皆云炎帝號神農氏, 一曰大庭氏."라고 풀이했다. 또 『장자(莊子)』「외편(外篇)·거협(胠篋)」편에는 "昔者, 容成氏·大庭氏·伯皇氏·中央氏·栗陸氏·驪畜氏·軒轅氏·赫胥氏·尊盧氏·祝融氏·伏羲氏·神農氏, 當是時也, 民結繩而用之."라는 기록이 있는데, 이에 대한 성현영(成玄英)의 소(疏)에서는 "已上十二氏, 並上古帝王也."라고 풀이했다. 『한서(漢書)』「고금인표(古今人表)」편에는 대정씨(大廷氏)로 기록되어 있는데, 이에 대한 안사고(顏師古)의 주에서는 "廷, 讀曰庭."이라고 풀이했다.

56) 헌원씨(軒轅氏)는 황제(黃帝)를 뜻한다. 헌원(軒轅)은 '황제'의 이름이 된다. 『사기(史記)』「오제본기(五帝本紀)」편에는 "黃帝者, 少典之子, 姓公孫, 名曰軒轅."이라는 기록이 있다. 즉 '황제'는 소전(少典)의 아들로, 성(姓)은 공손(公孫)이고, 이름은 '헌원'이다. 또한 황제가 '헌원'이라는 언덕에 거처했기 때문에, 이러한 이름이 생겼다는 주장도 있다.

부르며, 또 '금천씨(金天氏)'[57]라고 부르니, 궁상씨(窮桑氏)[58]는 8세대를 전수하였고 총 500년이 된다. 그 다음은 전욱이니, 고양씨(高陽氏)[59]는 20세대를 전수하였고 총 350년이 된다. 그 다음은 제곡이니 고신씨(高辛氏)[60]에 해당하며, 10세대를 전수하였고 총 400년이 된다."라고 했다. 이것은 바로 정현이 근거로 삼았던 기록이다. 『대대례기』에서는 "소전(少典)은 헌원(軒轅)을 낳았으니, 이는 황제(黃帝)이다. 황제는 현효(玄囂)를 낳았고 현효는 교극(喬極)을 낳았으며, 교극은 고신(高辛)을 낳았으니, 이는 제곡(帝嚳)이다. 제곡은 방훈(放勳)을 낳았으니, 이는 요임금이다. 황제는 창의(昌意)를 낳았고, 창의는 고양(高陽)을 낳았으니, 이는 전욱(顓頊)이다. 전욱은 궁선(窮蟬)을 낳았고, 궁선은 경강(敬康)을 낳았으며, 경강은 구망(句芒)을 낳았고, 구망은 교우(蟜牛)를 낳았으며, 교우은 고수(瞽叟)를 낳았고, 고수는 중화(重華)를 낳았으니, 이는 순임금이다. 또 고수는 재취를 얻어서 상(象)을 낳았는데, 그는 거만하였다. 또 전욱은 곤(鯀)을 낳았고, 곤은 문명(文命)을 낳았으니, 이는 우임금이다."[61]라고 했다. 사마천은 『사기』를

---

57) 금천씨(金天氏)는 소호(少皞: =少昊)의 별칭이다. 『춘추좌씨전』「소공(昭公) 1년」편에는 "昔金天氏有裔子曰昧, 爲玄冥師."라는 기록이 있는데, 이에 대한 두예(杜預)의 주에서는 "金天氏, 帝少昊."라고 풀이했다. '소호'는 오행(五行) 중 금덕(金德)을 통해 제왕에 올랐기 때문에, '금천(金天)'이라는 칭호가 붙게 되었다. 『한서(漢書)』「고금인표(古今人表)」편에는 "上上聖人, 少昊帝, 金天氏."라는 기록이 있는데, 이에 대한 안사고(顔師古)의 주에서는 장안(張晏)의 주장을 인용하여, "以金德王, 故號曰金天."이라고 풀이했다. '소호'는 고대 동이족의 제왕으로, 황제(黃帝)의 아들이었다고도 전해진다. 이름은 지(摯)인데, 질(質)이었다고도 한다. 새의 이름으로 관직명을 지었다고 전해지며, 사후에는 서방(西方)의 신(神)이 되었다고 전해진다. 『춘추좌씨전』「소공(昭公) 17년」편에는 "郯子曰 我高祖少皞摯之立也, 鳳鳥適至, 故紀於鳥, 爲鳥師而鳥名."이라는 기록이 있는데, 이에 대한 두예(杜預)의 주에서는 "少皞, 金天氏, 黃帝之子, 己姓之祖也."라고 풀이했다.

58) 궁상씨(窮桑氏)는 소호씨(少皞氏)를 뜻한다. 상구씨(桑丘氏)라고도 부른다.

59) 고양씨(高陽氏)는 곧 전욱(顓頊)을 가리킨다. 전욱이 천하를 소유하였을 때 '고양(高陽)'이라고 불렀으므로, 전욱을 '고양씨'라고 부른다.

60) 고신씨(高辛氏)는 곧 제곡(帝嚳)을 가리킨다. 제곡은 최초 신(辛)이라는 땅을 분봉 받았다가, 이후에 제(帝)가 되었으므로, 제곡을 '고신씨'라고도 부르는 것이다.

61) 『대대례기(大戴禮記)』「제계(帝繫)」: 少典産軒轅, 是爲黃帝. 黃帝産元囂, 元

기록하며 이 기록을 차용하였는데, 이 모두는 정현이 채택하지 않은 기록이다. 정현이 "명당(明堂)에서 오제(五帝) 및 오신(五神)에게 제사를 지내는 것을 '조(祖)'와 '종(宗)'이라고 부르는데, 조(祖)와 종(宗)은 통괄적으로 말한 것일 뿐이다."라고 했는데, 『명당음양』에서 "봄을 다스리는 제는 대호(大皞)이며, 보좌하는 신은 구망(句芒)이다."라고 했기 때문이다. 즉 다섯 계절에는 모두 주관하는 제(帝)와 보좌하는 신(神)이 있고, 또 『예기』「월령(月令)」편에서는 "계추에 제(帝)에게 대향(大饗)[62]을 한다."[63]라고 했기 때문에, 명당의 제사에서는 다섯 인신(人神)과 다섯 천제(天帝)가 포함된다는 사실을 알 수 있다. 또 『효경』에서는 "명당에서 문왕을 종주로 삼아 제사를 지내며 상제에게 배향한다."라고 했기 때문에, 이 제사를 명당에서 지낸다는 사실을 알 수 있다. 그런데 『효경』에서는 "명당에서 문왕을 종(宗)으로 하여 제사를 지낸다."라고 했고, 이곳에서는 "무왕을 종(宗)으로 모셨다."라고 했으며, 또 이곳 경문에서는 "문왕을 조(祖)로 모셨다."라고 했으니, 이것은 문왕에 대해서도 조(祖)라고 지칭한다는 사실을 나타낸다. 그렇기 때문에 정현이 "조(祖)와 종(宗)은 통괄적으로 말한 것일 뿐이다."라고 한 말이 사실임을 알 수 있다. 『잡문지』에서는 "봄을 다스리는 제는 대호(大皞)이며, 보좌하는 신은 구망(句芒)이다. 창제(創製)인 영위앙에게 제사를 지내게 되면, 태호가 흠향한다. 구망에 대해서는 마당에서 제사를

嚻產蟜極, 蟜極產高辛, 是爲帝嚳. 帝嚳產放勳, 是爲帝堯. 黃帝產昌意, 昌意產高陽, 是爲帝顓頊. 顓頊產窮蟬, 窮蟬產敬康, 敬康產句芒, 句芒產蟜牛, 蟜牛產瞽叟, 瞽叟產重華, 是爲帝舜, 及產象, 敖. 顓頊產鯀, 鯀產文命, 是爲禹.

62) 대향(大饗)은 대향(大享)이라고도 부른다. '대향'은 본래 선왕(先王)에게 협제(祫祭)를 지낸다는 뜻이다. 『예기』「예기(禮器)」편에는 "大饗, 其王事與."라는 기록이 있고, 이에 대한 정현의 주에서는 "謂祫祭先王."이라고 풀이하였고, 『순자』「예론(禮論)」편에는 "大饗尙玄尊, 俎生魚, 先大羹, 貴食飮之本也."라는 기록이 있는데, 이에 대한 양경(楊倞)의 주에서는 "大饗, 祫祭先王也."라고 풀이하였다. 또한 '대향'의 뜻 중에는 선왕뿐만 아니라, 천제(天帝)인 오제(五帝)에게 두루 제사지낸다는 뜻도 있다. 『예기』「월령(月令)」편에는 "是月也, 大饗帝."라는 기록이 있고, 이에 대한 정현의 주에서는 "言大饗者, 遍祭五帝也. 曲禮曰大饗不問卜, 謂此也."라고 풀이하였다.

63) 『예기』「월령(月令)」【214c】: 是月也, 大饗帝, 嘗, 犧牲告備于天子.

지낸다. 명당에서는 오제에게 제사를 지내는데, 오덕(五德)[64]의 제(帝)가 또한 흠향하며, 또 문왕과 무왕을 배향한다."라고 했다. 「제법」편에서는 "문왕을 조(祖)로 모셨고, 무왕을 종(宗)으로 모셨다."라고 했는데, 이것은 명당에서 함께 제사를 지낸다는 뜻이다. 한나라 때에는 정규 예법 기록이 없어졌고, 『대대례기』의 기록도 빠진 곳이 많아서, 주나라가 어떤 달에 제사를 지냈는지 알 수 없다. 「월령」편에서는 계추(季秋)에 지냈다고 했고, 문왕과 무왕을 배향할 때에는 모두 명당에서 한다고 했는데, 어떤 자는 무왕은 오신(五神)에게 배향하는데 하단에서 하니, 천자의 존귀함을 굽혀서 마당에서 지내는 오신에게 나아가는 것이라고 풀이했지만, 알맞은 해석이 아니다. 이곳에서는 조(祖)와 종(宗)은 오제에게 제사지내며 배향한다고 했는데, 「교특생」편에서는 한 명의 제(帝)에게 제사를 지낸다고 했고, 조(祖)와 종(宗)보다도 상위에 놓이는 이유는 그 대상이 감생제이므로 특별히 존숭했기 때문이다. 그래서 『주례』「전서(典瑞)」편에 대한 정현의 주에서는 "교(郊)에서 제사를 지낼 때에는 또한 오제에게도 제사를 지낸다. 비록 '천(天)'이라고 했지만, 존귀함에 따라 차이를 보인다."[65]라고 했으니, 이것이 차이를 보이는 이유이다. 정현이 "유우씨로부터 그 이상의 시대에서는 덕을 숭상하였고, 체(禘)·교(郊)·조(祖)·종(宗)의 제사에 있어서도 덕을 갖춘 자를 배향했을 따름이다."라고 했는데, 유우씨 때 체(禘)·교(郊)·조(祖)·종(宗)에서 섬겼던 대상들은 모두 유우씨의 친족이 아니니, 이것은 덕을 숭상했다는 사실을 나타낸다. 정현이 "하나라로부터 그 이하로는 점차 같은 성씨(姓氏)로 대체하였다."라고 했는데, 하나라의 교(郊)제사에서

64) 오덕(五德)은 오행(五行)의 덕(德)인 금덕(金德)·목덕(木德)·수덕(水德)·화덕(火德)·토덕(土德)을 뜻한다. '오덕'은 고대 음양가(陰陽家)들이 만들어 낸 개념으로, 오행의 작용을 각각의 덕성으로 비유한 것이다. 한편 역대 왕조들은 자신에게 해당하는 덕성을 부여받아서 천하를 통치하였다고 여겼다. 또한 오행이 상극(相克)과 상생(相生)을 하듯이, 각 왕조의 교체 역시 '오덕'의 상극 및 상생으로 이루어진다고 여겼다. 피상적인 개념이기는 하지만, 각 왕조의 정통성을 뒷받침하는 주요 관념으로 작용하였다.

65) 이 문장은 『주례』「춘관(春官)·전서(典瑞)」편의 "四圭有邸以祀天·旅上帝."라는 기록에 대한 정현의 주이다.

는 곤(鯀)을 섬겼으니, 이것은 점차 같은 성씨로 대체했다는 사실을 나타낸다. 다만 모든 대상을 자신과 같은 성씨로 대체하지 않았기 때문에 '점차[稍]'라고 했다. 정현이 "선후의 차례가 생겼으니, 유우씨와 하후씨 때에는 마땅히 전욱에게 교(郊)제사를 지내야 하고, 은나라 때에는 설에게 교(郊)제사를 지내야 한다."라고 했는데, 현재 유우씨에 대한 기록에서는 먼저 "제곡에게 교(郊)제사를 지냈다."라고 했고, 이후에 "전욱을 조(祖)로 모셨다."라고 했으며, 하후씨에 대한 기록에서는 먼저 "곤에게 교(郊)제사를 지냈다."라고 했고, 이후에 "전욱을 조(祖)로 모셨다."라고 했으며, 은나라에 대한 기록에서는 먼저 "명에게 교(郊)제사를 지냈다."라고 했고, 이후에 "설을 조(祖)로 모셨다."라고 했다. 이것은 이전에 태어난 자가 뒤에 기술되고 이후에 태어난 자가 앞에 기술된다는 사실을 나타낸다. 그렇기 때문에 '마땅히[宜]'라고 말한 것이다. 정현이 "교(郊)제사는 오제(五帝) 중에서도 한 명의 제왕에게 제사를 지내지만, 명당에서 제사를 지낼 때에는 오제에게 두루 제사를 지내며, 덕이 작은 자는 배향하는 것이 적고 덕이 많은 자는 배향하는 것이 많으니, 이 또한 예법에 따라 줄이는 것이다."라고 했는데, 교(郊)제사는 비록 존귀한 예법에 해당하지만, 한 명의 제(帝)에게만 제사를 지내며, 제곡·곤·명·후직 등을 배향하니, 이들은 모두 조(祖)나 종(宗)으로 삼는 대상만 못하기 때문이다. 이것이 바로 "덕이 작은 자는 배향하는 것이 적다."는 뜻이다. 그리고 명당에서 지내는 제사는 교(郊)제사에 비해 비록 상대적으로 낮은 예법에 해당하지만, 오제에 대해서 모두 제사를 지내며, 전욱·설·탕임금·문왕·무왕을 배향하니, 이들은 교(郊)제사에서 배향하는 자들보다 뛰어나다. 이것이 바로 "덕이 많은 자는 배향하는 것이 많으니, 예법에 따라 줄이는 것이다."는 뜻이다.

訓纂 魯語, "有虞氏禘黃帝而祖顓頊, 郊堯而宗舜." 賈侍中云, "有虞氏, 舜後, 在夏·殷爲二王後, 故有禘·郊·祖·宗之禮." 昭謂, "此上四者, 謂祭天以配食也. 祭昊天於圜丘曰禘, 祭五帝於明堂曰祖·宗, 祭上帝於南郊曰郊. 有虞氏出自黃帝, 顓頊之後, 故禘黃帝而祖顓頊, 舜受禪於堯, 故郊堯. 禮祭法

'有虞氏郊嚳而宗堯', 與此異者, 舜在時則宗堯, 舜崩而子孫宗舜, 故郊堯耳." "夏后氏禘黃帝而祖顓頊, 郊鯀而宗禹." 韋注, "虞·夏俱黃帝·顓頊之後也. 故禘·祖之禮同. 虞以上尙德, 夏以下親親, 故郊鯀也." "商人禘舜而祖契, 郊冥而宗湯." 韋注, "舜當爲嚳, 字之誤也. 禮祭法曰, '商人禘嚳'. 嚳, 契父, 商之先, 故禘之. 後鄭司農云, '商人宜郊契也.'" "周人禘嚳而郊稷, 祖文王而宗武王." 韋注, "嚳, 稷之父. 稷, 周始祖也. 此與孝經異者, 商家祖契, 周公初時亦祖后稷而宗文王, 至武王有伐紂定天下之功, 其廟不可以毁, 故先推后稷以配天, 而後更祖文王而宗武王."

번역 『국어』「노어(魯語)」편에서는 "유우씨는 황제에게 체(禘)제사를 지냈고, 전욱을 조(祖)로 모셨으며, 요임금에게 교(郊)제사를 지냈고, 순임금을 종(宗)으로 모셨다."라고 했다. 가시중[66]은 "유우씨는 순임금의 후손이니, 하나라와 은나라 때 두 왕조의 후손이 되었다. 그렇기 때문에 체(禘)·교(郊)·조(祖)·종(宗)에 대한 예법이 있다."라고 했다. 위소[67]는 "이상의 네 가지 사안은 하늘에 대한 제사를 지내며 함께 배향하여 흠향을 시킨다는 뜻이다. 환구(圜丘)에서 호천(昊天)에게 제사를 지내는 것을 '체(禘)'라고 부르며, 명당(明堂)에서 오제에게 제사를 지내는 것을 '조(祖)'와 '종(宗)'이라고 부르고, 남쪽 교외에서 상제에게 제사를 지내는 것을 '교(郊)'라고 부른다. 유우씨는 황제에게서 비롯되었고, 전욱의 후손이다. 그렇기 때문에 황제에게 체(禘)제사를 지내고 전욱을 조(祖)로 모신 것이며, 순임금은 요임금에게 제위를 선양받았기 때문에, 요임금에게 교(郊)제사를 지낸 것이다. 『예기』「제법」편에서는 '유우씨는 제곡에게 교(郊)제사를 지냈고,

---

66) 가의(賈誼, B.C.200~B.C.168) : =가생(賈生)·가시중(賈侍中)·가장사(賈長沙)·가태부(賈太傅). 전한(前漢) 때의 유학자이다. 23세 때 박사(博士)가 되었고, 이후 태중대부(太中大夫)에 올랐다. 오행설(五行說)을 유학에 가미하여, 국가 및 예악(禮樂) 등에 대한 제도를 제정하였다. 저서로는 『신서(新書)』 등이 있다.

67) 위소(韋昭, A.D.204~A.D.273) : 삼국시대(三國時代) 때 오(吳)나라의 학자이다. 자(字)는 홍사(弘嗣)이다. 사마소(司馬昭)의 이름을 피휘하여, 요(曜)로 고쳤다. 저서로는 『국어주(國語注)』 등이 있다.

요임금을 종(宗)으로 모셨다.'라고 하여, 이곳 기록과 차이를 보이는데, 순임금이 생존했을 당시에는 요임금을 종(宗)으로 모셨지만, 순임금이 돌아가신 뒤에 자손들은 순임금을 종(宗)으로 모셔서, 요임금에게 교(郊)제사를 지냈을 따름이다."라고 했다. 또 「노어」편에서는 "하후씨는 황제에게 체(禘)제사를 지냈고 전욱을 조(祖)로 모셨으며 곤에게 교(郊)제사를 지냈고 우임금을 종(宗)으로 모셨다."라고 했고, 위소의 주에서는 "우와 하는 모두 황제와 전욱의 후손이다. 그렇기 때문에 체(禘)제사와 조(祖)로 모시는 예법이 동일하다. 다만 우로부터 그 이전의 시대에서는 덕을 숭상하였고, 하나라로부터 그 이하의 시대에서는 친근한 자를 친근하게 여겼다. 그렇기 때문에 곤에게 교(郊)제사를 지낸 것이다."라고 했다. 「노어」편에서는 "은나라는 순임금에게 체(禘)제사를 지냈고 설을 조(祖)로 모셨으며, 명에게 교(郊)제사를 지냈고 탕임금을 종(宗)으로 모셨다."라고 했고, 위소의 주에서는 "'순(舜)'자는 마땅히 '곡(嚳)'자가 되어야 하니, 자형이 비슷해서 생긴 오류이다. 『예기』「제법」편에서는 '은나라 때에는 제곡에게 체(禘)제사를 지냈다.'라고 했다. 제곡은 설의 부친이고, 은나라의 선조가 된다. 그렇기 때문에 그에게 체(禘)제사를 지낸다. 정사농[68]은 '은나라는 마땅히 설에게 교(郊)제사를 지내야 한다.'"라고 했다. 또 「노어」편에서는 "주나라는 제곡에게 체(禘)제사를 지냈고 후직에게 교(郊)제사를 지냈으며, 문왕을 조(祖)로 모셨고 무왕을 종(宗)으로 모셨다."라고 했고, 위소의 주에서는 "제곡은 후직의 부친이다. 후직은 주나라의 시조이다. 이곳 기록과 『효경』의 기록이 차이를 보이는데, 은나라는 설을 조(祖)로 모셨고, 주공도 처음에는 또한 후직을 조(祖)로 모시고, 문왕을 종(宗)으로 모셨다. 그러나 무왕 때에 이르러 주임금을 정벌하여 천하를 안정시킨 공덕이 생기자 그의 묘(廟)를

68) 정중(鄭衆, ?~A.D.83) : =정사농(鄭司農). 후한(後漢) 때의 경학자이다. 자(字)는 중사(仲師)이다. 부친은 정흥(鄭興)이다. 부친에게 『춘추좌씨전(春秋左氏傳)』의 학문을 전수받았다. 또한 그는 대사농(大司農) 등의 관직을 역임하였기 때문에, '정사농'이라고도 불렀다. 한편 정흥과 그의 학문은 정현(鄭玄)에게 많은 영향을 주었기 때문에, 후대에서는 정현을 후정(後鄭)이라고 불렀고, 정흥과 그를 선정(先鄭)이라고도 불렀다. 저서로는 『춘추조례(春秋條例)』, 『주례해고(周禮解詁)』 등을 지었다고 하지만, 현재는 전해지지 않았다.

훼철시킬 수 없었다. 그러므로 앞서 후직을 추원하여 하늘에 배향하고, 이후에 재차 문왕을 조(祖)로 모시고 무왕을 종(宗)으로 모셨던 것이다."라고 했다.

集解 首言"祭法", 以冠通篇之義也.

번역 첫 머리에 '제법(祭法)'이라고 한 말은 「제법」편 전체의 뜻을 포괄한다.

集解 趙氏匡曰: 虞氏禘黃帝, 蓋舜祖顓頊出於黃帝, 所謂"禘其祖之所自出"也. 郊嚳者, 帝王郊天, 當以始祖配, 則舜合以顓頊配天, 爲身繼堯緒, 不可舍唐之祖, 故推嚳以配天, 而舜之世系出自顓頊, 故以爲始祖. 凡祖者, 創業傳世之所自來也. 宗者, 德高而可尊, 其廟不遷也.

번역 조광[69]이 말하길, 유우씨는 황제에게 체(禘)제사를 지냈는데, 아마도 순임금은 전욱을 조(祖)로 모셨으니, 그는 황제에게서 비롯되었기 때문으로, 이른바 "시조를 출생시킨 대상에게 체(禘)제사를 지낸다."라고 한 뜻에 해당한다. 제곡에게 교(郊)제사를 지내는 것은 제왕은 하늘에 대한 교(郊)제사를 지낼 때, 마땅히 시조를 함께 배향하게 되므로, 순임금은 마땅히 전욱을 하늘에 배향하야 한다. 그러나 본인은 요임금의 뒤를 계승하였으므로, 요임금의 시조를 버려둘 수 없었기 때문에 제곡을 추존하여 하늘에 배향하고, 순임금의 가계는 전욱에게서 비롯되었기 때문에 그를 시조로 삼았던 것이다. 무릇 '조(祖)'라는 것은 기틀을 창업하여 세대의 전수를 유래시킨 자를 뜻한다. '종(宗)'은 덕이 높아서 존숭할 수 있는 자이니, 그들의 묘(廟)는 체천시키지 않는다.

69) 조광(趙匡, ?~?) : 당(唐)나라 때의 학자이다. 자(字)는 백순(伯循)이다. 담조(啖助)로부터 춘추학(春秋學)을 전수받았다. 저서로는 『춘추천미찬류의통(春秋闡微纂類義統)』 등이 있다.

集解 楊氏復曰: 禘·郊·祖·宗, 乃宗廟之大祭: 禘者, 禘其祖之所自出, 而以其祖配之也. 郊者, 祀天, 以祖配食也. 祖者, 祖有功, 宗者, 宗有德, 其廟世世不毁也. 有虞氏·夏后氏禘黃帝, 殷·周皆禘嚳者, 舜·禹皆祖顓頊, 而黃帝者, 顓頊之所自出也; 殷祖契, 周祖稷, 而帝嚳者, 稷契之所自出也. 有虞氏郊嚳, 夏后氏郊鯀, 殷人郊冥, 周人郊稷者, 顓頊, 舜之祖也, 有虞氏當以顓頊配天, 爲身嗣堯位, 故推帝嚳以配天, 而以顓頊爲始祖, 仁之至, 義之盡也; 鯀治水非無功也, 以其蔽於自用, 而績用弗成, 禹能修鯀之功, 則前日未成之功成矣, 故夏后氏以鯀配天也; 冥, 契六世孫也, 冥勤其官而水死, 其功烈與先聖並稱, 故殷人以冥配天也; 禮, 以祖配天, 后稷, 周之大祖也. 禮運曰, "杞之郊也禹也, 宋之郊也契也", 與此不同. 杞·宋以先代之後, 統承先王, 脩其禮物, 而有所改更, 疏以爲時王所命也.

번역 양복[70]이 말하길, 체(禘)·교(郊)·조(祖)·종(宗)은 곧 종묘에서 지내는 성대한 제사이다. '체(禘)'는 자신의 시조를 출생시킨 대상에게 제사를 지내며 시조를 배향하는 것이다. '교(郊)'는 하늘에 대한 제사를 지내며 시조를 배향해서 흠향시키는 것이다. '조(祖)'는 공업을 세운 자를 조(祖)로 모시는 것이며, '종(宗)'은 덕을 갖춘 자를 종(宗)으로 모시는 것이니, 그들의 묘(廟)는 대대로 훼철하지 않는다. 유우씨와 하후씨는 황제에게 체(禘)제사를 지냈고, 은나라와 주나라는 모두 제곡에게 체(禘)제사를 지냈는데, 순임금과 우임금은 모두 전욱을 조(祖)로 삼았고, 황제는 전욱을 출생시킨 대상이 된다. 은나라는 설을 조(祖)로 삼았고 주나라는 후직을 조(祖)로 삼았는데, 제곡은 후직과 설을 출생시킨 대상이다. 유우씨는 제곡에게 교(郊)제사를 지냈고, 하후씨는 곤에게 교(郊)제사를 지냈으며, 은나라 때에는 명에게 교(郊)제사를 지냈고, 주나라 때에는 후직에게 교(郊)제사를 지냈는데, 전욱은 순임금의 조상이니, 유우씨 때에는 마땅히 전욱을 하늘에 배향해야 하지만, 본인은 요임금의 제위를 선양받았기 때문에 제곡을 추존하여 하늘에 배향하고, 전욱을 시조로 삼았으니, 인(仁)의 지극함이며 의(義)를

70) 양복(楊復, ?~?) : 남송(南宋) 때의 학자이다. 주희(朱熹)의 제자이다. 『상제도(喪祭圖)』·『의례도(儀禮圖)』 등의 저서를 남겼다.

다한 것이다. 또 곤은 치수사업에서 공이 없었던 것은 아니지만, 자기 마음대로 하는 잘못을 저질러, 끝내 사업을 완수하지 못하였다. 그러나 우임금은 곤이 했던 사업을 정비할 수 있었으니, 이전에 이루지 못했던 공적을 완성한 것이다. 그렇기 때문에 하후씨 때에는 곤을 하늘에 배향한 것이다. 명은 설의 6대손이며, 명은 관부의 직무를 열심히 하여 물을 다스리다가 죽었고, 그의 공적은 높아서 선성과 함께 일컬어지기 때문에 은나라 때에는 명을 하늘에 배향했다. 예법에 따르면 시조를 하늘에 배향하는데, 후직은 주나라의 태조가 된다. 『예기』「예운(禮運)」편에서는 "기나라에서 교(郊)제사를 지냈던 것은 우임금 때문이었고, 송나라에서 교제사를 지냈던 것은 설 때문이었다."[71]라고 하여, 이곳과 차이를 보인다. 기나라와 송나라는 선대 왕조의 후예들이므로, 선왕들에 대해서 통괄적으로 계승하고, 그 예법과 기물을 정비할 수 있었으며, 수정을 한 부분도 있었는데, 공영달의 소에서는 당시의 천자가 명령을 내려서 이처럼 고쳤다고 여겼다.

集解 愚謂: 趙氏·楊氏謂"顓頊爲舜之祖", 據大戴禮帝繫篇而言也. 然宗廟必序昭穆, 舜旣宗堯, 則顓頊必堯之祖, 而大戴禮未可據矣. 舜典言"受終於文祖", 又言"格於藝祖", 藝祖·文祖蓋卽顓頊也. 舜受堯禪, 其所祭者卽堯之宗廟, 蓋受天下於人者之禮然也. 大禹謨言"受命於神宗", 神宗卽堯也. 舜受天下於堯, 故以天下傳禹必告於堯, 情理之所宜然也. 禹爲顓頊之後, 而受天下於舜, 夏后氏禘黃帝而祖顓頊, 所因於堯·舜而無變者也; 郊鯀而宗禹, 蓋其後世子孫之所爲也. 當禹之時, 蓋郊堯而宗舜耳. 有虞氏祖顓頊, 而以黃帝爲所自出之帝, 顓頊非親黃帝子也, 則禘之所祭, 由始祖而上, 推其有功德之帝而祭之, 而不必祭始祖之父也. 殷有三宗, 獨言"宗湯"者, 據其功德尤盛者言之也. 自殷以前, 皆於始祖而外別推一帝以配天. 周以后稷爲始祖, 卽以后稷配天, 此周禮所監於前代而精焉者也. 郊特牲曰, "萬物本乎天, 人本乎祖",

---

71) 『예기』「예운(禮運)」【272c】: 孔子曰: 嗚呼哀哉! 我觀周道, 幽厲傷之, 吾舍魯何適矣? 魯之郊禘, 非禮也, 周公其衰矣. <u>杞之郊也, 禹也, 宋之郊也, 契也</u>, 是天子之事守也. 故天子祭天地, 諸侯祭社稷.

此所以配上帝也. 虞·夏·殷之祖, 始祖也. 周祖文王, 大祖也, 其始祖則后稷也. 雝之頌曰, "旣右烈考, 亦右文母", 而序以爲"禘大祖", 白虎通義曰, "有始祖, 有大祖, 后稷爲始祖, 文王爲大祖", 是也. 周立文武之廟爲世室, 而文王稱祖, 武王稱宗, 皆百世不遷者也. 夏宗禹, 而書曰, "明明我祖", 殷宗湯, 而詩曰"衎我烈祖", 然則祖·宗亦通名與.

번역 내가 생각하기에, 조광과 양복은 "전욱은 순임금의 조상이다."라고 했는데, 이것은 『대대례기』「제계(帝繫)」편의 기록에 근거해서 한 말이다. 그러나 종묘에는 반드시 소목(昭穆)의 질서가 있어야 하니, 순임금이 요임금을 종(宗)으로 모셨다면, 전욱은 반드시 요임금의 조상이 되어야 하므로, 『대대례기』의 기록은 근거로 삼을 수 없다. 『서』「순전(舜典)」편에서는 "문조(文祖)에게서 종(終)을 받았다."[72]라고 했고, 또 "예조(藝祖)의 사당으로 갔다."[73]라고 했는데, 예조와 문조는 아마도 전욱에 해당할 것이다. 순임금은 요임금으로부터 제위의 선양을 받았으니, 그가 제사를 지내는 장소는 곧 요임금이 세운 종묘가 되는데, 아마도 타인에게서 천하를 받은 자에게 적용되는 예법에 따른 것이다. 『서』「대우모(大禹謨)」편에서는 "신종(神宗)에게 명(命)을 받았다."[74]라고 했는데, 신종은 곧 요임금이다. 순임금은 요임금으로부터 천하를 물려받았기 때문에, 천하를 우임금에게 전수할 때 반드시 요임금의 묘(廟)에서 그 사실을 아뢴 것이니, 정감과 이치에 따라서 마땅히 그렇게 해야 한다. 우임금은 전욱의 후손이며 순임금에게 천하를 물려받았고, 하후씨는 황제에게 체(禘)제사를 지내고 전욱을 조(祖)로 모셨는데, 이것은 요임금과 순임금이 시행했던 것에 따라서 바꾸지 않은 것이다. 그리고 곤에게 교(郊)제사를 지내고 우임금을 종(宗)으로 모셨는데, 아마도 그의 후대 자손들이 했던 일인 것 같다. 우임금 당시에는 아마도

72) 『서』「우서(虞書)·순전(舜典)」: 正月上日, <u>受終于文祖</u>, 在璿璣玉衡, 以齊七政, 肆類于上帝, 禋于六宗, 望于山川, 徧于群神, 輯五瑞, 旣月, 乃日覲四岳群牧, 班瑞于群后.

73) 『서』「우서(虞書)·순전(舜典)」: 十有一月朔巡守, 至于北岳, 如西禮, 歸, <u>格于藝祖</u>, 用特, 五載一巡守, 群后四朝, 敷奏以言, 明試以功, 車服以庸.

74) 『서』「우서(虞書)·대우모(大禹謨)」: 正月朔旦, <u>受命于神宗</u>. 率百官若帝之初.

요임금에게 교(郊)제사를 지내고 순임금을 종(宗)으로 섬겼을 것이다. 유우씨는 전욱을 조(祖)로 모셨고, 황제를 시조를 출생시킨 제(帝)라고 여겼지만, 전욱은 황제의 자식이 아니니, 체(禘)제사에서 모시는 대상은 시조로부터 거슬러 올라가 공덕이 있는 제왕을 추존하여 제사를 지낸 것이며, 반드시 시조의 부친에게 제사를 지냈던 것은 아니다. 은나라에는 삼종(三宗)이 있었는데, 유독 "탕임금을 종(宗)으로 모셨다."라고 말한 것은 공덕이 더욱 융성한 자를 기준으로 말했기 때문이다. 은나라 이전에는 모두 시조에 대해서 별도로 한 명의 제(帝)를 추존하여 하늘에 배향했다. 주나라는 후직을 시조로 삼았고 후직을 하늘에 배향했는데, 이것은 주나라의 예법이 이전 왕조의 예법을 살펴보고 정밀히 발전시킨 것에 해당한다. 『예기』「교특생(郊特牲)」편에서는 "만물은 하늘에 근본을 두고 있고, 사람은 조상에 근본을 두고 있다."[75]라고 했는데, 이것은 상제에게 배향하는 것이다. 우·하·은 때의 '조(祖)'는 시조를 뜻한다. 주나라는 문왕을 조(祖)로 모셨는데, 이때의 '조(祖)'는 태조를 뜻하며, 시조의 경우는 후직에 해당한다. 『시』「옹(雝)」편의 송(頌)에서는 "이미 열고(烈考)를 높이 모셨고, 문모(文母) 또한 높이 모셨다."[76]라고 했고, 「모서(毛序)」에서는 "태조에게 체(禘)제사를 지냈다."라고 여겼다. 또 『백호통의』[77]에서 "시조가 있고 태조가 있는데, 후직은 시조가 되며 문왕은 태조가 된다."라고 한 말이 바로 이러한 사실을 나타낸다. 주나라는 문왕과 무왕의 묘(廟)를 세워서 세실(世室)[78]로 삼았

75) 『예기』「교특생(郊特牲)」【329d】: 帝牛不吉, 以爲稷牛. 帝牛必在滌三月, 稷牛唯具, 所以別事天神與人鬼也. <u>萬物本乎天, 人本乎祖</u>, 此所以配上帝也. 郊之祭也, 大報本反始也.

76) 『시』「주송(周頌)·옹(雝)」: 有來雝雝, 至止肅肅. 相維辟公, 天子穆穆. 於薦廣牡, 相予肆祀. 假哉皇考, 綏予孝子. 宣哲維人, 文武維后. 燕及皇天, 克昌厥後. 綏我眉壽, 介以繁祉. <u>旣右烈考, 亦右文母</u>.

77) 『백호통(白虎通)』은 후한(後漢) 때 편찬된 서적이다. 『백호통의(白虎通義)』라고도 부른다. 후한의 장제(章帝)가 학자들을 불러 모아서, 백호관(白虎觀)에서 토론을 시키고, 각 경전 해석의 차이점을 기록한 서적이다.

78) 세실(世室)은 대대로 신주(神主)가 모셔지는 묘(廟)를 뜻한다. 각 계급에 따라 종묘(宗廟)의 수는 정해져 있고, 각 종묘에 모셔진 신주는 대수(代數)가 끝나면, 해당 묘를 헐게 된다. 특별한 경우에만 대수에 상관없이 대대로 신주를 모시는 묘들이 있게 된다. 주(周)나라의 문왕(文王)이나 무왕(武王)의

고, 문왕에 대해서는 조(祖)라 지칭하고 무왕에 대해서는 종(宗)이라 지칭하였으며, 둘 모두에 대해서 100세대가 지나더라도 체천시키지 않았다. 하나라는 우임금을 종(宗)으로 모셨는데, 『서』에서는 "밝고 밝은 우리 선조시여."[79]라고 했고, 은나라는 탕임금을 종(宗)으로 모셨는데, 『시』에서는 "우리 열조(烈祖)를 즐겁게 하도다."[80]라고 했으니, '조(祖)'자와 '종(宗)'자는 통용되는 명칭이었을 것이다.

참고 『국어(國語)』「노어상(魯語上)」

원문 "故有虞氏禘黃帝而祖顓頊, 郊堯而宗舜①; 夏后氏禘黃帝而祖顓頊, 郊鯀而宗禹②; 商人禘舜而祖契, 郊冥而宗湯③; 周人禘嚳而郊稷④, 祖文王而宗武王⑤; 幕, 能帥顓頊者也, 有虞氏報焉⑥; 杼, 能帥禹者也, 夏后氏報焉⑦; 上甲微, 能帥契者也, 商人報焉⑧; 高圉·大王, 能帥稷者也, 周人報焉⑨. 凡禘·郊·祖·宗·報, 此五者國之典祀也⑩."

번역 전금(展禽)이 장문중(臧文仲)에게 말하길, "그러므로 유우씨는 황제에게 체(禘)제사를 지냈고 전욱을 조(祖)로 모셨으며, 요임금에게 교(郊)제사를 지냈고 순임금을 종(宗)으로 모셨다. 하후씨는 황제에게 체제사를 지냈고 전욱을 조로 모셨으며, 곤에게 교제사를 지냈고 우임금을 종으로 모셨다. 은나라는 순임금에게 체제사를 지냈고 설을 조로 모셨으며, 명에게 교제사를 지냈고 탕임금을 종으로 모셨다. 주나라는 제곡에게 체제사를 지냈고 후직에게 교제사를 지냈으며, 문왕을 조로 모셨고 무왕을 종으로 모셨다. 막(幕)은 전욱의 덕을 잘 따를 수 있었던 자이므로 유우씨 때에는 그의 덕에 보답하는 제사를 지냈다. 저(杼)는 우임금의 덕을 잘 따를 수

묘가 여기에 해당한다. 태묘(太廟)는 어느 경우든 대수에 상관없이 대대로 모셔진다.

79) 『서』「하서(夏書)·오자지가(五子之歌)」: 其四曰, 明明我祖, 萬邦之君, 有典有則, 貽厥子孫. 關石和鈞, 王府則有, 荒墜厥緖, 覆宗絶祀.

80) 『시』「상송(商頌)·나(那)」: 猗與那與, 置我鞉鼓. 奏鼓簡簡, 衎我烈祖.

있었던 자이므로 하후씨 때에는 그의 덕에 보답하는 제사를 지냈다. 상갑미(上甲微)는 설의 덕을 잘 따를 수 있었던 자이므로 은나라 때에는 그의 덕에 보답하는 제사를 지냈다. 고어(高圉)와 태왕(太王)은 후직의 덕을 잘 따를 수 있었던 자이므로 주나라 때에는 그들의 덕에 보답하는 제사를 지냈다. 무릇 체(禘)·교(郊)·조(祖)·종(宗)·보(報)라는 다섯 가지는 나라의 제사 규범이다."라고 했다.

韋注-① 賈侍中云, "有虞氏, 舜後, 在夏·殷爲二王後, 故有郊·禘·宗·祖之禮也." 昭謂, 此上四者, 謂祭天以配食也. 祭昊天於圓丘曰禘, 祭五帝於明堂曰祖·宗, 祭上帝於南郊曰郊. 有虞氏出自黃帝, 顓頊之後, 故禘黃帝而祖顓頊, 舜受禪於堯, 故郊堯. 禮祭法, "有虞氏郊嚳而宗堯", 與此異者, 舜在時則宗堯, 舜崩而子孫宗舜, 故郊堯也.

번역 가시중은 "유우씨는 순임금을 후손이니, 하나라와 은나라 때 두 왕조의 후손이 되었다. 그렇기 때문에 교(郊)·체(禘)·종(宗)·조(祖)에 대한 예법이 있다."라고 했다. 내가 생각하기에, 이상의 네 가지 사안은 하늘에 대한 제사를 지내며 함께 배향하여 흠향을 시킨다는 뜻이다. 환구(圜丘)에서 호천(昊天)에게 제사를 지내는 것을 '체(禘)'라고 부르며, 명당(明堂)에서 오제에게 제사를 지내는 것을 '조(祖)'와 '종(宗)'이라고 부르고, 남쪽 교외에서 상제에게 제사를 지내는 것을 '교(郊)'라고 부른다. 유우씨는 황제에게서 비롯되었고, 전욱의 후손이다. 그렇기 때문에 황제에게 체(禘)제사를 지내고 전욱을 조(祖)로 모신 것이며, 순임금은 요임금에게 제위를 선양받았기 때문에, 요임금에게 교(郊)제사를 지낸 것이다. 『예기』「제법」편에서는 '유우씨는 제곡에게 교(郊)제사를 지냈고, 요임금을 종(宗)으로 모셨다.'라고 하여, 이곳 기록과 차이를 보이는데, 순임금이 생존했을 당시에는 요임금을 종(宗)으로 모셨지만, 순임금이 돌아가신 뒤에 자손들은 순임금을 종(宗)으로 모셔서, 요임금에게 교(郊)제사를 지냈을 따름이다.

韋注-② 虞·夏俱黃帝·顓頊之後, 故禘祖之禮同. 虞以上尙德, 夏以下親親, 故郊鯀也.

번역 우와 하나라는 모두 황제와 전욱의 후손이다. 그렇기 때문에 체(禘)제사와 조(祖)로 모시는 예법이 동일하다. 우로부터 그 이전의 시대에서는 덕을 숭상하였고, 하나라로부터 그 이하의 시대에서는 친근한 자를 친근하게 여겼다. 그렇기 때문에 곤에게 교(郊)제사를 지낸 것이다.

韋注-③ 舜, 當爲嚳, 字之誤也. 禮祭法曰, "商人禘嚳." 嚳, 契父, 商之先, 故禘之. 後鄭司農云, "商人宜郊契."

번역 '순(舜)'자는 마땅히 '곡(嚳)'자가 되어야 하니, 자형이 비슷해서 생긴 오류이다. 『예기』「제법」편에서는 "은나라 때에는 제곡에게 체(禘)제사를 지냈다."라고 했다. 제곡은 설의 부친이고 은나라의 선조가 된다. 그렇기 때문에 그에게 체(禘)제사를 지낸다. 정사농은 "은나라는 마땅히 설에게 교(郊)제사를 지내야 한다."라고 했다.

韋注-④ 嚳, 稷之父. 稷, 周始祖也.

번역 제곡은 후직의 부친이다. 후직은 주나라의 시조이다.

韋注-⑤ 此與孝經異也. 商家祖契, 周公初時亦祖后稷而宗文王, 至武王雖承文王之業, 有伐紂定天下之功, 其廟不可毁, 故先推后稷以配天, 而後更祖文王而宗武王也.

번역 이곳 기록은 『효경』과 차이를 보인다. 은나라는 설을 조(祖)로 모셨고, 주공도 처음에는 후직을 조(祖)로 모시고, 문왕을 종(宗)으로 모셨다. 무왕 때에 이르러 비록 문왕의 업적을 계승하였지만, 주임금을 정벌하여 천하를 안정시킨 공덕이 생겼으므로, 그의 묘(廟)를 훼철시킬 수 없었다. 그러므로 앞서 후직을 추원하여 하늘에 배향하고, 이후에 재차 문왕을 조

(祖)로 모시고 무왕을 종(宗)으로 모셨던 것이다.

韋注-⑥ 幕, 舜後虞思也, 爲夏諸侯. 帥, 循也. 顓頊, 有虞之祖也. 報, 報德, 謂祭也. 案發正卷四, "舜爲幕後, 傳有明文." 又"報, 報德, 謂祭也." 公序本作, "報, 報德之祭也."

번역 막(幕)은 순임금의 후예인 우사(虞思)로, 하나라 때 제후를 맡았다. '솔(帥)'자는 "따르다[循]."는 뜻이다. 전욱은 유우씨의 시조이다. '보(報)'자는 덕에 보답한다는 의미로, 제사를 지낸다는 뜻이다. 『발정』 4권을 살펴보면, "순임금은 막(幕)의 후예이니, 전문에 명확한 기록이 있다."라고 했다. 또 "보(報)자는 덕에 보답한다는 의미로, 제사를 지낸다는 뜻이다."라고 했는데, 『공서본』에서는 "보(報)는 덕에 보답하는 제사이다."라고 기록했다.

韋注-⑦ 杼, 禹後七世 · 少康之子季杼也, 能興夏道.

번역 저(杼)는 우임금의 7대손이자 소강(少康)의 자식인 계저(季杼)이니, 하나라의 도를 다시 흥성하게 만들 수 있었다.

韋注-⑧ 上甲微, 契後八世 · 湯之先也.

번역 상갑미(上甲微)는 설의 8대손이자 탕임금의 선조이다.

韋注-⑨ 高圉, 后稷後十世 · 公非之子也. 大王, 高圉之曾孫古公亶父也.

번역 고어(高圉)는 후직의 10대손이자 공비의 자식이다. 태왕(太王)은 고어의 증손자인 고공단보이다.

韋注-⑩ 典, 法也.

번역 '전(典)'자는 규범[法]을 뜻한다.

참고 『효경』「성치장(聖治章)」

經文 昔者周公郊祀后稷以配天, 宗祀文王於明堂, 以配上帝.

번역 옛날에 주공은 후직에게 교(郊)제사를 지내면서 하늘에 배향하였고, 명당에서 문왕을 종(宗)으로 삼아 제사지내며 상제에게 배향하였다.

玄宗注 后稷, 周之始祖也. 郊謂圜丘祀天也. 周公攝政, 因行郊天之祭, 乃尊始祖以配之也. 明堂, 天子布政之宮也. 周公因祀五方上帝於明堂, 乃尊文王以配之也.

번역 후직은 주나라의 시조이다. 교(郊)제사는 원구단에서 하늘에 제사를 지낸다는 뜻이다. 주공이 성왕을 섭정하였기 때문에, 그에 따라 교에서 하늘에 대한 제사를 대신 시행하며, 시조를 높여서 하늘에 배향했다. 명당(明堂)은 천자가 정사를 시행하던 건물이다. 주공은 명당에서 다섯 방위의 상제에게 제사를 지내며 문왕을 높여서 상제에게 배향했다.

邢疏 ●"昔者"至"上帝". ○正義曰: 前陳周公以父配天, 因言配天之事. 自昔武王既崩, 成王年幼卽位, 周公攝政, 因行郊天祭禮, 乃以始祖后稷配天而祀之. 因祀五方上帝於明堂之時, 乃尊其父文王, 以配而享之. 尊父祖以配天, 崇孝享以致敬, 是以四海之內有土之君, 各以其職貢來助祭也.

번역 ●經文 : "昔者"～"上帝". ○앞에서 주공이 부친을 하늘에 배향했다고 진술하였기 때문에,[81] 그에 따라 하늘에 배향했던 일을 언급하였다. 예전 무왕이 붕어했을 때 성왕은 어린 나이에 즉위를 하였으므로 주공이 섭정을 했고, 그에 따라 교(郊)에서 하늘에 대한 제례를 시행하였다. 이때 시조인 후직을 하늘에 배향하여 제사를 지냈다. 또 동·서·남·북·중앙을 담당하는 다섯 상제에게 명당(明堂)에서 제사를 지냈는데, 그때 그의 부친

81) 『효경』「성치장(聖治章)」 : 子曰, 天地之性人爲貴. 人之行莫大於孝, 孝莫大於嚴父. 嚴父莫大於配天, 則周公其人也.

인 문왕을 높여 배향하여 제사를 지냈다. 부친과 시조를 높여서 하늘에 배향하고, 효성스럽게 제사지내는 것을 숭상하여 공경함을 다하였으니, 이로써 천하 안에 자신의 영토를 가지고 있던 제후들은 각각 그들이 부여받은 공납품을 가지고 찾아와서 제사를 도왔다.

邢疏 ◎注"后稷"至"配之". ○正義曰: 云"后稷, 周[82]之始祖也"者, 按周本紀云: "后稷名棄, 其母有邰氏女, 曰姜嫄[83]. 爲帝嚳元妃, 出野見巨人跡, 心忻然, 欲踐之. 踐之而身動如孕者, 居期而生子. 以爲不祥, 棄之隘巷, 馬牛過者皆辟不踐; 徙置之林中, 適會山林多人, 遷之而棄渠中冰上, 飛鳥以其翼覆薦之. 姜嫄以爲神, 遂收養長之. 初欲棄之, 因名曰棄. 棄爲兒, 好種樹麻·菽. 及爲成人, 遂好耕農. 帝堯擧爲農師, 天下得其利, 有功. 帝舜曰: '棄, 黎民阻[84]飢, 爾后稷播時百穀.' 封棄於邰, 號曰后稷." 后稷曾孫公劉復脩其業. 自后稷至王季十五世而生文王, 受命作周. 按毛詩大雅·生民之序曰: "生民, 尊祖也. 后稷生於姜嫄, 文·武之功起於后稷, 故推以配天焉", 是也. 云"郊謂圜丘祀天也"者, 此孔傳文. 祀, 祭也. 祭天謂之郊. 周禮大司樂云: "凡樂, 圜鍾爲宮, 黃鍾爲角, 大蔟爲徵, 沽洗爲羽. 雷鼓雷鼗, 孤竹之管, 雲和之琴瑟, 雲門之舞. 冬日至, 於地上之圜丘奏之, 若樂六變, 則天神皆降, 可得而禮矣." 郊特牲曰: "郊之祭也, 迎長日之至也, 大報天而主日也. 兆於南郊, 就陽位也." 又曰: "郊之祭也, 大報本反始也." 言以冬至之後, 日漸長, 郊祭而迎之, 是建子之月則與經俱郊祀於天. 明圜丘南郊也. 云"周公攝政, 因行郊天之祭, 乃尊始祖以配

---

82) '주(周)'자에 대하여. '주'자 뒤에는 본래 '공(公)'자가 기록되어 있었는데, 완원(阮元)의 『교감기(校勘記)』에서는 "'공'자는 연문이다."라고 했다.

83) '원(嫄)'자에 대하여. 『십삼경주소』 북경대 출판본에서는 "'원(嫄)'자는 본래 '원(原)'자로 기록되어 있었고, 『민본(閩本)』·『감본(監本)』·『모본(毛本)』에는 '원(嫄)'자로 기록되어 있었는데, 문맥의 뜻이나 위아래의 문장을 살펴보면, '원(嫄)'자로 기록하는 것이 마땅하므로, 수정하였다."라고 했다.

84) '조(阻)'자에 대하여. 완원(阮元)의 『교감기(校勘記)』에서는 "『사기』「주본기(周本紀)」에서 '조'자를 '시(始)'자로 기록하고 있는데, 이 문장에서는 '조'자로 기록하고 있다. 『고문상서(古文尙書)』에 근거하여 수정하는 것은 옳은 일이 아니다. 단옥재(段玉裁)는 『상서찬이(尙書撰異)』에서는 '『금문상서(今文尙書)』에서는 조(祖)자로 기록되어 있다.'"라고 했다.

之也"者, 按文王世子稱: "仲尼曰: '昔者周公攝政, 踐阼[85]而治, 抗世子法於伯禽, 所以善成王也'", 則郊祀是周公攝政之時也. 公羊傳曰: "郊則曷爲必祭稷? 王者必以其祖配. 王者則曷爲必以其祖配? 自內出者, 無主不行; 自外至者, 無主不止." 言祭天則天神爲客, 是外至也. 須人爲主, 天神乃至. 故尊始祖以配天神, 侑坐而食之. 按左氏傳曰: "凡祀, 啓蟄而郊." 又云: "郊祭后稷, 以祈農事也." 而鄭注禮郊特牲乃引易說曰: "三王之郊, 一用夏正建寅之月也." 此言迎長日者. 建卯而晝夜分, 分而日長也. 然則春分而長短分矣. 此則迎在未分之前, 至謂春分之日也. 夫至者, 是長短之極也. 明分者, 晝夜均也. 分是四時之中, 啓蟄在建寅之月, 過至而未及分, 必於夜短, 方爲日長, 則左氏傳不應言啓蟄也. 若以日長有漸, 郊可預迎, 則其初長宜在極短之日. 故知傳啓蟄之郊, 是祈農之祭也. 周禮冬至之郊, 是迎長日報本反始之祭也. 鄭玄以祭法有周人禘嚳之文, 遂變郊爲祀感生之帝, 謂東方青帝靈威仰, 周爲木德, 威仰木帝. 以駁之曰: "按爾雅曰: '祭天曰燔柴, 祭地曰瘞薶.' 又曰: '禘, 大祭也.' 謂五年一大祭之名. 又祭法祖有功, 宗有德, 皆在宗廟, 本非郊配." 若依鄭說, 以帝嚳配祭圜丘, 是天之最尊也. 周之尊帝嚳, 不若后稷. 今配青帝, 乃非最尊, 實乖嚴父之義也. 且徧窺經籍, 並無以帝嚳配天之文. 若帝嚳配天, 則經應云禘嚳於圜丘以配天, 不應云郊祀后稷也. 天一而已, 故以所在祭在郊, 則謂爲圜丘, 言於郊爲壇, 以象圜天. 圜丘卽郊也, 郊卽圜丘也. 其時中郎馬昭抗章, 固執當時, 敕博士張融質之. 融稱漢世英儒自董仲舒·劉向·馬融之倫[86], 皆斥周人之祀昊天於郊, 以后稷配, 無如玄說配蒼帝也. 然則周禮圜丘, 則孝經之郊. 聖人因尊事天, 因卑事地, 安能復得祀帝嚳於圜丘, 配后稷於蒼帝之禮乎? 且在周頌"思文后稷, 克配彼天", 又昊天有成命郊祀天地也. 則郊非蒼帝, 通儒同辭, 肅說爲長. 伏以孝爲人行之本, 祀爲國事之大. 孔聖垂文, 固非

85) '조(阼)'자에 대하여. '조(阼)'자는 본래 '조(祚)'자로 기록되어 있었는데, 완원(阮元)의 『교감기(校勘記)』에서는 "『감본(監本)』·『모본(毛本)』에는 '조(祚)'자가 '조(阼)'자로 기록되어 있는데, 이것이 옳다."라고 했다.

86) '륜(倫)'자에 대하여. 손이양(孫詒讓)의 『교기(校記)』에서는 "『예기』「제법」편에 대한 『정의』에서는 이 문장을 인용하며, '륜'자를 '론(論)'자로 기록하였다."라고 했다.

臆說. 前儒詮證, 各擅一家. 自頃脩撰, 備經斟覆, 究理則依王肅爲長, 從衆則鄭義已久. 王義長聖證之論, 鄭義長於三禮義宗.[87] 王·鄭是非, 於禮記其義文多, 卒難詳縷說. 此略據機要, 且擧二端焉.

번역 ◎玄宗注: "后稷"~"配之". ○ 현종의 주에서 "후직은 주나라의 시조이다."라고 했는데, 『사기』「주본기(周本紀)」를 살펴보면, "후직은 이름이 기(棄)이고, 그의 어머니는 유태씨(有邰氏)의 여식으로, 이름은 강원(姜嫄)이다. 제곡(帝嚳)[88]의 본처가 되었는데, 야외로 나왔다가 거인의 발자국을 보고, 마음이 흡족해져서 그것을 밟고자 하였다. 발자국을 밟고 나서 몸에 이상한 기운이 감돌았는데 마치 잉태를 한 것과 같았고, 1년이 지나서 아들을 낳았다. 그 아들을 상서롭지 못하다고 여겨서 저자거리에 버렸는데, 말과 소들이 지나치면서 모두들 피하여 밟지 않았고, 다시 숲으로 옮겼으나 때마침 숲속에 사람들이 몰려들어서, 다시 옮겨 도랑의 빙판 위에 버렸는데, 새들이 날아와 깃털로 감싸주었다. 강원은 그 현상을 신비롭게 여겨서, 마침내 다시 거둬서 키웠다. 애초에 그를 버리려고 하였기 때문에 이름을 '기(棄)'라고 한 것이다. 후직은 어려서부터 마나 콩 등을 파종하는 것을 좋아하였고, 장성하여서는 마침내 농사일을 좋아하게 되었다. 요임금이 그를 발탁하여 농사일을 주관하는 자로 삼았더니, 온 천하가 이롭게 되어 공적을 세웠다. 순임금은 '기야, 백성들이 굶주리고 있으니, 너를 후직으로 삼는다. 때에 맞게 백곡을 파종하거라'[89]라고 말하고, 기를 태(邰) 땅에 분봉하며, '후직(后稷)'이라고 불렀다"[90]라고 했다. 후직의 증손자인 공

87) "王義長聖證之論鄭義長於三禮義宗"이라는 문장은 본래 "王義其聖證之論鄭義其於三禮義宗"이라고 기록되어 있었는데, 완원(阮元)의 『교감기(校勘記)』에서는 "'기(其)'자는 모두 '장(長)'자의 오자이다."라고 했다.

88) 제곡(帝嚳)은 고신씨(高辛氏)라고도 부른다. '제곡'은 고대 오제(五帝) 중 하나이다. 황제(黃帝)의 아들 중에는 현효(玄囂)가 있었는데, '제곡'은 현효의 손자가 된다. 운(殷)나라의 복사(卜辭) 기록 속에서는 은나라 사람들이 '제곡'을 고조(高祖)로 여겼다는 기록도 나온다. 한편 '제곡'은 최초 신(辛)이라는 땅을 분봉 받았다가, 이후에 제(帝)가 되었으므로, '제곡'을 고신씨(高辛氏)라고도 부르는 것이다.

89) 『서』「우서(虞書)·요전(堯典)」: 帝曰, 棄, 黎民阻飢, 汝后稷, 播時百穀.

류(公劉)는 다시 후직의 과업을 수행하였고, 후직으로부터 왕계에 이르기까지 15대가 지나서 문왕을 낳아 천명을 받고 주나라를 건립하였다. 『모시』「대아(大雅)·생민(生民)」편의 「모서」에서는 "「생민」편은 시조를 높이는 내용이다. 후직은 강원에게서 태어났고, 문왕과 무왕의 공적은 후직에게서 시작되었다. 그렇기 때문에 후직을 추존하여 하늘에 배향했던 것이다."[91]라고 한 말이 바로 이러한 사실을 나타낸다. 현종의 주에서 "교(郊)제사는 원구단에서 하늘에 제사지내는 것을 말한다."라고 했는데, 이것은 공안국의 전문(傳文)에 나오는 기록이다. '사(祀)'자는 제사를 지낸다는 뜻이다. 하늘에 제사를 지내는 것을 '교(郊)'라고 부른다. 『주례』「대사악(大司樂)」편에서는 "무릇 음악은 환종(圜鍾)으로 궁(宮)음을 삼고, 황종(黃鍾)으로 각(角)음을 삼으며, 太蔟(태주)로 치(徵)음을 삼고, 沽洗(고선)으로 우(羽)음을 삼는다. 뇌고(雷鼓)와 뇌도(雷鼗)라는 타악기와 고죽(孤竹)으로 만든 관악기, 운화(雲和)산에서 자란 나무로 만든 금슬(琴瑟)과 운문(雲門)[92]이라는 춤은 동지에 지상에 설치한 환구단에서 그것들을 연주한다. 음악을 여섯 차례 바꿔가며 연주하면, 천신이 모두 강림하므로, 예로 대접할 수 있다."[93]고 했고, 『예기』「교특생(郊特牲)」편에서는 "교(郊)에서 하늘에게

---

90) 『사기(史記)』「주본기(周本紀)」: 周后稷, 名棄. 其母有邰氏女, 曰姜原. 姜原爲帝嚳元妃. 姜原出野, 見巨人跡, 心忻然說, 欲踐之, 踐之而身動如孕者. 居期而生子, 以爲不祥, 棄之隘巷, 馬牛過者皆辟不踐; 徙置之林中, 適會山林多人, 遷之而棄渠中冰上, 飛鳥以其翼覆薦之. 姜原以爲神, 遂收養長之. 初欲棄之, 因名曰棄. 棄爲兒時, 屹如巨人之志. 其游戲, 好種樹麻·菽·麻·菽美. 及爲成人, 遂好耕農, 相地之宜, 宜穀者稼穡焉, 民皆法則之. 帝堯聞之, 擧棄爲農師, 天下得其利, 有功. 帝舜曰, "棄, 黎民始飢, 爾后稷播時百穀." 封棄於邰, 號曰后稷, 別姓姬氏. 后稷之興, 在陶唐·虞·夏之際, 皆有令德.

91) 『시』「대아(大雅)·생민(生民)」의 「모서(毛序)」: 生民, 尊祖也. 后稷, 生於姜嫄, 文武之功, 起於后稷. 故推以配天焉.

92) 운문(雲門)은 황제(黃帝) 시대에 만들어진 악무(樂舞) 중 하나라고 전해진다. 주(周)나라의 육무(六舞) 중 하나로 정착하였다. 주로 천신(天神)에게 제사를 지낼 때 사용되었다.

93) 『주례』「춘관(春官)·대사악(大司樂)」: 凡樂, 圜鍾爲宮, 黃鍾爲角, 大蔟爲徵, 姑洗爲羽, 雷鼓雷鼗, 孤竹之管, 雲和之琴瑟, 雲門之舞, 冬日至, 於地上之圜丘奏之, 若樂六變, 則天神皆降, 可得而禮矣.

제사를 지내는 이유는 해가 길어지게 됨을 맞이하기 위해서이다. 교제사는 하늘의 큰일에 대해서 크게 보답을 하고, 하늘대신 해[日]를 위주로 하니, 남쪽 교외에서 조(兆)를 만들어 제사를 지내는 것은 양(陽)의 방위에 따르기 때문이다."[94]라고 했고, 또 "교에서 지내는 제사는 근본에 보답하고, 시초를 반추하는 성대한 의식이다."[95]라고 했으니, 동지 이후 낮이 점차 길어지게 되어, 교에서 제사를 지내며 그 기운을 맞이하는 것으로, 북두칠성의 자루가 자(子) 방위를 가리키는 달이 되면, 모두 교에서 하늘에 대한 제사를 지내게 된다는 의미로, 환구단이 남쪽 교외에 있다는 사실을 나타낸다. 현종의 주에서 "주공이 성왕을 섭정하였기 때문에, 교에서 하늘에 대해 지내는 제사를 대신 시행하며, 시조를 높여서 하늘에 배향했다."라고 했는데, 『예기』「문왕세자(文王世子)」편을 살펴보면, "공자가 말하길, '예전에 주공은 섭정을 하여, 천자의 자리를 대신하여 천하를 다스렸고, 자신의 아들 백금(伯禽)에게 세자를 교육시키는 법도를 적용하여 가르쳤는데, 이것은 성왕을 잘 보필하는 방법이었다.'"[96]라고 했으므로, 이 문장에서 말하는 교제사는 바로 주공이 섭정할 당시에 시행했던 것이다. 『공양전』에서는 "교제사를 지내게 되면, 어찌하여 반드시 후직에게도 제사를 지내는 것인가? 천자가 된 자는 반드시 그의 시조를 하늘에 배향하기 때문이다. 천자가 된 자는 어찌하여 반드시 그의 시조를 하늘에 배향하는가? 안으로부터 밖으로 나올 때에는 주인이 없으면 갈 수가 없고, 밖으로부터 안으로 들어올 때에는 주인이 없으면 멈출 수가 없기 때문이다."[97]라고 했는데, 하늘에 제사를 지내게 되면, 천신은 손님이 되는 것으로, 이 경우가 바로 밖으로부

---

94) 『예기』「교특생(郊特牲)」【327c~328a】: 郊之祭也, 迎長日之至也. 大報天而主日也, 兆於南郊, 就陽位也. 掃地而祭, 於其質也. 器用陶匏, 以象天地之性也.

95) 『예기』「교특생(郊特牲)」【329d】: 帝牛不吉, 以爲稷牛. 帝牛必在滌三月, 稷牛唯具, 所以別事天神與人鬼也. 萬物本乎天, 人本乎祖, 此所以配上帝也. 郊之祭也, 大報本反始也.

96) 『예기』「문왕세자(文王世子)」【254d】仲尼曰, 昔者, 周公攝政, 踐阼而治, 抗世子法於伯禽, 所以善成王也. 聞之, 曰, 爲人臣者, 殺其身, 有益於君, 則爲之. 況于其身, 以善其君乎. 周公, 優爲之.

97) 『춘추공양전』「선공(宣公) 3년」: 郊則曷爲必祭稷. 王者必以其祖配. 王者則曷爲必以其祖配. 自內出者, 無匹不行. 自外至者, 無主不止.

터 안으로 들어오는 때를 뜻한다. 이러한 경우에는 사람이 주인이 되어야만 천신이 이르게 된다. 그렇기 때문에 시조를 높여서 천신에게 배향하고, 앉기를 권유하여 흠향하도록 한다. 『좌씨전』을 살펴보면, "무릇 제사에서는 경칩이 된 이후에 교제사를 지낸다."[98]라고 했고, 또 "후직에게 교제사를 지내는 것은 이것을 통하여 풍년이 들기를 기원하는 것이다."[99]라고 했으며, 정현은 『예기』「교특생」편에 대한 주에서 『역설』을 인용하여, "하·은·주 삼대에서 지냈던 교제사에서는 한결같이 하나라 때의 정월인 북두칠성 자루가 인(寅) 방위에 걸리는 달을 정월로 삼았다."라고 했으니, 이것은 해가 길어지는 때를 맞이한다는 사실을 뜻한다. 북두칠성의 자루가 묘(卯) 방위에 걸리면 낮과 밤의 길이가 균등하게 되는데, 균등해진 이후에는 낮이 점차 길어진다. 그러므로 춘분에는 낮과 밤의 길이가 균등해진다. 이 문장의 경우, 맞이하는 일은 아직 균등해지기 이전에 하는 것이고, '지(至)'라는 것은 춘분을 뜻한다. 무릇 '지(至)'라는 것은 길고 짧은 것이 지극해지는 때이다. '분(分)'이라고 분명하게 언급한 것은 낮과 밤의 길이가 균등해지기 때문이다. 춘분과 추분은 사계절의 절기에 포함되어 있고, 경칩은 북두칠성의 자루가 인(寅) 방위를 가리키는 달에 놓이니, 동지를 지나 아직 춘분에 이르지 못했을 때에는 반드시 밤이 짧아진 가운데 낮이 점차 길어지게 된다. 그렇다면 『좌씨전』에서는 경칩이라고 언급해서는 안 된다. 만약 해가 길어지는 것이 점진적이기 때문에 교제사를 지내 미리 맞이한다면, 최초로 길어지는 시기는 마땅히 해가 가장 짧은 동지에 놓이게 된다. 그렇기 때문에 『좌씨전』에서 경칩에 지내는 교제사가 풍년을 기원하는 제사임을 알 수 있다. 『주례』에서 말하는 동지의 교제사는 해가 길어지게 됨을 영접하며, 근본에 보답하고 시초를 돌이키는 조상에 대한 제사이다. 정현은 「제법」편에 "주나라 사람들은 제곡에게 체제사를 지냈다."고 했던 문장이 있기 때문에, 마침내 교제사의 뜻을 바꿔서 감생제에 대한 제사로 여겨, 동방을 맡는 청제(靑帝)인 영위앙(靈威仰)을 뜻한다고 하고, 주나라는 오행

---

98) 『춘추좌씨전』「환공(桓公) 5년」: 凡祀, 啓蟄而郊, 龍見而雩, 始殺而嘗, 閉蟄而烝. 過則書.

99) 『춘추좌씨전』「양공(襄公) 7년」: 夫郊祀后稷, 以祈農事也.

중에서 목(木)의 덕에 해당하므로 목덕(木德)을 다스리는 상제를 떠받든다고 했다. 그리고 이를 통해 논정을 하며, “『이아』를 살펴보면, ‘하늘에 대한 제사를 번시(燔柴)라고 부르고, 땅에 대한 제사를 예매(瘞薶)[100]라고 부른다.’[101]라고 했고, 또 ‘체제사는 큰 제사이다.’[102]라고 했으니, 5년마다 1번 지내는 큰 제사의 명칭이다. 또 「제법」편에서는 공덕을 세운 자는 조(祖)로 삼고, 덕을 갖춘 자는 종(宗)으로 삼는다고 하였으니, 조나 종 모두는 종묘에 모시는 것으로, 본래부터 교제사에서 하늘에 배향하는 대상이 아니다.”라고 했다. 만약 정현의 주장에 따른다면, 제곡을 환구단에서 하늘에 배향하여 제사를 지내는 것이니, 하늘은 가장 존엄하기 때문이다. 주나라 때 제곡을 존엄하게 대했던 태도는 후직에 대한 경우만 못했다. 그리고 현재 청제에게 배향한다고 했다면, 가장 존엄하게 대한 것이 아니며, 실제적으로 부친을 존엄하게 대한다는 의미에도 어긋난다. 또한 여러 기록들을 두루 살펴보면, 제곡을 하늘에 배향하였다는 기록은 결코 나타나지 않는다. 만약 제곡을 하늘에 배향했었다면, 경문에서도 마땅히 환구단에서 제곡에게 체제사를 지내며 하늘에 배향하였다고 해야 하지, 후직에게 교제사를 지냈다고 해서는 안 된다. 하늘은 하나일 뿐이다. 그렇기 때문에 그 제사를 지내는 장소는 교에 위치하므로, 환구를 만든다고 말한 것은 교에 제단을 쌓으며, 둥근 하늘의 모양을 본떠서 만든다는 뜻이다. 그러므로 환구라고 말한 것은 곧 교를 가리키고, 교는 곧 환구를 뜻한다. 당시 중랑이었던 마소가 당시의 관행을 고집하는 것에 대해 상소를 올리자 박사였던 장융(張融)에게 칙서를 내려서 질정하게 하였다. 장융은 한나라 때 석학이었던 동중서·유향·마융의 학설을 열거하며, 이들 모두가 주나라 때에는 교에서 호천에게 제

100) 예매(瘞薶)는 예매(瘞埋)라고도 부른다. 땅에 대한 제례 중 하나이다. 『예기』「제법(祭法)」편에는 “瘞埋於泰折, 祭地也.”라는 기록이 있는데, 이에 대한 공영달(孔穎達)의 소에서는 “謂瘞繒埋牲, 祭神州地祇於北郊也.”라고 풀이했다. 즉 비단과 희생물을 매장하여, 북쪽 교외에서 신주(神州)의 토지신에게 제사를 지낸다는 뜻이다.

101) 『이아』「석천(釋天)」: 祭天曰燔柴, 祭地曰瘞薶, 祭山曰庪縣, 祭川曰浮沉, 祭星曰布, 祭風曰磔.

102) 『이아』「석천(釋天)」: 禘, 大祭也.

사를 지내며 후직을 배향했다고 주장하였고, 정현처럼 창제(蒼帝)를 배향했다는 학설은 없었다고 하였다. 그렇다면 『주례』에 기록된 환구는 곧 『효경』에 기록된 교를 뜻한다. 성인은 존비(尊卑)에 따라서 하늘을 섬기고 땅을 섬겼으니, 어찌 환구에서 제곡에게 제사를 지내며, 창제에게 후직을 배향하는 의례를 시행할 수 있겠는가? 또 『시』「주송(周頌)」편에는 "문덕(文德)이신 후직이여, 저 하늘에 짝하시는구나."[103]라는 기록이 있고, 또 「호천유성명(昊天有成命)」편에는 천지에 교제사를 지냈다고 했으니,[104] 교제사는 창제에 대한 제사가 아니며, 모든 유학자들이 똑같이 주장하지만 그 중에서도 왕숙의 주장이 가장 뛰어나다. 삼가 살펴보니, 효는 사람 행동의 근본이 되고 제사는 국가의 중대사가 된다. 공자가 전해준 문장들은 진실로 억측들이 아니다. 선배 학자들은 그 말들을 분석하고 논증하여 각각 제 나름대로의 주장을 가진 일가를 이루었다. 편찬 작업을 할 때부터 경전들을 대비하고 헤아려보니, 이치에 따른다면 왕숙의 주장에 따르는 것이 가장 좋고, 다수의 의견을 따른다면 정현의 주장이 이미 오래전부터 내려왔기 때문에 좋다. 그런데 왕숙의 주장은 『성증』의 논의에서 뛰어나고, 정현의 주장은 『삼례의종』보다 뛰어나다. 왕숙과 정현의 주장 중 잘잘못은 『예기』의 다양한 뜻과 서로 상반된 기록들 때문에 끝내 자세히 따져보기 어렵게 되었다. 여기에서는 간략하게 그 요점들만 제시하고, 또한 이 두 학설을 제시한다.

邢疏 ◎注"明堂"至"之也". ○正義曰: 云"明堂, 天子布政之宮也"者, 按禮記明堂位, "昔者周公[105]朝諸侯于明堂之位, 天子負斧依南鄕而立". 明堂也者, 明諸侯之尊卑也. 制禮作樂, 頒度量而天下大服, 知明堂是布政之宮也. 云

103) 『시』「주송(周頌)·사문(思文)」: 思文后稷, 克配彼天. 立我烝民, 莫匪爾極.

104) 『시』「주송(周頌)·호천유성명(昊天有成命)」의 「모서(毛序)」: 昊天有成命, 郊祀天地也.

105) "堂位昔者周公"라는 문장은 본래 "其二端注明堂"이라고 기록되어 있었는데, 완원(阮元)의 『교감기(校勘記)』에서는 "『정오(正誤)』에서 '其二端注明堂'은 '堂位昔者周公'이라고 기록하였는데, 이것이 옳다."라고 했다.

"周公因祀五方上帝於明堂, 乃尊文王以配之也"者, 五方上帝, 卽是上帝也. 謂以文王配五方上帝之神, 侑坐而食也. 按鄭注論語云: "皇皇后帝, 倂謂太微五帝. 在天爲上帝, 分王五方爲五帝." 舊說明堂在國之南, 去王城七里, 以近爲媟; 南郊去王城五十里, 以遠爲嚴. 五帝卑於昊天, 所以於郊祀昊天, 於明堂祀上帝也. 其以后稷配郊, 以文王配明堂, 義見於上也. 五帝謂東方靑帝靈威仰, 南方赤帝赤熛怒, 西方白帝白招拒, 北方黑帝汁光紀, 中央黃帝含樞紐. 鄭玄[106]云: "明堂居國之南, 南是明陽之地, 故曰明堂." 按史記云: "黃帝接萬靈於明庭." 明庭卽明堂也. 明堂起於黃帝. 周禮考工記曰: "夏后氏[107]世室, 殷人重屋, 周人明堂." 先儒舊說, 其制不同. 按大戴禮云: "明堂凡九室, 一室而有四戶八牖, 三十六戶七十二牖, 以茅蓋屋, 上圓下方." 鄭玄據援神契云: "明堂上圜下方, 八牖四闥." 考工記曰: "明堂五室." 稱九室者, 或云: "取象陽數也; 八牖者, 陰數也, 取象八風也; 三十六戶, 取象六甲子之爻, 六六三十六也; 上圜象天, 下方法地; 八牖者卽八節也, 四闥者象四方也; 稱五室者, 取象五行: 皆無明文也, 以意釋之耳. 此言宗祀於明堂, 謂九月大享靈威仰等五帝, 以文王配之, 卽月令云: "季秋大享帝." 注云: "徧祭五帝, 以其上言擧五穀之要, 藏帝藉之收於神倉, 九[108]月西方成事, 終而報功也."

번역 ◎玄宗注: "明堂"~"之也". ○ 현종의 주에서는 "명당은 천자가 정사를 시행하던 건물이다."라고 했는데, 『예기』「명당위(明堂位)」편을 살펴보면 "예전에 주공이 명당의 자리에서 제후들의 조회를 받음에, 천자는 부의(斧依)[109]를 등지고 남쪽을 바라보며 섰다."[110]라고 했다. '명당(明堂)'

106) '현(玄)'자에 대하여. '현(玄)'자는 본래 '현(炫)'자로 기록되어 있었는데, 완원(阮元)의 『교감기(校勘記)』에서는 "'현(炫)'자는 마땅히 '현(玄)'자가 되어야 하며, 아래에서 이렇게 표기된 것 또한 모두 '현(玄)'자로 해야 한다."라고 했다.

107) '씨(氏)'자에 대하여. '씨'자는 본래 '왈(曰)'자로 기록되어 있었는데, 완원(阮元)의 『교감기(校勘記)』에서는 "'왈'자는 마땅히 '씨'자가 되어야 한다."라고 했다.

108) '구(九)'자에 대하여. '구'자는 본래 '육(六)'자로 기록되어 있었는데, 완원(阮元)의 『교감기(校勘記)』에서는 "'육'자는 마땅히 '구'자가 되어야 한다."라고 했다.

이라는 것은 제후들의 신분에 따른 서열을 명백히 한다는 뜻이다. 이곳에서 예법을 제정하고 음악을 만들며, 도량형을 반포하여 온 천하가 그에 따르게 되니, 명당이 정사를 시행하던 건물임을 알 수 있다. 현종의 주에서 "주공은 명당에서 다섯 방위의 상제에게 제사를 지내며 문왕을 높여서 상제에게 배향했다."라고 했는데, 다섯 방위의 상제는 곳 상제(上帝)를 뜻한다. 그러므로 이 문장은 문왕을 다섯 방위의 상제라는 신에게 배향하여, 함께 모시고 흠향을 시킨다는 뜻이다. 정현의 『논어』에 대한 주를 살펴보면, "황황후제(皇皇后帝)를 태미오제(太微五帝)라고도 부른다. 천상에 있기 때문에 상제(上帝)가 되는 것이며, 다섯 방위를 분담하여 다스리기 때문에 오제(五帝)가 된다."라고 했다. 옛 학설에서는 명당이 국성의 남쪽에 위치하며, 국성과 7리(里) 떨어져 있어서 거리가 가깝기 때문에 친근한 것이고, 남쪽 교외는 국성과 50리 떨어져 있어서 멀기 때문에 어려운 것이다. 오제는 호천보다 낮으니, 교에서 호천에게 제사를 지내고, 명당에서 상제에게 제사를 지내는 것이다. 후직을 교에서 배향하고 문왕을 명당에서 배향하는 의미는 위에 나타난다. 오제는 동방청제(東方青帝)인 영위앙(靈威仰), 남방적제(南方赤帝)인 적표노(赤熛怒)[111], 서방백제(西方白帝)인 백초거

---

109) 보의(黼扆)는 부의(斧依) 또는 부의(斧扆)라고도 부른다. 고대에는 제왕의 자리 뒤에 병풍을 설치했는데, 병풍에는 도끼 무늬를 새겼기 때문에 '보의' 또는 '부의'라고 부른다.

110) 『예기』「명당위(明堂位)」【398a】: 昔者, 周公朝諸侯于明堂之位, 天子負斧依南鄉而立.

111) 적표노(赤熛怒)는 참위설(讖緯說)을 주장했던 자들이 섬기던 오제(五帝) 중 하나이다. 남방(南方)의 신(神)이자 여름을 주관하는 신이다. 『예기』「대전(大傳)」편에는 "禮, 不王不禘, 王者禘其祖之所自出, 以其祖配之."라는 기록이 있는데, 이에 대한 정현의 주에서는 "王者之先祖皆感大微五帝之精以生. 蒼則靈威仰, 赤則赤熛怒, 黃則含樞紐, 白則白招拒, 黑則汁光紀."라고 풀이하였다. 『주례』「춘관(春官)·소종백(小宗伯)」편에는 "兆五帝於四郊."라는 기록이 있는데, 이에 대한 정현의 주에서는 "五帝 …… 赤曰赤熛怒, 炎帝食焉."이라고 풀이했고, 『주례』「춘관(春官)·대종백(大宗伯)」편의 "以禋祀祀昊天上帝."라는 기록에 대해, 가공언(賈公彥)의 소(疏)에서는 『춘추위문요구(春秋緯文耀鉤)』라는 위서(緯書)를 인용하여 "夏起赤受制, 其名赤熛怒."라고 풀이했다. 이렇듯 '적표노'는 적제(赤帝)를 뜻하는데, '적제'라는 것은 염제(炎帝)를 뜻하기도 한다.

(白招拒)[112], 북방흑제(北方黑帝)인 즙광기(汁光紀)[113], 중앙황제(中央黃帝)인 함추뉴(含樞紐)[114]를 뜻한다. 정현은 "명당은 국성의 남쪽에 위치하고 있는데, 남쪽은 밝고 양기(陽氣)가 있는 장소이다. 그렇기 때문에 명당이라고 부른다."라고 했다. 『사기』를 살펴보면 "황제(黃帝)가 모든 신령들을 명정(明庭)에서 대접하였다."[115]라고 하였으니, 이때의 명정은 곧 명당을 뜻한다. 그러므로 명당의 유래는 황제 때부터 시작된 것이다. 『주례』「고공기(考工記)」에서는 "하후씨 때에는 세실(世室)이었으며, 은나라 때에는 중옥(重屋)이었고, 주나라 때에는 명당(明堂)이었다."[116]라고 했는데, 선대 학자들의 옛 학설은 그 제도에 대한 설명이 서로 달랐다. 『대대례기』를 살펴보면, "명당은 총 9개의 방으로 구성되어 있는데, 1개의 방에는 각각 4개의 외짝문과 8개의 들창이 있으니, 총 36개의 외짝문과 72개의 들창이 있는

---

112) 백초거(白招拒)는 참위설(讖緯說)을 주장했던 자들이 섬기던 오제(五帝) 중 하나이다. 서방(西方)의 신(神)이자 가을을 주관하는 신이다. 『예기』「대전(大傳)」편에는 "禮, 不王不禘, 王者禘其祖之所自出, 以其祖配之."라는 기록이 있는데, 이에 대한 정현의 주에서는 "王者之先祖皆感大微五帝之精以生. 蒼則靈威仰, 赤則赤熛怒, 黃則含樞紐, 白則白招拒, 黑則汁光紀."라고 풀이하였다.

113) 즙광기(汁光紀)는 협광기(叶光紀)라고도 부른다. 참위설(讖緯說)을 주장했던 자들이 섬기던 오제(五帝) 중 하나이다. 북방(北方)의 신(神)이자 겨울을 주관하는 신이다. 『예기』「대전(大傳)」편에는 "禮, 不王不禘, 王者禘其祖之所自出, 以其祖配之."라는 기록이 있는데, 이에 대한 정현의 주에서는 "王者之先祖皆感大微五帝之精以生. 蒼則靈威仰, 赤則赤熛怒, 黃則含樞紐, 白則白招拒, 黑則汁光紀."라고 풀이하였다.

114) 함추뉴(含樞紐)는 참위설(讖緯說)을 주장했던 자들이 섬기던 오제(五帝) 중 하나이다. 중앙(中央)을 주관하는 신(神)이자 계절 중 중앙 계절을 주관하는 신이다. 『예기』「대전(大傳)」편에는 "禮, 不王不禘, 王者禘其祖之所自出, 以其祖配之."라는 기록이 있는데, 이에 대한 정현의 주에서는 "王者之先祖皆感大微五帝之精以生. 蒼則靈威仰, 赤則赤熛怒, 黃則含樞紐, 白則白招拒, 黑則汁光紀."라고 풀이하였다.

115) 『사기(史記)』「봉선서(封禪書)」: 其後黃帝接萬靈明庭.

116) 『주례』「동관고공기(冬官考工記)·장인(匠人)」: 夏后氏世室, 堂脩二七廣四脩一, 五室二四步四三尺. 九階. 四旁兩夾窗. 白盛. 門堂三之二. 室三之一. 殷人重屋, 堂脩七尋堂崇三尺四阿重屋. 周人明堂, 度九尺之筵, 東西九筵, 南北七筵, 堂崇一筵, 五室, 凡室二筵.

것이며, 띠를 엮어서 지붕을 덮었고, 상단은 원형으로 하고 하단은 네모지게 만들었다."[117]라고 했다. 정현은 위서(緯書)인 『원신계』에 근거하여, "명당은 상단부는 원형으로 되어 있고 하단부는 네모지게 되어있는데, 8개의 들창과 4개의 문이 있다."고 했다. 「고공기」에서 "명당은 5개의 방으로 되어 있다."[118]라고 했다. 이러한 설명 중 9개의 방이라고 일컫는 이유에 대해서, 혹자는 양(陽)의 숫자인 9를 본떴기 때문이며, 8개의 들창은 음(陰)의 수를 뜻하며, 팔풍(八風)[119]을 본뜬 것이다. 36개의 외짝문은 여섯 갑자

117) 『대대례기(大戴禮記)』「명당(明堂)」: 明堂者, 古有之也. 凡九室: 一室而有四戶·八牖, 三十六戶·七十二牖. 以茅蓋屋, 上圓下方.

118) 『주례』「동관고공기(冬官考工記)·장인(匠人)」: 周人明堂, 度九尺之筵, 東西九筵, 南北七筵, 堂崇一筵, 五室, 凡室二筵.

119) 팔풍(八風)은 팔방(八方)에서 풀어오는 바람으로, 각 문헌에 따라서 명칭이 조금씩 다르다. 『여씨춘추(呂氏春秋)』에 따르면, 동북풍(東北風)은 염풍(炎風), 동풍(東風)은 도풍(滔風), 동남풍(東南風)은 훈풍(熏風), 남풍(南風)은 거풍(巨風), 서남풍(西南風)은 처풍(淒風), 서풍(西風)은 료풍(飂風), 서북풍(西北風)은 려풍(厲風), 북풍(北風)은 한풍(寒風)이다. 『회남자(淮南子)』에 따르면, 동북풍(東北風)은 염풍(炎風), 동풍(東風)은 조풍(條風), 동남풍(東南風)은 경풍(景風), 남풍(南風)은 거풍(巨風), 서남풍(西南風)은 량풍(涼風), 서풍(西風)은 료풍(飂風), 서북풍(西北風)은 려풍(麗風), 북풍(北風)은 한풍(寒風)이다. 『설문해자(說文解字)』에 따르면, 동풍(東風)은 명서풍(明庶風), 동남풍(東南風)은 청명풍(清明風), 남풍(南風)은 경풍(景風), 서남풍(西南風)은 량풍(涼風), 서풍(西風)은 창합풍(閶闔風), 서북풍(西北風)은 부주풍(不周風), 북풍(北風)은 광막풍(廣莫風), 동북풍(東北風)은 융풍(融風)이다. 『경전석문(經典釋文)』에 따르면, 동풍(東風)은 곡풍(谷風), 동남풍(東南風)은 청명풍(清明風), 남풍(南風)은 개풍(凱風), 서남풍(西南風)은 량풍(涼風), 서풍(西風)은 창합풍(閶闔風), 서북풍(西北風)은 부주풍(不周風), 북풍(北風)은 광막풍(廣莫風), 동북풍(東北風)은 융풍(融風)이다. 『여씨춘추(呂氏春秋)』「유시(有始)」편에서는 "何謂八風. 東北曰炎風, 東方曰滔風, 東南曰熏風, 南方曰巨風, 西南曰淒風, 西方曰飂風, 西北曰厲風, 北方曰寒風."이라고 하였고, 『회남자(淮南子)』「추형훈(墜形訓)」편에서는 "東北曰炎風, 東方曰條風, 東南曰景風, 南方曰巨風, 西南曰涼風, 西方曰飂風, 西北曰麗風, 北方曰寒風."이라고 하였으며, 『설문(說文)』「풍부(風部)」편에서는 "風, 八風也. 東方曰明庶風, 東南曰清明風, 南方曰景風, 西南曰涼風, 西方曰閶闔風, 西北曰不周風, 北方曰廣莫風, 東北曰融風."이라고 하였고, 『춘추좌씨전』「은공(隱公) 5년」편에는 "夫舞所以節八音, 而行八風."이라는 기록이 있는데, 이에 대한 육덕명(陸德明)의 『경전석문(經典釋文)』에서는 "八方之風, 謂東方谷風, 東

의 효(爻)를 본뜬 것으로, 6 곱하기 6은 36이 된다. 상단부를 원형으로 한 것은 하늘의 모양을 본뜬 것이고, 하단부를 네모지게 만든 것은 땅의 모양을 본뜬 것이다. 8개의 들창은 곧 입춘부터 동지까지의 8개 절기를 뜻하며, 4개의 문은 동·서·남·북 사방(四方)을 본뜬 것이라고 했다. 그리고 5개의 방이라고 일컫는 것에 대해서는 오행(五行)을 본뜬 것인데, 이것과 관련해서는 구체적인 기록들이 없어서, 의미를 토대로 추론할 수밖에 없다. 여기에서 명당에서 조상에 대한 제사를 지낸다고 하는 것은 음력 9월에 영위앙 등의 오제에게 큰 제사를 지내면서, 문왕을 배향하는 것을 뜻하니, 이것은 곧 『예기』「월령(月令)」편에서 "계추의 달에 제(帝)에게 대향(大享)을 한다."[120]라는 것을 가리키며, 이에 대한 주에서는 "오제에게 두루 제사를 지내는 것이니, 위에서 오곡에 대한 조세 수입을 합산하고, 제자(帝藉)[121]에서 수확된 농작물을 신창(神倉)[122]에 보관한다고 하였으니, 음력 9월에는 서쪽에서 모든 일이 완성되므로, 그 일이 다 끝나게 되면 신의 은혜에 보답을 하는 것이다."라고 했다.

참고 『대대례기(大戴禮記)』「제계(帝繫)」

원문 少典産軒轅, 是爲黃帝.

번역 소전이 헌원을 낳았는데, 이 자가 바로 황제(黃帝)이다.

南淸明風, 南方凱風, 西南涼風, 西方閶闔風, 西北不周風, 北方廣莫風, 東北方融風."이라고 풀이하였다.

120) 『예기』「월령(月令)」【214c】: 是月也, 大饗帝, 嘗, 犧牲告備于天子.

121) 제적(帝籍)은 제자(帝藉)라고도 부른다. 천자가 직접 경작하던 농작지를 뜻한다. 직접 농사를 지었다는 뜻은 아니며, 상징적인 의미를 갖는다. 이곳에서 생산된 곡식들은 천자가 지내는 제사 때 사용되었다. 『예기』「월령(月令)」편에는 "帥三公九卿諸侯大夫, 躬耕帝籍."이라는 기록이 있는데, 이에 대한 손희단(孫希旦)의 집해(集解)에서는 "天子藉田千畝, 收其穀爲祭祀之粢盛, 故曰帝藉."이라고 풀이했다. 즉 천자가 경작하는 땅은 1000무(畝)의 면적인데, 여기에서 수확되는 곡식들을 가지고 오제(五帝)에 대한 제사에 사용하였으므로, '제적'이라고 부르게 된 것이다.

122) 신창(神倉)은 제사를 지낼 때 소용되는 것들을 보관하는 창고이다.

解詁 史記云, "黃帝者, 少典之子, 姓公孫, 名曰軒轅." 又云, "有土德之瑞, 故號黃帝."

번역 『사기』에서 말하길, "황제는 소전의 자식으로, 성은 공손(公孫)이며, 이름은 헌원(軒轅)이다."[123]라고 했다. 또 말하길, "토(土)덕의 상서로운 기운을 가지고 있었기 때문에 '황제(黃帝)'라고 불렀다."[124]라고 했다.

원문 黃帝產玄囂, 玄囂產蟜極, 蟜極產高辛, 是爲帝嚳.

번역 황제는 현효를 낳았고, 현효는 교극을 낳았으며, 교극은 고신을 낳았는데, 이 자가 바로 제곡(帝嚳)이다.

解詁 史記云, "帝嚳高辛者, 黃帝之曾孫也. 高辛父曰蟜極, 蟜極父曰玄囂, 玄囂父曰黃帝. 自玄囂與蟜極, 皆不得在位. 至高辛, 卽帝位. 高辛於顓頊爲族子." 又云, "顓頊崩, 而玄囂之孫高辛立, 是爲帝嚳也."

번역 『사기』에서 말하길, "제곡인 고신은 황제의 증손자이다. 고신의 부친은 교극이며, 교극의 부친은 현효이고, 현효의 부친은 황제이다. 현효와 교극은 모두 제위를 얻지 못하였다. 고신에 이르러 제위에 올랐다. 고신은 전욱에 대해 동족의 자손이 된다."[125]라고 했다. 또 말하길, "전욱이 붕어하자 현효의 손자인 고신이 제위에 올랐으니, 이 자가 바로 제곡이다."[126]라고 했다.

---

123) 『사기(史記)』「오제본기(五帝本紀)」: 黃帝者, 少典之子, 姓公孫, 名曰軒轅. 生而神靈, 弱而能言, 幼而徇齊, 長而敦敏, 成而聰明.

124) 『사기(史記)』「오제본기(五帝本紀)」: 順天地之紀, 幽明之占, 死生之說, 存亡之難. 時播百穀草木, 淳化鳥獸蟲蛾, 旁羅日月星辰水波土石金玉, 勞勤心力耳目, 節用水火材物. 有土德之瑞, 故號黃帝.

125) 『사기(史記)』「오제본기(五帝本紀)」: 帝嚳高辛者, 黃帝之曾孫也. 高辛父曰蟜極, 蟜極父曰玄囂, 玄囂父曰黃帝. 自玄囂與蟜極, 皆不得在位, 至高辛卽帝位. 高辛於顓頊爲族子.

126) 『사기(史記)』「오제본기(五帝本紀)」: 帝顓頊生子曰窮蟬. 顓頊崩, 而玄囂之孫高辛立, 是爲帝嚳.

원문 帝嚳産放勳, 是爲帝堯.

번역 제곡은 방훈을 낳았는데, 이 자가 바로 요(堯)임금이다.

解詁 史記云, "帝堯者, 放勳." 又云, "帝嚳崩, 而摯代立. 帝摯立, 不善, 崩, 而弟放勳立, 是爲帝堯."

번역 『사기』에서 말하길, "요임금은 방훈이다."127)라고 했다. 또 말하길, "제곡이 붕어하자, 지가 대신하여 제위에 올랐다. 지가 제위에 올랐지만 선정을 베풀지 못했고, 그가 붕어하자 동생인 방훈이 제위에 올랐으니, 이 자가 요임금이다."128)라고 했다.

원문 黃帝産昌意, 昌意産高陽, 是爲帝顓頊.

번역 황제는 창의를 낳았고 창의는 고양을 낳았는데, 이 자가 바로 전욱(顓頊)이다.

解詁 史記云, "帝顓頊高陽者, 黃帝之孫而昌意之子也." 又云, "黃帝崩, 葬橋山. 其孫昌意之子高陽立, 是爲帝顓頊也."

번역 『사기』에서 말하길, "제왕 전욱 고양은 황제의 손자이자 창의의 자식이다."129)라고 했다. 또 말하길, "황제가 붕어하자 교산에서 장례를 치렀다. 그의 손자이자 창의의 자식인 고양이 제위에 올랐으니, 이 자가 전욱이다."130)라고 했다.

---

127) 『사기(史記)』「오제본기(五帝本紀)」: 帝堯者, 放勳. 其仁如天, 其知如神. 就之如日, 望之如雲. 富而不驕, 貴而不舒. 黃收純衣, 彤車乘白馬. 能明馴德, 以親九族. 九族旣睦, 便章百姓. 百姓昭明, 合和萬國.

128) 『사기(史記)』「오제본기(五帝本紀)」: 帝嚳娶陳鋒氏女, 生放勳. 娶娵訾氏女, 生摯. 帝嚳崩, 而摯代立. 帝摯立, 不善, 崩, 而弟放勳立, 是爲帝堯.

129) 『사기(史記)』「오제본기(五帝本紀)」: 帝顓頊高陽者, 黃帝之孫而昌意之子也. 靜淵以有謀, 疏通而知事; 養材以任地, 載時以象天, 依鬼神以制義, 治氣以敎化, 絜誠以祭祀. 北至于幽陵, 南至于交阯, 西至于流沙, 東至于蟠木. 動靜之物, 大小之神, 日月所照, 莫不砥屬.

원문 顓頊產窮蟬, 窮蟬產敬康, 敬康產句芒, 句芒產蟜牛, 蟜牛產瞽叟, 瞽叟產重華, 是爲帝舜, 及產象, 敖.

번역 전욱은 궁선을 낳았고, 궁선은 경강을 낳았으며, 경강은 구망을 낳았고, 구망은 교우를 낳았으며, 교우는 고수를 낳았고, 고수는 중화를 낳았는데, 이 자가 바로 순(舜)임금이며, 또 상(象)을 낳았는데 거만하였다.

解詁 史記云, "虞舜者, 名曰重華. 重華父曰瞽叟, 瞽叟父曰橋牛, 橋牛父曰句望, 句望父曰敬康, 敬康父曰窮蟬, 窮蟬父曰帝顓頊, 顓頊父曰昌意, 以至舜七世矣. 自從窮蟬以至帝舜, 皆微爲庶人. 舜父瞽叟盲, 而舜母死, 瞽叟更娶妻而生象, 象傲."

번역 『사기』에서 말하길, "우순의 이름은 중화이다. 중화의 부친은 고수이고, 고수의 부친은 교우이며, 교우의 부친은 구망이고, 구망의 부친은 경강이며, 경강의 부친은 궁선이고, 궁선의 부친은 제왕 전욱이며, 전욱의 부친은 창의이니, 순임금까지 7세대 차이가 난다. 궁선으로부터 제왕 순에 이르기까지, 그 사이에 있는 자들은 미미하여 서인의 신분이 되었다. 순의 부친은 고수인데 맹인이었고, 순임금의 친모가 죽자, 고수는 재취를 얻어 상을 낳았지만, 상은 거만하였다."[131]라고 했다.

원문 顓頊產鯀, 鯀產文命, 是爲禹.

번역 전욱은 곤을 낳았고, 곤은 문명을 낳았는데, 이 자가 바로 우(禹)임

---

130) 『사기(史記)』「오제본기(五帝本紀)」: 黃帝居軒轅之丘, 而娶於西陵之女, 是爲嫘祖. 嫘祖爲黃帝正妃, 生二子, 其後皆有天下. 其一曰玄囂, 是爲青陽, 青陽降居江水; 其二曰昌意, 降居若水. 昌意娶蜀山氏女, 曰昌僕, 生高陽, 高陽有聖德焉. 黃帝崩, 葬橋山. 其孫昌意之子高陽立, 是爲帝顓頊也.

131) 『사기(史記)』「오제본기(五帝本紀)」: 虞舜者, 名曰重華. 重華父曰瞽叟, 瞽叟父曰橋牛, 橋牛父曰句望, 句望父曰敬康, 敬康父曰窮蟬, 窮蟬父曰帝顓頊, 顓頊父曰昌意, 以至舜七世矣. 自從窮蟬以至帝舜, 皆微爲庶人. 舜父瞽叟盲, 而舜母死, 瞽叟更娶妻而生象, 象傲. 瞽叟愛後妻子, 常欲殺舜, 舜避逃; 及有小過, 則受罪. 順事父及後母與弟, 日以篤謹, 匪有解.

금이다.

解詁 史記云, "夏禹名曰文命. 禹之父曰鯀, 鯀之父曰帝顓頊, 顓頊之父曰昌意, 昌意之父曰黃帝. 禹者, 黃帝之玄孫而帝顓頊之孫也. 禹之曾大父昌意及父鯀皆不得在帝位, 爲人臣." 又云, "自黃帝至舜·禹, 皆同姓而異其國號, 以章明德. 故黃帝爲有熊, 帝顓頊爲高陽, 帝嚳爲高辛, 帝堯爲陶唐, 帝舜爲有虞, 帝禹爲夏后而別氏, 姓姒氏. 契爲商, 姓子氏. 棄爲周, 姓姬氏."

번역 『사기』에서 말하길, "하우의 이름은 문명이다. 우의 부친은 곤이며, 곤의 부친은 제왕 전욱이고, 전욱의 부친은 창의이며, 창의의 부친은 황제이다. 우는 황제의 현손이며, 제왕 전욱의 손자이다. 우의 증조부 창의와 부친 곤은 모두 제위에 오르지 못하여 남의 신하가 되었다."[132]라고 했다. 또 말하길, "황제로부터 순임금과 우임금에 이르기까지 모두 동성이지만, 국호를 달리하여, 그 덕을 드러내었다. 그렇기 때문에 황제는 유웅(有熊)이라고 했고, 전욱은 고양(高陽)이라고 했으며, 제곡은 고신(高辛)이라고 했고, 요임금은 도당(陶唐)이라고 했으며, 순임금은 유우(有虞)라고 했고, 우임금은 하후(夏后)라고 했으며, 씨(氏)를 달리하였으니 사씨(姒氏)를 성(姓)으로 삼았다. 설은 상(商)이라고 했고 자씨(子氏)를 성으로 삼았다. 기는 주(周)라고 했고 희씨(姬氏)를 성으로 삼았다."[133]라고 했다.

---

132) 『사기(史記)』「하본기(夏本紀)」: 夏禹, 名曰文命. 禹之父曰鯀, 鯀之父曰帝顓頊, 顓頊之父曰昌意, 昌意之父曰黃帝. 禹者, 黃帝之玄孫而帝顓頊之孫也. 禹之曾大父昌意及父鯀皆不得在帝位, 爲人臣.

133) 『사기(史記)』「오제본기(五帝本紀)」: 自黃帝至舜·禹, 皆同姓而異其國號, 以章明德. 故黃帝爲有熊, 帝顓頊爲高陽, 帝嚳爲高辛, 帝堯爲陶唐, 帝舜爲有虞. 帝禹爲夏后而別氏, 姓姒氏. 契爲商, 姓子氏. 棄爲周, 姓姬氏.

그림 1-1 ▣ 황제(黃帝) 헌원씨(軒轅氏)

黃帝軒轅氏

※ 출처: 『삼재도회(三才圖會)』「인물(人物)」 1권

그림 1-2 ▣ 전욱(顓頊) 고양씨(高陽氏)

※ **출처**: 『삼재도회(三才圖會)』「인물(人物)」 1권

그림 1-3 ▣ 제곡(帝嚳) 고신씨(高辛氏)

※ **출처**: 『삼재도회(三才圖會)』「인물(人物)」 1권

그림 1-4 ▣ 제요(帝堯) 도당씨(陶唐氏)

帝堯陶唐氏

※ **출처**: 『삼재도회(三才圖會)』「인물(人物)」 1권

그림 1-5 ■ 제순(帝舜) 유우씨(有虞氏)

※ 출처: 『삼재도회(三才圖會)』「인물(人物)」 1권

그림 1-6 ▣ 하(夏)나라 우왕(禹王)

※ **출처**: 『삼재도회(三才圖會)』「인물(人物)」 1권

그림 1-7 ■ 은(殷)나라 탕왕(湯王)

※ **출처**: 『삼재도회(三才圖會)』「인물(人物)」 1권

그림 1-8 ▣ 주(周)나라 문왕(文王)

※ **출처**: 『삼재도회(三才圖會)』「인물(人物)」 1권

그림 1-9 ▣ 주(周)나라 무왕(武王)

※ 출처: 『삼재도회(三才圖會)』「인물(人物)」 1권

그림 1-10 ▣ 제왕전수총도(帝王傳授總圖)

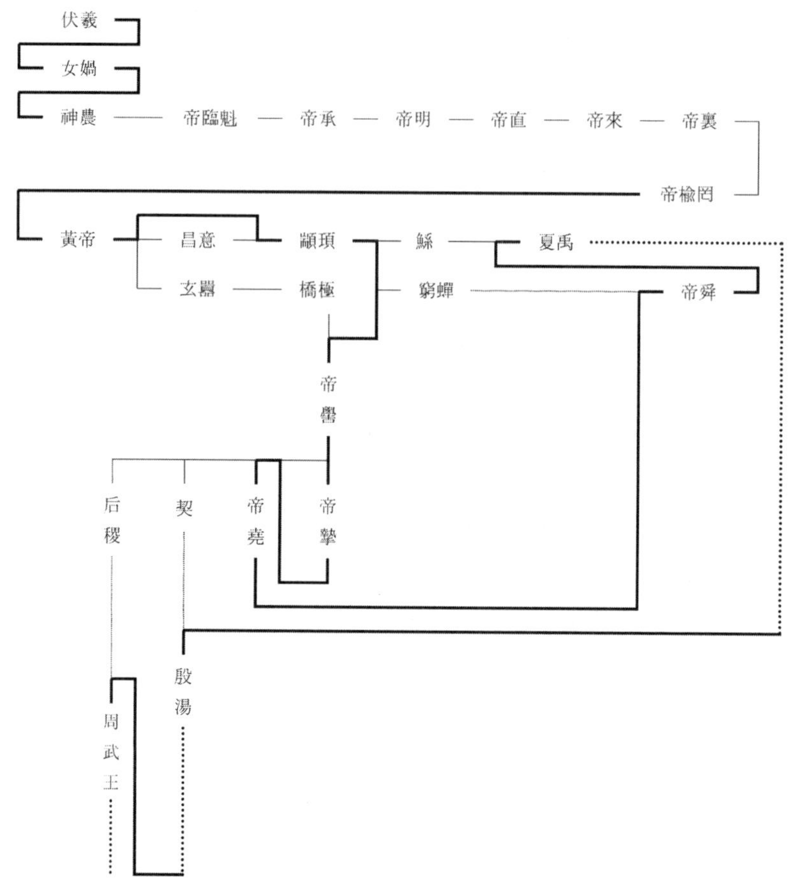

※ **출처**: 『역사(繹史)』 1권 「역사세계도(繹史世系圖)」

그림 1-11 ▣ 황제(黃帝)의 세계도(世系圖)

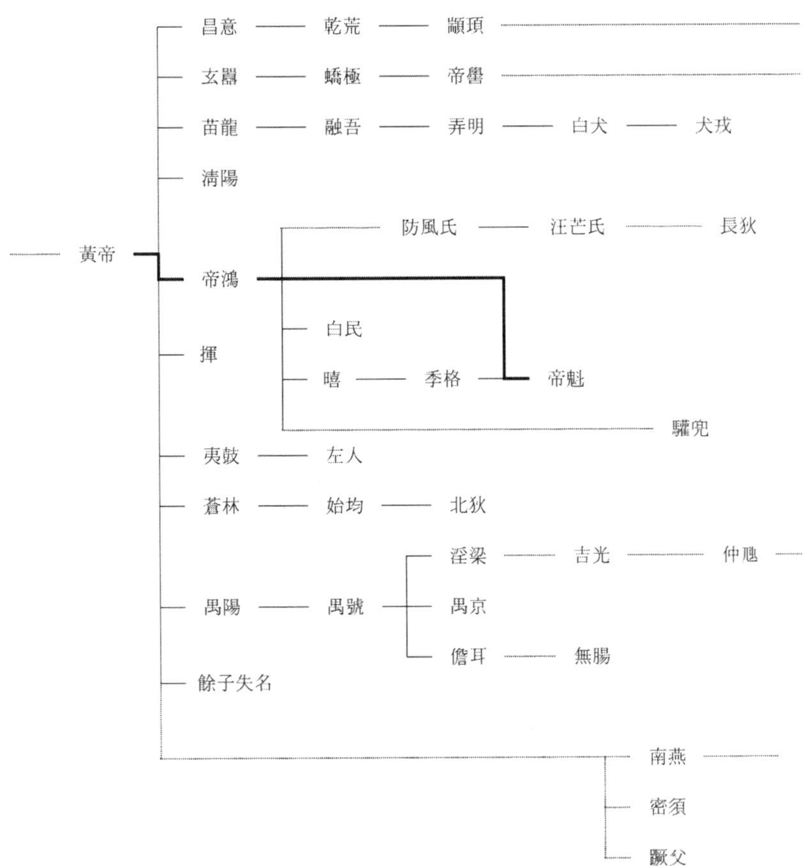

※ **출처:** 『역사(繹史)』 1권 「역사세계도(繹史世系圖)」

그림 1-12 ▣ 전욱(顓頊)의 세계도(世系圖)

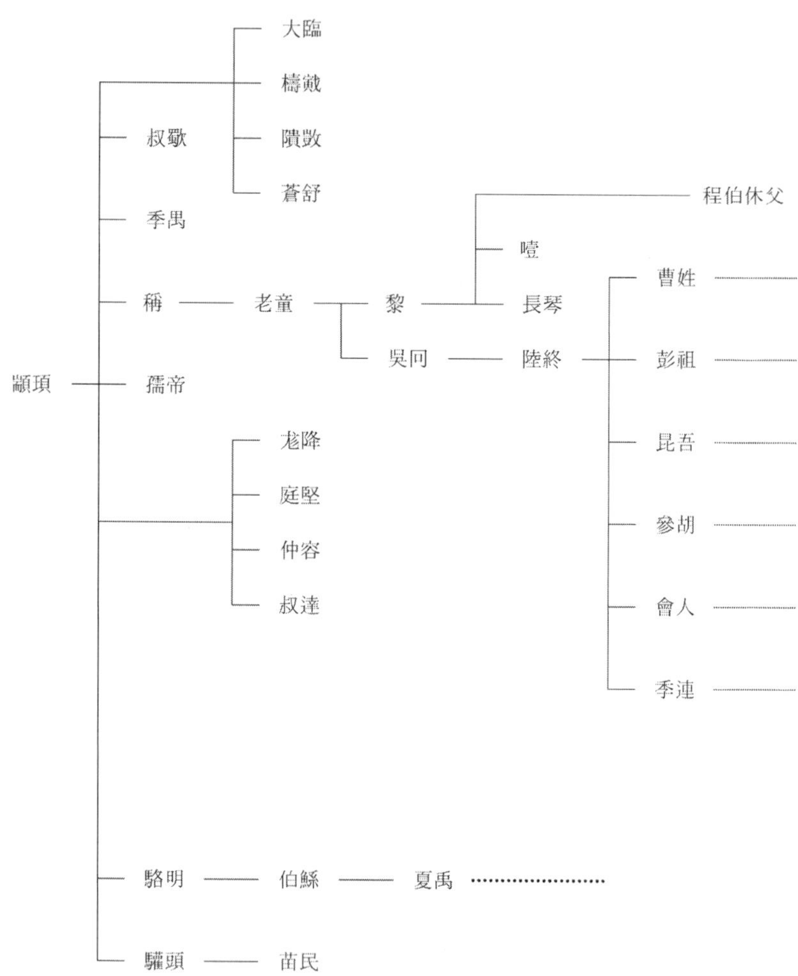

※ 출처: 『역사(繹史)』 1권 「역사세계도(繹史世系圖)」

그림 1-13 ▣ 제곡(帝嚳)의 세계도(世系圖)

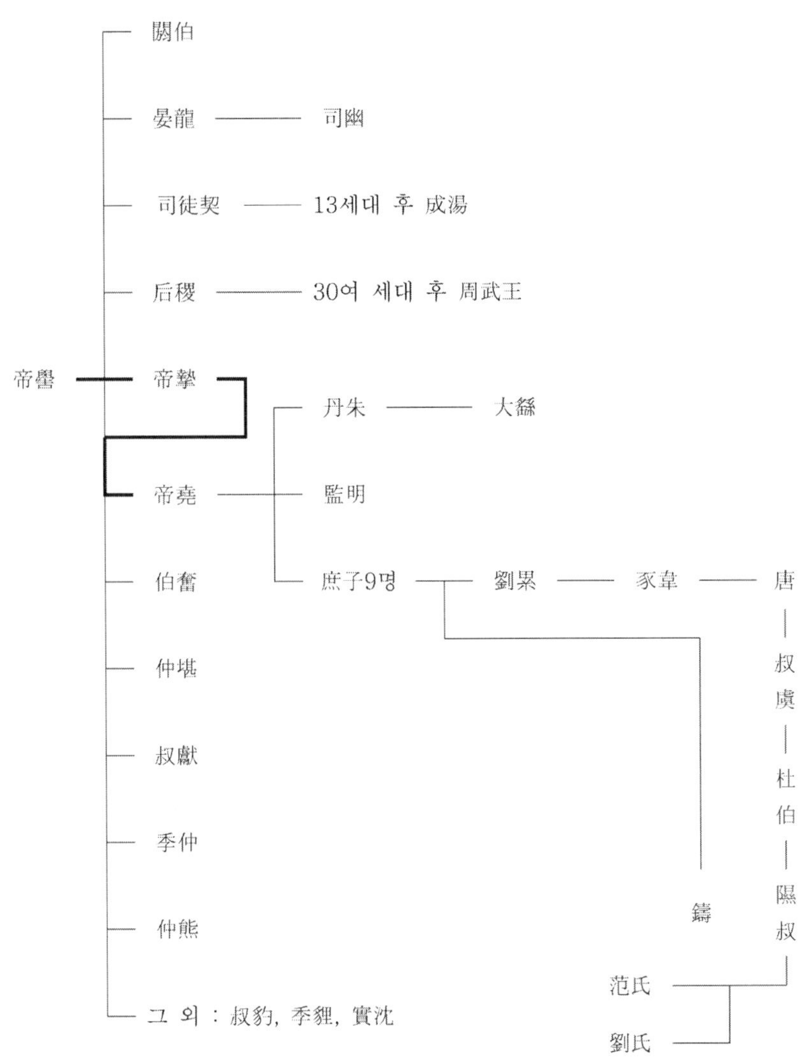

※ **출처:** 『역사(繹史)』 1권 「역사세계도(繹史世系圖)」

그림 1-14 ▣ 유우씨(有虞氏) 세계도(世系圖)

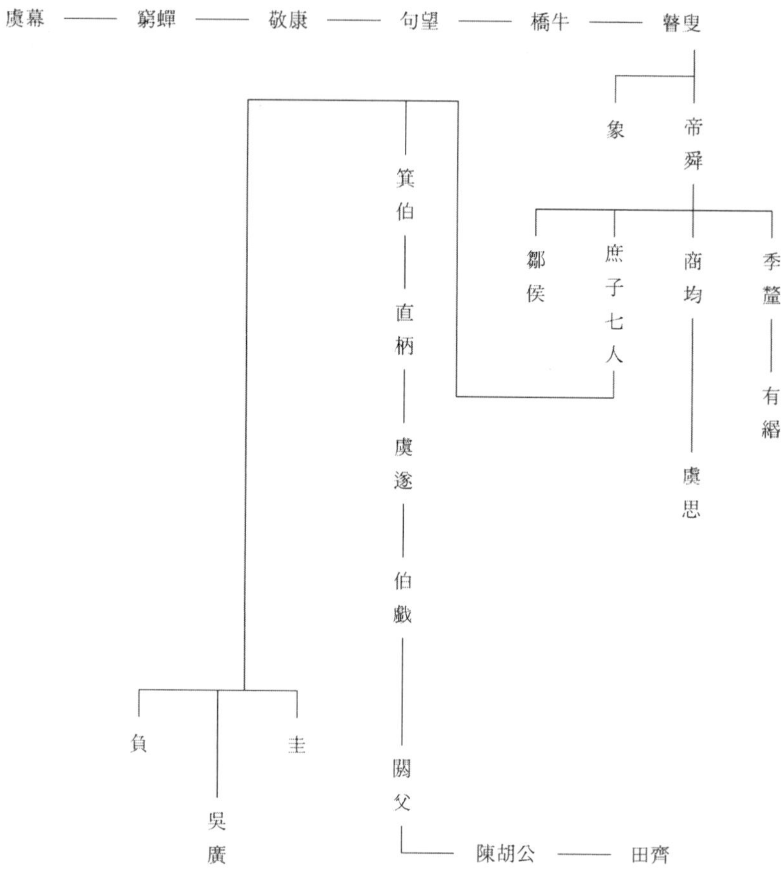

※ 출처: 『역사(繹史)』 1권 「역사세계도(繹史世系圖)」

그림 1-15 ▣ 하(夏)나라 세계도(世系圖)

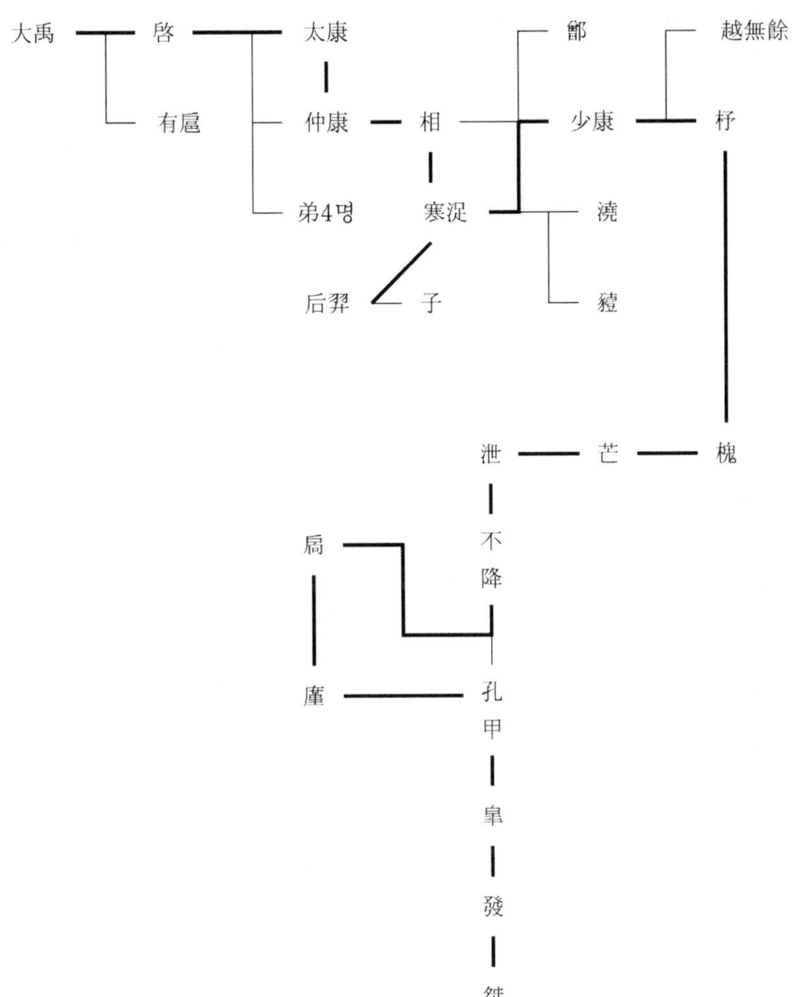

※ **출처**: 『역사(繹史)』 1권 「역사세계도(繹史世系圖)」

그림 1-16 ▣ 기(杞)나라 세계도(世系圖)

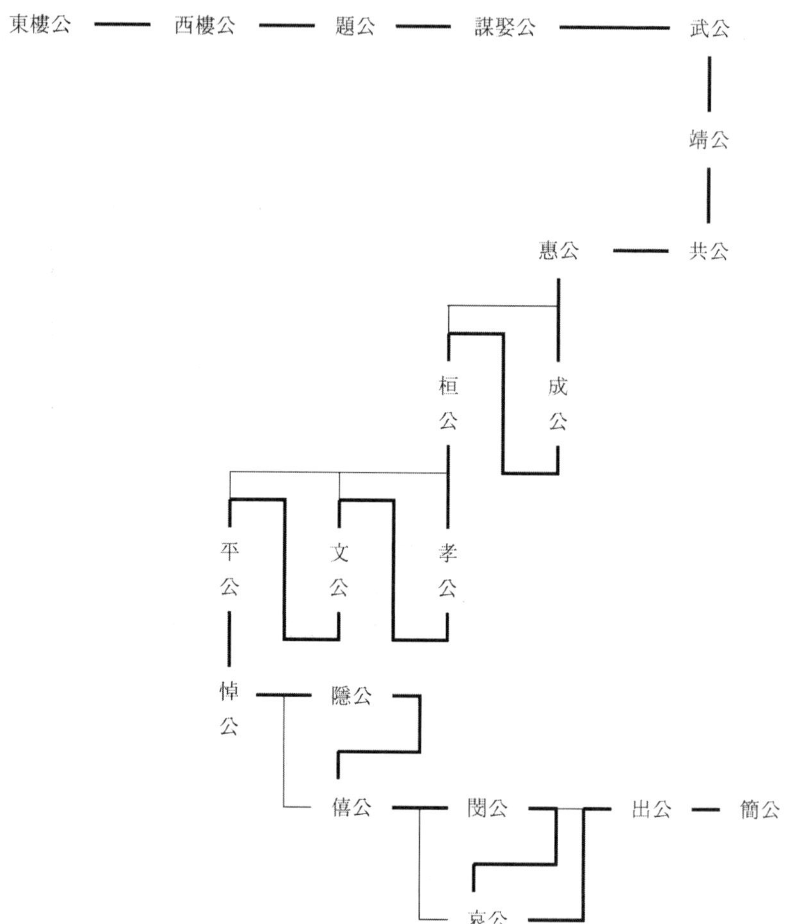

※ 출처: 『역사(繹史)』 1권 「역사세계도(繹史世系圖)」

그림 1-17 ▣ 은(殷)나라 세계도(世系圖)

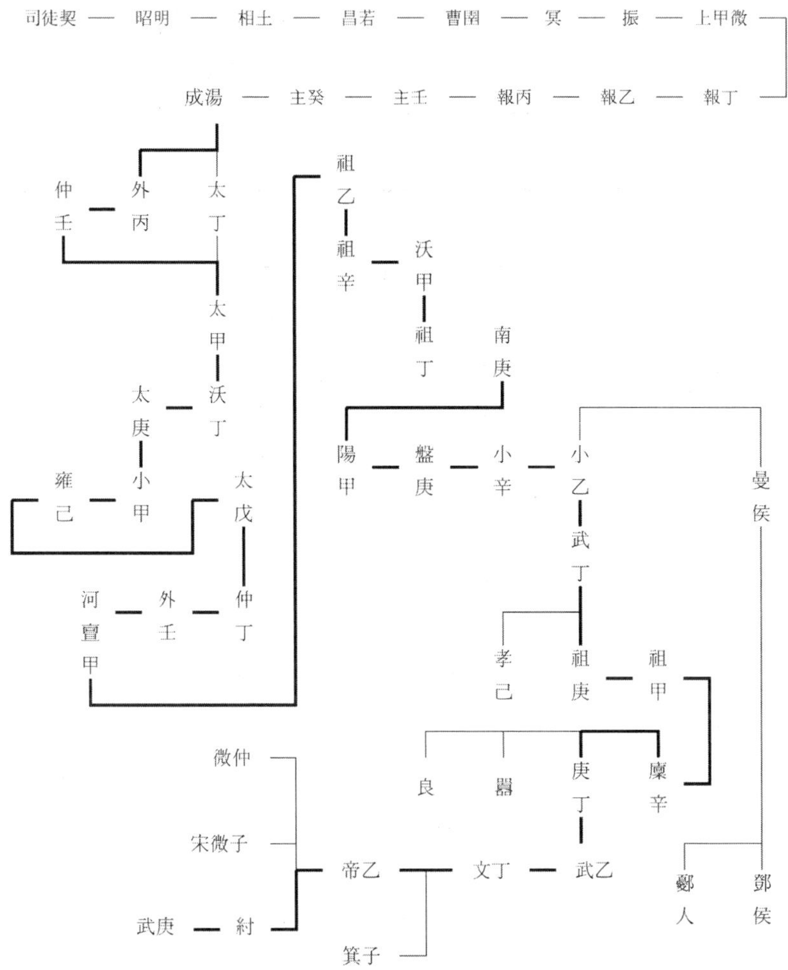

※ **출처**: 『역사(繹史)』 1권 「역사세계도(繹史世系圖)」

그림 1-18 ▣ 송(宋)나라 세계도(世系圖)

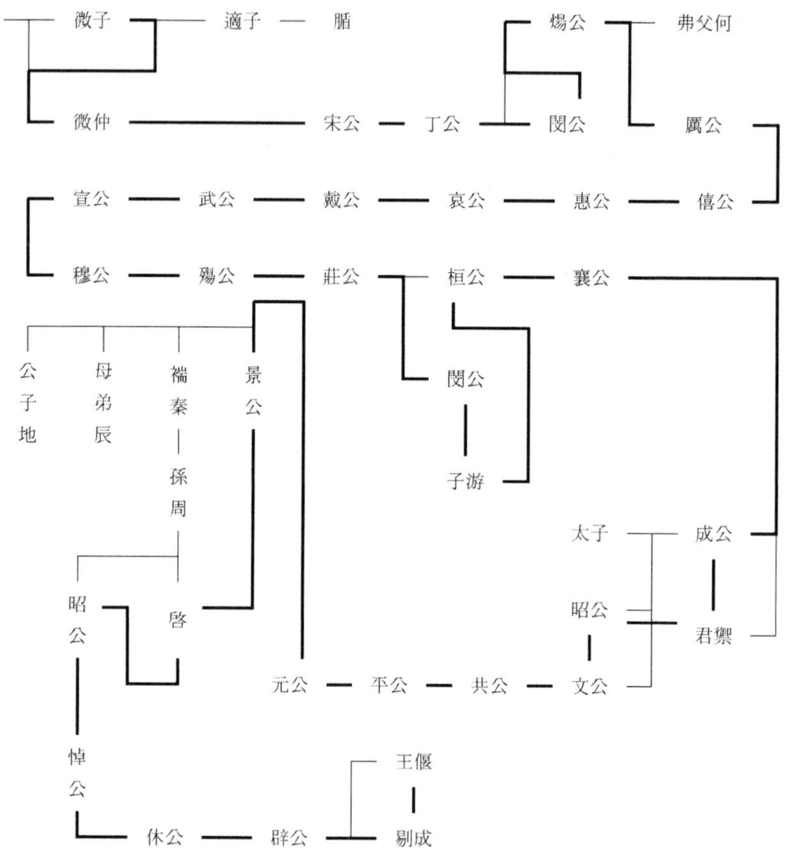

※ 출처: 『역사(繹史)』 1권 「역사세계도(繹史世系圖)」

그림 1-19 ▣ 주(周)나라 세계도(世系圖) Ⅰ

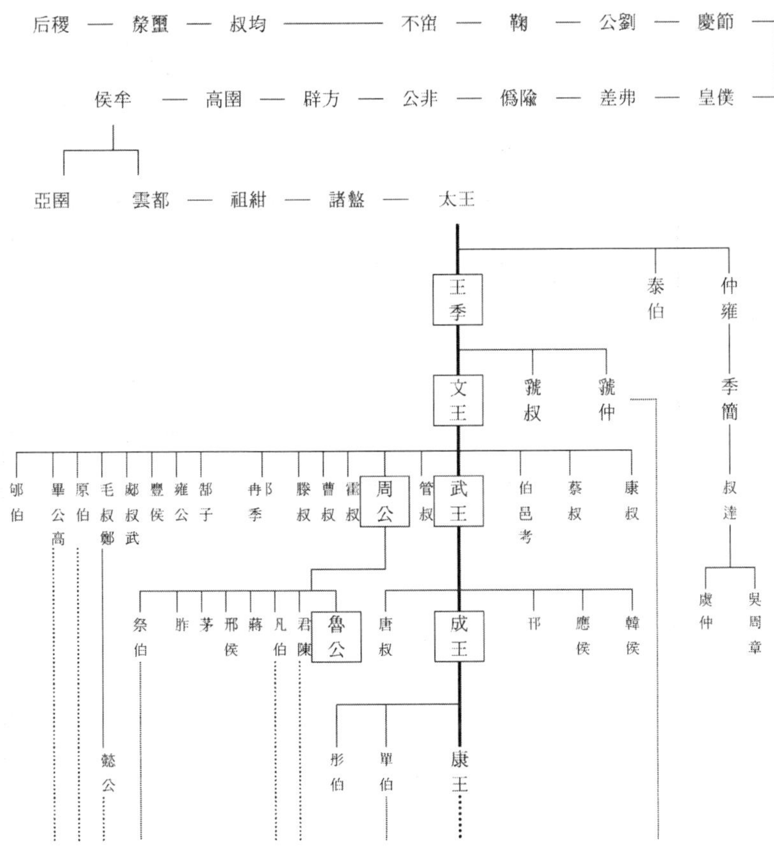

※ **출처:** 『역사(繹史)』 1권 「역사세계도(繹史世系圖)」

그림 1-20 ▣ 주(周)나라 세계도(世系圖) Ⅱ

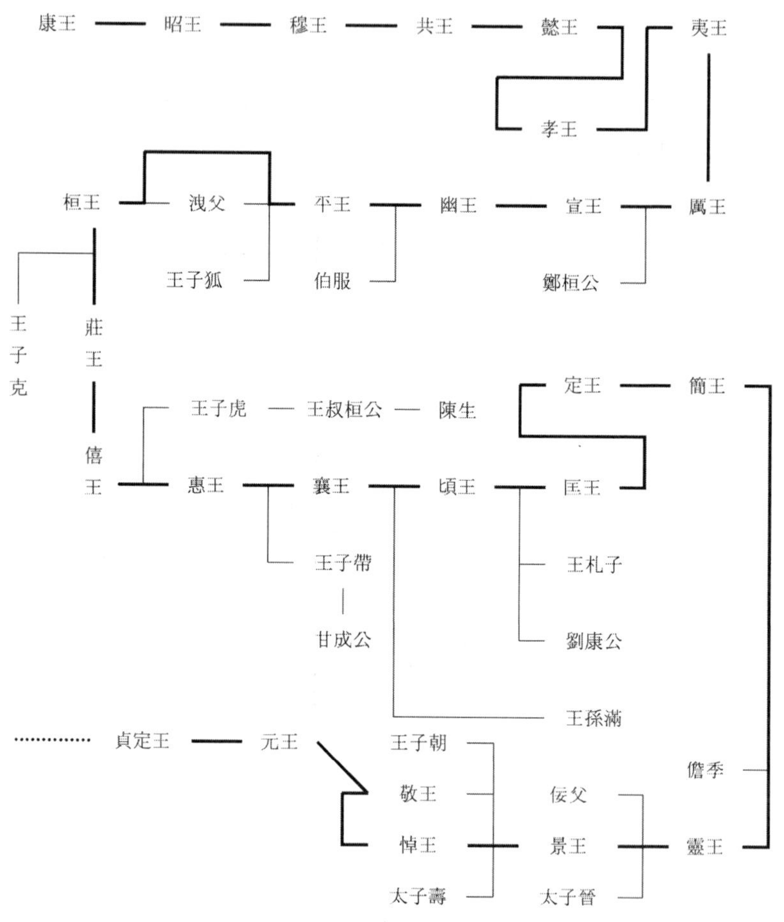

※ **출처**: 『역사(繹史)』 1권 「역사세계도(繹史世系圖)」

그림 1-21 ▣ 주(周)나라 세계도(世系圖) Ⅲ

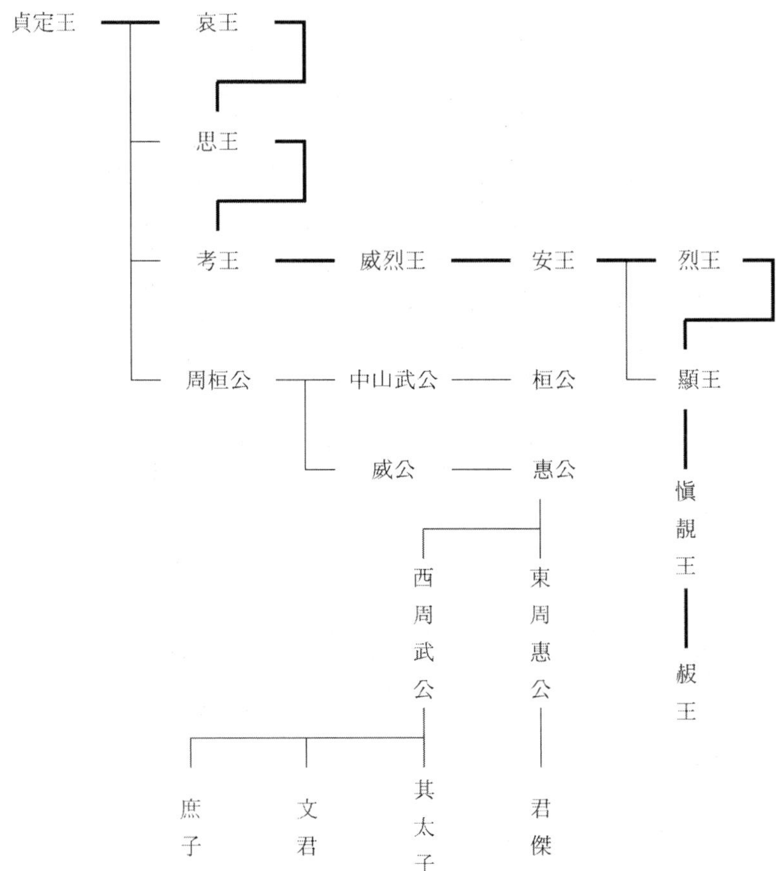

※ 출처: 『역사(繹史)』 1권 「역사세계도(繹史世系圖)」

그림 1-22 ▣ 하(夏)나라의 세실(世室)

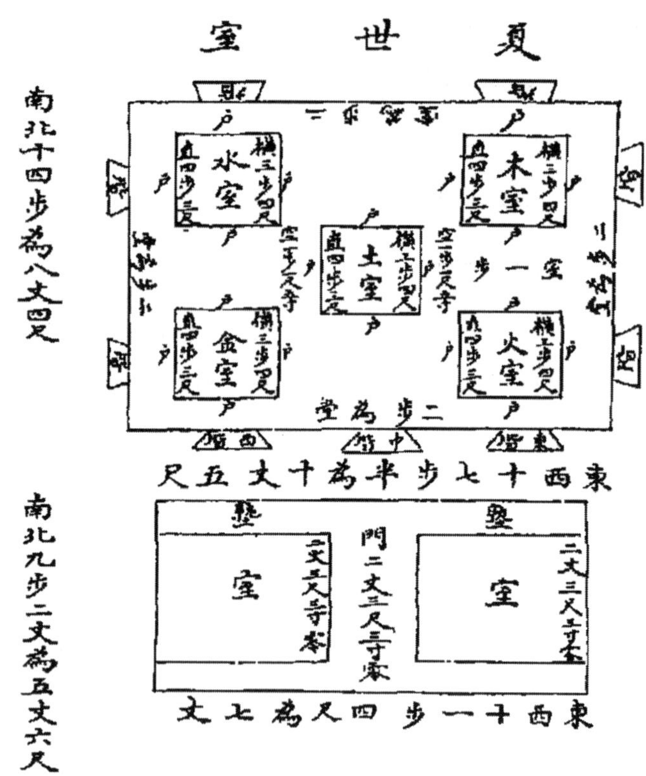

※ 출처: 『삼례도(三禮圖)』 1권

그림 1-23 ▣ 하(夏)나라의 세실(世室)

室 世 夏

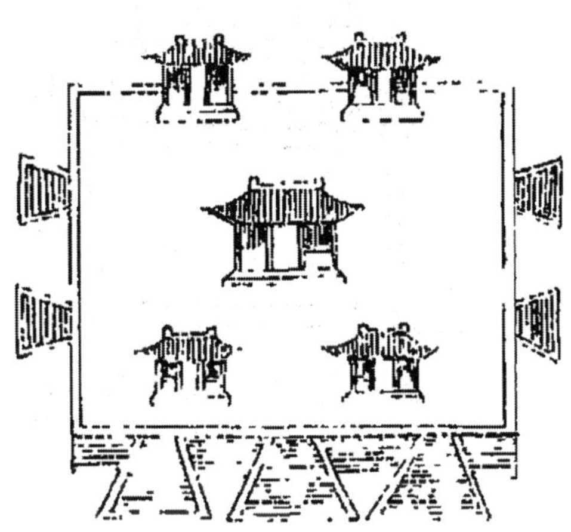

※ **출처**: 『육경도(六經圖)』 4권

그림 1-24 ▣ 은(殷)나라의 중옥(重屋)

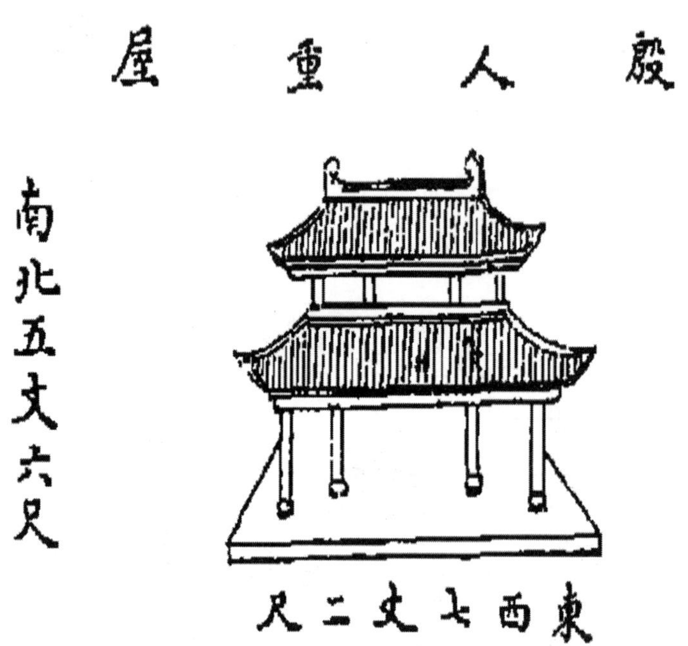

※ 출처: 『삼례도(三禮圖)』 1권

그림 1-25 ■ 은(殷)나라의 중옥(重屋)

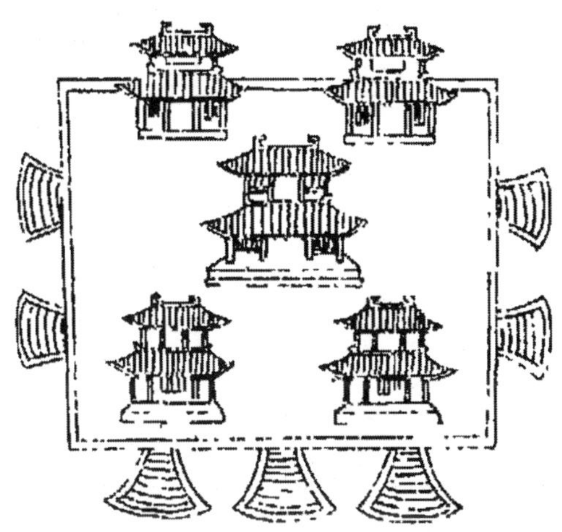

※ 출처: 『육경도(六經圖)』 4권

그림 1-26 ▣ 주(周)나라의 명당(明堂)

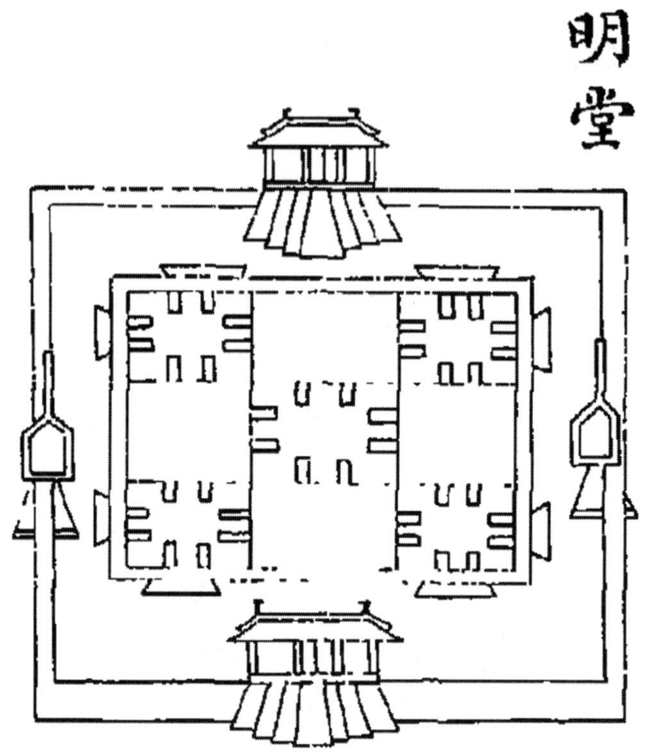

※ 출처: 『삼례도집주(三禮圖集注)』 4권

그림 1-27 ▣ 주(周)나라의 명당(明堂)

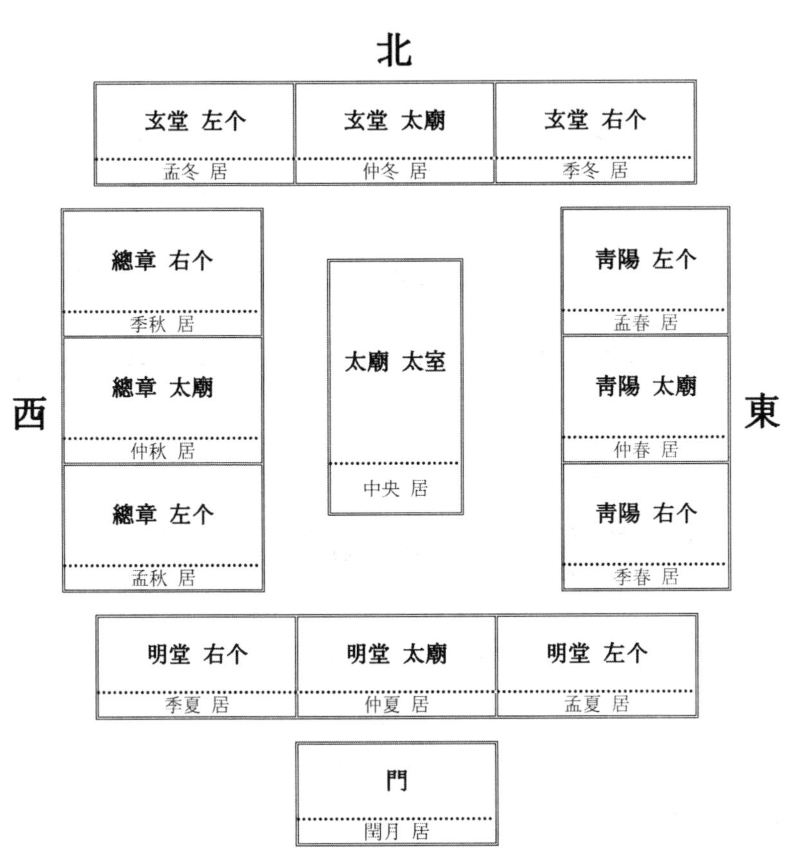

※ **참고:** 『삼재도회(三才圖會)』

그림 1-28 ▣ 주(周)나라의 명당(明堂)

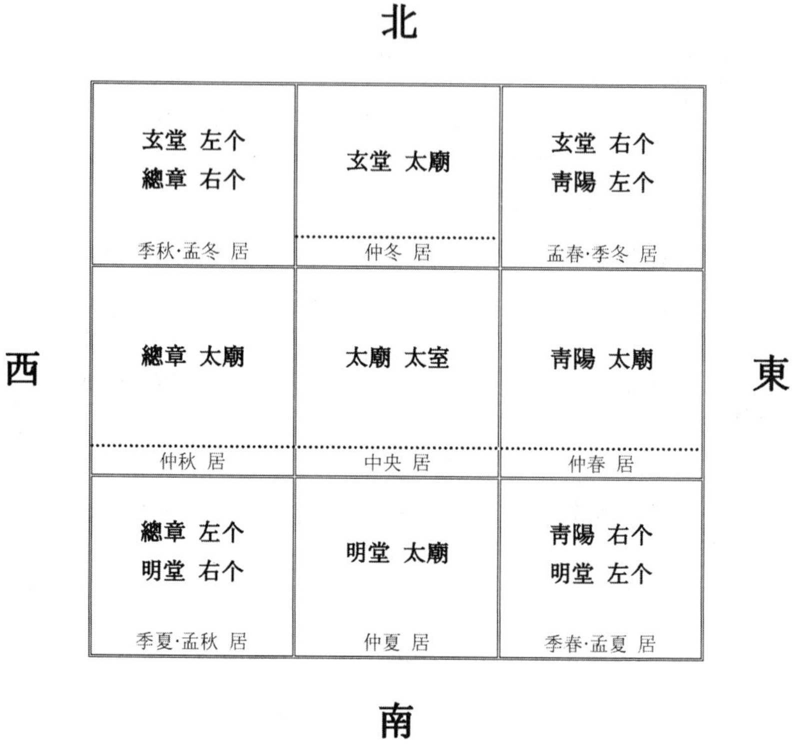

北

玄堂 左个 總章 右个 季秋·孟冬 居	玄堂 太廟 仲冬 居	玄堂 右个 青陽 左个 孟春·季冬 居
總章 太廟 仲秋 居	太廟 太室 中央 居	青陽 太廟 仲春 居
總章 左个 明堂 右个 季夏·孟秋 居	明堂 太廟 仲夏 居	青陽 右个 明堂 左个 季春·孟夏 居

西 東

南

※ 참고:『주자어류(朱子語類)』

그림 1-29 ■ 환구단(圜丘壇)

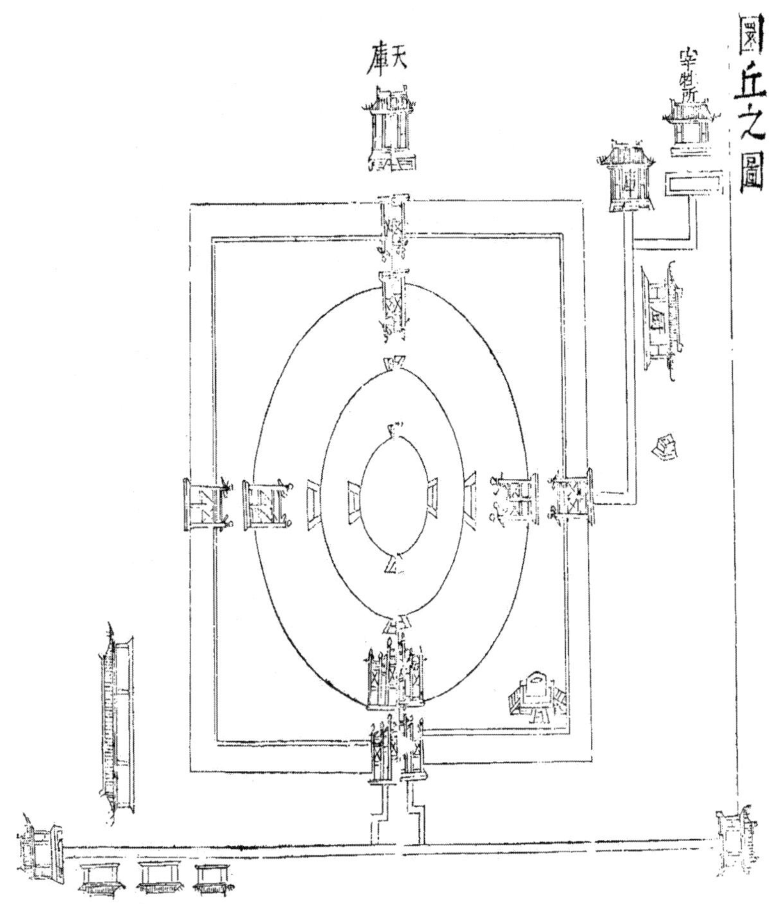

※ 출처: 『삼재도회(三才圖會)』「궁실(宮室)」 2권

그림 1-30 ▣ 북두칠성의 자루와 12개월

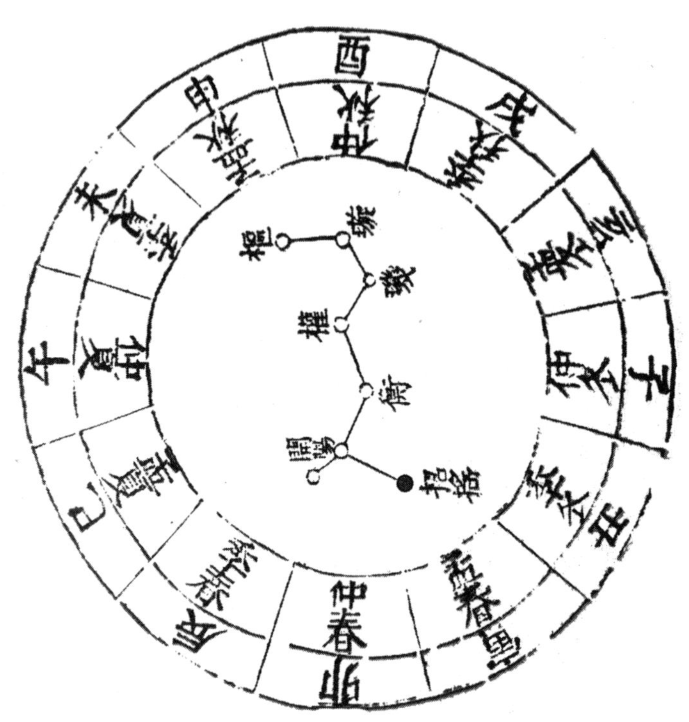

※ **출처**: 『삼재도회(三才圖會)』「천문(天門)」 3권

그림 1-31 ▣ 태미(太微)와 오제좌(五帝座: =帝座)

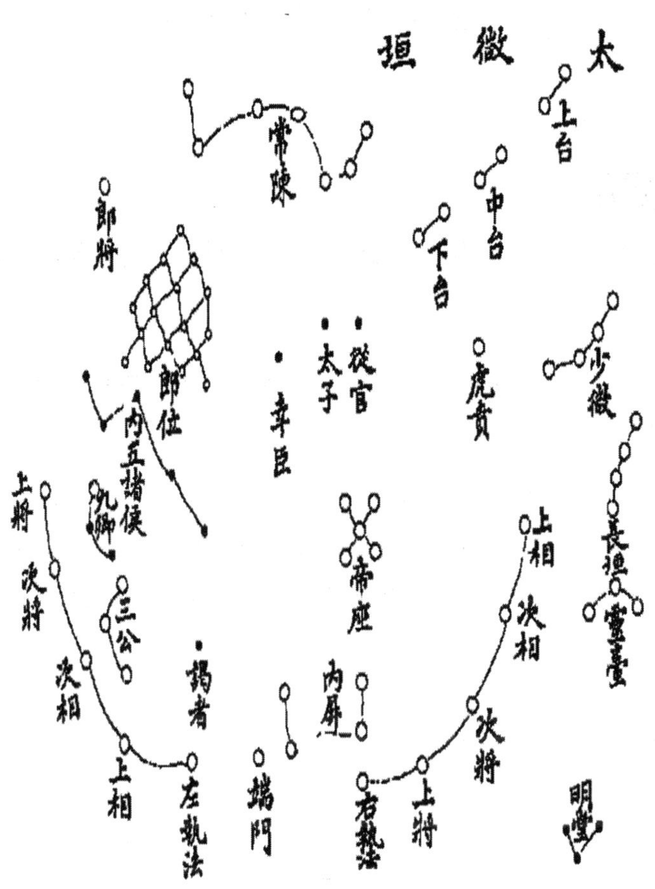

※ **출처**: 『흠정사고전서(欽定四庫全書)』「도서편(圖書編)」 16권

• 제 2 절 •

천(天)과 지(地)의 제사

【547b】

燔柴於泰壇, 祭天也; 瘞埋於泰折, 祭地也, 用騂犢.

직역 泰壇에서 燔柴함은 天에 祭함이며; 泰折에서 瘞埋함은 地에 祭하고, 騂犢을 用한다.

의역 태단(泰壇)에서 땔감을 쌓고 그 위에 희생물이나 옥을 올려두고 태우는 것은 하늘에 제사지내는 방법이다. 태절(泰折)에서 희생물이나 폐물을 매장하는 것은 땅에 제사지내는 방법이다. 두 제사에서는 모두 붉은 색의 송아지를 희생물로 사용한다.

集說 燔, 燎也, 積柴於壇上, 加牲玉於柴上, 乃燎之, 使氣達於天, 此祭天之禮也. 泰壇, 卽圜丘, 泰者, 尊之之辭. 瘞埋牲幣, 祭地之禮也. 泰折, 卽方丘, 折, 如磬折折旋之義, 喩方也. 周禮, 陽祀用騂牲, 陰祀用黝牲. 此幷言騂犢者, 以周人尙赤, 而所謂陰祀者, 或是他祀歟.

번역 '번(燔)'자는 "태우다[燎]."는 뜻이니, 제단 위에 땔나무를 쌓고 그 위에 희생물 및 옥을 올려두고서 태우고, 연기가 하늘까지 도달하도록 하는 것이니, 이것은 하늘에 제사지내는 예법이다. '태단(泰壇)'은 곧 환구(圜丘)에 해당하니, '태(泰)'자를 붙여서 부르는 것은 존귀하게 여기는 말이기 때문이다. 희생물과 폐물을 파묻는 것은 땅에 제사지내는 예법이다. '태절(泰折)'은 곧 방구(方丘)[1]에 해당하니, '절(折)'자를 붙여서 부르는 것은 경(磬)이 꺾인 것처럼 몸을 숙여 행동하는 뜻과 같으며, 사각형[方]을 비유한다. 『주례』에서는 양사(陽祀)[2]에 성생(騂牲)[3]을 사용하고, 음사(陰祀)[4]에서는 유생(黝牲)[5]을 사용한다고 했다.[6] 그런데 이곳에서 둘 모두에 대해서 '적색의 송아지[騂犢]'를 사용한다고 말한 것은 주나라 때에는 적색을 숭상했기 때문인데,[7] '음사(陰祀)'라는 것은 아마도 다른 제사를 뜻할 것이다.

大全 馬氏曰: 燔柴於泰壇, 所謂祭天於地上圜丘, 瘞埋於泰折, 所謂祭地於澤中方丘. 謂之圜丘方丘, 以其出於自然也, 謂之泰壇泰折, 以其出於人力也. 折旋中矩, 矩, 方也. 泰折, 卽所謂方丘. 言燔柴於泰壇, 則知瘞埋於泰折者故也.

번역 마씨가 말하길, 태단(泰壇)에서 땔감을 쌓아 희생물 등을 태우는 것은 이른바 "땅 위의 환구(圜丘)에서 하늘에 제사를 지낸다."[8]라고 한 말

---

1) 방구(方丘)는 방택(方澤)과 같은 말이다. 고대에 제왕이 땅에 제사를 지냈던 제단이다. 그 모양이 사각형이었기 때문에 '방(方)'자를 붙이고, 언덕처럼 흙을 쌓아서 만들었기 때문에 '구(丘)'자를 붙여서 부르는 것이다.
2) 양사(陽祀)는 남교(南郊)에서 지내는 천(天)에 대한 제사와 종묘(宗廟)에 대한 제사를 가리킨다. 『주례』「지관(地官)·목인(牧人)」편의 기록에 대해서, 정현의 주에서는 "陽祀, 祭天於南郊及宗廟."라고 풀이했다.
3) 성생(騂牲)은 제사에 사용되는 적색의 희생물을 뜻한다.
4) 음사(陰祀)는 북교(北郊)에서 지내는 지(地)에 대한 제사와 사직(社稷)에 대한 제사를 가리킨다. 『주례』「지관(地官)·목인(牧人)」편의 기록에 대해서, 정현의 주에서는 "陰祀, 祭地北郊及社稷也."라고 풀이했다.
5) 유생(黝牲)은 제사에 사용되는 흑색의 희생물을 뜻한다. '유생'의 '유(黝)'자는 '유(幽)'자로 풀이하는데, '유(幽)'자는 흑색을 뜻한다. 『주례』「지관(地官)·목인(牧人)」편에는 "凡陽祀, 用騂牲毛之; 陰祀, 用<u>黝牲</u>毛."라는 기록이 있는데, 정현의 주에서는 정사농(鄭司農)의 주장을 인용하여, "黝讀爲幽. 幽, 黑也."라고 풀이했다.
6) 『주례』「지관(地官)·목인(牧人)」: <u>凡陽祀, 用騂牲</u>毛之; <u>陰祀, 用黝牲</u>毛之; 望祀, 各以其方之色牲毛之.
7) 『예기』「단궁상(檀弓上)」【73b】: 夏后氏尙黑, 大事斂用昏, 戎事乘驪, 牲用玄. 殷人尙白, 大事斂用日中, 戎事乘翰, 牲用白. <u>周人尙赤</u>, 大事斂用日出, 戎事乘騵, 牲用騂.
8) 『주례』「춘관(春官)·대사악(大司樂)」: 凡樂, 圜鍾爲宮, 黃鍾爲角, 大蔟爲徵, 姑洗爲羽, 雷鼓雷鼗, 孤竹之管, 雲和之琴瑟, 雲門之舞, 冬日至, 於<u>地上之圜丘</u>奏之, 若樂六變, 則天神皆降, 可得而禮矣.

에 해당하고, 태절(泰折)에서 희생물 등을 매장하는 것은 이른바 “연못가의 방구(方丘)에서 땅에 제사를 지낸다.”[9]라고 한 말에 해당한다. 그 장소를 ‘환구(圜丘)’나 ‘방구(方丘)’로 부르는 것은 기본적으로 자연적인 상태에서 조성된 것이기 때문이며, 그 장소를 ‘태단(泰壇)’이나 ‘태절(泰折)’로 부르는 것은 최종적으로 사람이 인위적으로 조성한 것이기 때문이다. “좌우로 꺾을 때에는 직각 자에 맞추듯 곧게 한다.”[10]라고 했는데, ‘구(矩)’는 사각형[方]을 뜻한다. 따라서 ‘태절(泰折)’은 곧 방구(方丘)에 해당한다. “태단에서 땔감을 쌓아 희생물 등을 태운다.”라고 말했다면, 태절에서는 희생물을 매장한다는 사실을 알 수 있기 때문이다.

鄭注 壇·折, 封土爲祭處也. 壇之言坦也. 坦, 明貌也. 折, 炤晳也. 必爲炤明之名, 尊神也. 地, 陰祀, 用黝牲, 與天俱用犢, 連言爾.

번역 ‘단(壇)’과 ‘절(折)’은 모두 흙을 쌓아서 제사지내는 터로 만든 것이다. ‘단(壇)’자는 탄(坦)자의 뜻이다. ‘탄(坦)’자는 밝은 모습을 뜻한다. ‘절(折)’자는 밝고 빛난다는 뜻이다. 반드시 빛나고 밝다는 뜻의 명칭을 붙이는 것은 신을 존귀하게 여기기 때문이다. 땅에 대한 제사는 음사(陰祀)에 해당하므로, 유생(黝牲)을 사용해야 한다. 그런데 하늘에 대한 제사와 동일하게 모두 송아지를 사용한다고 한 것은 하늘에 대한 제사 내용과 연이어서 말했기 때문이다.

釋文 燔音煩, 爾雅云“祭天曰燔柴”. 壇, 大丹反, 下同. 瘞, 於滯反. 埋, 武皆反, 爾雅云“祭地曰瘞埋”. 折, 之設反, 注同; 舊音逝, 又音制. 騂, 私營反, 字林云“火營反”. 處, 昌慮反. 坦, 吐但反. 炤, 本又作昭, 同章遙反, 又之召反. 晳,

9) 『주례』「춘관(春官)·대사악(大司樂)」: 凡樂, 函鍾爲宮, 大蔟爲角, 姑洗爲徵, 南呂爲羽, 靈鼓靈鼗, 孫竹之管, 空桑之琴瑟, 咸池之舞, 夏日至, 於澤中之方丘奏之, 若樂八變, 則地示皆出, 可得而禮矣.

10) 『예기』「옥조(玉藻)」【388a~b】: 趨以采齊, 行以肆夏, 周還中規, 折還中矩, 進則揖之, 退則揚之, 然後玉鏘鳴也. 故君子在車, 則聞鸞和之聲, 行則鳴佩玉, 是以非辟之心無自入也.

之設反, 一音制. 黝, 於糾反.

번역 '燔'자의 음은 '煩(번)'이며, 『이아』에서는 "하늘에 대한 제사를 '번시(燔柴)'라고 부른다."라고 했다. '壇'자는 '大(대)'자와 '丹(단)'자의 반절음이며, 아래문장에 나오는 글자도 그 음이 이와 같다. '瘞'자는 '於(어)'자와 '滯(체)'자의 반절음이다. '埋'자는 '武(무)'자와 '皆(개)'자의 반절음이며, 『이아』에서는 "땅에 대한 제사를 '예매(瘞埋)'라고 부른다."라고 했다.[11] '折'자는 '之(지)'자와 '設(설)'자의 반절음이며, 정현의 주에 나오는 글자도 그 음이 이와 같고, 구음(舊音)은 '逝(서)'이고, 또 다른 음은 '制(제)'이다. '騂'자는 '私(사)'자와 '營(영)'자의 반절음이며, 『자림』[12]에서는 "'火(화)'자와 '營(영)'자의 반절음이다."라고 했다. '犢'자는 '昌(창)'자와 '慮(려)'자의 반절음이다. '坦'자는 '吐(토)'자와 '但(단)'자의 반절음이다. '焰'자는 판본에 따라서 또한 '昭'자로도 기록하는데, 두 글자는 모두 '章(장)'자와 '遙(요)'자의 반절음이고, 또 '之(지)'자와 '召(소)'자의 반절음도 된다. '晢'자는 '之(지)'자와 '設(설)'자의 반절음이고, 다른 음은 '制(제)'이다. '黝'자는 '於(어)'자와 '糾(규)'자의 반절음이다.

孔疏 ●"燔柴"至"騂犢". ○正義曰: 此經論祭感生之帝於南郊 · 神州地祇於北郊也.

번역 ●經文: "燔柴"~"騂犢". ○이곳 경문은 남쪽 교외에서 감생제(感生帝)에게 제사지내고, 북쪽 교외에서 신주(神州)[13]의 토지신에게 제사지

---

11) 『이아』「석천(釋天)」: 祭天曰燔柴, 祭地曰瘞薶, 祭山曰庪縣, 祭川曰浮沉, 祭星曰布, 祭風曰磔.

12) 『자림(字林)』은 고대의 자서(字書)이다. 진(晉)나라 때 학자인 여침(呂忱)이 지었다. 원본은 일실되어 전해지지 않고, 다른 문헌들 속에 일부 기록들만 남아 있다.

13) 신주(神州)는 곤륜(崑崙)의 동남쪽에 있는 사방 5000리(里)가 되는 땅을 가리킨다. 고대인들은 곤륜산이 세상의 중심에 위치한다고 생각하였고, 그 동남쪽에 있는 땅을 9등분한 것이 중국의 구주(九州)라고 여겼다. 『지통서(地統書)』「괄지상(括地象)」편에는 "地中央曰崑崙. …… 其東南方五千里曰神州."

내는 사안을 논의하고 있다.

孔疏 ●"燔柴於泰壇"者, 謂積薪於壇上, 而取玉及牲置柴上燔之, 使氣達於天也.

번역 ●經文: "燔柴於泰壇". ○제단 위에 땔감을 쌓고서, 옥과 희생물을 가져다가 땔감 위에 올려두고 태워서, 연기를 하늘로 피워 올린다는 뜻이다.

孔疏 ●"用騂犢", 鄭云"陰祀用黝牲, 與天俱用犢, 連言爾", 然宜用黑犢, 今因言以騂犢祭天所用, 而立其文祭地, 承祭天之下, 故連言用騂犢也. 騂犢之義, 已具郊特牲疏.

번역 ●經文: "用騂犢". ○정현이 "음사(陰祀)에서는 유생(黝牲)을 사용해야 한다. 그런데 하늘에 대한 제사와 동일하게 모두 송아지를 사용한다고 한 것은 하늘에 대한 제사 내용과 연이어서 말했기 때문이다."라고 했는데, 마땅히 흑색의 송아지를 사용해야 한다. 현재 적색의 송아지는 하늘에 대한 제사 때 사용하는 것임에도, 땅에 대한 제사의 기록을 하늘에 대한 제사 기록 뒤에 기술을 했기 때문에, 그 문장과 연결하여 "적색의 송아지를 사용한다."라고 말한 것이다. 적색의 희생물을 사용하는 뜻에 대해서는 이미 『예기』「교특생(郊特牲)」편의 소에서 설명하였다.

孔疏 ●"瘞埋於泰折, 祭地也"者, 謂瘞繒埋牲, 祭神州地祇於北郊也.

번역 ●經文: "瘞埋於泰折, 祭地也". ○비단과 희생물을 매장하여, 북쪽 교외에서 신주(神州)의 토지신에게 제사를 지낸다는 뜻이다.

孔疏 ◎注"壇折"至"言爾". ○正義曰: 按禮器云"至敬不壇", 此云"燔柴於泰壇"者, 謂燔柴在壇, 設饌在地, 義亦具禮器及郊特牲疏也. 云"地, 陰祀, 用

라는 기록이 있다.

黝牲, 與天俱用犢, 連言爾”者, 按牧人云“陰祀用黝牲毛之”, 鄭康成注云: “陰祀, 祭地北郊及社稷也.” 又郊特牲云“郊之用犢, 貴誠也”. 彼文雖主南郊, 其北郊與天相對, 故知俱用犢也.

번역 ◎鄭注: “壇折”~“言爾”. ○『예기』「예기(禮器)」편을 살펴보면, “지극히 공경을 다해야 하는 제사에 있어서는 별도의 제단을 만들지 않는다.”[14] 라고 했는데, 이곳에서는 “태단(泰壇)에서 땔감을 쌓아서 희생물 등을 태운다.”라고 했다. 이것은 제단에 땔감을 쌓아서 태우지만, 음식들은 땅바닥에 차린다는 뜻이니, 그 의미에 대해서는 또한 「예기」편과 『예기』「교특생(郊特牲)」편의 소에서 설명하였다. 정현이 “땅에 대한 제사는 음사(陰祀)에 해당하므로, 유생(黝牲)을 사용해야 한다. 그런데 하늘에 대한 제사와 동일하게 모두 송아지를 사용한다고 한 것은 하늘에 대한 제사 내용과 연이어서 말했기 때문이다.”라고 했는데, 『주례』「목인(牧人)」편을 살펴보면, “음사에서는 유생을 사용하는데 순색의 털을 가진 것을 쓴다.”라고 했고, 정현의 주에서는 “‘음사(陰祀)’는 북쪽 교외에서 지내는 땅에 대해 제사나 사직(社稷)의 제사를 뜻한다.”라고 했다. 또 「교특생」편에서는 “교(郊)제사에서 송아지를 사용하는 것은 진실됨을 숭상하기 때문이다.”[15]라고 했다. 「교특생」편의 기록은 비록 남쪽 교외에서 지내는 제사를 위주로 하고 있지만, 북쪽 교외에서 지내는 제사는 하늘에 대한 제사와 서로 대비가 된다. 그렇기 때문에 모두 송아지를 사용한다는 사실을 알 수 있다.

訓纂 書釋文引馬融曰: 祭時積柴, 加牲其上而燔之.

번역 『서』의 『석문』에서 마융의 주장을 인용하여 말하길, 제사를 지낼 때 땔감을 쌓고 그 위에 희생물을 올리고서 태운다.

---

14) 『예기』「예기(禮器)」【300d】: 有以下爲貴者, 至敬不壇, 埽地而祭. 天子諸侯之尊廢禁, 大夫士棜禁. 此以下爲貴也.

15) 『예기』「교특생(郊特牲)」【328b】: 於郊, 故謂之郊. 牲用騂, 尙赤也. 用犢, 貴誠也. 郊之用辛也.

訓纂 詩疏引李巡云: 祭地, 以玉埋地下曰瘞埋, 孫炎曰, "瘞者, 翳也. 旣祭, 瘞藏地中也."

번역 『시』의 소에서 이순의 주장을 인용하여 말하길, 땅에 제사를 지낼 때에는 옥을 땅속에 묻는데, 이것을 '예매(瘞埋)'라고 부른다. 손염은 "'예(瘞)'라는 것은 가린다는 뜻이다. 즉 제사를 끝내고서 땅속에 묻어서 숨긴다는 뜻이다."라고 했다.

訓纂 三禮義宗: 凡祭天神各有二玉: 一以禮神, 一則燔之. 禮神者訖事却收, 祀神者與牲俱燎.

번역 『삼례의종』[16]에서 말하길, 무릇 천신에 대한 제사를 지낼 때에는 각각 2개의 옥을 준비한다. 하나는 신에게 예물로 바치는 것이고, 다른 하나는 태우는 것이다. 신에게 예물로 바치는 것은 제사가 끝나면 수거하지만, 신에게 제사를 지내며 사용하는 것은 희생물과 함께 태운다.

訓纂 彬案: 漢書郊祀志, "右將軍王商·博士師丹·議郎翟方進等五十人, 以爲禮記云, '燔柴於太壇, 祭天也. 瘞薶於太折, 祭地也.' 兆於南郊, 所以定天位也. 祭地於太折, 在北郊, 就陰位也." 又"丞相匡衡·御史大夫張譚奏言, '祭天於南郊, 就陽之義也. 瘞地於北郊, 卽陰之象也.'" "燔柴"四句, 在今祭法. "祭天於南郊, 就陽位也", 在今郊特牲, 無"祭地"以下之文. 似郊祀志所引, 語意尤完備.

번역 내가 살펴보기에, 『한서』「교사지(郊祀志)」에서는 "우장군 왕상과 박사 사단과 의랑 적방진 등 50명은 『예기』에서 '태단(太壇)에 땔감을 쌓고 희생물을 태우는 것은 하늘에 대한 제사이다. 태절(太折)에 희생물 등을 매장하는 것은 땅에 대한 제사이다.'라고 한 기록에 따라서 남쪽 교외에

---

16) 『삼례의종(三禮義宗)』은 남북조시대(南北朝時代)의 학자인 최영은(崔靈恩, ?~?)이 지은 저서이다. 삼례(三禮)에 대한 주석서로 집필되었으나 현존하지 않는다.

조(兆)[17]를 설치하는 것이 천신의 자리를 바로잡는 것이라고 여겼다. 그리고 태절에서 땅에 대한 제사를 지냈던 것은 북쪽 교외에서 지내서 음(陰)의 자리에 따른 것이라고 여겼다."[18]라고 했다. 또 "승상 광형과 어사대부 장담은 주청을 올리며, '남쪽 교외에서 하늘에 대해 제사를 지내는 것은 양(陽)의 방위에 따른다는 뜻입니다. 북쪽 교외에서 땅에 대해 제사를 지내는 것은 음(陰)에 따르는 형상입니다.'"[19]라고 했다. '번시(燔柴)'를 비롯한 네 개의 구문은 현재 「제법」편에 기록되어 있다. "남쪽 교외에서 하늘에 대한 제사를 지내는 것은 양(陽)에 해당하는 자리에 따른 것이다."라고 했는데, 이것은 현재의 『예기』「교특생(郊特牲)」편에 수록되어 있지만,[20] '제지(祭地)'로부터 그 이하의 구문은 「교특생」편에 수록되어 있지 않다. 아마도 「교

---

17) 조(兆)는 고대에 사교(四郊)에 설치했던 일종의 제단(祭壇)이다. 또한 사교(四郊)에서 제사를 지내는 장소를 뜻한다. 『예기』「표기(表記)」편에는 "詩曰, 后稷兆祀, 庶無罪悔, 以迄于今."이라는 기록이 있고, 이에 대한 정현의 주에서는 "兆, 四郊之祭處也."라고 풀이했다. 한편 『예기』「예기(禮器)」편에는 "有以下爲貴者, 至敬不壇, 埽地而祭."라는 기록이 있다. 즉 지극히 공경을 표해야 하는 제사에서는 제단을 쌓지 않고, 단지 땅만 쓸고서 제사를 지낸다는 뜻이다. 이 문장에 대해 진호(陳澔)의 『집설(集說)』에서는 "封土爲壇, 郊祀則不壇, 至敬無文也."라고 풀이한다. 즉 흙을 높게 쌓아서 제단을 만들게 되는데, 교사(郊祀)와 같은 경우는 지극히 공경을 표해야 하는 제사에 해당하므로, 제단을 만들지 않는다. 그 이유는 이러한 제사에서는 화려한 꾸밈을 하지 않기 때문이다. 한편 『예기』「예기」편의 문장에 대해 공영달(孔穎達)의 소(疏)에서는 "此謂祭五方之天, 初則燔柴於大壇, 燔柴訖, 於壇下掃地而設正祭, 此周法也."라고 설명한다. 즉 지극히 공경을 표해야 하는 제사는 오방(五方)의 천신(天神)들에게 지내는 제사를 뜻하는데, 제사 초반부에는 태단(太壇)에서 섶을 태워서 신들에게 알리고, 섶 태우는 일이 끝나면, 제단 아래에서 땅을 쓸고, 본격적인 제사를 지내게 되는데, 이것은 주(周)나라 때의 예법에 해당한다.

18) 『한서(漢書)』「교사지(郊祀志)」 : 右將軍王商·博士師丹·議郎翟方進等五十人以爲禮記曰, "燔柴於太壇, 祭天也; 瘞薶於大折, 祭地也." 兆於南郊, 所以定天位也. 祭地於大折, 在北郊, 就陰位也.

19) 『한서(漢書)』「교사지(郊祀志)」 : 成帝初卽位, 丞相衡·御史大夫譚奏言, "帝王之事莫大乎承天之序, 承天之序莫重於郊祀, 故聖王盡心極慮以建其制. 祭天於南郊, 就陽之義也; 瘞地於北郊, 卽陰之象也."

20) 『예기』「교특생(郊特牲)」【328a】 : 大報天而主日也, 兆於南郊, 就陽位也. 掃地而祭, 於其質也. 器用陶匏, 以象天地之性也.

사지」편에서 인용하고 있는 문장이 더욱 완비되어 있는 것 같다.

集解 愚謂: 燔柴所以降天神, 瘞埋所以出地祇也. 祭宗廟始於灌, 祭天神始於燔柴, 祭地祇始於瘞埋, 皆用之以降神者也. 郊特牲曰, "灌用圭璋, 用玉氣也." 典瑞曰, "四圭有邸以祀天", "兩圭有邸以祀地", "祼圭有瓚以肆先王", 則燔柴·瘞埋兼用玉矣. 泰壇者, 南郊之壇也. 泰折者, 北郊之坎也. 泰者, 尊之之稱也. 壇以言其高, 則知泰折之爲坎矣. 折以言其方, 則知泰壇之爲圜矣.

번역 내가 생각하기에, 땔감을 태우는 것은 천신을 강림시키는 방법이며, 매장하는 것은 땅의 신을 나오게 하는 방법이다. 종묘에서 제사를 지낼 때에는 관례(灌禮)[21]로부터 시작되며, 천신에게 제사를 지낼 때에는 땔감을 태우는 것으로부터 시작되고, 땅의 신에게 제사를 지낼 때에는 매장하는 것으로부터 시작되는데, 이것들은 모두 이러한 방법을 사용하여 신들을 강림시키는 것이다. 『예기』「교특생(郊特牲)」편에서는 "관례를 할 때에는 규(圭)와 장(璋)을 사용하니, 옥의 기운을 사용한 것이다."[22]라고 했고, 『주례』「전서(典瑞)」편에서는 "사규유저(四圭有邸)를 사용하여 하늘에 제사를 지낸다."[23]라고 했고, "양규유저(兩圭有邸)를 사용하여 땅에 제사를 지낸다."[24]라고 했으며, "관규(祼圭)의 앞에 술잔처럼 생긴 것이 붙어 있어서, 이를 통해서 선왕의 제사에서 술을 따라 땅에 뿌린다."[25]라고 했으니, 땔감을 태우고 매장할 때에는 옥을 함께 사용한다. '태단(泰壇)'은 남쪽 교외에 설치한 제단이다. '태절(泰折)'은 북쪽 교외에 설치한 구덩이이다. '태(泰)'

---

21) 관례(灌禮)는 제례(祭禮) 의식 중 하나이다. 술을 땅에 부어서 신(神)을 강림시키는 것이다. 『논어』「팔일(八佾)」편에는 "禘, 自旣灌而往者, 吾不欲觀之矣."라는 기록이 있고, 이 기록에 대한 하안(何晏)의 『집해(集解)』에서는 공안국(孔安國)의 주장을 인용하여, "灌者, 酌鬱鬯灌於太祖以降神也."라고 풀이하였다.

22) 『예기』「교특생(郊特牲)」【339d~340a】: 周人尙臭, 灌用鬯臭, 鬱合鬯, 臭陰達於淵泉. 灌以圭璋, 用玉氣也. 旣灌然後迎牲, 致陰氣也.

23) 『주례』「춘관(春官)·전서(典瑞)」: 四圭有邸以祀天·旅上帝.

24) 『주례』「춘관(春官)·전서(典瑞)」: 兩圭有邸以祀地·旅四望.

25) 『주례』「춘관(春官)·전서(典瑞)」: 祼圭有瓚以肆先王, 以祼賓客.

자는 존귀하게 여겨서 붙이는 칭호이다. '단(壇)'은 높다는 뜻이니, 태절이 구덩이에 해당한다는 사실을 알 수 있다. '절(折)'자는 사각형이라는 뜻이니, 태단이 원형으로 되어 있음을 알 수 있다.

그림 2-1 ▣ 방구단(方丘壇)

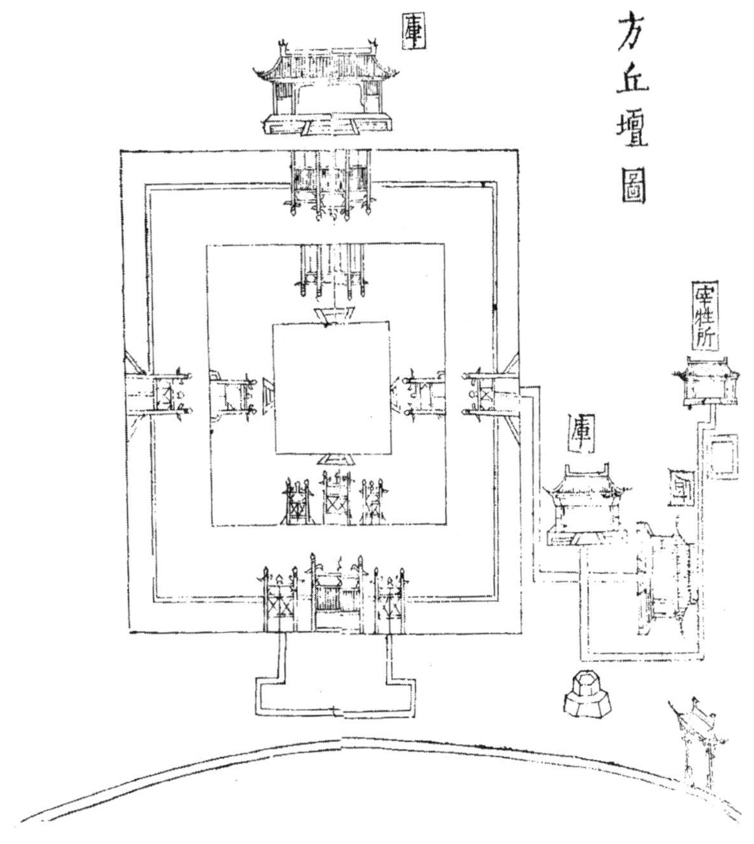

※ 출처: 『삼재도회(三才圖會)』「궁실(宮室)」 2권

그림 2-2 ■ 경(磬)

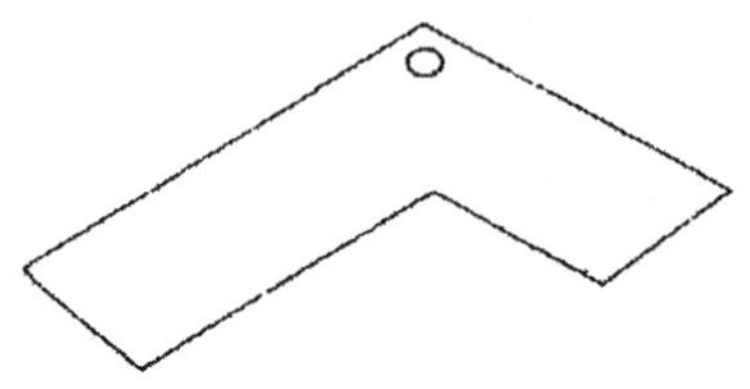

※ **출처**: 상단-『주례도설(周禮圖說)』 하권
하단-『삼례도집주(三禮圖集注)』 5권

그림 2-3 ▣ 오옥(五玉) : 황(璜) · 벽(璧) · 장(璋) · 규(珪) · 종(琮)

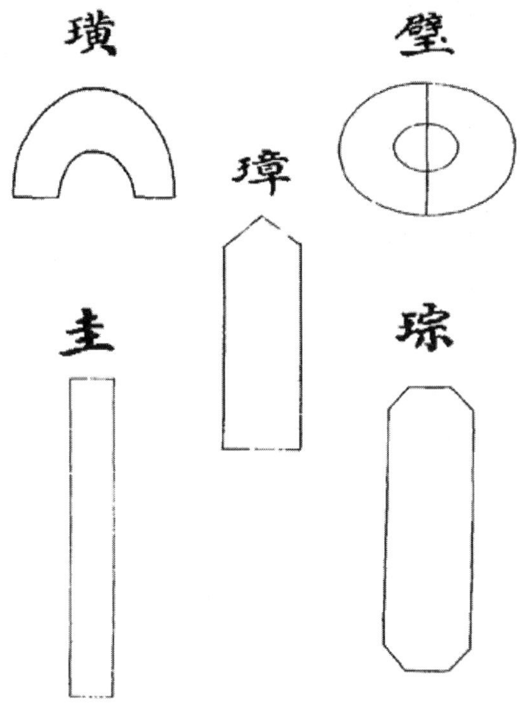

※ **출처**: 『주례도설(周禮圖說)』 하권

그림 2-4 ▣ 사규유저(四圭有邸)와 양규유저(兩圭有邸)

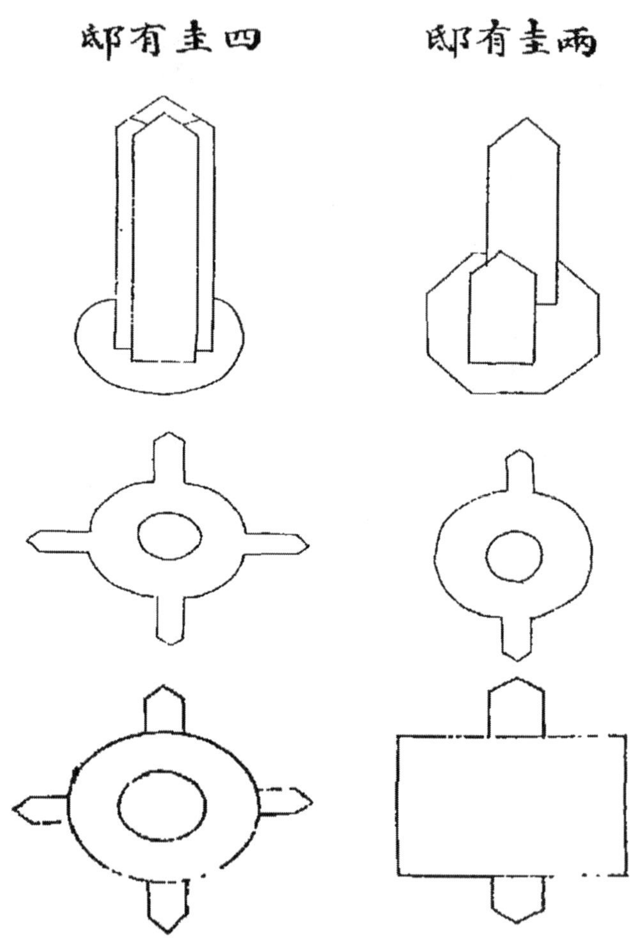

※ **출처**: 상단-『주례도설(周禮圖說)』 하권
중단-『삼례도집주(三禮圖集注)』 11권
하단-『육경도(六經圖)』 5권

• 제 3 절 •

제신(諸神)의 제사

【547c~d】

埋少牢於泰昭, 祭時也. 相近於坎壇, 祭寒暑也. 王宮, 祭日也. 夜明, 祭月也. 幽宗, 祭星也. 雩宗, 祭水旱也. 四坎壇, 祭四方也. 山林·川谷·丘陵能出雲, 爲風雨, 見怪物, 皆曰神. 有天下者祭百神. 諸侯在其地則祭之, 亡其地則不祭.

직역 泰昭에서 少牢를 埋함은 時에 祭함이다. 坎壇에서 相近함은 寒暑에 祭함이다. 王宮은 日에 祭함이다. 夜明은 月에 祭함이다. 幽宗은 星에 祭함이다. 雩宗은 水旱에 祭함이다. 四坎壇은 四方에 祭함이다. 山林·川谷·丘陵은 能히 雲을 出하여, 風雨를 爲하고, 怪物을 見하니, 皆히 神이라 曰한다. 天下를 有한 者는 百神에게 祭한다. 諸侯가 그 地를 在하면 祭하고, 그 地를 亡하면 不祭한다.

의역 태소(泰昭)에서 소뢰(少牢)를 매장하는 것은 사계절에게 제사지내는 방법이다. 감단(坎壇)에서 전송하고 맞이하는 것은 추위와 더위에게 제사지내는 방법이다. 왕궁(王宮)에서 제사를 지내는 것은 태양에게 제사지내는 방법이다. 야명(夜明)에서 제사를 지내는 것은 달에게 제사지내는 방법이다. 유종(幽宗)에서 제사를 지내는 것은 별에게 제사지내는 방법이다. 우종(雩宗)에서 제사를 지내는 것은 물과 가뭄의 신에게 제사지내는 방법이다. 4개의 구덩이와 4개의 제단에서 제사를 지내는 것은 사방의 모든 하위 신들에게 제사지내는 방법이다. 산림·하천과 계곡·구릉 지역은 구름을 발생시켜서 바람과 비를 만들고 괴이한 현상을 일으킬 수 있으니, 이들을 모두 '신(神)'이라고 부른다. 천하를 소유한 자는 모든 신들에게 제사를 지낸다. 제후가 자신의 봉지를 소유하고 있다면, 해당 봉지의 신들에게 제사를 지내지만, 봉지를 삭탈당했다면 제사를 지내지 않는다.

集說 泰昭, 壇名也. 祭時, 祭四時也. 相近, 當爲祖迎, 字之誤也, 寒暑一往一來, 往者祖送之, 來者迎逭之. 周禮, 仲春晝迎暑, 仲秋夜迎寒, 則送之亦必有其禮也. 坎以祭寒, 壇以祭暑. 亡其地, 謂見削奪也.

번역 '태소(泰昭)'는 제단 이름이다. '제시(祭時)'는 사계절에 대해 제사를 지낸다는 뜻이다. '상근(相近)'은 마땅히 '조영(祖迎)'이 되어야 하니, 글자가 비슷해서 생긴 오류이며, 추위와 더위가 한 차례 가고 찾아오게 되는데, 떠나는 것에 대해서는 전송하고, 찾아오는 것에 대해서는 맞이한다. 『주례』에서는 중춘(仲春)의 한낮에 더위를 맞이하고, 중추(仲秋)의 밤에 추위를 맞이한다고 했으니,[1] 전송할 때에도 반드시 그에 해당하는 예법이 있다. 구덩이[坎]에서는 추위에 대해 제사를 지내고, 제단[壇]에서는 더위에 대해 제사를 지낸다. '망기지(亡其地)'는 분봉받은 땅을 빼앗겼다는 뜻이다.

集說 方氏曰: 天無二日, 土無二王, 則王有日之象, 而宮乃其居也, 故祭日之壇曰王宮. 日出於晝, 月出於夜, 則夜爲月之時, 而明乃其用也, 故祭月之坎曰夜明. 幽以言其隱而小也, 揚子曰, "視日月而知衆星之蔑", 故祭星之所則謂之幽宗焉. 吁而求雨之謂雩, 主祭旱言之耳. 兼祭水者, 雨以時至, 則亦無水患也. 幽·雩皆謂之宗者, 宗之爲言尊也, 書曰, "禋于六宗", 詩曰, "靡神不宗", 無所不用其尊之謂也. 泰壇·泰折不謂之宗者, 天地之大, 不嫌於不尊也. 四方, 百物之神也, 方有四而位則八, 若乾位西北·艮位東北·坎位正北·震位正東, 皆陽也; 坤西南·巽東南·離正南·兌正西, 皆陰也. 故有坎有壇, 而各以四焉.

번역 방씨[2]가 말하길, 하늘에는 2개의 태양이 없고 땅에는 2명의 천자

---

1) 『주례』「춘관(春官)·약장(籥章)」: <u>中春晝</u>擊土鼓, 龡豳詩以<u>逆暑</u>. <u>中秋夜迎寒</u>, 亦如之.

2) 엄릉방씨(嚴陵方氏, ?~?) : =방각(方慤)·방씨(方氏)·방성부(方性夫). 송대(宋代)의 유학자이다. 이름은 각(慤)이다. 자(字)는 성부(性夫)이다. 『예기집해(禮記集解)』를 지었고, 『예기집설대전(禮記集說大全)』에는 그의 주장이 많이 인용되고 있다.

가 없으니,[3] 천자에게는 태양의 형상이 있고 '궁(宮)'은 그가 거주하는 곳이다. 그렇기 때문에 태양에게 제사지내는 제단을 '왕궁(王宮)'이라고 부른다. 태양은 낮에 떠오르고 달은 밤에 떠오르니, 밤은 달의 시간이 되고 달의 밝음은 그것의 작용이 된다. 그렇기 때문에 달에게 제사지내는 구덩이를 '야명(夜明)'이라고 부른다. '유(幽)'는 그윽하고 작은 것을 가리켜서 한 말인데, 양자[4]는 "해와 달에 견주면 뭇 별들이 어둡다는 사실을 알 수 있다."라고 했다. 그렇기 때문에 별에게 제사지내는 장소를 '유종(幽宗)'이라고 부른다. 부르짖으며 비를 내려달라고 구하는 의식을 '우(雩)'라고 부르는데, 가뭄 신에게 제사지낸다는 것을 위주로 말한 것일 뿐이다. 물에게 제사지내는 것도 함께 언급한 것은 비가 때에 알맞게 내리게 되면 또한 수재(水災)가 발생하지 않기 때문이다. '유(幽)'와 '우(雩)'에 대해서 모두 '종(宗)'자를 붙여서 부르는 이유는 '종(宗)'자는 존귀하다는 뜻이니, 『서』에서 "육종(六宗)에게 인(禋)제사를 지낸다."[5]라고 했고, 『시』에서 "신을 높이지 않음이 없다."[6]라고 했으니, 존귀하게 여긴다는 뜻을 사용하지 않는 경우가 없다. 태단(泰壇)과 태절(泰折)에 대해서는 '종(宗)'자를 붙여서 부르지 않았

---

3) 『예기』「증자문(曾子問)」【233b】: 曾子問曰: 喪有二孤, 廟有二主, 禮與. 孔子曰: 天無二日, 土無二王, 嘗禘郊社, 尊無二上, 未知其爲禮也. / 『예기』「방기(坊記)」【611c~d】: 子云, "天無二日, 土無二王, 家無二主, 尊無二上, 示民有君臣之別也. 春秋不稱楚越之王喪, 禮君不稱天, 大夫不稱君, 恐民之惑也. 詩云, '相彼盍旦, 尙猶患之.'" / 『예기』「상복사제(喪服四制)」【721c】: 資於事父以事母而愛同. 天無二日, 土無二王, 國無二君, 家無二尊, 以一治之也. 故父在爲母齊衰期者, 見無二尊也.

4) 양웅(楊雄, B.C.53~A.D.18): =양웅(揚雄)·양자(揚子). 전한(前漢) 때의 학자이다. 자(字)는 자운(子雲)이다. 사부작가(辭賦作家)로도 명성이 높았다. 왕망(王莽)에게 동조했다는 이유로 송(宋)나라 이후부터는 배척을 당하였다. 만년에는 경학(經學)에 전념하여, 자신을 성현(聖賢)이라고 자처하였다. 참위설(讖緯說) 등을 배척하고, 유가(儒家)와 도가(道家)의 사상을 절충하였다. 저서로는 『법언(法言)』, 『태현경(太玄經)』 등이 있다.

5) 『서』「우서(虞書)·순전(舜典)」: 正月上日, 受終于文祖, 在璿璣玉衡, 以齊七政, 肆類于上帝, 禋于六宗, 望于山川, 徧于群神, 輯五瑞, 旣月, 乃日覲四岳群牧, 班瑞于群后.

6) 『시』「대아(大雅)·운한(雲漢)」: 旱旣大甚, 蘊隆蟲蟲. 不殄禋祀, 自郊徂宮. 上下奠瘞, 靡神不宗. 后稷不克, 上帝不臨. 耗斁下土, 寧丁我躬.

는데, 천지는 위대하므로 존귀하게 높이지 않는다는 혐의를 받지 않기 때문이다. '사방(四方)'은 백물(百物)[7]의 신을 뜻하며, 방(方)에는 4가지가 있고 위(位)는 8가지이니, 마치 건괘(乾卦)는 서북쪽에 자리하고, 간괘(艮卦)는 동북쪽에 자리하며, 감괘(坎卦)는 정북에 자리하고, 진괘(震卦)는 정동에 자리하는데, 이들은 모두 양(陽)에 해당하고, 곤괘(坤卦)는 서남쪽에 자리하고, 손괘(巽卦)는 동남쪽에 자리하며, 리괘(離卦)는 정남에 자리하고, 태괘(兌卦)는 정서에 자리하는데, 이들은 모두 음(陰)에 해당하는 것과 같다. 그렇기 때문에 구덩이와 제단이 있는데, 각각 4개씩 두는 것이다.

大全 延平周氏曰: 月爲陰, 而盛於夜, 故曰夜明. 於星謂之幽者, 以對月而言, 則月爲明, 而星爲幽也. 水旱, 必謂之雩者, 以祭旱爲主. 蓋陰中之陽升則爲雨, 故雩祭, 所以助達陰中之陽者也. 四坎壇, 祭四方, 豈蜡之祭四方百物之神, 若先嗇之類, 則祭於壇, 若水庸之類, 則祭於坎歟?

번역 연평주씨[8]가 말하길, 달은 음(陰)에 해당하고 밤에 융성해진다. 그렇기 때문에 제사지내는 장소를 '야명(夜明)'이라고 부른다. 별에게 제사지내는 장소에 '유(幽)'자를 붙여서 부르는 것은 달과 대비해서 말을 해본다면 달은 밝지만 별은 상대적으로 어둡기 때문이다. 물과 가뭄의 신에게 제사지내는 장소에 기어코 '우(雩)'자를 붙여서 부른 것은 가뭄의 신에게 제사 지내는 것을 위주로 삼기 때문이다. 무릇 음(陰) 속의 양(陽)이 상승하게 되면 비가 된다. 그렇기 때문에 기우제는 음(陰) 속의 양(陽)이 두루 통하도록 돕는 것이다. '사감단(四坎壇)'은 사방의 신들에게 제사를 지내는 것인데, 사(蜡)[9]의 제사에서 사방의 백물(百物) 신들에게 제사를 지내며, 선색

---

7) 백물(百物)은 사방의 백신(百神)들을 지칭한다. 백신은 온갖 신들을 총칭하는 말인데, 주요 신들은 제외되고, 주로 하위 신들을 가리킨다. 또한 고대에는 백신들에게 지내는 제사를 사(蜡)라고 부르기도 했다.

8) 연평주씨(延平周氏, ?~?) : =주서(周諝)·주희성(周希聖). 송(宋)나라 때의 유학자이다. 이름은 서(諝)이다. 자(字)는 희성(希聖)이다. 『예기설(禮記說)』 등의 저서가 있다.

9) 사(蜡)는 연말에 지내는 큰 제사를 뜻한다. 제사 대상은 천제(天帝) 등의 주

(先嗇)[10] 등의 부류라면 제단에서 제사를 지내는 것이며, 용수로의 신과 같은 부류라면 구덩이에서 제사를 지내는 것이 아니겠는가?

鄭注 昭, 明也, 亦謂壇也. 時, 四時也, 亦謂陰陽之神也. 埋之者, 陰陽出入於地中也. 凡此以下, 皆祭用少牢. 相近, 當爲"禳祈", 聲之誤也. 禳, 猶卻也. 祈, 求也. 寒暑不時, 則或禳之, 或祈之. 寒於坎, 暑於壇. 王宮, 日壇. 王, 君也, 日稱君. 宮, 壇, 營域也. 夜明, 亦謂月壇也. 宗, 皆當爲禜, 字之誤也. 幽禜, 亦謂星壇也, 星以昏始見, 禜之言營也. 雩禜, 亦謂水旱壇也. 雩之言吁嗟也. 春秋傳曰: "日月星辰之神, 則雪霜風雨之不時, 於是乎禜之. 山川之神, 則水旱癘疫之不時, 於是乎禜之." 四方, 卽謂山林 · 川谷 · 丘陵之神也. 祭山林 · 丘陵於壇, 川谷於坎, 每方各爲坎爲壇. 怪物, 雲氣非常見者也. 有天下, 謂天子也. 百者, 假成數也.

번역 '소(昭)'자는 "밝다[明]."는 뜻이니 이 또한 제단[壇]을 의미한다. '시(時)'자는 사계절을 뜻하니 이 또한 음양의 신들을 의미한다. 매장하는 것은 음양은 땅속에서 출입하기 때문이다. 무릇 이곳 구문으로부터 그 이하의 구문에 있어서는 모두 제사를 지낼 때 소뢰(少牢)[11]를 사용한다. '상근(相近)'은 마땅히 '양기(禳祈)'가 되어야 하니, 소리가 비슷해서 생긴 오류

요 신들을 제외한 나머지 하위 신들에 해당한다. 하위 신들은 그 수가 많아서, 일일이 제사를 지낼 수 없기 때문에, 연말에 합동으로 제사를 지냈던 것이다. 『예기』「잡기하(雜記下)」편에는 "子貢觀於蜡."라는 기록이 있는데, 이에 대한 정현의 주에서는 "蜡也者, 索也. 歲十二月, 合聚萬物而索饗之祭也."라고 풀이했다. 또 『예기』「교특생(郊特牲)」편에는 "蜡之祭也, 主先嗇而祭司嗇也, 祭百種, 以報嗇也."라는 기록이 있다.

10) 선색(先嗇)은 가장 먼저 농사를 지었던 자를 뜻하는 말이며, 농업 분야의 신(神)으로 모셔지는 대상이다. 신농(神農)을 가리키기도 한다. 『예기』「교특생(郊特牲)」편에는 "蜡之祭也, 主先嗇而祭司嗇也."라는 기록이 있는데, 이에 대한 정현의 주에서는 "先嗇, 若神農者."라고 풀이했다.

11) 소뢰(少牢)는 제사에서 양(羊)과 돼지[豕] 두 가지 희생물을 사용하는 것을 뜻한다. 『춘추좌씨전』「양공(襄公) 22년」편에는 "祭以特羊, 殷以少牢."라는 기록이 있는데, 이에 대한 두예(杜預)의 주에서는 "四時祀以一羊, 三年盛祭以羊豕. 殷, 盛也."라고 풀이하였다.

이다. '양(禳)'자는 "물리치다[卻]."는 뜻이다. '기(祈)'자는 "구하다[求]."는 뜻이다. 추위와 더위가 때에 맞지 않다면, 어떤 경우에는 물리치기도 하고 또 어떤 경우에는 원하기도 한다. 추위에 대해서는 구덩이[坎]에서 하고 더위에 대해서는 제단에서 한다. '왕궁(王宮)'은 태양에게 제사지내는 제단이다. '왕(王)'자는 군주[君]를 뜻하는데, 태양에 대해서 군주라고 지칭한 것이다. '궁(宮)'자는 제단[壇]을 뜻하니, 일정한 영역을 의미한다. '야명(夜明)' 또한 달에게 제사지내는 제단을 뜻한다. '종(宗)'자는 모두 '영(禜)'자가 되어야 하니, 자형이 비슷해서 생긴 오류이다. '유영(幽禜)' 또한 별에게 제사지내는 제단을 뜻하는데, 별은 어두울 때 비로소 나타나며, '영(禜)'자는 영역[營]을 뜻한다. '우영(雩禜)'은 또한 물과 가뭄의 신에게 제사지내는 제단을 뜻한다. '우(雩)'자는 부르짖는다는 뜻이다. 『춘추전』에서는 "해 · 달 · 별의 신들에 대해서는 눈 · 서리 · 바람 · 비가 때에 맞지 않으면, 그 제단에서 영제(禜祭)[12]를 지낸다. 산천의 신들에 대해서는 수재 · 가뭄 · 역병 등이 때에 맞지 않게 발생하면, 그 제단에서 영제를 지낸다."[13]라고 했다. '사방(四方)'은 산림 · 하천과 계곡 · 구릉을 담당하는 신들을 뜻한다. 산림과 구릉의 신들에게 제사를 지낼 때에는 제단에서 하고, 하천과 계곡의 신들에게 제사를 지낼 때에는 구덩이에서 하는데, 방위마다 각각 구덩이와 제단을 만들게 된다. '괴물(怪物)'은 구름이 비정상적으로 나타난 것이다. 천하를 소유했다는 것은 천자를 뜻한다. '백(百)'자는 성수(成數)를 빌려서 쓴 것이다.

釋文 相近, 依注讀爲禳祈[14], 如羊反; 下音巨依反, 王肅作"祖迎"也. 坎, 苦感反. 幽宗 · 雩宗, 並依注讀爲禜, 榮敬反, 王如字. 見, 賢遍反, 注同. 亡, 如字,

---

12) 영제(禜祭)는 고대에 재앙을 물리칠 때 지냈던 제사를 뜻한다.

13) 『춘추좌씨전』「소공(昭公) 1년」: 山川之神, 則水旱癘疫之災於是乎禜之; 日月星辰之神, 則雪霜風雨之不時, 於是乎禜之.

14) '기(祈)'자에 대하여. 『십삼경주소(十三經注疏)』 북경대 출판본에서는 "'기'자는 본래 없던 글자인데, 『예기훈찬(禮記訓纂)』의 기록에 근거해서 글자를 보충하였다."라고 했다.

無也, 一音無. 吁, 許于反. 疫音役.

번역 '相近'은 정현의 주에 따르면 '禳祈'로 풀이하는데, '禳'자는 '如(여)'자와 '羊(양)'자의 반절음이고, '祈'자의 음은 '巨(거)'자와 '依(의)'자의 반절음인데, 왕숙은 '祖迎'으로 기록했다. '坎'자는 '苦(고)'자와 '感(감)'자의 반절음이다. '幽宗'과 '雩宗'에서의 '宗'자는 정현의 주에 따르면 모두 '禜'자로 풀이하는데, 그 음은 '榮(영)'자와 '敬(경)'자의 반절음이며, 왕음(王音)은 글자대로 읽는다. '見'자는 '賢(현)'자와 '遍(편)'자의 반절음이며, 정현의 주에 나오는 글자도 그 음이 이와 같다. '亡'자는 글자대로 읽으니, 없다는 뜻이고, 다른 음은 '無(무)'이다. '吁'자는 '許(허)'자와 '于(우)'자의 반절음이다. '疫'자의 음은 '役(역)'이다.

孔疏 ●"埋少"至"不祭". ○正義曰: 此一節總明四時以下諸神所祭之處, 及明天子諸侯之禮不同之事也.

번역 ●經文: "埋少"~"不祭". ○이곳 문단은 사계절 및 그 이하의 여러 신들에게 제사지내는 장소를 총괄적으로 나타내고 있으며, 천자 및 제후의 예법 중 차이가 나는 사안도 나타내고 있다.

孔疏 ●"埋少牢於泰昭, 祭時也"者, 謂祭四時陰陽之神也. 泰昭, 壇名也. 昭, 亦取明也, 春夏爲陽, 秋冬爲陰, 若祈陰則埋牲, 祈陽則不應埋之. 今總云"埋"者, 以陰陽之氣俱出入於地中而生萬物, 故並埋之, 以享陰陽爲義也. 用少牢者, 降於天地也. 自此以下及日月至山林, 並少牢也, 先儒並云不薦熟, 唯殺牲埋之也.

번역 ●經文: "埋少牢於泰昭, 祭時也". ○사계절에 대한 음양의 신에게 제사를 지낸다는 뜻이다. '태소(泰昭)'는 제단의 이름이다. '소(昭)'자 또한 밝다는 뜻에서 의미를 취한 것이며, 봄과 여름은 양(陽)에 해당하고 가을과 겨울은 음(陰)에 해당하는데, 만약 음(陰)에게 기원을 하게 된다면 희생물을 매장하고, 양(陽)에게 기원을 하게 된다면 매장을 해서는 안 된다. 이곳 문장에서는 총괄적으로 '매(埋)'라고 했는데, 음양의 기운은 모두 땅속에서 출입하며 만물을 생장시키기 때문에 둘 모두에 대해 매장하여 음양을 흠향시킨다는 것을 뜻으로 삼은 것이다. "소뢰(少牢)를 사용한다."는 것은 천지의 신보다 낮추기 때문이다. 이곳 구문으로부터 그 이하로 해와 달 및 산천에 이르기까지, 모든 대상에 대해서는 소뢰를 사용하는데, 선대 학자들은 모두에 대해서 익힌 상태로 바치지 않고, 오직 희생물을 도축하고서 매장한다고 했다.

孔疏 ●"相近於坎·壇, 祭寒暑也"者, 相近, 當爲禳祈, 禳, 卻也. 寒暑之氣應退而不退, 則祭禳卻之, 令退也. 祈, 求也. 寒暑之氣應至而不至, 則祭求之, 令至也. 寒則於坎, 寒陰也, 暑則於壇, 暑陽也.

번역 ●經文: "相近於坎 · 壇, 祭寒暑也". ○'상근(相近)'은 마땅히 '양기(禳祈)'가 되어야 하니, '양(禳)'자는 "물리치다[卻]."는 뜻이다. 추위와 더위의 기운이 물러가야 하는데도 물러가지 않는다면, 제사를 지내 물리쳐서 물러나게끔 한다. '기(祈)'자는 "구하다[求]."는 뜻이다. 추위와 더위의 기운이 와야 하는데도 오지 않는다면, 제사를 지내 구하여 오게끔 한다. 추위에 대해서는 구덩이에서 시행하니 추위는 음(陰)에 해당하기 때문이며, 더위에 대해서는 제단에서 시행하니 더위는 양(陽)에 해당하기 때문이다.

孔疏 ●"王宮, 祭日也"者, 王, 君也; 宮, 亦壇也, 營域如宮也. 日神尊, 故其壇曰君宮也.

번역 ●經文: "王宮, 祭日也". ○'왕(王)'자는 군주[君]를 뜻하며, '궁(宮)'자 또한 제단[壇]을 뜻하니, 일정한 영역이 마치 궁궐과 같은 것이다. 해의 신은 존귀하기 때문에, 그에 대해 제사지내는 제단을 '군궁(君宮)'이라고 부르는 것이다.

孔疏 ●"夜明, 祭月也"者, 夜明者, 祭月壇名也. 月明於夜, 故謂其壇爲夜明也.

번역 ●經文: "夜明, 祭月也". ○'야명(夜明)'은 달에 대해 제사를 지낼 때 사용하는 제단의 이름이다. 달은 밤에 빛나기 때문에 그 제단에 대해서 '야명(夜明)'이라고 부른다는 뜻이다.

孔疏 ●"幽宗, 祭星也"者, 祭星壇名也. 幽, 闇也. 宗, 當爲禜, 禜, 壇域也. 星至夜而出, 故曰"幽"也. 爲營域而祭之, 故曰"幽禜"也.

번역 ●經文: "幽宗, 祭星也". ○별에 대해 제사를 지낼 때 사용하는 제단의 이름이다. '유(幽)'자는 "어둡다[闇]."는 뜻이다. '종(宗)'자는 마땅히 '영(禜)'자가 되어야 하는데, '영(禜)'자는 제단의 영역을 뜻한다. 별은 밤이 되어야 나타나기 때문에 '유(幽)'자를 붙여서 부르는 것이다. 일정한 영역을 만들어서 제사를 지내기 때문에, '유영(幽禜)'이라고 부른다.

孔疏 ●"雩宗, 祭水旱也"者, 亦壇名也. 雩, 吁嗟也, 水旱爲人所吁嗟. 禜, 亦營域也, 爲營域而祭之, 故曰"雩禜"也.

번역 ●經文: "雩宗, 祭水旱也". ○이 또한 제단의 이름이다. '우(雩)'자는 울부짖는다는 뜻이고, 수재와 가뭄이 드는 것은 사람에게 있어서 울부짖도록 만드는 일이다. '영(禜)'자 또한 영역을 뜻하니, 일정한 영역을 만들어서 제사를 지내기 때문에, '우영(雩禜)'이라고 부른다.

孔疏 ●"四坎 · 壇, 祭四方也"者, 謂山林 · 川谷 · 丘陵之神有益於人民者也. 四方各爲一坎一壇, 壇以祭山林 · 丘陵, 坎以祭川谷 · 泉澤, 故言"坎 · 壇, 祭四方也".

번역 ●經文: "四坎 · 壇, 祭四方也". ○산림 · 하천과 계곡·구릉을 담당하는 신들은 백성들에게 유익한 존재들임을 뜻한다. 사방에 각각 1개의 구덩이와 1개의 제단을 설치하는데, 제단에서는 산림과 구릉에 대해 제사를 지내고, 구덩이에서는 하천과 계곡 및 샘과 연못에 대해 제사를 지낸다. 그렇기 때문에 "구덩이와 제단에서 사방의 신들에게 제사를 지낸다."라고 했다.

孔疏 ●"山林·川谷·丘陵能出雲, 爲風雨, 見怪物, 皆曰神"者, 此明四坎·壇所祭之神也. 怪物, 慶雲之屬也. 風雨雲露並益於人, 故皆曰神, 而得祭也.

번역 ●經文: "山林·川谷·丘陵能出雲, 爲風雨, 見怪物, 皆曰神". ○이것은 사방에 설치한 구덩이와 제단에서 제사로 모시는 신들을 나타내고 있다. '괴물(怪物)'은 길조를 뜻하는 오채색의 구름 등을 뜻한다. 바람과 비 및 구름과 이슬은 모두 사람에게 유익하다. 그렇기 때문에 그들 대상에 대해서 모두 '신(神)'이라고 부르고, 제사를 지낼 수 있다.

孔疏 ●"有天下者祭百神"者, 有天下, 謂天子也. 祭百神者, 卽謂山林川谷, 在天下而益民者也. 天子祭天地四方, 言"百神", 擧全數也.

번역 ●經文: "有天下者祭百神". ○"천하를 소유하였다."는 말은 천자를 뜻한다. 모든 신들에게 제사를 지내다는 말은 산림 및 하천과 계곡 중에서 천하에 존재하면서 백성들에게 유익한 것들을 뜻한다. 천자는 천지사방에 대해서 제사를 지내는데, 이들을 '백신(百神)'이라고 말한 것은 전수(全數)를 제시한 것이다.

孔疏 ●"諸侯在其地則祭之"者, 諸侯不得祭天地, 若山林·川澤在其封內而益民者, 則得祭之, 如魯之泰山·晉之河·楚之江漢是也.

번역 ●經文: "諸侯在其地則祭之". ○제후는 천지에 대해 제사를 지낼 수 없는데, 만약 산림과 하천 및 연못 중에서 그들의 봉지 내에 존재하며 백성들에게 유익한 것들이 있다면 제사를 지낼 수 있으니, 마치 노(魯)나라의 태산(泰山)·진(晉)나라의 황하(黃河), 초(楚)나라의 장강(長江)·한수(漢水)와 같은 것이다.

孔疏 ●"亡其地則不祭"者, 亡, 無也. 謂其境內地無此山川之等, 則不得祭也.

번역 ●經文: "亡其地則不祭". ○'망(亡)'자는 "없다[無]."는 뜻이다. 즉 봉지 내에 이러한 산천이 없다면, 제사를 지낼 수 없다는 뜻이다.

孔疏 ◎注"昭明"至"數也". ○正義曰: "時, 四時也, 亦謂陰陽之神也"者, 以天是陽神, 地爲陰神. 春夏爲陽, 秋冬爲陰, 故云"亦謂陰陽之神". 言"亦"者, 亦天地也. 按周禮·大宗伯備列諸祀, 而不見祭四時·寒暑·水旱者, 宗伯所謂依周禮常祀, 歲時恒祭. 此經所載, 謂四時乖序, 寒暑僭逆, 水旱失時, 須有祈禱之禮, 非關正禮之事, 故不列於宗伯也. 是以康成之意, 謂此諸神爲祈禱之禮, 故康成六宗之義, 不以此神尊之, 明非常禮也. "祭時"者, 謂春·夏·秋·冬四時之氣不和, 爲人害, 故祭此氣之神也. "祭寒暑"者, 或寒暑大甚, 祭以禳之; 或寒暑頓無, 祭以祈之. "祭水旱"者, 水甚祭水, 旱甚祭旱, 謂祭此水旱之神. 若王肅及先儒之意, 以此爲六宗, 歲之常禮, 宗伯不見, 文不具也. 非鄭義, 今不取. 云"凡此以下, 皆祭用少牢"者, 以埋少牢之文在諸祭之首, 故知"以下皆祭用少牢". 按小司徒"小祭祀, 奉牛牲", 則王者之祭無不用牛. 此用少牢者, 謂祈禱之祭也. 必知祈禱者, 以有寒暑水旱, 非歲時常祀, 是祈禱所爲, 故鄭皆以爲祈禱之祭也. 故讀相近爲禳祈, 爲禱祈之祈, 讀宗爲禜也. 然按莊二十五年左傳云"凡天災, 有幣無牲", 此禱祈得用少牢者, 彼天災者, 謂日月食之, 示以戒懼. 人君初有水旱之災, 先須修德, 不當用牲, 故天災有幣無牲; 若水旱歷時, 禱而不止, 則當用牲. 故詩·雲漢云"靡愛斯牲", 又鄭注大祝云"類·造·禬·禜, 皆有牲, 攻[15]·說用幣而已", 故說以是日月之災, 又暫時之事, 且不假用牲故也. 按何休膏肓引感精符云"立推度以正陽, 日食則鼓, 用

---

15) '공(攻)'자에 대하여. '공'자는 본래 '고(故)'자로 기록되어 있었는데, 완원(阮元)의 『교감기(校勘記)』에서는 "혜동(惠棟)의 『교송본(校宋本)』에서도 '공'자로 기록되어 있었는데, 『주례』「대축(大祝)」편의 정현 주와 부합한다. 『민본(閩本)』·『감본(監本)』·『모본(毛本)』에는 2개의 '공'자를 모두 '고'자로 잘못 기록했다."라고 했다.

牲於社, 朱絲營社, 鳴鼓脅之", 左氏云用牲非常, 明左氏說非夫子春秋, 於義左氏爲短. 鄭箴之曰: "用牲者, 不宜用春秋之通例, 此讖說正陽·朱絲·鳴鼓, 豈說用牲之義也? 讖用牲於社者, 取經宛[16]句耳." 如鄭此言, 是用牲於社, 非, 當從左氏義也. 云"宗皆當爲禜"者, 以經云"幽宗"·"雩宗"之字, 義無所取. 宗字與禜字相近, 故並讀爲禜也. "禜之言營"者, 按莊二十五年公羊傳云"以朱絲營社, 或曰脅之, 或曰爲闇, 恐人犯之, 故營之". 是禜有營義, 故讀爲禜. 云"雩之言吁嗟也"者, 按考異郵云"雩呼吁嗟哭泣[17]", 故云雩爲吁嗟也. 引春秋傳曰以下者, 昭元年左傳文. 時晉侯有疾, 卜實沈臺駘爲祟, 子産以此對晉侯, 言晉侯之疾非由日月星辰及山川之神也. 鄭引此文者, 證經中宗爲禜, 禜是除去凶災之祭也. 云"百者, 假成數也"者, 計天下山川·丘陵之神, 非但百數而已, 假此成數而言之. 按聖證論王肅"六宗"之說, 用家語之文"以此四時也, 寒暑也, 日也, 月也, 星也, 水旱也爲六宗". 孔注尙書亦同之. 伏生與馬融以天·地·四時爲六宗. 劉歆·孔晁以爲乾坤之子六, 爲六宗. 賈逵云: "天宗三, 日·月·星也. 地宗三, 河·海·岱也." 異義: "今尙書歐陽夏侯說, 六宗: 上不及天, 下不及地, 旁不及四方·中央, 恍惚助陰陽變化, 有益於人者也. 古尙書說: 天宗日·月·北辰, 地宗岱·河·海也. 日·月爲陰陽宗, 北辰爲星宗, 河爲水宗, 海爲澤宗, 岱爲山宗. 許君謹按, 與古尙書同." 鄭駁之云: "書云'類于上帝, 禋于六宗, 望于山川', 旣六宗云禋, 山川言望, 則六宗無山川明矣. 太宗伯云: '以禋祀祀昊天上帝, 以實柴祀日月星辰, 以槱燎祀司中·司命·飌師·雨師.' 凡此所祭, 皆天神也. 郊特牲曰: '郊之祭也, 大報天而主日也.' 又祭義曰: '郊之祭, 大報天而主日, 配以月.' 則郊天並祭日·月可知. 其餘星也·辰也·司中也·司命也·風師也·雨師也, 此之謂'六宗'亦明矣." 如鄭此言, 六宗稱禋, 則天神也·日月也在郊祀之中, 又類于上帝之內, 故以其餘爲六宗也. 按禮論

---

16) '완(宛)'자에 대하여. '완'자는 본래 '사(死)'자로 기록되어 있었는데, 손이양(孫詒讓)의 『교기(校記)』에서는 "'완'자는 『민본(閩本)』에 따라 바로잡은 것이다."라고 했다.

17) '읍(泣)'자에 대하여. '읍'자는 본래 '위(位)'자로 기록되어 있었는데, 완원(阮元)의 『교감기(校勘記)』에서는 "혜동(惠棟)의 『교송본(校宋本)』에서는 '위'자를 '읍'자로 기록하였다."라고 했다.

六宗, 司馬彪等各爲異說, 旣非鄭義, 今略而不論.

번역 ◎鄭注: "昭明"~"數也". ○정현이 "'시(時)'자는 사계절을 뜻하니 이 또한 음양의 신들을 의미한다."라고 했는데, 하늘은 양(陽)의 신에 해당하고 땅은 음(陰)의 신에 해당한다. 봄과 여름은 양(陽)에 해당하고 가을과 겨울은 음(陰)에 해당한다. 그렇기 때문에 "또한 음양의 신들을 의미한다." 라고 했다. 정현이 '또한[亦]'이라고 말한 것은 천지 또한 이러하기 때문이다. 『주례』「대종백(大宗伯)」편을 살펴보면 여러 제사들을 나열하고 있는데, 사계절 · 추위와 더위 · 물과 가뭄에 대한 제사는 나타나지 않는다.[18] 그 이유는 「대종백」편에서 언급한 내용은 주나라 때의 예법에서 일상적으로 지내는 제사에 따른 것이니, 한 해의 각 시기마다 항상 지내는 제사이기 때문이다. 그런데 이곳 경문에서 수록하고 있는 제사는 사계절이 질서에 맞지 않고 추위와 더위가 질서를 어기고 물과 가뭄이 때에 맞지 않아서 기도를 올려야 할 때의 예법이니, 정규 예법에 따른 제사와는 관련이 없다. 그렇기 때문에 「대종백」편에서는 열거하지 않았던 것이다. 이러한 까닭으로 정현의 의중은 이러한 여러 신들에 대해서는 기도를 올리는 예법에 따른다는 의미이다. 그렇기 때문에 정현은 육종(六宗)의 뜻에 대해서 이러한 신들을 존귀하게 높이지 않았으니, 일상적인 예법이 아니라는 사실을 나타낸다. '제시(祭時)'라는 말은 봄·여름·가을·겨울 등 사계절의 기운이 조화롭지 못해서 사람에게 피해를 끼치기 때문에, 이러한 기운을 담당하는 신에게 제사를 지낸다는 뜻이다. '제한서(祭寒暑)'라는 말은 간혹 추위나 더위가 혹독하게 되면 제사를 지내서 그 기운을 물리치고, 또는 추위와 더위가 갑작스럽게 없어지면 제사를 지내서 기원을 한다는 뜻이다. '제수한(祭水旱)'이라는 말은 물이 범람하면 물의 신에게 제사를 지내고, 가뭄이 심해지면 가뭄의 신에게 제사를 지내는 것이니, 물과 가뭄의 신에게 제사를 지낸다

---

18) 『주례』「춘관(春官) · 대종백(大宗伯)」: 以禋祀祀昊天上帝, 以實柴祀日 · 月 · 星 · 辰, 以槱燎祀司中 · 司命 · 飌師 · 雨師, 以血祭祭社稷 · 五祀 · 五嶽, 以貍沈祭山林 · 川澤, 以疈辜祭四方百物, 以肆獻祼享先王, 以饋食享先王, 以祠春享先王, 以禴夏享先王, 以嘗秋享先王, 以烝冬享先王.

는 뜻이다. 왕숙과 선대 학자들의 의중에 따르면 이러한 신들을 육종(六宗)으로 여기고, 해마다 시행하는 일상적인 예법이라고 했으며, 「대종백」편에 기록되지 않은 것은 문장을 자세히 기록하지 않았기 때문이라고 했다. 그러나 이것은 정현의 의중과는 맞지 않으므로, 여기에서는 그 설을 취하지 않는다. 정현이 "무릇 이곳 구문으로부터 그 이하의 구문에 있어서는 모두 제사를 지낼 때 소뢰(少牢)를 사용한다."라고 했는데, 소뢰를 매장한다는 문장은 여러 제사들 보다 앞에 기술되어 있다. 그렇기 때문에 "이하의 구문에 있어서는 모두 제사를 지낼 때 소뢰를 사용한다."는 말이 사실임을 알 수 있다. 『주례』「소사도(小司徒)」편을 살펴보면, "작은 제사에서는 소를 희생물로 바친다."[19]라고 했으니, 천자의 제사에서는 소를 사용하지 않은 적이 없다. 이곳에서는 소뢰(少牢)를 사용한다고 했는데, 이것은 기도를 목적으로 하는 제사를 뜻한다. 기도를 올리는 제사임을 분명히 알 수 있는 이유는 추위와 더위 및 물과 가뭄의 신에 대해서는 해마다 정규적으로 제사를 지내는 것이 아니니, 기도를 올리게 될 때 시행한다. 그렇기 때문에 정현은 이 모두에 대해서 기도를 올리는 제사라고 여겼던 것이다. 그래서 '상근(相近)'을 양기(禳祈)라고 풀이한 것이니, 기도[禱祈]라고 할 때의 '기(祈)'자의 뜻이 되며, '종(宗)'자를 '영(禜)'자로 풀이한 것이다. 그런데 장공(莊公) 25년에 대한 『좌전』의 기록을 살펴보면, "무릇 하늘의 재앙에 대해서 제사를 지낼 때에는 폐물은 있어도 희생물은 없다."[20]라고 했고, 이곳에서는 기도를 올리며 소뢰를 사용할 수 있다고 했다. 그 이유는 『좌전』에서 말한 하늘의 재앙은 일식이나 월식이 일어나 이를 통해 주의해야 함을 나타낸 것을 뜻한다. 군주는 애초에 수재나 가뭄 등이 발생했을 때, 우선적으로 자신의 덕을 닦아야 하며 희생물을 사용해서는 안 된다. 그렇기 때문에 하늘의 재앙에 대해서는 폐물은 바쳐도 희생물은 바치지 않는 것이다. 만약 수재나 가뭄이 계절을 넘기고도 지속되고 기도를 했는데도 그치지 않는다면, 마땅히 희생물을 사용해서 제사를 지내야 한다. 그렇기 때문에 『시』「운한(雲漢)」

---

19) 『주례』「지관(地官)·소사도(小司徒)」: 凡小祭祀, 奉牛牲, 羞其肆.

20) 『춘추좌씨전』「장공(莊公) 25년」: 秋, 大水, 鼓·用牲于社·于門, 亦非常也. 凡天災, 有幣, 無牲. 非日·月之眚不鼓.

편에서는 "이 희생물을 아끼지 않는다."[21]라고 한 것이고, 또 『주례』「대축(大祝)」편에 대한 정현의 주에서는 "유(類)·조(造)·회(禬)·영(禜)의 제사에서는 모두 희생물이 포함되는데, 공(攻)과 설(說)에 대해서[22]는 폐물만 사용할 따름이다."[23]라고 한 것이니, 설(說)은 해와 달의 재앙에 해당하고, 잠시 동안 일어난 일이므로 또한 희생물까지 쓸 필요가 없는 것이다. 하휴[24]의 『고황』에서는 「감정부」를 인용하여, "미리 예측하여 남중했을 때의 방향을 바로잡고, 일식이 발생하면 북을 울리며, 사(社)에 희생물을 사용하고, 주색의 끈으로 사(社) 주변을 두르며, 북소리에 맞춰서 나쁜 기운을 쫓아낸다."라고 했는데, 『좌전』에서는 희생물을 사용하는 것은 일상적

---

21) 『시』「대아(大雅)·운한(雲漢)」: 靡神不擧, 靡愛斯牲. 圭璧旣卒, 寧莫我聽.

22) 육기(六祈)는 재앙이나 변고가 발생했을 때, 신에게 기도문을 올리며 그것들이 물러나기를 간청하는 여섯 가지 제사들이다. 여섯 가지 제사는 류(類), 조(造), 회(禬), 영(禜), 공(攻), 설(說)을 뜻한다. 정사농(鄭司農)은 '류'는 상제(上帝)에게 지내는 제사이며, '조'는 선왕(先王)들에게 지내는 제사이고, '영'은 일월(日月)·성신(星辰)·산천(山川)에게 지내는 제사라고 설명한다. 정현은 '류'와 '조'를 지낼 때에는 정성과 엄숙함을 더욱 가중하여, 뜻한 바를 얻고자 하는 것이고, '회'와 '영'은 당시에 발생한 재앙과 변고에 대해서 아뢰는 것이며, '공'과 '설'은 기도문을 읽어서 그것을 일으킨 요망한 기운을 책망하는 것이라고 설명한다. 또한 정현은 '조'·'류'·'회'·'영'을 지낼 때에는 희생물을 사용하였고, '공'과 '설'을 지낼 때에는 폐물만 바쳤다고 설명한다. 정현은 '회'에 대해서는 자세한 내용을 들어보지 못했다고 설명한다. 『주례』「춘관(春官)·대축(大祝)」편에는 "掌六祈, 以同鬼神示, 一曰類, 二曰造, 三曰禬, 四曰禜, 五曰攻, 六曰說."라는 기록이 있고, 이에 대한 정현의 주에서는 "鄭司農云, '類·造·禬·禜·攻·說, 皆祭名也. 類祭于上帝. …… 司馬法曰, 將用師, 乃告于皇天上帝·日月星辰, 以禱于后土·四海神祇·山川冢社, 乃造于先王. …… 禜, 日月星辰山川之祭也.' 玄謂類造, 加誠肅, 求如志. 禬禜, 告之以時有災變也. 攻說, 則以辭責之. …… 禬, 未聞焉. 造類禬禜皆有牲, 攻說用幣而已."라고 풀이했다.

23) 이 문장은 『주례』「춘관(春官)·대축(大祝)」편의 "掌六祈, 以同鬼神示, 一曰類, 二曰造, 三曰禬, 四曰禜, 五曰攻, 六曰說."이라는 기록에 대한 정현의 주장이다.

24) 하휴(何休, A.D.129~A.D.182) : 전한(前漢) 때의 금문경학자(今文經學者)이다. 자(字)는 소공(邵公)이다. 『춘추공양전해고(春秋公羊傳解詁)』를 지었으며, 『효경(孝經)』, 『논어(論語)』 등에 대해서도 주를 달았고, 『춘추한의(春秋漢議)』를 짓기도 하였다.

이지 않기 때문이라고 했으니, 이것은 좌구명이 설명한 것은 공자가 지은 『춘추』의 용례에 따라 설명한 것이 아니라는 사실을 나타내며, 의미에 있어서도 『좌전』의 뜻은 단편적이다. 정현의 『잠고황』에서는 "희생물을 사용하는 것은 『춘추』의 통상적인 용례에 따라서는 안 되니, 참위(讖緯)에서 남중의 방향을 바로잡고, 주색의 끈을 두르며, 북을 울린다고 한 말로 어찌 희생물을 사용하는 뜻을 설명할 수 있겠는가? 참위에서 사(社)에 희생물을 사용한다고 한 것은 경문의 뜻을 왜곡한 것이다."라고 했다. 정현의 이러한 주장에 따른다면 사(社)에 희생물을 사용하는 것은 잘못된 주장이니 마땅히 『좌전』의 뜻에 따라야 한다. 정현이 "'종(宗)'자는 모두 '영(禜)'자가 되어야 한다."라고 했는데, 경문에 나온 '유종(幽宗)'과 '우종(雩宗)'에서의 '종(宗)'자는 의미상 맞지 않는다. '종(宗)'자와 '영(禜)'자는 서로 비슷하게 생겼기 때문에, 이 모두에 대해서 '영(禜)'자로 풀이한 것이다. 정현이 "'영(禜)'자는 영역[營]을 뜻한다."라고 했는데, 장공(莊公) 25년에 대한 『공양전』의 기록을 살펴보면, "주색의 끈으로 사(社)를 두르는데, 책망하여 쫓기 위함이며 또는 어두워졌기 때문인데, 사람들이 그 장소를 범하게 될 것을 염려하기 때문에 주변에 끈을 두르는 것이다."[25]라고 했다. 이것은 '영(禜)'자에 영역을 구분한다는 뜻이 있음을 뜻한다. 그렇기 때문에 '영(禜)'자로 풀이한 것이다. 정현이 "'우(雩)'자는 부르짖는다는 뜻이다."라고 했는데, 『고리우』를 살펴보면, "기우제를 지낼 때에는 울부짖으며 곡을 하고 눈물을 흘린다."라고 했다. 그렇기 때문에 '우(雩)'자는 울부짖는 뜻이 된다고 말했다. 정현이 『춘추전』을 인용했는데, 이것은 소공(昭公) 1년에 대한 『좌전』의 기록이다. 당시 진(晉)나라 후작에게는 병이 생겼는데, 거북점을 쳐보니 실침(實沈)과 대태(臺駘)라는 두 신이 빌미가 되었다고 했다. 그래서 자산이 이러한 사실을 진나라 후작에게 아뢰었고, 진나라 후작의 병은 해·달·별 및 산천의 신으로부터 비롯된 것이 아니라고 했다. 정현이 이 문장을 인용한 것은 경문에 나오는 '종(宗)'자가 '영(禜)'자의 뜻이 됨을 증명하기

25) 『춘추공양전』「장공(莊公) 25년」: 六月, 辛未朔, 日有食之, 鼓用牲于社, 日食則曷爲鼓用牲于社. 求乎陰之道也. 以朱絲營社, 或曰脅之, 或曰爲闇, 恐人犯之, 故營之.

위해서인데, '영(禜)'은 재앙을 덜어내기 위해 지내는 제사를 뜻한다. 정현이 "'백(百)'자는 성수(成數)를 빌려서 쓴 것이다."라고 했는데, 천하에 존재하는 산천 및 구릉의 신들을 헤아려보면, 단지 100명에만 그치지 않을 따름이니, 성수를 빌려서 말한 것일 뿐이다. 『성증론』을 살펴보면 왕숙은 '육종(六宗)'을 설명하며 『공자가어』의 문장을 인용하여, "이러한 사계절, 추위와 더위, 해, 달, 별, 물과 가뭄이 육종이 된다."고 했다. 『상서』에 대한 공안국[26]의 주에서도 동일하게 기록하였다. 복생[27]과 마융은 천 · 지 · 사계절을 육종이라고 여겼다. 유흠[28]과 공조[29]는 건곤에서 파생된 여섯 개의 괘가 육종이 된다고 했다. 가규[30]는 "천종(天宗)은 셋이니 해 · 달 · 별이다. 지종(地宗)은 셋이니 황하 · 바다 · 대종(岱宗)[31]이다."라고 했다. 『오경이의』[32]에서는 "『금문상서』에 대해 구양(歐陽)과 대 · 소하후(夏侯)의 주장

26) 공안국(孔安國, ?~?) : 전한(前漢) 때의 학자이다. 자(字)는 자국(子國)이다. 고문상서학(古文尙書學)의 개조(開祖)로 알려져 있다. 『십삼경주소(十三經注疏)』의 『상서정의(尙書正義)』에는 공안국의 전(傳)이 수록되어 있는데, 통상적으로 이 주석은 후대인들이 공안국의 이름에 가탁하여 붙인 문장으로 인식되고 있다.

27) 복생(伏生, ?~?) : =복승(伏勝). 전한(前漢) 때의 학자이다. 자(字)는 자천(子賤)이다. 진(秦)나라 때 박사(博士)를 지냈으며, 분서갱유를 피해 『상서(尙書)』를 숨겨두었다가, 한(漢)나라 때 『금문상서(今文尙書)』를 전수하였다.

28) 유흠(劉歆, B.C.53~A.D.23) : 전한(前漢) 때의 경학자이다. 자(字)는 자준(子駿)이다. 후에 이름을 수(秀), 자(字)를 영숙(潁叔)으로 고쳤다. 유향(劉向)의 아들이다. 저서에는 『삼통력보(三統曆譜)』 등이 있다.

29) 공조(孔晁, ?~?) : 생몰년에 대해서는 자세히 알려져 있지 않다. 진(秦)나라 때 오경박사(五經博士)가 되었다고 전해지며, 『일주서주(逸周書注)』를 저술하였다고 전해진다.

30) 가규(賈逵, A.D.30~A.D.101) : 후한(後漢) 때의 경학자이다. 자(字)는 경백(景伯)이다. 『춘추좌씨전해고(春秋左氏傳解詁)』를 지었지만, 현재 일실되어 존재하지 않는다. 청대(淸代) 마국한(馬國翰)의 『옥함산방집일서(玉函山房輯佚書)』와 황석(黃奭)의 『한학당총서(漢學堂叢書)』에 일집본(佚輯本)이 남아 있다.

31) 대종(岱宗)은 오악(五嶽) 중 동악(東嶽)에 해당하는 태산(泰山)을 가리킨다. 대(岱)자는 태산을 뜻하고, 종(宗)자는 존귀하다는 의미에서 붙여진 것으로 풀이하기도 한다.

32) 『오경이의(五經異義)』는 후한(後漢) 때의 학자인 허신(許愼)이 지은 책이다. 유실되었는데, 송대(宋代) 때 학자들이 다시 모아서 엮었다. 오경(五經)에 관

에서는 육종은 위로는 천(天)까지 이르지 않고 밑으로는 지(地)까지 이르지 않으며 옆으로는 사방(四方) 및 중앙(中央)에 이르지 않는데, 은밀히 음양의 변화를 도와서 사람들에게 유익한 신들이라고 했다. 『고문상서』에서는 천종은 해·달·북극성이라고 했고, 지종은 대종·황하·바다라고 했다. 해와 달은 음(陰)과 양(陽)의 종주가 되고 북극성은 별들의 종주가 되며, 황하는 물의 종주가 되고 바다는 연못의 종주가 되며 대종은 산의 종주가 된다고 했다. 내[33]가 살펴보니, 『고문상서』의 주장에 따라야 한다."라고 했다. 정현은 그 주장을 반박하며, "『서』에서는 '상제에게 유(類)제사를 지내고, 육종에게 인(禋)제사를 지내며, 산천에게 망(望)제사를 지낸다.'[34]고 하여, 이미 육종에 대해 인(禋)제사를 지낸다고 했고 산천에 대해 망(望)제사를 지낸다고 했다면, 육종은 산천이 아니라는 사실이 명백하다. 『주례』「대종백(大宗伯)」편에서는 '인사(禋祀)의 방법으로 호천상제에게 제사를 지내고, 실시(實柴)[35]의 방법으로 해·달·별에게 제사를 지내며, 유료(槱燎)[36]의 방법으로 사중(司中)·사명(司命)·풍사(飌師)·우사(雨師)에게 제사를 지낸다.'[37]라고 했는데, 무릇 이러한 제사에서 받드는 대상은 모두 천신에

한 고금(古今)의 유설(遺說)과 이의(異義)를 싣고, 그에 대한 시비(是非)를 판별한 내용들이다.

33) 허신(許愼, A.D.30~A.D.124) : =허숙중(許叔重). 후한(後漢) 때의 학자이다. 자(字)는 숙중(叔重)이다. 『설문해자(說文解字)』의 저자로 널리 알려져 있으며, 다른 저서로는 『오경이의(五經異義)』가 있으나 산일되었다. 『오경이의』는 송대(宋代) 때 다시 편찬되었으나 진위를 따지기 힘들다.

34) 『서』「우서(虞書)·순전(舜典)」 : 正月上日, 受終于文祖, 在璿璣玉衡, 以齊七政, 肆類于上帝, 禋于六宗, 望于山川, 徧于群神, 輯五瑞, 旣月, 乃日覲四岳群牧, 班瑞于群后.

35) 실시(實柴)는 고대에 시행되었던 제사 절차이다. 희생물을 땔감 위에 올려두고 불을 피워서, 하늘로 올라가는 연기로 신들에게 흠향을 시키는 방법이다. 『주례』「춘관(春官)·대종백(大宗伯)」편에는 "以實柴祀日月星辰."이라는 기록이 있고, 이에 대한 정현의 주에서는 "實柴, 實牛柴上也."라고 풀이했다.

36) 유료(槱燎)는 고대 제천 의식에서 치르던 의식 절차 중 하나이다. 희생물의 몸체를 땔나무 위에 올려두고, 땔나무와 함께 불로 태우는 것이다. 불로 태워서 그 연기가 하늘로 올라가도록 하여, 신에게 아뢰는 의식이다.

37) 『주례』「춘관(春官)·대종백(大宗伯)」 : 以禋祀祀昊天上帝, 以實柴祀日·月·星·辰, 以槱燎祀司中·司命·飌師·雨師.

해당한다. 『예기』「교특생(郊特牲)」편에서는 '교(郊)의 제사는 하늘의 큰일에 대해서 크게 보답하고, 하늘대신 해[日]를 위주로 한다.'[38]라고 했고, 또 『예기』「제의(祭義)」편에서는 '교(郊)의 제사는 하늘의 큰일에 대해서 크게 보답하고, 하늘대신 해를 위주로 하며, 달을 배향한다.'[39]라고 했으니, 하늘에 대해 교(郊)제사를 지낼 때에는 해와 달에게도 함께 제사를 지냈다는 사실을 알 수 있다. 따라서 나머지 성(星)·신(辰)·사중(司中)·사명(司命)·풍사(風師)·우사(雨師)를 '육종(六宗)'이라고 부른다는 사실 또한 자명해진다."라고 했다. 이와 같은 정현의 주장에 따르면, 육종에 대해서 인(禋)제사를 지낸다고 했다면, 천신이나 해·달은 교(郊)제사 안에 포함되고 또 상제에게 유(類)제사를 지내는 것에 속하므로, 나머지를 '육종(六宗)'으로 삼게 된다. 『예론』을 살펴보면 '육종(六宗)'에 대해서 사마표 등은 각각 이설을 만들어 냈는데, 그 주장 자체가 정현의 의중을 나타낸 것이 아니므로, 이곳에서는 생략하고 논의하지 않는다.

訓纂 說文: 禜, 設緜絕爲營, 以禳風雨·雪霜·水旱·癘疫於日月·星辰·山川也. 一曰, 禜, 衛使災不生. 禮曰, "雩禜, 祭水旱."

번역 『설문』에서 말하길, '영(禜)'은 명주 끈과 표식을 둘러서 일정 영역을 만들고 비와 바람·눈과 서리·수재와 가뭄·역병 등을 해와 달·별·산천의 신들에게 기도하며 내쫓는 것이다. 일설에 '영(禜)'은 차단하여 재앙이 생겨나지 않도록 하는 제사라고 설명한다. 『예』에서는 "우영(雩禜)은 물과 가뭄의 신에게 제사를 지내는 것이다."라고 했다.

訓纂 三禮義宗曰: 雩, 祈雨之祭. 禜, 止雨之祭. 又曰: 祭六宗之禮, 寒暑有往來之期. 可退, 則祭禳卻之命退, 應至而不至, 則祭求之命至. 故春則送寒而

38) 『예기』「교특생(郊特牲)」【327c~328a】 郊之祭也, 迎長日之至也. 大報天而主日也, 兆於南郊, 就陽位也. 掃地而祭, 於其質也. 器用陶匏, 以象天地之性也.

39) 『예기』「제의(祭義)」【559c】: 郊之祭, 大報天而主日, 配以月. 夏后氏祭其闇, 殷人祭其陽, 周人祭日以朝及闇.

迎暑, 秋則送暑而迎寒.

번역 『삼례의종』에서 말하길, '우(雩)'는 비를 기원하는 제사이다. '영(禜)'은 비를 그치게 하는 제사이다. 또 말하길, 육종(六宗)에게 제사를 지내는 예법은 추위와 더위는 왕래함에 정해진 기간이 있다. 그러므로 물러날 때가 되면 제사를 지내 물리쳐서 물러가도록 명령하는 것이고, 와야 하는데 오지 않는 경우라면, 제사를 통해 구하여 오라고 명령하는 것이다. 그렇기 때문에 봄에는 추위를 전송하고 더위를 맞이하며, 가을에는 더위를 전송하고 추위를 맞이한다.

訓纂 五經通義: 王者所以因郊祭日月·星辰·風伯·雨師·山川, 何以爲? 皆有功于民, 故祭之也, 皆天地之別神從官也. 緣天地之意亦欲及之, 故歲一祭之. 禮日于南門外, 禮月四瀆于北門外, 禮山川邱陵於西門外, 禮風伯雨師於東門外, 各卽其位也. 其祭之奈何? 曰, 祭日者懸, 祭月者毁, 祭風者明, 祭雨者布, 祭山川者沈, 各象其貌也.

번역 『오경통의』[40]에서 말하길, 천자가 교(郊)제사를 지내는 것에 연유하여 해와 달·별·풍백·우사·산천에게 제사를 지내는 것은 어째서인가? 이 모두가 백성에게 도움을 주었기 때문에 제사를 지내는 것이며, 이 모두는 천지에 속한 신들로 각각의 관부를 관장하고 있다. 천지의 뜻에 따라 또한 그들도 제 시기에 이르게 하고자 하므로, 한 해에 한 차례 제사를 지낸다. 남문 밖에서 해에 대해 예우하고, 북문 밖에서 달과 사독(四瀆)[41]을 예우하며, 서문 밖에서 산천·구릉을 예우하고, 동문 밖에서 풍백·우사를 예우하는데, 각각 그들의 자리로 나아가서 한다. 그들에 대한 제사는 어떻게 지내는가? 대답해보자면, 해에게 제사를 지낼 때에는 현(懸)을 사용하고, 달에게 제사를 지낼 때에는 훼(毁)를 사용하며, 바람에게 제사를 지낼 때에

---

40) 『오경통의(五經通義)』는 황간(黃幹, A.D.1152~A.D.1221)의 저작이다.
41) 사독(四瀆)은 네 개의 주요 하천을 가리킨다. 장강(長江), 황하(黃河), 회하(淮河), 제수(濟水)가 여기에 해당한다.

는 명(明)을 사용하고, 비에게 제사를 지낼 때에는 포(布)를 사용하며, 산천에게 제사를 지낼 때에는 침(沈)을 사용하니, 각각 그 모양을 본뜬 것이다.

集解 愚謂: 周禮有"圜丘"·"方澤"之名, 此南北郊祭天地之壇也. 此則云"燔柴於泰壇, 瘞埋於泰折", 固已不合於周禮矣. 至於泰昭·王宮·夜明之屬, 名號詭異, 言不雅馴, 尤非三代淳質時所有. 王肅以此爲歲之常祀, 然日·月·天神之尊, 不應止用少牢; 祀日·月·星辰用實柴, 不應埋牲. 周禮·春秋·月令言"雩"及"大雩"而已, 無"雩宗"之名; 天子雩上帝, 諸侯雩山川, 不聞別祭水旱之神也. 鄭·孔以爲此祈禱之祭, 故皆用少牢. 又孔氏云"此非歲時常祀, 故不列於宗伯", 然上文言"禘"·"郊"·"祖"·"宗"及"泰壇"·"泰折", 未嘗專言"祈禱", 此不當獨異. 又篇末云"非此族也, 不在祀典", 是此篇所言皆常祀, 不得爲祈禱. 又凡祈禱之祭, 本皆歲時常祀, 至有事又祈禱之爾, 未有無常祀而獨祭祈禱者. 又祈禱之祭, 皆就正祭之兆: 祭日宜於東郊, 祭月宜於西郊, 不宜曰"王宮"·"夜明". 祈禱之禮, 雖簡於正祭, 然亦未嘗相悖戾, 祭日·月·星辰當燔柴, 不當埋牲. 凡此以鄭·王二說考之, 無一而可通者. 惟相近於坎·壇, 祭寒暑, 疑卽周禮籥章"迎寒"·"逆暑"之祭, 而"相近"二字, 孔業子作"祖迎". 祖, 猶餞也, 謂送其往也. 迎, 謂逆其來也. 寒暑循環, 於其來者迎之, 則於其往者送之矣. 而四坎·壇, 祭四方, 則與周禮小宗伯"兆山川·丘陵·墳衍, 各因其方"者正合. 迎寒逆暑用土鼓, 其禮甚簡質, 而山林·川澤在地祇亦非甚尊, 諸侯社稷用少牢, 則此二者用少牢亦宜. 但四方爲地祇, 固當瘞埋, 而寒暑爲陰陽之氣, 非專屬於地者, 乃槪用埋牲, 亦恐未必然耳.

번역 내가 생각하기에, 『주례』에는 '환구(圜丘)'나 '방택(方澤)'이라는 명칭이 나오는데, 이것은 남쪽 교외와 북쪽 교외에서 하늘과 땅에 대해 제사를 지냈던 제단을 뜻한다. 이곳에서는 "태단(泰壇)에서 땔감을 쌓아 태우고, 태절(泰折)에서 매장한다."라고 했으니, 이미 『주례』와 부합되지 않는다. '태소(泰昭)'·'왕궁(王宮)'·'야명(夜明)'의 부류들에 있어서도 그 명칭이 괴이하고 그 말도 고상하지 않으니, 삼대(三代)[42] 때처럼 순박하고 질박한 시기부터 있었던 것이 결코 아니다. 왕숙은 이곳의 내용을 해마다 지내는 정규 제사라고 여겼다. 그러나 해 · 달 및 천신들은 존귀한 대상이므로, 소뢰(少牢)에 그쳐서는 안 된다. 또 해 · 달 · 별에게 제사를 지낼 때에는 실시(實柴)를 해야 하니, 희생물을 매장해서는 안 된다. 『주례』 · 『춘추』 · 『예기』「월령(月令)」편에는 '우(雩)'나 '대우(大雩)'라는 말이 나올 뿐이며, '우종(雩宗)'이라는 명칭은 나타나지 않는다. 그리고 천자는 상제에게 기우제를 지내고, 제후는 산천에게 기우제를 지내는데, 수한(水旱)의 신에게 별도로 제사를 지낸다는 말은 들어보지 못했다. 정현과 공영달은 이곳에 나열된 것은 기도를 올리는 제사라고 여겼기 때문에, 모두 소뢰를 사용한다고 했다. 또 공영달은 "이것은 해마다 정규적으로 지내는 제사가 아니다. 그렇기 때문에 『주례』「대종백(大宗伯)」편에 열거되지 않았다."라고 했다. 그러나 앞의 문장에서는 '체(禘)' · '교(郊)' · '조(祖)' · '종(宗)' 및 '태단(泰壇)' · '태절(泰折)'을 언급했는데, 전적으로 기도를 올린다고 말하지 않았다. 그러므로 이곳에서 유독 차이를 보일 수는 없다. 또 「제법」편의 끝부분에서는 "이러한 부류들이 아니라면, 제사의 법도를 기록한 문헌에 수록되지 않는다."[43]라고 했으니, 이곳 「제법」편에서 언급한 것들은 모두 정규적으로 지내는 제사이므로, 기도를 올리기 위해 임시로 지내는 제사가 될 수 없다. 또 기도를 올리는 제사들은 본래부터 모두가 해마다 지내는 정규 제사에 해당하는 것이고, 특별한 일이 발생했을 때 재차 기도를 올리는 것일 뿐이니, 정규적으로 지내는 제사가 없는데도 단독으로 제사를 지내며 기도를 한다는 것은 없다. 또 기도를 올리는 제사에서는 모두 정규 제사를 지내는 조(兆)에 가서 지낸다. 따라서 해에게 제사를 지낼 때에는 동쪽 교외에서 해야 하고, 달에게 제사를 지낼 때에는 서쪽 교외에서 해야 하니, '왕궁(王宮)'이나 '야명(夜明)'이라고 불러서는 안 된다. 기도를 올리는 제례는 비록 정규 제사보다 간소하지만, 또한 서로 그 법칙을 어그러트리지 않았으니,

---

42) 삼대(三代)는 하(夏), 은(殷), 주(周)의 세 왕조를 말한다. 『논어』「위령공(衛靈公)」편에는 "斯民也, 三代 之所以直道而行也."라는 기록이 있고, 이에 대한 형병(邢昺)의 소(疏)에서는 "三代, 夏殷周也."로 풀이했다.

43) 『예기』「제법」【553a】: 及夫日月星辰, 民所瞻仰也, 山林川谷丘陵, 民所取財用也, 非此族也, 不在祀典.

해·달·별에게 제사를 지낼 때에는 마땅히 땔감을 태워서 연기를 피워 올려야 하는 것이지, 희생물을 매장해서는 안 된다. 이 내용들에 대해서 정현과 왕숙의 두 주장을 통해 살펴보면, 하나라도 통용될만한 해석이 없다. 다만 구덩이와 제단에서 상근(相近)을 하는 것은 추위와 더위에 대해 제사를 지내는 것이라고 했는데, 이것은 아마도 『주례』「약장(籥章)」편에서 "추위를 맞이한다."라고 했고 "더위를 맞이한다."라고 했을 때[44]의 제사에 해당하는 것 같고, '상근(相近)'이라는 두 글자를 『공총자』에서는 '조영(祖迎)'[45]이라고 기록했다. '조(祖)'자는 "보내다[餞]."는 뜻이니, 즉 떠나는 것을 전송한다는 의미이다. '영(迎)'은 찾아오는 것을 맞이한다는 뜻이다. 추위와 더위는 순환하게 되니, 찾아오는 것에 대해서 맞이한다면, 떠나는 것에 대해서는 전송하게 된다. 그런데 4개의 구덩이 및 제단에서 사방에 대해 제사를 지낸다고 했다면, 『주례』「소종백(小宗伯)」편에서 "산천(山川) · 구릉(丘陵)·저지대나 평탄한 지형[墳衍]에 대해 조(兆)를 만들며 각각 그 방위에 따른다."[46]라고 한 말과 합치된다. 추위와 더위를 맞이할 때에는 토고(土鼓)를 사용하여, 그 예법이 매우 간소하고 질박하며, 산림 · 천택은 땅의 신에 포함되며 또한 매우 존귀한 대상이 아닌데, 제후가 사직(社稷)의 제사에서 소뢰(少牢)를 사용한다면, 이러한 두 대상에 대해서 소뢰를 사용하는 것이 또한 마땅하다. 다만 사방(四方)의 신은 토지신에 해당하므로 마땅히 매장하는 방식을 취해야 하며, 추위와 더위는 음양의 기운에 해당하니, 전적으로 땅에만 속한 것이 아닌데, 개괄적으로 희생물을 매장하는 방식에 따른다고 했으니, 이 또한 반드시 그렇지만은 않은 것 같다.

---

44) 『주례』「춘관(春官) · 약장(籥章)」: 中春晝擊土鼓, 龡豳詩以逆暑. 中秋夜迎寒, 亦如之.

45) 『공총자(孔叢子)』「논서(論書)」: 祖迎於坎壇, 所以祭寒暑也.

46) 『주례』「춘관(春官) · 소종백(小宗伯)」: 兆山川 · 丘陵 · 墳衍, 各因其方.

그림 3-1 ▣ 사직단(社稷壇)

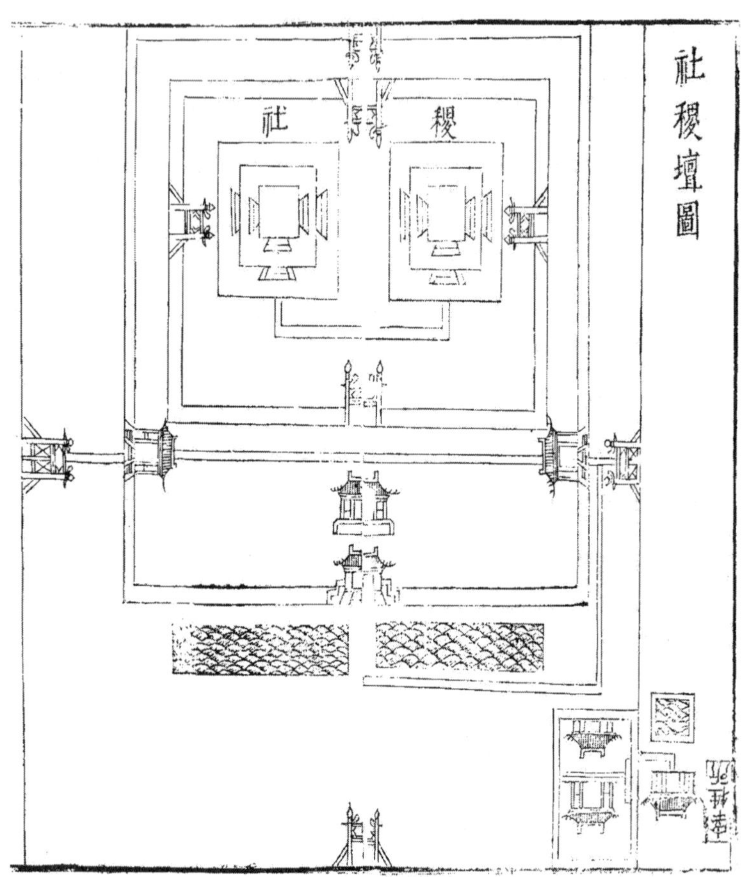

※ 출처: 『삼재도회(三才圖會)』「궁실(宮室)」 2권

그림 3-2 ▣ 숭우단(崇雩壇)

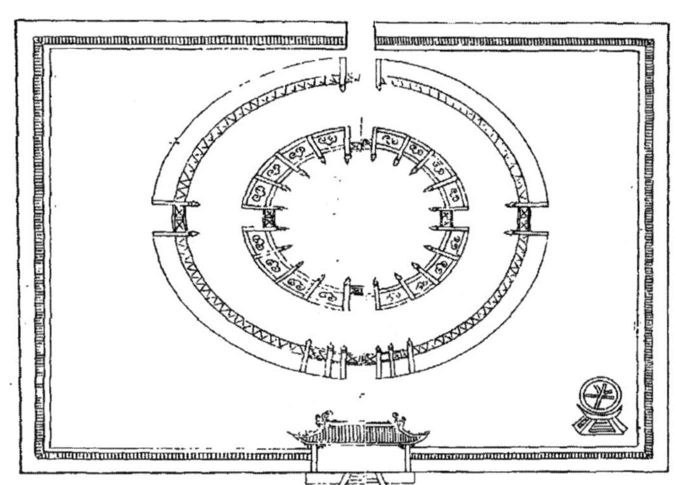

※ 출처: 『도서편(圖書編)』 95권

그림 3-3 ▣ 산천단(山川壇)

山川壇舊圖

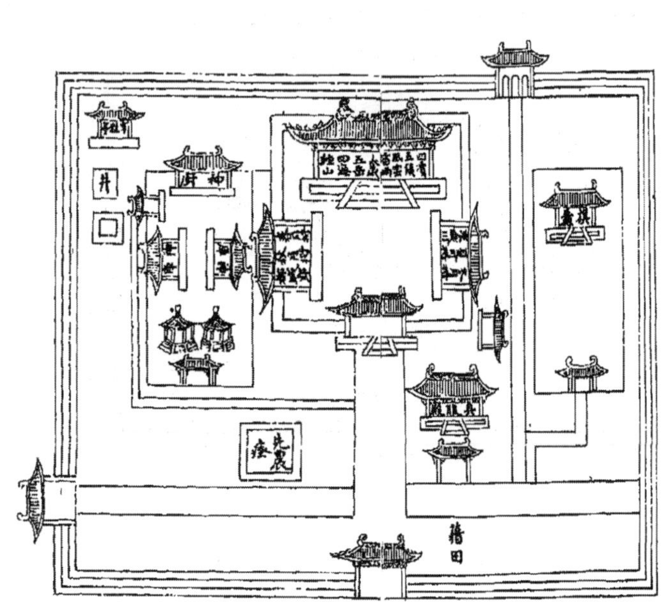

※ 출처: 『도서편(圖書編)』 102권

그림 3-4 ▣ 태산(泰山)

※ 출처: 『삼재도회(三才圖會)』「지리(地理)」 8권

그림 3-5 ■ 토고(土鼓)

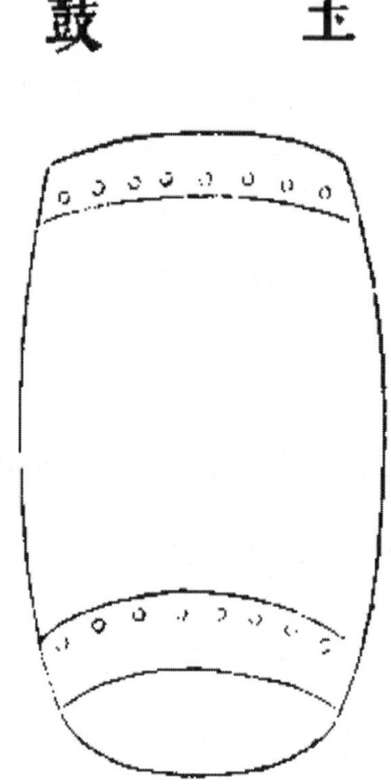

※ 출처: 『삼재도회(三才圖會)』「기용(器用)」 3권

• 제 4 절 •

명(命) · 절(折) · 귀(鬼)와 변(變) · 불변(不變)

【548b】

大凡生於天地之間者, 皆曰命. 其萬物死, 皆曰折, 人死曰鬼. 此五代之所不變也. 七代之所更立者, 禘郊祖宗[1], 其餘不變也.

직역 大凡히 天地의 間에 生한 者는 皆히 命이라 曰한다. 그 萬物이 死하면, 皆히 折이라 曰하고, 人이 死하면 鬼라 曰한다. 此는 五代의 不變한 所이다. 七代의 更立한 所의 者는 禘郊祖宗이며, 그 餘는 不變이라.

의역 무릇 천지 사이에 태어난 것들에 대해서는 모두 '명(命)'이라고 부른다. 만물이 죽게 되면 모두 '절(折)'이라고 부르는데, 사람이 죽게 되면 '귀(鬼)'라고 부른다. 이것은 다섯 왕조에서 바꾸지 않았던 점이다. 일곱 왕조에서 고쳐서 다시 세웠던 것은 체(禘) · 교(郊) · 조(祖) · 종(宗)에서 섬기는 대상이며, 그 나머지는 바뀌지 않았다.

集說 五代, 唐 · 虞 · 三代也. 加顓頊 · 帝嚳爲七代. 舊說, 五代始黃帝, 然未聞黃帝禘郊祖宗之制, 恐未然.

---

1) '조종(祖宗)'에 대하여. 『십삼경주소(十三經注疏)』 북경대 출판본에서는 '종조(宗祖)'라고 기록하며, "혜동(惠棟)의 『교송본(校宋本)』, 『석경(石經)』 · 『송감본(宋監本)』 · 『악본(岳本)』 · 『가정본(嘉靖本)』 및 위씨(衛氏)의 『집설(集說)』에는 동일하게 기록되어 있다. 『민본(閩本)』 · 『감본(監本)』 · 『모본(毛本)』에서는 '조종'이라고 기록했고, 진호(陳澔)의 『집설(集說)』에서도 동일하게 기록하고 있다. 『석경고문제요(石經考文提要)』에서는 '『송대자본(宋大字本)』 · 『송본구경(宋本九經)』 · 『남송건상본(南宋巾箱本)』 · 『여인중본(余仁仲本)』 · 『유숙강본(劉叔剛本)』에서는 종조(宗祖)로 기록했다.'"라고 했다.

번역 '오대(五代)'는 당(唐) · 우(虞)와 삼대(三代)를 합한 것이다. 거기에 전욱(顓頊)과 제곡(帝嚳)의 시대를 합하면 '칠대(七代)'가 된다. 옛 학설에서는 오대가 황제(黃帝)로부터 시작된다고 했는데, 황제가 체(禘) · 교(郊) · 조(祖) · 종(宗)의 제도를 만들었다는 말은 들어보지 못했으니, 아마도 그렇지 않은 것 같다.

集說 方氏曰: 人物之生, 數有長短, 分有小大, 莫不受制於天地, 故大凡生者曰命. 及其死也, 物謂之折, 言其有所毁也; 人謂之鬼, 言其有所歸也. 不變者, 不改所命之名也. 更立者, 更立所祭之人也. 名旣當於實, 故無事乎變; 人旣異於世, 故必更而立焉. 名之不變, 止自堯而下者, 蓋法成於堯而已, 由堯以前, 其法未成, 其名容有變更也. 更立不及於黃帝者, 七代同出於黃帝而已, 黃帝垂統於上, 七代更立於下故也. 其餘不變者, 謂禘郊祖宗之外不變也, 若天地日月之類, 其庸可變乎.

번역 방씨가 말하길, 사람과 사물이 태어날 때에는 수명에 길고 짧은 차이가 있고, 본분에도 크고 작은 차이가 있지만, 천지에게서 법식을 부여받지 않은 것이 없기 때문에 "무릇 태어난 것에 대해서는 '명(命)'이라고 부른다."라고 했다. 그것들의 죽음에 있어서, 사물에 대해서는 '절(折)'이라고 부르니 훼손된 점이 있다는 뜻이며, 사람에 대해서는 '귀(鬼)'라고 부르니 회귀하는 점이 있다는 뜻이다. '불변(不變)'은 부여받은 명(命)의 명칭을 바꾸지 않았다는 뜻이다. '갱립(更立)'은 제사를 지내는 대상을 다시 세웠다는 뜻이다. 명칭은 본질에 해당하기 때문에 변화되는 점이 없지만, 사람은 세대에 따라 달라지기 때문에 반드시 고쳐서 세우게 된다. 명칭이 바뀌지 않은 것은 단지 요임금으로부터 그 이하의 세대에 해당하는데, 그 법도가 요임금 때 완성되었기 때문이며, 요임금 이전에는 그 법도가 아직 완성되지 못하여, 명칭에 있어서 바뀌거나 고치는 점이 있었다. 고쳐서 다시 세우는 것은 황제까지 미치지 않는데, 칠대(七代)는 모두 황제로부터 비롯되었을 따름이며, 황제는 위로 그 계통을 드리우고, 칠대는 그 밑으로 고쳐서 다시 세웠기 때문이다. "나머지는 바뀌지 않았다."는 말은 체(禘) · 교(郊)

· 조(祖) · 종(宗) 이외에는 바뀌지 않았다는 뜻이니, 천 · 지 · 일 · 월 등의 부류에 있어서 변화가 있을 수 있겠는가?

大全 長樂陳氏曰: 五代所不變者, 命與折鬼之名也. 七代所更立者, 郊禘祖宗之祭也. 名生於事之實, 祭出於人之情. 黃帝而上, 事有其實而未必有其名, 故黃帝正名百物, 以至堯也舜也夏也殷也周也, 於其三者之名當同之而不變, 此所謂五代所不變也. 伏羲而上, 有其情而未備其祭, 故伏羲佃漁以備其祭, 至於黃帝也神農也堯也舜也夏也殷也周也, 於其所祭之人有所更立, 此謂七代更立者也. 然名則起於黃帝而近, 祭則起於伏羲而遠者, 何也? 蓋事之實, 漸文於後世, 而人之情, 固隆於上世, 此名與祭所以遠近之不同耳.

번역 장락진씨[2]가 말하길, 오대(五代)에서 바꾸지 않았던 것은 명(命) · 절(折) · 귀(鬼)라는 명칭이다. 칠대(七代)에서 고쳐서 다시 세웠던 것은 교(郊) · 체(禘) · 조(祖) · 종(宗)의 제사 대상이다. 명칭은 사안의 실질에서 파생되고 제사는 사람의 정감에서 도출된다. 황제(黃帝)로부터 그 이상의 경우 그 사안에는 실질이 있었지만, 아직까지 해당하는 명칭들이 있었던 것은 아니다. 그렇기 때문에 황제는 모든 사물에 대해 명칭을 올바르게 정하여, 요임금 · 순임금 · 하나라 · 은나라 · 주나라에 이르기까지 이 세 가지 명칭에 대해서는 마땅히 동일하게 사용하며 바꾸지 않아야 했으니, 이것이 바로 오대에서 바꾸지 않았던 점이다. 복희(伏羲)로부터 그 이상의 경우 정감은 갖춰져 있었지만 제사의 제도는 완전히 갖춰지지 않았기 때문에, 복희는 수렵이나 고기잡이를 통해 제사의 제도를 갖췄으며,[3] 황제 · 신농

---

2) 진상도(陳祥道, A.D.1159～A.D.1223) : =장락진씨(長樂陳氏) · 진씨(陳氏) · 진용지(陳用之). 북송대(北宋代)의 유학자이다. 자(字)는 용지(用之)이다. 장락(長樂) 지역 출신으로, 1067년에 과거에 급제하여 태상박사(太常博士) 등을 지냈다. 왕안석(王安石)의 제자로, 그의 학문을 전파하는데 공헌하였다. 저서에는 『예서(禮書)』, 『논어전해(論語全解)』 등이 있다.

3) 『역』「계사하(繫辭下)」 : 古者包犧氏之王天下也, 仰則觀象於天, 俯則觀法於地, 觀鳥獸之文與地之宜, 近取諸身, 遠取諸物, 於是始作八卦, 以通神明之德, 以類萬物之情. 作結繩而爲罔罟, 以佃以漁, 蓋取諸離.

· 요임금 · 순임금 · 하나라 · 은나라 · 주나라에 이르기까지 제사를 지내는 대상에 대해서는 고쳐서 다시 세우는 점이 있었으니, 이것이 "칠대가 다시 세운 것이다."는 뜻이다. 그런데 명칭에 있어서는 황제에게서 비롯되어 상대적으로 세대가 가깝고, 제사의 제도는 복희에게서 비롯되어 상대적으로 세대가 먼 것은 어째서인가? 무릇 사안의 실질은 후대로 내려갈수록 점차 격식을 갖추게 되었지만, 사람의 정감은 진실로 이전 세대에 융성하였으니, 이것이 바로 명칭과 제사에 있어서 원근의 차이가 생기는 이유이다.

鄭注 生時形體異, 可同名. 至死, 腐爲野土, 異其名, 嫌同也. 折, 棄敗之言也. 鬼之言歸也. 五代, 謂黃帝 · 堯 · 舜 · 禹 · 湯, 周之禮樂所存法也. 七代通數顓頊及嚳也. 所不變者, 則數其所法而已. 變之則通數所不法, 爲記者之微意也. 少昊氏修黃帝之法, 後王無所取焉.

번역 생전에는 형체가 다르더라도 동일한 명칭으로 부를 수 있다. 죽게 되면 부패되어 땅으로 돌아가서 명칭을 다르게 사용하니, 동일하게 여긴다는 혐의를 받기 때문이다. '절(折)'자는 버려지고 무너졌다는 뜻이다. '귀(鬼)'자는 회귀한다는 뜻이다. '오대(五代)'는 황제 · 요임금 · 순임금 · 우임금 · 탕임금 때를 뜻하니, 주나라의 예악에서 법도로 삼아 보존하고 있었던 대상이다. '칠대(七代)'는 전욱과 제곡까지를 합한 것이다. 변하지 않는 것은 법도로 삼은 것을 셈한 것일 뿐이다. 변한 것은 법도로 삼지 않은 것을 통괄하여 셈한 것이니, 『예기』를 기록한 자의 은미한 뜻이 드러난다. 소호씨는 황제의 법도를 다듬기만 했으니, 후세의 제왕들은 소호씨의 것을 취하지 않았다.

釋文 大如字, 徐音泰. 腐音輔. 更, 古行反. 數, 色主反, 下同.

번역 '大'자는 글자대로 읽고, 서음(徐音)은 '泰(태)'이다. '腐'자의 음은 '輔(보)'이다. '更'자는 '古(고)'자와 '行(행)'자의 반절음이다. '數'자는 '色(색)'자와 '主(주)'자의 반절음이며, 아래문장에 나오는 글자도 그 음이 이와 같다.

孔疏 ●"大凡"至"變也". ○正義曰: 此一節論人死與萬物不同, 及五代七代變與不變之義, 各依文解之.

번역 ●經文: "大凡"~"變也". ○이곳 문단은 사람이 죽었을 때의 명칭과 만물이 죽었을 때의 명칭이 다르다는 사실을 논의하고, 또 오대(五代)·칠대(七代)에서 바꾸거나 바꾸지 않았던 뜻을 논의하였으니, 각각의 문장에 따라서 풀이하겠다.

孔疏 ●"大凡生於天地之間者皆曰命"者, 總包萬物, 故曰"大凡". 皆受天之賦命而生, 故云"皆曰命"也.

번역 ●經文: "大凡生於天地之間者皆曰命". ○만물까지도 총괄한다. 그렇기 때문에 '대범(大凡)'이라고 말했다. 이들 모두는 하늘이 부여한 명(命)을 받아서 태어난다. 그렇기 때문에 "모두 명(命)이라고 부른다."라고 했다.

孔疏 ●"其萬物死皆曰折, 人死曰鬼"者, 萬物無知, 死者皆曰折. 人爲有識, 故死曰鬼.

번역 ●經文: "其萬物死皆曰折, 人死曰鬼". ○만물은 지혜가 없으니, 그것들이 죽게 되면 모두 '절(折)'이라고 부른다. 그러나 사람은 인식능력을 갖추고 있기 때문에 죽게 되면 '귀(鬼)'라고 부른다.

孔疏 ●"此五代之所不變也"者, 言此之名號從黃帝正名百物以來, 至堯舜禹湯及周所不變更也.

번역 ●經文: "此五代之所不變也". ○이곳에서 말한 명칭은 황제(黃帝)가 만물의 명칭을 바로잡은 이래로 요임금·순임금·우임금·탕임금 및 주나라에 이르기까지 바꾸지 않았다는 뜻이다.

孔疏 ●"七代之所更立者, 禘·郊·宗·祖"者, 前論五代不變, 此論七代更變者, 故曰黃帝以下七代之所變易而立者, 是禘之與郊及宗·祖也.

번역 ●經文: "七代之所更立者, 禘·郊·宗·祖". ○이전에는 오대(五代)에서 바꾸지 않았던 것을 논의했는데, 이곳에서는 칠대(七代)에서 바꾼 것들을 논의하였다. 그렇기 때문에 황제(黃帝)로부터 그 이하로 일곱 왕조에서 바꿔서 세운 것을 말한 것이니, 체(禘)·교(郊)·종(宗)·조(祖)에 해당한다.

孔疏 ●"其餘不變也"者, 除此禘·郊·宗·祖之外, 其餘社稷·山川·五祀之等不改變也. 上先祖後宗, 此先宗後祖, 故鄭上注云"祖·宗通言爾", 又引此以證之.

번역 ●經文: "其餘不變也". ○체(禘)·교(郊)·종(宗)·조(祖)를 제외하고, 그 나머지 사직(社稷)[4]·산천(山川)[5]·오사(五祀)[6] 등에 대해서는

---

4) 사직(社稷)은 토지신과 곡식신을 뜻한다. 천자와 제후가 지냈던 제사이다. '사직'에서의 '사(社)'자는 토지신을 가리키고, '곡(稷)'자는 곡식신을 뜻한다.

5) 산천(山川)은 오악(五嶽)과 사독(四瀆)의 신들을 가리키기도 하며, 산과 하천의 신들을 두루 지칭하기도 한다. 오악은 대표적인 다섯 가지 산으로, 중앙의 숭산(嵩山), 동쪽의 태산(泰山), 남쪽의 형산(衡山), 서쪽의 화산(華山), 북쪽의 항산(恒山)을 가리킨다. 사독은 장강(長江), 황하(黃河), 회하(淮河), 제수(濟水)를 가리킨다.

6) 오사(五祀)는 본래 주택 내외에 있는 대문[門], 방문[戶], 방 가운데[中霤], 부뚜막[竈], 도로[行]를 주관하는 다섯 신(神)들을 가리키기도 하며, 이들에게 지내는 제사를 지칭하기도 한다. 한편 계층별로 봤을 때, 통치자 계급은 통치 범위를 자신의 집으로 생각하여, 각각 다섯 대상에 대해서 대표적인 장소에서 제사를 지내기도 한다. 『예기』「월령(月令)」편에는 "天子乃祈來年于天宗, 大割祠于公社及門閭, 臘先祖五祀. 勞農以休息之."라는 기록이 있고, 이에 대한 정현의 주에서는 "五祀, 門, 戶, 中霤, 竈, 行也."라고 풀이했다. 한편 '오사' 중 행(行) 대신 우물[井]를 포함시키기도 한다. 『회남자(淮南子)』「시칙훈(時則訓)」편에는 "其位北方, 其日壬癸, 盛德在水, 其蟲介, 其音羽, 律中應鐘, 其數六, 其味鹹, 其臭腐. 其祀井, 祭先腎."이라는 기록이 있다. 그리고 이들에 대해 제사를 지내는 이유에 대해서, 『논형(論衡)』「제의(祭意)」편에서는 "五祀報門·戶·井·竈·室中霤之功. 門·戶, 人所出入, 井·竈, 人所欲食, 中霤,

바꾸지 않았다는 뜻이다. 이전에는 조(祖)자를 먼저 기록하고 종(宗)자를 뒤에 기록했는데, 이곳에서는 먼저 종(宗)자를 기록하고 뒤에 조(祖)자를 기록했다. 그렇기 때문에 정현은 앞의 주석에서 "조(祖)와 종(宗)은 통괄적으로 말한 것일 뿐이다."라고 했고, 또 이곳의 내용을 인용하여 증명한 것이다.

孔疏 ◎注"生時"至"法也". ○正義曰: 云"生時形體異, 可同名"者, 以生時形體旣異, 不嫌是同, 故可名爲命. 云"至死腐爲野土, 異其名, 嫌同也"者, 人與萬物死, 至同爲野土, 嫌恐人與萬物是同, 故殊異其名, 謂"萬物死者曰折, 人死曰鬼", 嫌其同故也. 云"五代謂黃帝·堯·舜·禹·湯, 周之禮樂所存法也"者, 周有六樂, 去周言之, 唯五代. 周備其樂, 是周之禮樂所存法也.

번역 ◎鄭注: "生時"~"法也". ○정현이 "생전에는 형체가 다르더라도 동일한 명칭으로 부를 수 있다."라고 했는데, 살아있을 때에는 형체가 이미 다르기 때문에 동일하게 여긴다는 혐의를 받지 않는다. 그러므로 명(命)이라는 명칭으로 동일하게 쓸 수 있다. 정현이 "죽게 되면 부패되어 땅으로 돌아가서 명칭을 다르게 사용하니, 동일하게 여긴다는 혐의를 받기 때문이다."라고 했는데, 사람이나 만물이 죽게 되면 동일하게 땅으로 돌아가지만, 아마도 사람과 만물을 동일하게 여긴다는 혐의를 받기 때문에 그 명칭을 다르게 부르니, "만물이 죽게 되면 절(折)이라고 부르고 사람이 죽게 되면 귀(鬼)라고 부른다."라고 한 것은 동일하게 여긴다는 혐의 때문이다. 정현이 "'오대(五代)'는 황제·요임금·순임금·우임금·탕임금 때를 뜻하니, 주나라의 예악에서 법도로 삼아 보존하고 있는 대상이다."라고 했는데, 주나라에는 육악(六樂)[7]이 있었는데, 주나라 때의 악무를 제외하고 말하면

人所託處, 五者功鈞, 故俱祀之."라고 설명한다. 즉 '오사'에 대한 제사는 그들에 대한 공덕에 보답을 하는 것으로, 문(門)과 호(戶)는 사람들이 출입을 하는데 편리함을 제공해주었고, 정(井)과 조(竈)는 사람들이 음식을 먹을 수 있도록 해주었으며, 중류(中霤)는 사람이 거처할 수 있도록 해주었기 때문에, 이들에 대해서 제사를 지내는 것이다.

7) 육악(六樂)은 육무(六舞)와 같은 말이다. 고대 황제(黃帝), 요(堯), 순(舜), 우(禹), 탕(湯), 무왕(武王) 때의 악무(樂舞)인 운문(雲門), 대권(大卷), 대함(大

오대(五代)가 된다. 주나라 때에는 악무를 온전히 갖췄으니, 이것은 주나라의 예악에서 법도로 삼아 보존했던 것이다.

孔疏 ◎注"七代"至"取焉". ○正義曰: 知"通數顓頊及嚳"者, 以上云禘·郊·祖·宗有顓頊及嚳, 又易緯及樂緯有五莖六英, 是顓頊及嚳之樂, 故數顓頊及嚳也. 云"所不變者, 則數其所法而已"者, 所不變則上經是也. 數所法則上經五代是也. 論不變者, 必數所法者, 以五代以來不變, 至周亦不變法而象之, 故不變者, 數所法五代而已. 云"變之則通數所不法"者, 以前七代變易更立, 至周亦變易法象, 故數變者通數顓頊·帝嚳所不法象者, 謂之爲"七代"也. 云"爲記者之微意也"者, 爲, 作也. 作記者之有此微意也, 所以微意者, 謂作記之人, 周法所不變, 故數前代不變; 周所變, 亦數前代變, 不指斥而言, 故云微意. 云"少昊氏脩黃帝之法, 後王無所取焉"者, 以易緯有黃帝及顓頊以下之樂, 無少昊之樂. 又易·繫辭云: "神農氏沒, 黃帝·堯·舜氏作." 皆不云少昊, 故知無取焉. 月令"秋其帝少昊"者, 直以五行在金, 唯託記之耳. 皇氏云: "其餘不變者, 唯謂生曰命, 萬物死曰折, 人死曰鬼." 若如皇說, 前經旣云"不變", 後經何須重云"不變"? 後經旣云"更立者, 禘·郊·宗·祖", 卽云"其餘", 明此禘·郊·宗·祖[8]外, 其餘諸事不更立者, 皆不變也. 不可獨據前三事以外總包之. 其社稷神配祭, 雖是更立, 非當代之親, 而禘·郊改易也.

번역 ◎鄭注: "七代"~"取焉". ○정현이 "전욱과 제곡까지를 합한 것이다."라고 했는데, 이 말이 사실임을 알 수 있는 이유는 앞에서 체(禘)·교(郊)·조(祖)·종(宗)으로 섬기는 대상 중에는 전욱과 제곡이 포함되었다고

咸), 대소(大磬: =大韶), 대하(大夏), 대호(大濩), 대무(大武)를 뜻한다. 『주례』「지관(地官)·대사도(大司徒)」편에는 "以六樂防萬民之情, 而教之和."라는 기록이 있고, 이에 대한 정현의 주에서는 정사농(鄭司農)의 주장을 인용하여, "六樂, 謂雲門·咸池·大韶·大夏·大濩·大武."라고 풀이했다.

8) '조(祖)'자에 대하여. '조'자는 본래 '묘(廟)'자로 기록되어 있었는데, 완원(阮元)의 『교감기(校勘記)』에서는 "혜동(惠棟)의 『교송본(校宋本)』에는 '조'자로 기록되어 있으니, 이곳 판본은 '조'자를 '묘'자로 잘못 기록한 것이다."라고 했다.

했고, 또 『역』의 위서(緯書)와 『악』의 위서에는 오경(五莖)과 육영(六英)의 악무가 포함되어 있는데, 이것은 전욱과 제곡 때의 악무이다. 그렇기 때문에 전욱과 제곡까지를 합하여 칠대(七代)로 삼은 것임을 알 수 있다. 정현이 "변하지 않는 것은 법도로 삼은 것을 셈한 것일 뿐이다."라고 했는데, 변하지 않는 것은 앞의 경문에서 언급한 것들이다. 즉 법도로 삼은 것을 셈한 것이니 앞의 경문에서 오대(五代)의 경우를 언급한 것이 여기에 해당한다. 변하지 않는 것을 논의할 때 반드시 법도로 삼는 것을 셈하는 이유는 오대로부터 그 이래로 바뀌지 않았고, 주나라에 이르러서도 이러한 법도를 바꾸지 않고 본받았기 때문에, 변하지 않는 것은 오대에 대해서 법도로 삼은 것을 셈한 것일 뿐이다. 정현이 "변한 것은 법도로 삼지 않은 것을 통괄하여 셈한 것이다."라고 했는데, 앞에서 칠대(七代)가 바꾸고 고쳐서 세운 것은 주나라에 이르러서도 법도로 삼고 본받는 것을 바꾼 것이다. 그렇기 때문에 변한 것을 셈하며 전욱과 제곡 때에 법도로 삼아 본받지 않았던 것까지도 합한 것이니, 이것을 '칠대(七代)'라고 부른 것이다. 정현이 "『예기』를 기록한 자의 은미한 뜻이 드러난다."라고 했는데, '위(爲)'자는 "기록하다[作]."는 뜻이다. 즉 『예기』를 기록한 자는 여기에 은미한 뜻을 드러냈다는 의미로, 은미한 뜻이라는 것은 『예기』를 기록한 자는 주나라의 법도에서 바꾸지 않은 것은 이전 왕조에서 바꾸지 않았던 것을 셈한 것이고, 주나라에서 바꾼 것은 또한 이전 왕조에서 바꾼 것을 셈한 것이라고 하여, 직접적으로 지적해서 말하지 않았다. 그렇기 때문에 은미한 뜻이라고 했다. 정현이 "소호씨는 황제의 법도를 다듬기만 했으니, 후세의 제왕들은 소호씨의 것을 취하지 않았다."라고 했는데, 『역』의 위서에는 황제와 전욱으로부터 그 이하의 악무가 기록되어 있는데, 소호씨의 악무는 기록되어 있지 않다. 또 『역』「계사전(繫辭傳)」에서는 "신농씨가 죽은 후 황제 · 요 · 순이 일어났다."[9]라고 하여, 모두 소호씨에 대해서는 언급하지 않았다. 그렇기 때문에 취한 자가 없었음을 알 수 있다. 『예기』「월령(月令)」편에서는 "가을

9) 『역』「계사하(繫辭下)」: 神農氏沒, 黃帝堯舜氏作, 通其變, 使民不倦, 神而化之, 使民宜之.

에 해당하는 제(帝)는 소호(少昊)이다."[10]라고 했는데, 단지 오행(五行) 중 가을인 금(金)에 해당하므로, 단지 의탁해서 기록한 것일 뿐이다. 황간[11]은 "그 나머지는 바뀌지 않는다고 했는데, 단지 태어난 것을 '명(命)'이라고 부르고 만물이 죽게 되면 '절(折)'이라고 부르며 사람이 죽게 되면 '귀(鬼)'라고 부르는 것을 뜻할 따름이다."라고 했다. 황간의 주장대로라면, 앞의 경문에서 이미 '불변(不變)'이라고 했는데, 뒤의 경문에서 재차 '불변(不變)'이라고 말할 필요가 있었겠는가? 뒤의 경문에서 이미 "고쳐서 세운 것은 체(禘)·교(郊)·종(宗)·조(祖)이다."라고 했고, 이미 '기여(其餘)'라고 했으니, 이러한 체(禘)·교(郊)·종(宗)·조(祖) 이외의 나머지 사안들에 대해서 고쳐서 세우지 않는 것은 모두 바꾸지 않은 것에 해당한다는 뜻이다. 따라서 앞서 말한 세 가지 사안에만 근거해서는 안 되며 그 이외의 것을 총괄적으로 포괄해야 한다. 사직의 신에 대해서는 배향하여 제사를 지내는데, 비록 고쳐서 다시 세운 것에 해당하지만, 당시의 친족이 아니고, 체(禘)와 교(郊)에서는 고치고 바꾸게 된다.

集解 宗·祖, 今本並作祖·宗. 據孔疏, 作"禘·郊·宗·祖". 疏又云, "上先祖後宗, 此先宗後祖, 故鄭上注云'祖·宗通言爾.'" 是當作宗·祖無疑. 今正之.

번역 '종조(宗祖)'라는 기록에 대해 현재의 판본에서는 모두 '조종(祖宗)'이라고 기록했다. 공영달의 소에 근거해보면, '체(禘)·교(郊)·종(宗)·조(祖)'라고 기록한다. 또 공영달의 소에서는 "이전에는 조(祖)자를 먼저

---

10) 『예기』「월령(月令)」【208c~d】: 其日庚辛, 其帝少皞, 其神蓐收, 其蟲毛, 其音商, 律中夷則, 其數九, 其味辛, 其臭腥, 其祀門, 祭先肝. / 『예기』「월령」【211a】: 其日庚辛, 其帝少皞, 其神蓐收, 其蟲毛, 其音商, 律中南呂, 其數九, 其味辛, 其臭腥, 其祀門, 祭先肝. / 『예기』「월령」【213d】: 其日庚辛, 其帝少皞, 其神蓐收, 其蟲毛, 其音商, 律中無射, 其數九, 其味辛, 其臭腥, 其祀門, 祭先肝.

11) 황간(皇侃, A.D.488~A.D.545): =황씨(皇氏). 남조(南朝) 때 양(梁)나라의 경학자이다. 『주례(周禮)』, 『의례(儀禮)』, 『예기(禮記)』 등에 해박하여, 『상복문구의소(喪服文句義疏)』, 『예기의소(禮記義疏)』, 『예기강소(禮記講疏)』 등을 지었지만, 현재는 전해지지 않는다. 그 일부가 마국한(馬國翰)의 『옥함산방집일서(玉函山房輯佚書)』에 수록되어 있다.

기록하고 종(宗)자를 뒤에 기록했는데, 이곳에서는 먼저 종(宗)자를 기록하고 뒤에 조(祖)자를 기록했다. 그렇기 때문에 정현은 앞의 주석에서 '조(祖)와 종(宗)은 통괄적으로 말한 것일 뿐이다.'"라고 했으니, 마땅히 '종조(宗祖)'로 기록해야 함을 의심할 수 없다. 그러므로 이곳에서는 그에 따라 기록을 바로잡는다.

集解 命, 猶"天命之謂性"之命. 人物之生, 其形氣皆禀之於天, 故生於天地之間者皆曰命. 折者, 斷絶也. 斷則不復續矣. 鬼者, 氣之屈也. 有屈則有伸矣. 蓋人物之受命於天地雖同, 然物則氣質昏濁, 故其死也謂之折, 言其斷絶而不復續也. 人爲萬物之靈, 故其死也, 屈而能伸, 是以有昭明·焄蒿·悽愴之感, 此立廟祭祀之法所由起也. 上文言禘·郊·宗·祖之所及, 自黃帝以至於周, 黃帝爲立法之祖, 歷顓頊·帝嚳·唐·虞·三代爲七代, 專數唐·虞·三代則爲五代. 於所不變言"五代", 於所變特言"七代"者, 以明禘·郊·宗·祖之法起於黃帝以來, 而不始於虞也. 其餘不變者, 謂自天子以下立廟多寡之法也.

번역 '명(命)'은 "하늘이 명한 것을 성(性)이라 부른다."[12]고 할 때의 '명(命)'자 뜻이다. 사람과 만물이 태어날 때 형체와 기운은 모두 하늘로부터 품수받는다. 그렇기 때문에 천지 사이에 태어난 것들은 모두 '명(命)'이라고 부른다. '절(折)'은 단절된다는 뜻이다. 단절되면 재차 연속될 수 없다. '귀(鬼)'는 기운이 굽혀진 것이다. 굽혀짐이 있으면 펴짐도 있게 된다. 대체로 사람과 만물은 천지로부터 명(命)을 받는 것이 비록 동일하더라도, 만물의 경우에는 기질이 혼매하고 탁하기 때문에 죽음에 대해서는 '절(折)'이라고 부르니, 단절되어 재차 연속될 수 없다는 뜻이다. 사람은 만물 중에서도 영매한 것이다. 그렇기 때문에 사람이 죽게 되면 기운이 굽혀졌지만 펼 수 있으니, 이러한 까닭으로 신령의 무리에 포함되고, 기운과 냄새를 뿜어내며, 그것을 느끼고서 오싹한 느낌을 받게 되니,[13] 이것이 묘(廟)를 세우고

12) 『중용』「1장」: 天命之謂性, 率性之謂道, 修道之謂教.
13) 『예기』「제의(祭義)」【561c】: 衆生必死, 死必歸土, 此之謂鬼. 骨肉斃于下, 陰爲野土. 其氣發揚于上, 爲昭明, 焄蒿悽愴, 此百物之精也, 神之著也.

제사를 지내는 법도가 유래된 이유이다. 앞의 문장에서는 체(禘) · 교(郊) · 종(宗) · 조(祖)에서 대상으로 삼는 자를 언급하며 황제로부터 주나라까지 기록하였는데, 황제는 법도를 세운 시조가 되고, 전욱 · 제곡 · 당 · 우 · 삼대를 거쳐 칠대(七代)가 되는데, 당 · 우 · 삼대만을 셈하게 되면 오대(五代)가 된다. 불변하는 것에 대해서는 '오대(五代)'라고 했고, 변하는 것에 대해서는 특별히 '칠대(七代)'라고 한 것은 체(禘) · 교(郊) · 종(宗) · 조(祖)의 법도가 황제로부터 비롯되어 그 이후로 전해진 것이고, 우(虞) 때 시작된 것이 아님을 밝힌 것이다. '기여불변(其餘不變)'이라는 말은 천자로부터 그 이하의 계층에서 묘(廟)를 세우는 수치의 법도를 뜻한다.

그림 4-1 ▣ 태호(太昊) 복희씨(伏羲氏)

太昊伏羲氏

※ 출처: 『삼재도회(三才圖會)』「인물(人物)」 1권

그림 4-2 ▣ 염제(炎帝) 신농씨(神農氏)

炎帝神農氏

※ 출처: 『삼재도회(三才圖會)』「인물(人物)」 1권

그림 4-3 ▣ 소호(少昊) 금천씨(金天氏)

※ **출처**: 『삼재도회(三才圖會)』「인물(人物)」 1권

그림 4-4 ▣ 복희(伏義)의 세계도(世系圖)

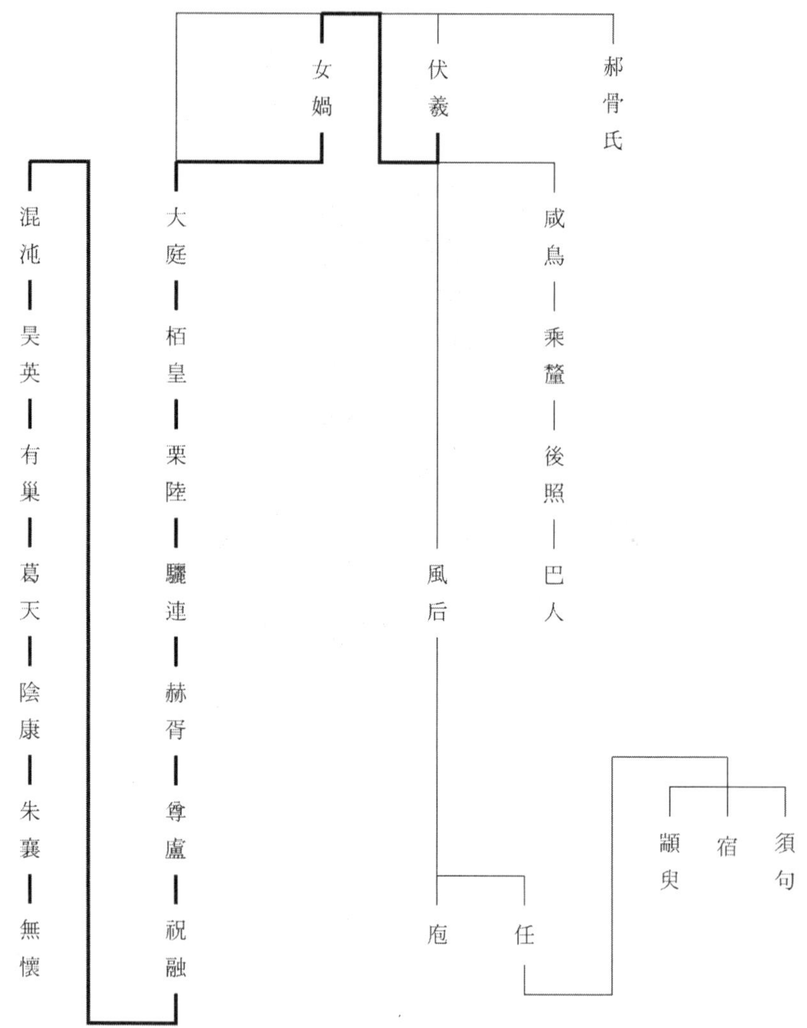

※ **출처**: 『역사(繹史)』 1권 「역사세계도(繹史世系圖)」

그림 4-5 ▣ 신농(神農)의 세계도(世系圖)

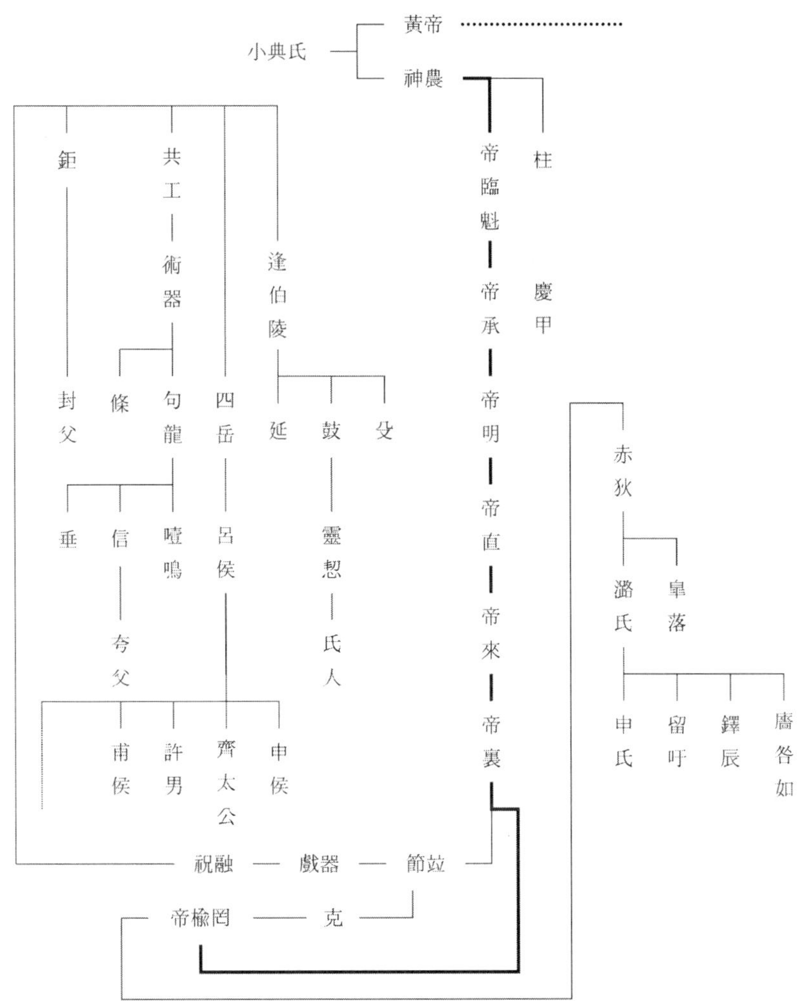

※ 출처: 『역사(繹史)』 1권 「역사세계도(繹史世系圖)」

그림 4-6 ▣ 소호(少皞)의 세계도(世系圖)

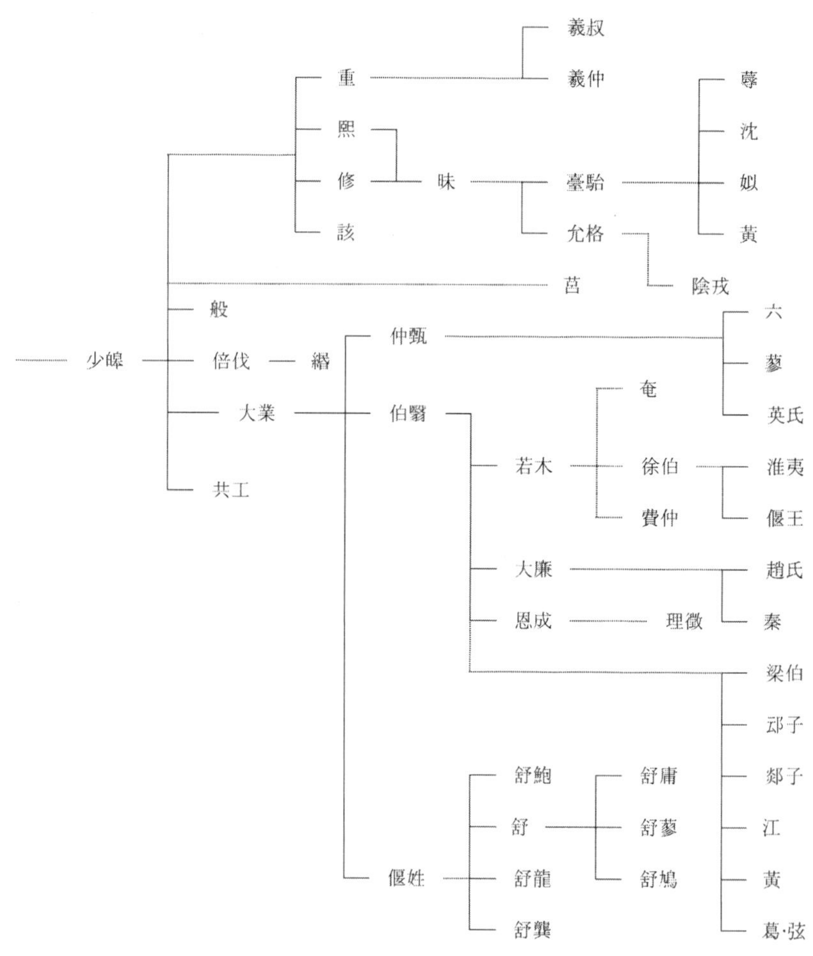

※ 출처: 『역사(繹史)』 1권 「역사세계도(繹史世系圖)」

• 제 5 절 •

묘(廟) · 조(祧) · 단(壇) · 선(墠) · 귀(鬼)

【548d】

天下有王，分地建國，置都立邑，設廟祧壇墠而祭之，乃爲親疏多少之數.

직역 天下에는 王이 有하니, 地를 分하고 國을 建하며, 都를 置하고 邑을 立하며, 廟 · **祧** · 壇 · **墠**을 設하고 祭하니, 親疏와 多少의 數를 爲한다.

의역 천하에는 천자가 있으니, 천자는 땅을 나눠주고 제후국을 세워주며, 도읍을 세우게 하고 읍을 건립하게 하며, 그런 뒤에는 묘(廟) · 조(**祧**) · 단(壇) · 선(**墠**)을 설치하여 제사를 지내게 하니, 친소관계에 따른 수치와 등급에 따른 많고 적은 수치를 정한다.

集說 方氏曰: 分地建國, 置都立邑, 所以尊賢也; 設廟祧壇墠而祭之, 所以親親也. 親親不可以無殺, 故爲親疏之數焉; 尊賢不可以無等, 故爲多少之數焉. 有昭有穆, 有祖有考, 親疏之數也; 以七以五, 以三以二, 多少之數也.

번역 방씨가 말하길, 땅을 나누어주고 나라를 세우며, 도읍을 세우고 읍을 건립하는 것은 현명한 자를 존귀하게 대하는 방법이다. 묘(廟) · 조(祧) · 단(壇) · 선(墠)을 설치하여 제사를 지내는 것은 친근한 자를 친근하게 대하는 방법이다. 친근한 자를 친근하게 대할 때에는 줄임이 없을 수 없다. 그렇기 때문에 친소 관계에 따른 수치를 정한다. 현명한 자를 존귀하게 대할 때에는 등급이 없을 수 없다. 그렇기 때문에 많고 적은 수치를 정한다. 소목(昭穆)의 차이가 있고 조고(祖考)의 차이가 있으니, 이것은 친소 관계에 따른 수치에 해당한다. 7개로 만들고 5개로 만들며 또 3개로 만들고 2개로 만드는 것은 많고 적은 수치에 해당한다.

鄭注 建國, 封諸侯也. 置都立邑, 爲卿大夫之采地及賜士有功者之地. 廟之言貌也, 宗廟者, 先祖之尊貌也. 祧之言超也, 超上去意也. 封土曰壇, 除地曰墠. 書曰: "三壇同墠."

번역 '건국(建國)'은 제후를 분봉한다는 뜻이다. "도읍을 세우고 읍을 건립한다."는 말은 경과 대부의 채지를 정해주고 공덕을 세운 사에게 땅을 하사한다는 뜻이다. '묘(廟)'자는 모습[貌]을 뜻하니, 종묘(宗廟)라는 것은 선조를 존숭하는 모습을 나타낸다. '조(祧)'자는 "뛰어넘다[超]."는 뜻이니, 뛰어넘어 벗어난다는 의미이다. 흙을 쌓은 곳을 '제단[壇]'이라고 부르며, 바닥을 청소한 곳을 '터[墠]'라고 부른다. 『서』에서는 "3개의 제단을 만드는데 터는 동일하게 했다."[1]라고 했다.

釋文 廟, 本亦作庿, 古字. 墠音善.

번역 '廟'자는 판본에 따라서 또한 '庿'자로도 기록하는데, 이것은 고자(古字)에 해당한다. '墠'자의 음은 '善(선)'이다.

孔疏 ●"天下"至"曰鬼". ○正義曰: 此一經明天子以下尊卑旣異, 上祭祖廟多少不同之事. "天下有王"者, 謂上天之下, 有天子之王.

번역 ●經文: "天下"~"曰鬼". ○이곳 경문은 천자로부터 그 이하의 계급에서 신분에 차등에 따라 차이가 나므로, 위로 제사를 지내는 조묘(祖廟)의 많고 적은 차이를 나타내고 있다. 경문의 "天下有王"에 대하여. 하늘 아래에는 하늘의 자식인 왕(王)이 있다는 뜻이다.

---

1) 『서』「주서(周書)·금등(金縢)」: 公乃自以爲功, 爲三壇同墠, 爲壇於南方, 北面, 周公立焉, 植璧秉珪, 乃告大王王季文王.

孔疏 ●"分地建國"者, 此旣王天下, 分九州之地, 建立諸侯之國.

번역 ●經文: "分地建國". ○이곳에서는 이미 천자가 천하를 다스린다고 했으니, 그는 구주(九州)[2]의 땅을 나누고서 제후국을 건립해주었다는 뜻이다.

孔疏 ●"置都立邑"者, 天子王畿之內及諸侯國中, 置此公卿之都, 立大夫·士之邑也.

번역 ●經文: "置都立邑". ○천자가 다스리는 수도와 제후국 안에는 공과 경이 다스리는 도(都)를 설치하고, 대부와 사가 다스리는 읍(邑)을 세운다는 뜻이다.

2) 구주(九州)는 9개의 주(州)를 뜻한다. 고대 중국에서는 중원 지역을 9개의 주로 구분하여, 다스렸다. 따라서 '구주'는 오랑캐 지역과 대비되는 중국 땅을 지칭하는 용어로 사용되었다. '구주'의 포함되는 '주'의 이름들은 각 기록마다 차이를 보인다. 『서』「우서(虞書)·우공(禹貢)」편에는 "禹敷土, 隨山刊木, 奠高山大川. 冀州旣載. …… 濟河惟兗州. 九河旣道. …… 海岱惟靑州. 嵎夷旣略, 濰淄其道. …… 海岱及淮惟徐州, 淮沂其乂, 蒙羽其藝. …… 淮海惟揚州, 彭蠡其豬, 陽鳥攸居. …… 荊及衡陽惟荊州. 江漢朝宗于海. …… 荊河惟豫州, 伊洛瀍澗, 旣入于河. …… 華陽黑水惟梁州. 岷嶓旣藝, 沱潛旣道. …… 黑水西河惟雍州. 弱水旣西."라는 기록이 있다. 즉 『서』에 기록된 '구주'는 기주(冀州)·연주(兗州)·청주(靑州)·서주(徐州)·양주(揚州)·형주(荊州)·예주(豫州)·양주(梁州)·옹주(雍州)이다. 한편 『이아』「석지(釋地)」편에는 "兩河間曰冀州. 河南曰豫州. 河西曰雝州. 漢南曰荊州. 江南曰楊州. 濟河間曰兗州. 濟東曰徐州. 燕曰幽州. 齊曰營州."라는 기록이 있다. 즉 『이아』에 기록된 '구주'는 『서』의 기록과 달리, '서주'와 '양'주에 대한 기록이 없고, 대신 유주(幽州)와 영주(營州)가 기록되어 있다. 또 『주례』「하관(夏官)·직방씨(職方氏)」편에는 "乃辨九州之國使同貫利. 東南曰揚州. …… 正南曰荊州. …… 河南曰豫州. …… 正東曰靑州. …… 河東曰兗州. …… 正西曰雍州. …… 東北曰幽州. …… 河內曰冀州. …… 正北曰幷州."라는 기록이 있다. 즉 『주례』에 기록된 '구주'는 『서』의 기록과 달리, '서주'와 '양주'에 대한 기록이 없고, 대신 '유주'와 병주(幷州)에 대한 기록이 있다. 이외에도 일부 차이를 보이는 기록들이 있다.

孔疏 ●"設廟·祧·壇·墠而祭之, 乃爲親疏多少之數"者, 則以下所云, 是也.

번역 ●經文: "設廟·祧·壇·墠而祭之, 乃爲親疏多少之數". ○아래 문장에서 말한 내용이 여기에 해당한다.

集解 愚謂: 大者謂之都, 小者謂之邑. 祖·禰爲親, 遠者爲疏. 廟少者止祭其親, 廟多者兼及其疏.

번역 내가 생각하기에, 땅의 크기가 큰 것을 '도(都)'라고 부르며, 작은 것을 '읍(邑)'이라고 부른다. 조부와 부친은 친근한 대상이고, 대수(代數)가 멀어지면 소원한 대상이 된다. 묘(廟)를 적게 세우는 자는 친근한 자에게만 제사를 지내고, 묘(廟)를 많이 세우는 자는 소원한 대상까지도 함께 제사를 지낸다.

그림 5-1 ▣ 구주(九州)-『서』「우공(禹貢)」

※ 출처: 『흠정사고전서(欽定四庫全書)』「도서편(圖書編)」 31권

그림 5-2 ▣ 구주(九州)-『주례』

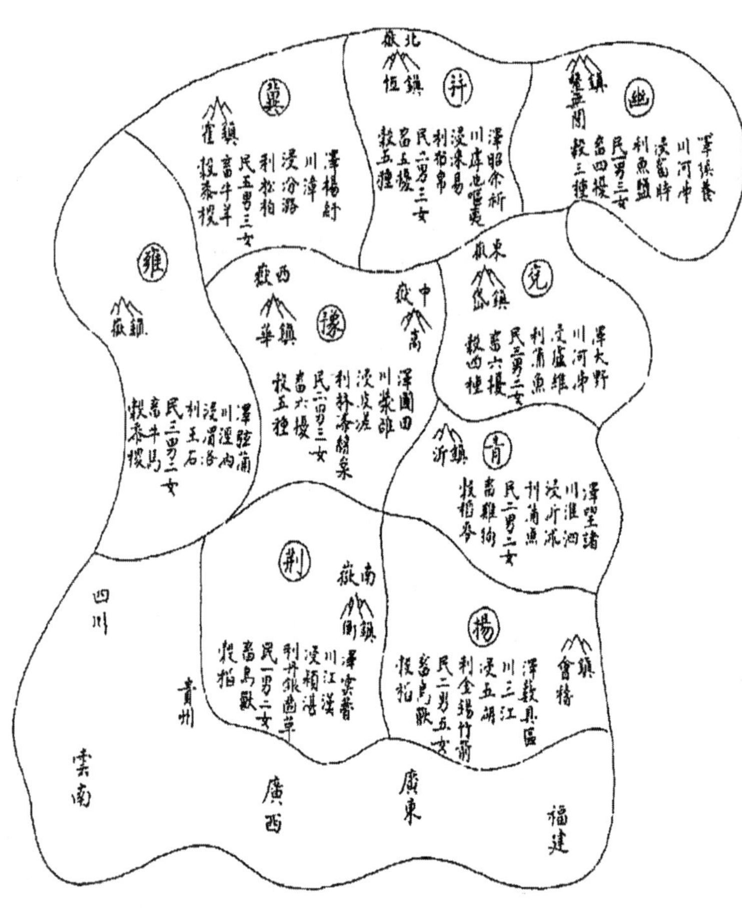

※ **출처:** 『주례도설(周禮圖說)』 상권

【549a】

是故王立七廟, 一壇一墠, 曰考廟, 曰王考廟, 曰皇考廟, 曰顯考廟, 曰祖考廟, 皆月祭之; 遠廟爲祧, 有二祧, 享嘗乃止; 去祧爲壇, 去壇爲墠, 壇墠有禱焉祭之, 無禱乃止; 去墠曰鬼.

직역 是故로 王은 七廟를 立하고, 一壇하고 一**墠**하니, 考廟라 曰하고, 王考廟라 曰하며, 皇考廟라 曰하고, 顯考廟라 曰하며, 祖考廟라 曰하니, 皆히 月마다 祭하고; 遠廟는 **祧**를 爲하니, 二**祧**가 有하며, 享嘗하고서 止하고; **祧**를 去하면 壇을 爲하고, 壇을 去하면 **墠**을 爲하며, 壇**墠**에서는 **禱**가 有하면 祭하고, **禱**가 無하면 止하며; **墠**을 去하면 鬼라 曰한다.

의역 이러한 까닭으로 천자는 7개의 묘(廟)를 세우고, 1개의 단(壇)과 1개의 선(**墠**)을 두니, 7개의 묘 중에서도 대수(代數)가 가까운 5개의 묘는 고묘(考廟), 왕고묘(王考廟), 황고묘(皇考廟), 현고묘(顯考廟), 조고묘(祖考廟)이며, 이들에 대해서는 모두 달마다 제사를 지낸다. 대수가 먼 나머지 2개의 묘는 조묘(**祧**廟)가 되니, 2개의 조묘가 있게 되며, 이들에 대해서는 사계절마다 제사를 지낼 뿐이다. 또 조묘의 대상보다도 대수가 더 멀어지게 되면 단(壇)에 모셔서 제사를 지내고, 단(壇)에 모시는 대상보다도 대수가 더 멀어지면 선(**墠**)에 모셔서 제사를 지내는데, 단(壇)과 선(**墠**)에 모시는 대상에 대해서는 기원을 해야 할 일이 있을 때에만 제사를 지내고, 기원할 일이 없다면 제사를 지내지 않는다. 또 선(**墠**)에 모시는 대상보다도 대수가 더 멀어지면 그러한 조상들은 '귀(鬼)'라고 부른다.

集說 七廟, 三昭三穆, 與太祖爲七也. 一壇一墠者, 七廟之外, 又立壇墠各一, 起土爲壇, 除地曰墠也. 考廟, 父廟也. 王考, 祖也. 皇考, 曾祖也. 顯考, 高祖也. 祖考, 始祖也. 始祖百世不遷, 而高曾祖禰以親, 故此五廟, 皆每月一祭也; 遠廟爲祧, 言三昭三穆之當遞遷者, 其主藏於二祧也, 古者祧主藏於太祖廟之東西夾室, 至周則昭之遷主皆藏文王之廟, 穆之遷主皆藏武王之廟也, 此不在月祭之例, 但得四時祭之耳, 故云享嘗乃止. 去祧爲壇者, 言世數遠, 不得於祧處受祭, 故云去祧也, 祭之則爲壇. 其又遠者, 亦不得於壇受祭, 故云去墠也, 祭之則爲墠. 然此壇墠者, 必須有祈禱之事則行此祭, 無祈禱則止, 終不祭之也. 去墠則又遠矣, 雖有祈禱, 亦不及之, 故泛然名之曰鬼而已.

번역 '칠묘(七廟)'는 3개의 소묘(昭廟)와 3개의 목묘(穆廟)에 태조의 묘(廟)를 합하면 7개가 된다. '일단일선(一壇一墠)'은 7개의 묘 외에 재차 제단[壇]과 터[墠]를 각각 1개씩 만드는데, 흙을 쌓아서 올리면 '단(壇)'이 되고, 땅바닥을 쓸어서 정돈하면 '선(墠)'이라고 부른다. '고묘(考廟)'는 부친의 묘(廟)이다. '왕고(王考)'는 조부를 뜻한다. '황고(皇考)'는 증조부를 뜻한다. '현고(顯考)'는 고조부를 뜻한다. '조고(祖考)'는 시조를 뜻한다. 시조의 묘(廟)는 100세대가 지나더라도 체천시키지 않고, 고조 · 증조 · 조부 · 부친은 친근한 관계에 있기 때문에 이러한 다섯 묘(廟)에 대해서는 모두 매월 한 차례 제사를 지낸다. '원묘위조(遠廟爲祧)'는 3개의 소묘와 3개의 목묘에서 체천을 시켜야 하는 자는 그의 신주를 2개의 조묘(祧廟)[3]에 보관한다. 그러나 고대에는 조묘의 신주를 태조의 묘(廟) 중 동서쪽에 있는 협실에 보관하였고, 주나라 때가 되어서야 소묘의 신주 중 체천된 것은 모두 문왕의 묘(廟)에 보관하였고, 목묘의 신주 중 체천된 것은 모두 무왕의 묘(廟)에 보관하였다. 이들은 달마다 지내는 제사 대상에는 포함되지 않고, 단지 사계절마다 제사지낼 수 있을 따름이다. 그렇기 때문에 향상(享嘗)[4]하고서

3) 조묘(祧廟)는 천묘(遷廟)와 같은 뜻이다. '천묘'는 대수(代數)가 다한 신주(神主)를 모시는 묘(廟)를 뜻한다. 예를 들어 天子의 경우, 7개의 묘(廟)를 설치하는데, 가운데의 묘에는 시조(始祖) 혹은 태조(太祖)의 신주(神主)를 모시며, 이곳의 신주는 다른 곳으로 옮기지 않는 불천위(不遷位)에 해당한다. 그리고 좌우에는 각각 3개의 묘(廟)를 설치하여, 소목(昭穆)의 순서에 따라 6대(代)의 신주를 모신다. 현재의 천자가 죽게 되어, 그의 신주를 묘에 모실 때에는 소목의 순서에 따라 가장 끝 부분에 있는 묘로 신주가 들어가게 된다. 만약 소(昭) 계열의 가장 끝 묘에 새로운 신주가 들어서게 되면, 밀려나게 된 신주는 바로 위의 소 계열 묘로 들어가게 되고, 최종적으로 밀려나서 더 이상 갈 곳이 없는 신주는 '천묘'로 들어가게 된다. 또한 '천묘'는 위에서 서술한 것처럼 신구(新舊)의 신주가 옮겨지게 되는 의식 자체를 지칭하기도 하며, '천묘'된 신주 자체를 가리키기도 한다. 주(周)나라 때에는 문왕(文王)과 무왕(武王)의 묘를 '천묘'로 사용하였다.

4) 향상(享嘗)은 계절마다 지내는 시제(時祭)를 뜻한다. 『예기』「제법(祭法)」편

그친다고 했다. '거조위단(去祧爲壇)'은 대수(代數)가 멀어져서 조묘(祧廟)에서 제사를 지낼 수 없기 때문에, "조묘에서 제거한다."라고 했다. 그에게 제사를 지내게 되면 제단에서 시행한다. 또 그 보다도 대수가 더욱 멀어진 대상에 대해서는 또한 제단에서도 제사를 지낼 수 없다. 그렇기 때문에 "제단에서 제거한다."라고 했다. 그에게 제사를 지내게 되면 터에서 시행한다. 그러나 제단과 터에서 지내는 제사는 반드시 기원해야 할 일이 있어야만 제사를 시행하고, 기원할 일이 없다면 그쳐서 결국 제사를 지내지 않는 것이다. 터에서도 제거된다면 대수가 더욱 멀어진 것이다. 따라서 비록 기원해야 할 일이 있더라도, 그에게까지 제사를 지내지 않는다. 그렇기 때문에 범범하게 '귀(鬼)'라고 부를 따름이다.

集說 今按: 此章曰王立七廟, 而以文武不遷之廟, 爲二祧以足其數, 則其實五廟而已. 若商有三宗, 則爲四廟乎. 壇墠之主, 藏於祧而祭於壇墠, 猶之可也, 直謂有禱則祭, 無禱則止, 則大祫升毁廟之文何用乎? 又宗廟之制, 先儒講之甚詳, 未有擧壇墠爲言者, 周公三壇同墠, 非此義也. 又諸儒以周之七廟, 始於共王之時, 夫以周公制作如此其盛, 而宗廟之制, 顧乃下同列國, 吾知其必不然矣. 然則朱子然劉歆之說, 豈無見乎? 鄭註此章, 謂祫乃祭之, 蓋亦覺記者之失矣.

번역 현재 살펴보니, 이곳에서는 "천자는 7개의 묘(廟)를 세운다."라고 했지만, 문왕과 무왕의 묘(廟)는 체천시키지 않는 묘(廟)에 해당하고, 2개의 조묘(祧廟)를 세워서 그 수치를 채우게 되니, 실제로는 5개의 묘(廟)만 있을 따름이다. 은나라처럼 삼종(三宗)이 있었던 경우라면, 아마도 4개의 묘(廟)를 세웠을 것이다. 제단과 터에 세우는 신주는 조묘에 보관하고, 제사를 지낼 때 그것을 꺼내서 제단과 터에 두고 제사를 지낸다면 가능한 일이지만, 단지 "기도를 드릴 때에만 제사를 지내고, 기도를 드릴 일이 없다면 그친다."고 한다면, 성대한 협(祫)제사[5]를 지낼 때 훼철된 묘(廟)의 신주

에는 "遠廟爲祧, 有二祧, 享嘗乃止."라는 기록이 있고, 이에 대한 정현의 주에서는 "享嘗, 謂四時之祭."라고 했다.

를 모신다고 한 제도를 어떻게 시행할 수 있겠는가? 또 종묘의 제도에 있어서 선대 학자들은 매우 자세히 강론을 했는데, 제단과 터를 말한 자는 없었으니, 주공이 3개의 제단을 만들며 터를 동일하게 했다는 말은 여기에서 말하는 뜻이 아닐 것이다. 또 여러 학자들은 주나라의 7개 묘(廟)는 공왕(共王) 때 시작되었는데, 주공이 이처럼 융성하게 제도를 만들었기 때문이라고 여겼지만, 종묘의 제도에 있어서 아래 문장에서 기술한 것처럼 제후국에 대해서도 동일하게 한 것을 살펴보면, 나는 반드시 그렇지만은 않을 것이라고 확신한다. 그러므로 주자도 유흠의 설이라고 여겼던 것인데, 어찌 살펴본 것이 없어서 이처럼 말했겠는가? 정현의 이곳 문장에 대한 주에서도 협(祫)제사를 지내게 되면 제사를 지낸다고 했으니, 이 또한 『예기』를 기록한 자의 실수를 깨달았기 때문일 것이다.

鄭注 王·皇, 皆君也. 顯, 明也. 祖, 始也. 名先人以君明始者, 所以尊本之意也. 天子遷廟之主, 以昭穆合藏於二祧之中. 諸侯無祧, 藏於祖考之廟中. 聘禮曰"不腆先君之祧", 是謂始祖廟也. 享嘗, 謂四[6]時之祭, 天子·諸侯爲壇·墠, 所禱謂後遷在祧者也. 旣事則反其主於祧, 鬼亦在祧, 顧遠之於無事, 祫乃祭之爾. 春秋文二年秋"大事於大廟", 傳曰"毁廟之主, 陳于大祖, 未毁廟之主, 皆升合食於大祖", 是也. 魯煬公者, 伯禽之子也, 至昭公·定公, 久已爲鬼, 而季氏禱之, 而立其宮, 則鬼之主在祧明矣. 唯天子·諸侯有主禘·祫, 大夫有祖考者, 亦鬼其百世, 不禘·祫無主爾. 其無祖考者, 庶士以下鬼其考·王考, 官師鬼其皇考, 大夫·適士鬼其顯考而已. 大夫祖考, 謂別子也. 凡鬼者, 薦而不祭.

---

5) 협제(祫祭)는 협(祫)이라고도 부른다. 신주(神主)들을 태조(太祖)의 묘(廟)에 모두 모셔놓고 지내는 제사이다. 『춘추공양전』「문공(文公) 2년」에 "八月, 丁卯, 大事于大廟, 躋僖公, 大事者何. 大祫也. 大祫者何. 合祭也, 其合祭奈何. 毁廟之主, 陳于大祖."라는 기록이 있다.

6) '사(四)'자에 대하여. '사'자는 본래 없던 글자인데, 완원(阮元)의 『교감기(校勘記)』에서는 "'시(時)'자 앞에는 마땅히 '사'자가 있어야 하니, 이곳 판본에는 잘못하여 글자가 누락된 것이다."라고 했다.

번역 '왕(王)'자와 '황(皇)'자는 모두 군주[君]라는 뜻이다. '현(顯)'자는 "밝다[明]."는 뜻이다. '조(祖)'자는 시조[始]를 뜻한다. 선조에 대해 명칭을 정하며 군주·밝음·시조 등의 뜻으로 한 것은 근본을 존숭하는 의미에 해당한다. 천자는 천묘(遷廟)한 신주는 소목(昭穆)의 질서에 따라 2개의 조묘(祧廟)에 보관한다. 제후에게는 조묘가 없어서, 조고(祖考)의 묘에 보관한다. 『의례』「빙례(聘禮)」편에서는 "변변치 못한 선군의 조묘입니다."[7]라고 했는데, 이것은 시조의 묘(廟)를 뜻한다. '향상(享嘗)'은 사계절마다 지내는 제사를 뜻하니, 천자와 제후는 제단과 터에서 시행하며, 기원해야 할 대상은 이후 체천되어 조묘에 합사된 자들이다. 제사를 지내고 나면 신주는 다시 조묘에 돌려놓고, '귀(鬼)' 또한 조묘에 있게 되는데, 대수가 더욱 멀어서 제사를 지내지 않지만, 협(祫)제사를 지내게 되면 그들에게도 제사를 지낼 따름이다. 『춘추』 문공(文公) 2년 가을 기록에서는 "태묘에서 큰 제사를 지냈다."[8]라고 했고, 전문에서는 "훼철된 묘(廟)의 신주는 태조의 묘에 진열하고, 아직 훼철되지 않은 묘의 신주는 모두 태조의 묘로 올려서 함께 흠향을 시킨다."[9]라고 했다. 노(魯)나라 양공(煬公)은 백금의 자식인데, 소공(昭公)과 정공(定公) 때가 되면 이미 대수가 오래되어 귀(鬼)가 되는데도, 계씨는 기도를 하며 그의 궁(宮)을 세웠으니, 귀(鬼)의 신주는 조묘(祧廟)에 있었던 것이 분명하다. 다만 천자와 제후의 경우 신주를 세워두고 체(禘)제사와 협(祫)제사를 지내게 되며, 대부 중 조고(祖考)가 있는 경우에는 또한 그 귀(鬼)는 100세대가 지나더라도 없어지지 않지만, 체제사나 협제사를 지내지 않아서 신주가 없을 따름이다. 그리고 조고가 없는 경우, 서사(庶士)로부터 그 이하의 계층은 고(考)와 왕고(王考)를 귀(鬼)로 모시고, 관사(官師)[10]는 황고(皇考)를 귀(鬼)로 모시며, 대부와 적사(適士)[11]는

7) 『의례』「빙례(聘禮)」 : 至于朝. 主人曰, "不腆先君之祧, 既拚以俟矣."

8) 『춘추』「문공(文公) 2년」 : 八月, 丁卯, 大事于大廟.

9) 『춘추공양전』「문공(文公) 2년」 : 大事者何? 大祫也. 大祫者何? 合祭也, 其合祭奈何? 毁廟之主, 陳于大祖. 未毁廟之主, 皆升, 合食于大祖.

10) 관사(官師)는 하급 관리들을 부르는 말이다. 『서』「하서(夏書) · 윤정(胤征)」편에는 "每歲孟春, 遒人以木鐸徇于路, 官師相規, 工執藝事以諫."이라는 기록이 있는데, 이에 대한 공안국(孔安國)의 전(傳)에서는 "官師, 衆官."이라고 풀

현고(顯考)를 귀(鬼)로 모시게 될 따름이다. 대부의 조고는 제후의 별자(別子)[12]를 뜻한다. 무릇 귀(鬼)에 대해서는 천(薦)[13]만 하고 제사는 지내지 않는다.

釋文 禱, 丁老反, 一音丁報反. 腆, 他典反. 祫音洽. 煬, 餘讓反, 徐音傷. 采, 七代反. 昭, 上遙反.

번역 '禱'자는 '丁(정)'자와 '老(로)'자의 반절음이며, 다른 음은 '丁(정)'자와 '報(보)'자의 반절음이다. '腆'자는 '他(타)'자와 '典(전)'자의 반절음이다. '祫'자의 음음 '洽(흡)'이다. '煬'자는 '餘(여)'자와 '讓(양)'자의 반절음이며, 서음(徐音)은 '傷(상)'이다. '采'자는 '七(칠)'자와 '代(대)'자의 반절음이다. '昭'자는 '上(상)'자와 '遙(요)'자의 반절음이다.

孔疏 ●"王立七廟"者, 親四, 始祖一, 文·武不遷, 合爲七廟也. "一壇一墠"者, 七廟之外, 又立壇·墠各一也. 起土爲壇, 除地曰墠. 近者起土, 遠親除地, 示將去然也.

이했다. 또한 『예기』「제법(祭法)」편에는 "官師一廟, 曰考廟. 王考無廟而祭之. 去王考爲鬼."라는 기록이 있는데, 이에 대한 정현의 주에서는 "官師, 中士下士庶士府史之屬."이라고 풀이하여, '관사'의 대상을 구체적으로 중사(中士), 하사(下士), 서사(庶士), 부사(府史)의 부류라고 설명한다.

11) 적사(適士)는 상사(上士)를 가리킨다. 사(士)라는 계급은 3단계로 세분되는데, 상사, 중사(中士), 하사(下士)가 그것이다. 『예기』「제법(祭法)」편의 경문에는 "適士二廟, 一壇, 曰考廟, 曰王考廟, 享嘗乃止."라는 기록이 있다. 이에 대한 정현의 주에서는 "適士, 上士也."라고 풀이했다.

12) 별자(別子)는 서자(庶子)와 같은 말로, 적정자 이외의 아들들을 뜻하는 말이다. 적장자는 대(代)를 이어받고, 나머지 '별자'들은 그 지위를 계승받지 못하므로, '별자'라고 부르는 것이다. 『예기』「대전(大傳)」편에는 "百世不遷者, 別子之後也, 宗其繼別子之所自出者."라는 기록이 있는데, 이에 대한 공영달(孔穎達)의 소(疏)에서는 "別子謂諸侯之庶子也. 諸侯之適子適孫繼世爲君, 而第二子以下悉不得禰先君, 故云別子."라고 풀이했다.

13) 천(薦)은 제사의 일종이다. 정식 제사에 비해서 각종 형식과 제수들이 생략되어 간소하게만 지내니, 각 계절별로 생산되는 음식들을 바친다는 뜻에서 '천'이라고 부르는 것이다.

번역 ●經文: "王立七廟". ○가까운 대수(代數)의 묘(廟)가 4개이고 시조의 묘가 1개이며, 문왕과 무왕의 묘는 체천시키지 않으니, 총 7개의 묘(廟)가 된다. 경문의 "一壇一墠"에 대하여. 7개의 묘 외에 재차 제단과 터를 각각 1개씩 마련한다는 뜻이다. 흙을 쌓아서 만들면 제단[壇]이 되고, 바닥을 청소하여 마련한 곳은 터[墠]라고 부른다. 대수를 넘겼지만 상대적으로 가까운 자는 제단에서 모시고, 상대적으로 먼 자는 터에서 모시니, 앞으로 떠나가게 됨을 나타낸다.

孔疏 ●"曰考廟"者, 父廟曰考, 考, 成也. 謂父有成德之美也.

번역 ●經文: "曰考廟". ○부친의 묘를 '고(考)'라고 부르는데, '고(考)'자는 "이루다[成]."는 뜻이다. 즉 부친에게는 덕을 이룬 아름다움이 있다는 뜻이다.

孔疏 ●"曰王考廟"者, 祖廟也. 王, 君也. 君考者, 言祖有君成之德也, 祖尊於父, 故加君名也.

번역 ●經文: "曰王考廟". ○조부의 묘(廟)를 뜻한다. '왕(王)'자는 군주[君]라는 뜻이다. '군고(君考)'는 조부에게는 군주이자 완성된 덕성이 있다는 뜻이니, 조부는 부친보다 존귀하기 때문에 '군(君)'자를 붙여서 부르는 것이다.

孔疏 ●"曰皇考廟"者, 曾祖也. 皇, 大也, 君也. 曾祖轉尊, 又加大君之稱也.

번역 ●經文: "曰皇考廟". ○증조부의 묘(廟)를 뜻한다. '황(皇)'자는 "크다[大]."는 뜻이며 군주[君]라는 뜻이다. 증조부는 조부보다 존귀하기 때문에 '대군(大君)'이라는 칭호를 붙인다.

孔疏 ●"曰顯考廟"者, 高祖也. 顯, 明高祖居四廟最上, 故以高祖目之.

번역 ●經文: "曰顯考廟". ○고조부의 묘(廟)를 뜻한다. '현(顯)'자는 고조부가 4개의 묘(廟)에 모신 조상들 중에서 가장 높다는 사실을 드러낸다. 그렇기 때문에 고조부를 가리킨다.

孔疏 ●"曰祖考廟"者, 祖, 始也. 此廟爲王家之始, 故云"祖考"也. 計則祖考之廟當在二祧 · 壇 · 墠之上, 應合在後始陳, 今在此言之者, 因皇考 · 顯考同皆月祭之, 故此先言之.

번역 ●經文: "曰祖考廟". ○'조(祖)'자는 시조[始]를 뜻한다. 이 묘(廟)는 왕가의 시작이 된다. 그렇기 때문에 '조고(祖考)'라고 말한 것이다. 계산을 해보면 조고의 묘는 마땅히 2개의 조묘(祧廟) 및 제단과 터 위에 있어야 하니, 그 뒤에 기술을 해야 한다. 그런데도 이곳 문장에서는 이 지점에서 언급을 했다. 그 이유는 황고(皇考) · 현고(顯考)와 마찬가지로 모두 달마다 제사를 지내는 대상이기 때문에, 이곳에서 먼저 언급한 것이다.

孔疏 ●"皆月祭之"者, 此之五廟則並同, 月月[14]祭之也.

번역 ●經文: "皆月祭之". ○이곳에서 말한 다섯 개의 묘(廟)에 대해서는 모두 달마다 제사를 지낸다는 뜻이다.

孔疏 ●"遠廟爲祧"者, 遠廟謂文 · 武廟也. 文 · 武廟在應遷之例, 故云"遠廟"也. 特爲功德而留, 故謂爲祧, 祧之言超也, 言其超然上去也.

번역 ●經文: "遠廟爲祧". ○'원묘(遠廟)'는 문왕과 무왕의 묘(廟)를 뜻한다. 문왕과 무왕의 묘는 체천되는 묘의 계통에 있어야 한다. 그렇기 때문

---

14) '월월(月月)'에 대하여. '월월'은 본래 '일월(日月)'로 기록되어 있었는데, 완원(阮元)의 『교감기(校勘記)』에서는 "『민본(閩本)』에는 '월월'로 기록했고, 『고문(考文)』에서 인용하고 있는 송나라 때의 판본에도 동일하게 기록되어 있다. 이곳 판본에서는 '월월'을 '일월'로 잘못 표기한 것이며, 『감본(監本)』 · 『모본(毛本)』도 동일하게 잘못 기록되었다."라고 했다.

에 '원묘(遠廟)'라고 했다. 다만 그들은 공덕을 세웠으므로 그대로 남겨두기 때문에 '위조(爲祧)'라고 했으니, '조(祧)'자는 "뛰어넘다[超]."는 뜻으로, 뛰어넘어 위로 간다는 의미이다.

孔疏 ●"有二祧"者, 有文·武二廟不遷, 故云"有二祧"焉.

번역 ●經文: "有二祧". ○문왕과 무왕의 두 묘(廟)는 체천시키지 않는다. 그렇기 때문에 "2개의 조묘(祧廟)를 둔다."라고 했다.

孔疏 ●"享嘗乃止"者, 享嘗, 四時祭祀, 文·武特留, 故不得月祭, 但四時祭而已.

번역 ●經文: "享嘗乃止". ○'향상(享嘗)'은 사계절마다 지내는 제사이며, 문왕과 무왕의 묘는 특별히 남겨두었기 때문에 달마다 제사를 지낼 수 없고, 단지 사계절마다 제사를 지낼 따름이다.

孔疏 ●"去祧爲壇"者, 謂高祖之父也. 若是昭行, 寄藏武王祧. 若是穆行, 卽寄藏文王祧, 不得四時而祭之. 若有四時之祈禱, 則出就壇受祭也.

번역 ●經文: "去祧爲壇". ○고조부의 부친을 뜻한다. 만약 그 자가 소(昭)의 항렬이 된다면 무왕의 조묘(祧廟)에 의탁해 보관한다. 만약 목(穆)의 항렬이 된다면 문왕의 조묘에 의탁해 보관한다. 이들에 대해서는 사계절마다 제사를 지낼 수 없다. 만약 사계절의 특정 시기에 기원을 해야 한다면, 신주를 꺼내 제단으로 모셔서 제사를 지낸다.

孔疏 ●"去壇爲墠"者, 謂高祖之祖也, 不得在壇. 若有祈禱則出就墠受祭也. 高祖之父, 旣初寄在祧, 而不得於祧中受祭, 故曰"去祧"也. 高祖之祖, 經在壇而今不得祭, 故云"去壇"也. 壇·墠有禱焉, 祭之者在壇·墠者, 不得享嘗, 應有祈禱於壇·墠乃祭之也.

번역 ●經文: "去壇爲墠". ○고조부의 조부를 뜻하니, 제단에 모실 수 없다는 뜻이다. 만약 기원해야 할 일이 있다면, 신주를 밖으로 꺼내 터에 모셔서 제사를 지낸다. 고조부의 부친은 이미 조묘(祧廟)에 의탁해 있으므로, 조묘 안에서 제사를 받을 수 없다. 그렇기 때문에 '거조(去祧)'라고 했다. 고조부의 조부는 이전에는 제단에 모셨지만 현재는 그곳에서 제사를 지낼 수 없다. 그렇기 때문에 '거단(去壇)'이라고 했다. 제단과 터에서 기원을 하게 되면, 제단과 터에서 제사를 지내게 되는데, 사계절마다 제사를 지낼 수 없고, 제단과 터에서 기원할 일이 생겨야만 제사를 지낸다.

孔疏 ●"無禱乃止"者, 若無所祈禱, 則不得祭也.

번역 ●經文: "無禱乃止". ○만약 기원할 일이 없다면, 제사를 지낼 수 없다.

孔疏 ●"去墠曰鬼"者, 若又有從壇遷來墠者, 則此前在墠者, 遷入石函爲鬼. 雖有祈禱, 亦不得及, 唯禘·祫乃出也.

번역 ●經文: "去墠曰鬼". ○만약 제단으로부터 터로 옮겨진 경우, 이전에는 터에 모셨지만, 다시 체천되어 신주가 돌 상자로 들어간 경우에는 '귀(鬼)'가 된다. 비록 기원할 일이 있더라도, 또한 그 제사는 이러한 자들까지 미치지 않고, 오직 체(禘)나 협(祫)제사를 지내게 되어야만 신주를 밖으로 꺼낸다.

訓纂 蔡邕獨斷曰: 壇, 謂築土起堂. 墠, 謂築土而無屋者也.

번역 채옹[15]의 『독단』에서 말하길, '단(壇)'은 흙을 쌓고 그 위에 당(堂)

---

15) 채옹(蔡邕, A.D.131~A.D.192) : 후한(後漢) 때의 학자이다. 자(字)는 백개(伯喈)이다. A.D.189년 동탁(董卓)에게 발탁되어, 시어사(侍御史)와 좌중랑장(左中郎將) 등을 역임하였으나, 동탁이 죽은 후 투옥되어 옥중에서 죽었다. 박학하였으며 술수(術數), 천문(天文), 사장(辭章) 등에 조예가 깊었다.

을 올린 것이다. '선(墠)'은 흙을 쌓았지만 지붕이 없는 것이다.

訓纂 玉篇: 壇, 封土祭處. 壇, 猶坦也, 明坦皃也. 墠, 除地也.

번역 『옥편』[16]에서 말하길, '단(壇)'자는 흙을 쌓아서 제사를 지내는 장소이다. '단(壇)'자는 '탄(坦)'자와 같으니, 볕이 잘 들고 평탄한 모습을 뜻한다. '선(墠)'은 땅을 청소한 곳이다.

集解 楊氏復曰: "三壇同墠"之說, 出於金縢, 乃因有所禱而爲之, 非宗廟之外預爲壇·墠以待他日有禱也. 孝經"爲之宗廟, 以鬼享之", 非去墠爲鬼也. 晉張融謂, "祭法'去祧爲壇, 去壇爲墠', '去墠爲鬼', 爲衰世之法, 所言難以盡信."

번역 양복이 말하길, "3개의 제단을 쌓으며 터를 동일하게 했다."는 말은 『서』「금등(金縢)」편에 나오니, 기원을 할 필요가 생겨서 그것을 만들었던 것이며, 종묘 외에 미리 제단과 터를 만들어서 이후에 기원할 일이 있을 때를 대비한다는 뜻이 아니다. 『효경』에서는 "종묘를 만들어서 귀신으로 모시며 흠향을 시켜드린다."[17]라고 했는데, 이것은 터에서도 떠난 자를 귀(鬼)로 모신다는 뜻이 아니다. 진(晉)나라 장융은 "「제법」편에서는 '조묘(祧廟)에서 벗어나게 되면 제단에서 모시고, 제단에서 벗어나게 되면 터에서 모신다.'라고 했고, 또 '터에서 벗어나면 귀(鬼)로 모신다.'라고 했는데, 이것은 난세의 예법이니, 언급한 말들에 대해서는 모두 믿을 수 없다."라고 했다.

集解 愚謂: 大戴禮諸侯遷廟篇曰, "告於皇考某侯." 士虞·特牲·少牢稱祖曰"皇祖", 曲禮"王父曰皇祖考", "父曰皇考". 今乃稱曾祖爲皇考, 則與父之

---

16) 『옥편(玉篇)』은 남북조시대(南北朝時代) 때 양(梁)나라 고야왕(顧野王, A.D. 519~581)이 편찬한 자서(字書)이다. 이후 송(宋)나라 때 증보가 되어, 『대광익회옥편(大廣益會玉篇)』으로 간행되었다.

17) 『효경』「상친장(喪親章)」: 爲之宗廟, 以鬼享之.

稱相亂. 又凡始祖謂之大祖, 今稱爲祖考, 則與祖之稱相亂. 且以皇考·顯考爲曾祖·高祖之異稱, 於義亦無所取也. 春秋於周公稱大廟, 魯公稱世室, 群公稱宮, 故有武宮·煬宮·桓宮·僖宮之名. 是群廟皆以謚配宮爲名, 未聞其曰"考廟·王考廟·皇考廟·顯考廟·祖考廟"也. 鄭氏周禮守祧註云, "先公之遷主藏於后稷之廟, 先王之遷主藏於文武之廟." 此註云"天子遷廟之主, 以昭穆合藏於二祧之中", 是以二祧爲文武之廟也. 夫謂"先王之遷主藏於文武廟中", 是也, 而以二祧爲文武廟則非也. 春秋稱魯公廟爲世室, 而明堂位云, "魯公之廟, 文世室也. 武公之廟, 武世室也." 是文武二廟名世室, 不名祧也. 此言"遠廟爲祧", 蓋謂高祖之父·高祖之祖之廟也. 謂之遠廟者, 言其世數遠而將遷也. 不及文武二廟者, 蓋以七廟常數言之, 而不及功德之祖, 劉歆所謂"七者, 其正法, 宗不在此數", 是也. 然周禮"守祧八人", 則祧不徒爲遠廟矣. 聘禮云"不腆先君之祧", 左傳"其敢愛豐氏之祧?", 臧武仲言"失守宗祧", 是雖五廟·三廟者亦有祧矣. 蓋祧卽寢也, 其字從兆, 乃窈窕幽邃之義. 寢在廟後, 故以名焉. 廟以奉神主, 寢以藏衣冠, 故守祧云"其遺衣服藏焉." 聘禮言"不腆先君之祧", 自謙, 故不言"廟"而言"寢"也. 然則記之言亦非也. 祭神祇於壇, 祭人鬼於廟. 祭人鬼而爲壇者, 必其廟非己之所當祭, 有爲爲之也. 周公禱三王爲三壇同墠, 蓋周公爲支子, 非有武王之命則不敢自禱於天子之廟, 故爲壇. 宗子去國, 庶子無爵而居者, 望墓而爲壇, 以時祭, 亦以宗廟非庶子之所得祭故也. 若天子諸侯自祭其祖, 何必爲壇耶? 廟雖已遷, 然大祫之禮, 遷廟主固祭於廟矣, 有祈禱於遷廟之主, 出主於廟而禱焉可也. 自祭法有"壇墠"之說, 而注疏又爲推廣之. 曾子問"凡殤與無後者, 祭於宗子之家", 鄭氏云"無廟者爲墠祭之." 喪服小記"庶子不祭殤與無後者, 殤與無後者從祖祔食", 鄭氏云"宗子之諸父無後者, 爲墠祭之", "妾祔於妾祖姑, 亡則中一以上而祔", 孔氏云"妾無廟, 今乃云祔及高祖者, 當爲壇祔之." 雜記"有父母之喪, 尙功衰, 而祔兄弟之殤", 鄭氏云"此兄弟之殤, 謂大功以下親也." 孔氏云"小功兄弟當祔於從祖之廟, 其小功兄弟身及父是庶人, 不合立祖廟, 則曾祖適孫爲之立壇, 祔小功兄弟之長殤於從祖." 昏義"古者婦人先嫁三月, 祖廟未毁, 敎於公宮, 祖廟已毁, 敎於宗室", "敎成, 祭之", 鄭氏云"宗子之家, 若其祖廟已毁, 則爲壇而告焉.” 凡此皆愚所未敢以爲然者也.

번역 내가 생각하기에, 『대대례기』「제후천묘(諸侯遷廟)」편에서는 “황고(皇考)이신 아무개 후(侯)께 아뢰니다.”[18]라고 했고, 『의례』의 「사우례(士虞禮)」[19] · 「특생궤식례(特牲饋食禮)」[20] · 「소뢰궤식례(少牢饋食禮)」[21] 편에서는 ‘황조(皇祖)’라고 했으며, 『예기』「곡례(曲禮)」편에서는 “왕부(王父)[22]에게 제사를 지낼 때에는 ‘황조고(皇祖考)’라고 부른다.”라고 했고, 또 “부친에게 제사를 지낼 때에는 ‘황고(皇考)’라고 부른다.”라고 했다.[23] 현재 증조부를 ‘황고(皇考)’라고 지칭한다면, 부친에 대한 칭호와 서로 혼동된다. 또 시조에 대해서는 ‘태조(太祖)’라고 부르는데, 현재 시조를 ‘조고(祖考)’라고 부른다면 조부에 대한 칭호와 서로 혼동된다. 또 황고(皇考)·현고(顯考)를 증조부와 고조부에 대한 이칭으로 여긴다면, 그 의미에 있어서도 정당한 의미를 취한 것이 없다. 『춘추』에서는 주공의 묘(廟)를 ‘태묘(太廟)’라고 지칭했고, 노공(魯公)의 묘를 ‘세실(世室)’이라고 지칭했으며, 나머지 군주들의 묘를 ‘궁(宮)’이라고 지칭했다.[24] 그렇기 때문에 무궁(武宮)[25] · 양궁(煬宮)[26] · 환궁(桓宮)[27] · 희궁(僖宮)[28]이라는 용어가 나타나는 것이다. 이

---

18) 『대대례기(大戴禮記)』「제후천묘(諸侯遷廟)」 : 宗人擯擧手曰: “有司其請升.” 君升, 祝奉幣從在左, 北面再拜興. 祝聲三曰: “孝嗣侯某, 敢以嘉幣告于皇考某侯. 成廟將徙, 敢告.” 君及祝再拜興.

19) 『의례』「사우례(士虞禮)」 : 始虞用柔日, 曰, “哀子某, 哀顯相, 夙興夜處不寧. 敢用絜牲剛鬣, 香合, 嘉薦普淖, 明齊溲酒, 哀薦祫事, 適爾皇祖某甫. 饗!”

20) 『의례』「특생궤식례(特牲饋食禮)」 : 宰自主人之左贊命, 命曰, “孝孫某, 筮來日某, 諏此某事, 適其皇祖某子, 尙饗.”

21) 『의례』「소뢰궤식례(少牢饋食禮)」 : 主人曰, “孝孫某, 來日丁亥, 用薦歲事于皇祖伯某, 以某妃配某氏, 尙饗.”

22) 왕부(王父)는 부친의 아버지, 즉 조부(祖父)를 지칭하는 말이다. 『이아』「석친(釋親)」편에는 “父之考爲王父.”라는 기록이 있다.

23) 『예기』「곡례하(曲禮下)」【65a】 : 祭王父曰皇祖考, 王母曰皇祖妣, 父曰皇考, 母曰皇妣, 夫曰皇辟.

24) 『춘추공양전』「문공(文公) 13년」 : 世室屋壞, 世室者何? 魯公之廟也. 周公稱太廟, 魯公稱世室, 群公稱宮.

25) 『춘추』「성공(成公) 6년」 : 二月, 辛巳, 立武宮.

26) 『춘추』「정공(定公) 1년」 : 立煬宮.

27) 『춘추』「장공(莊公) 23년」 : 秋, 丹桓宮楹.

러한 기록은 뭇 묘(廟)들에 대해서 모두 시호(謚號)를 '궁(宮)'자에 붙여서 명칭으로 삼는다는 사실을 나타내니, 고묘(考廟)·왕고묘(王考廟)·황고묘(皇考廟)·현고묘(顯考廟)·조고묘(祖考廟)로 부른다는 말은 들어보지 못했다. 정현은 『주례』「수조(守祧)」편의 주에서 "선공(先公)[29] 중 체천된 자의 신주는 후직의 묘(廟)에 보관하고, 선왕(先王) 중 체천된 자의 신주는 문왕과 무왕의 묘에 보관한다."[30]라고 했고, 이곳 주석에서는 "천자 중 천묘한 신주는 소목(昭穆)의 항렬에 따라서 2개의 조묘(祧廟) 안에 보관한다."라고 했으니, 2개의 조묘를 문왕과 무왕의 묘로 여긴 것이다. 무릇 "선왕의 천묘한 신주를 문왕과 무왕의 묘에 보관하였다."라고 한 말은 옳다. 그러나 2개의 조묘(祧廟)를 문왕과 무왕의 묘로 여긴 것은 잘못된 주장이다. 『춘추』에서는 노공의 묘를 '세실(世室)'이라고 하였고, 『예기』「명당위(明堂位)」편에서는 "노공의 묘는 문왕의 세실(世室)을 본떠서 만들었다. 무공(武公)의 묘는 무왕의 세실을 본떠서 만들었다."[31]라고 했는데, 이것은 문왕과 무왕의 묘를 '세실(世室)'로 불렀으며, 조묘(祧廟)로 부르지 않았다는 사실을 나타낸다. 이곳에서는 '원묘위조(遠廟爲祧)'라고 했는데, 아마도 고조부의 부친이나 고조부의 조부의 묘(廟)를 가리키는 것 같다. 그들의 묘를 '원묘(遠廟)'라고 부른 것은 대수가 멀어져서 앞으로 체천하게 된다는 뜻을 나타낸다. 문왕과 무왕의 두 묘를 언급하지 않은 것은 아마도 칠묘(七廟)라고 하여, 7개라는 정규 숫자로 말을 했기 때문에, 공덕을 세운 조상의 묘는 언급하지 않았던 것이니, 유흠이 "7개라는 것은 정규 법도에 따른 것이며, 공덕을 세워 종(宗)으로 모신 자의 묘는 그 수에 포함되지 않는다."라

28) 『춘추』「애공(哀公) 3년」: 五月, 辛卯, 桓宮僖宮災.

29) 선공(先公)은 본래 천자 및 제후의 선조들을 존귀하게 높여 부르는 말이다. 따라서 '선왕(先王)'이라는 말과 동일하게 사용된다. 그러나 주(周)나라에 대해 선왕과 대비해서 사용하게 되면, 후직(后稷)의 후손 중 태왕(太王) 이전의 선조를 지칭한다. 주나라는 건립 이후 자신의 선조에 대해 추왕(追王)을 하여 왕(王)자를 붙였는데, 태왕인 고공단보(古公亶父)까지 왕(王)자를 붙였기 때문이다.

30) 이 문장은 『주례』「춘관(春官)·수조(守祧)」편의 "守祧掌守先王先公之廟祧, 其遺衣服藏焉."이라는 기록에 대한 정현의 주이다.

31) 『예기』「명당위(明堂位)」【403d】: 魯公之廟, 文世室也. 武公之廟, 武世室也.

고 한 말이 바로 이러한 뜻을 나타낸다. 그런데 『주례』에서는 "수조(守祧)를 맡은 자는 8명이다."[32]라고 했으니, 조묘는 단지 원묘(遠廟)만을 가리키는 것은 아니다. 『의례』「빙례(聘禮)」편에서는 "변변치 못한 선군의 조(祧)입니다."[33]라고 했고, 『좌전』에서는 "풍씨의 조(祧)를 어찌 감히 아끼겠습니까?"[34]라고 했으며, 장무중은 "종조(宗祧)를 지킬 수 없게 되었다."[35]라고 했으니, 이것은 비록 5개의 묘나 3개의 묘를 갖춘 자라 할지라도 조묘를 둘 수 있었다는 사실을 나타낸다. 아마도 '조(祧)'는 곧 침(寢)을 뜻하는 것 같은데, 그 자형에 '조(兆)'자가 붙어 있는 것은 고요하고 그윽하다는 뜻에 따른 것 같다. 침(寢)은 묘(廟)의 뒤에 위치하기 때문에, 이처럼 부른 것이다. 묘(廟)는 신주를 봉안하는 곳이고, 침(寢)은 제사에 사용하는 의복을 보관하는 곳이다. 그렇기 때문에 「수조」편에서는 "남은 의복들을 보관한다."[36]라고 말한 것이다. 「빙례」편에서 "변변치 못한 선군의 조(祧)입니다."라고 한 말은 스스로 겸손하게 표현한 것이다. 그렇기 때문에 '묘(廟)'라 말하지 않고 '침(寢)'이라고 말했다. 그러므로 『예기』에서 언급한 내용 또한 잘못되었다. 제단[壇]에서는 신기(神祇)에게 제사지내고, 묘(廟)에서는 인귀(人鬼)에게 제사지낸다. 인귀에게 제사를 지내면서도 제단에서 시행한 것은 그 묘(廟)가 본인이 제사를 받아야 할 장소가 아니므로, 이러한 이유 때문에 제단에서 시행하는 것이다. 주공은 삼왕에게 기도를 하며 3개의 제단을 쌓고 터를 동일하게 했다고 했는데, 주공은 지자(支子)[37]가 되므로, 무왕의 명령이 있지 않다면 감히 자기 마음대로 천자의 묘에서 기원을 할 수 없다. 그렇기 때문에 제단을 만든 것이다. 종자가 본국을 떠났고 작위가 없는 서자가 본국에 남아있는 경우, 서자는 묘(墓)를 바라보는 장소에 제단

---

32) 『주례』「춘관종백(春官宗伯)」: 守祧, 奄八人, 女祧每廟二人, 奚四人.

33) 『의례』「빙례(聘禮)」: 至于朝. 主人曰, "不腆先君之祧, 既拚以俟矣."

34) 『춘추좌씨전』「소공(昭公) 1년」: 子羽曰, "小國無罪, 恃實其罪. 將恃大國之安靖己, 而無乃包藏禍心以圖之? 小國失恃, 而懲諸侯, 使莫不憾者, 距違君命, 而有所壅塞不行是懼. 不然, 敝邑, 館人之屬也, 其敢愛豐氏之祧?"

35) 『춘추좌씨전』「양공(襄公) 23년」: 臧賈·臧爲出在鑄. 臧武仲自邾使告臧賈, 且致大蔡焉, 曰, "紇不佞, 失守宗祧, 敢告不弔. 紇之罪不及不祀, 子以大蔡納請, 其可."

36) 『주례』「춘관(春官)·수조(守祧)」: 守祧; 掌守先王先公之廟祧, 其遺衣服藏焉.

37) 지자(支子)는 적장자(嫡長子)를 제외한 나머지 아들들을 말한다.

을 쌓고 계절마다 제사를 지내니,[38] 종묘의 제사는 서자가 지낼 수 없는 제사이기 때문이다. 그런데 천자나 제후와 같이 자기 스스로 자신의 조상에게 제사를 지낼 수 있는 자들이 하필이면 제단을 쌓아서 제사를 지냈겠는가? 묘(廟)가 비록 이미 체천되었더라도 성대한 협(祫)제사의 예법에서는 천묘된 신주에 대해서도 묘(廟)에서 제사를 지냈는데, 천묘된 신주에게 기원할 일이 있다면, 그 신주를 묘(廟)에서 꺼내어 기원을 하는 것은 괜찮다. 그런데 「제법」편에는 '단선(壇墠)'에 대한 기록이 있어서, 정현의 주와 공영달의 소에서는 더욱 확대 해석하였다. 『예기』「증자문(曾子問)」편에서는 "종자를 제외한 나머지 요절한 자들과 후손이 없이 죽은 자들에 대해서는 종자의 집에서 제사를 지낸다."[39]라고 했고, 정현은 "묘(廟)가 없는 자들은 제단을 쌓아서 제사를 지낸다."라고 했다. 또 『예기』「상복소기(喪服小記)」편에서는 "서자는 자식들 중 요절한 자와 후손이 없는 자에게 제사를 지내지 않으니, 요절한 자와 후손이 없는 자에 대해서는 조묘(祖廟)에 합사하여 흠향을 하도록 하기 때문이다."[40]라고 했고, 정현은 "종자의 제부들 중 후사가 없는 자에 대해서는 제단을 만들어서 그에 대한 제사를 지낸다."라고 했으며, 또 "첩은 조부의 첩에게 합사를 하지만, 조부의 첩이 없다면 한 대를 걸러서 그 이상의 대상에게 합사한다."[41]라고 했고, 공영달은 "첩에 대해서는 묘(廟)가 없다. 그런데도 현재 '조부의 첩에게 합사를 한다.'라고 말한 것은 마땅히 제단을 만들어서 합사를 한다는 뜻일 뿐이다."라고 했다. 또 『예기』「잡기(雜記)」편에서는 "부모의 상이 발생하여 여전히 공최(功衰)[42]를 착용하고 있는데, 소공복(小功服)[43]을 착용하는 형제들 중 요

---

38) 『예기』「증자문(曾子問)」【241d~242a】: 曾子問曰: 宗子去在他國, 庶子無爵而居者, 可以祭乎. 孔子曰: 祭哉. 請問, 其祭, 如之何. 孔子曰: 望墓而爲壇, 以時祭. 若宗子死, 告於墓而後, 祭於家. 宗子死, 稱名, 不言孝, 身沒而已. 子游之徒, 有庶子祭者, 以此, 若義也. 今之祭者, 不首其義, 故誣於祭也.

39) 『예기』「증자문(曾子問)」【243b】: 凡殤與無後者, 祭於宗子之家, 當室之白, 尊于東房, 是謂陽厭.

40) 『예기』「상복소기(喪服小記)」【410a】: 庶子不祭殤與無後者, 殤與無後者, 從祖祔食.

41) 『예기』「상복소기(喪服小記)」【416c】: 士大夫不得祔於諸侯, 祔於諸祖父之爲士大夫者. 其妻祔於諸祖姑, 妾祔於妾祖姑, 亡則中一以上而祔, 祔必以其昭穆.

절한 자가 발생하여, 그에 대한 부제(祔祭)[44]를 치른다."[45]라고 했고, 정현은 "여기에서 형제 중 요절한 자라고 한 말은 대공복(大功服)[46]을 착용하는 친족으로부터 그 이하의 대상 중 요절한 자를 뜻한다."라고 했으며, 공영달은 "소공복의 관계에 있는 형제에 대해 종조의 묘(廟)에서 부제를 지내야 한다면, 소공복의 관계에 있는 형제 본인과 그의 부친은 서인의 신분이 되어, 조묘를 세울 수 없으니, 증조부의 적손인 본인이 그들을 위해 제단을 만들고, 소공복의 관계에 있는 형제 중 장상(長殤)[47]인 자를 위해 종조에게 합사한다."라고 했다. 또 『예기』「혼의(昏義)」편에서는 "고대에는 딸아이가 시집가기 3개월 전에, 조묘(祖廟)가 아직 훼철되지 않아 군주와 사이가 가까운 친족이라면, 공궁(公宮)에서 그녀에 대한 교육을 실시한다. 조묘가 이미 훼철되어서 군주와 사이가 소원해진 친족이라면, 종실(宗室)에서 그녀에 대한 교육을 실시한다."라고 했고, "가르침이 완성되면 자신이 파생하게

---

42) 공최(功衰)는 상복(喪服)의 한 종류이다. 참최복(斬衰服)과 자최복(齊衰服)을 입고 치르는 상(喪)에서, 소상(小祥)을 지낸 이후에 착용하는 상복이다. 상복 재질의 거친 정도가 대공복(大功服)과 같기 때문에, '공최'라고 부르게 되었다.

43) 소공복(小功服)은 상복(喪服) 중 하나로, 오복(五服)에 속한다. 조밀한 삼베를 사용해서 만들며, 대공복(大功服)에 비해서 삼베의 재질이 조밀하기 때문에, '소공복'이라고 부른다. 이 복장을 입게 되는 기간은 상황에 따라 차이가 생기지만, 일반적으로 5개월이 된다. 백숙(伯叔)의 조부모나 당백숙(堂伯叔)의 조부모, 혼인하지 않은 당(堂)의 자매(姊妹), 형제(兄弟)의 처 등을 위해서 입는다.

44) 부제(祔祭)는 '부(祔)'라고도 한다. 새로이 죽은 자가 있으면, 선조(先祖)에게 '부제'를 올리면서, 신주(神主)를 합사(合祀)하는 것을 말한다. 『주례』「춘관(春官)·대축(大祝)」편에는 "付練祥, 掌國事."라는 기록이 있고, 이에 대한 정현의 주에서는 "付當爲祔. 祭於先王以祔後死者."라고 풀이하였다.

45) 『예기』「잡기상(雜記上)」【496c】: 有父母之喪尙功衰, 而附兄弟之殤則練冠附, 於殤稱"陽童某甫", 不名神也.

46) 대공복(大功服)은 상복(喪服) 중 하나로, 오복(五服)에 속한다. 조밀한 삼베를 사용해서 만들지만, 소공복(小功服)에 비해서는 삼베의 재질이 거칠기 때문에, '대공복'이라고 부른다. 이 복장을 입게 되는 기간은 상황에 따라 차이가 생기지만, 일반적으로 9개월이다. 당형제(堂兄弟) 및 미혼인 당자매(堂姊妹), 또는 혼인을 한 자매(姊妹) 등을 위해서 입는다.

47) 장상(長殤)은 16~19세 사이에 요절한 자를 뜻한다. 『의례』「상복(喪服)」편에 "年十九至十六爲長殤."이라는 기록이 있다.

된 조상에 대해서 제사를 지낸다."라고 했으며,48) 정현은 "종자의 집에서 만약 그녀가 파생하게 된 조상의 묘(廟)가 이미 훼철되었다면, 제단을 쌓아서 아뢰게 된다."라고 했다. 이러한 사안들에 있어서 내 생각으로는 그렇지 않았을 것 같다.

그림 5-3 ▣ 천자의 궁성과 종묘(宗廟)의 배치

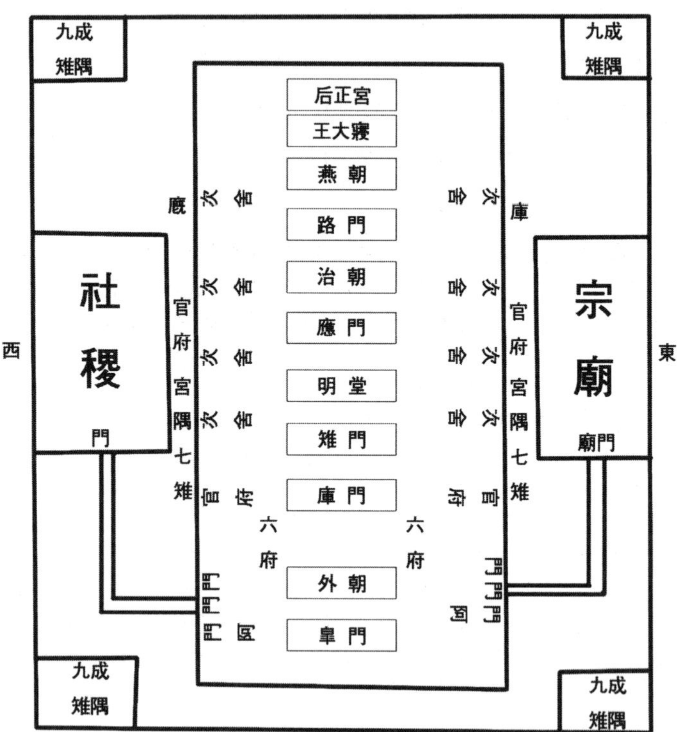

※ 참조: 『삼재도회(三才圖會)』「궁실(宮室)」 2권

48) 『예기』「혼의(昏義)」【694b】: 是以古者婦人先嫁三月, 祖廟未毁, 教于公宮. 祖廟既毁, 教于宗室. 教以婦德·婦言·婦容·婦功. 教成祭之, 牲用魚, 芼之以蘋藻, 所以成婦順也.

그림 5-4 ▣ 천자의 칠묘(七廟)

天子七廟之圖

※ **출처:** 『삼재도회(三才圖會)』「궁실(宮室)」 2권

그림 5-5 ▣ 주(周)나라의 칠묘(七廟)

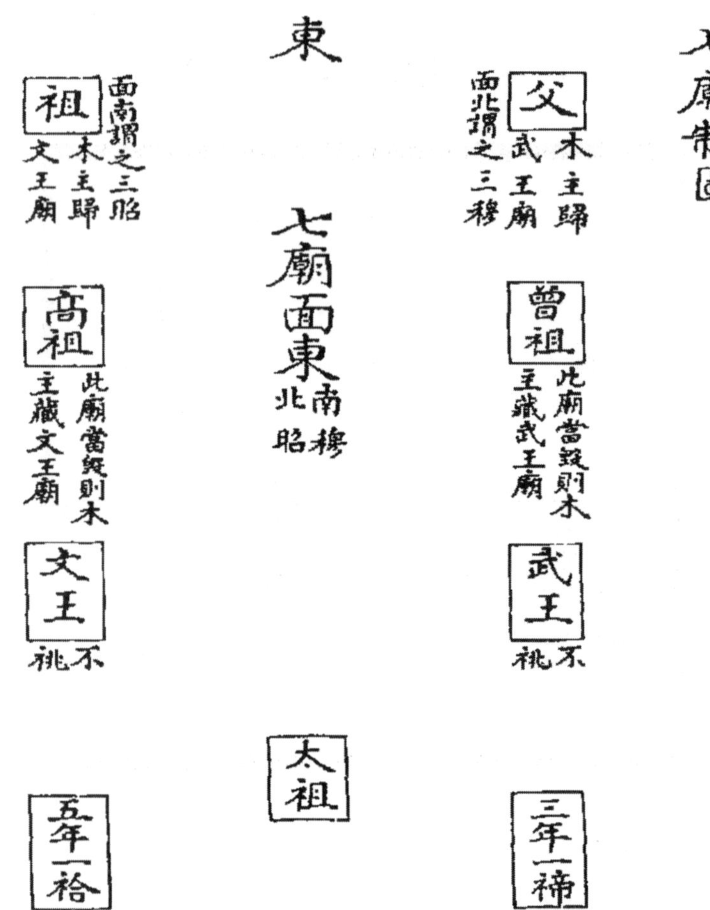

※ 출처: 『육경도(六經圖)』 9권

그림 5-6 ▣ 주(周)나라의 칠묘(七廟)-손육(孫毓)의 주장

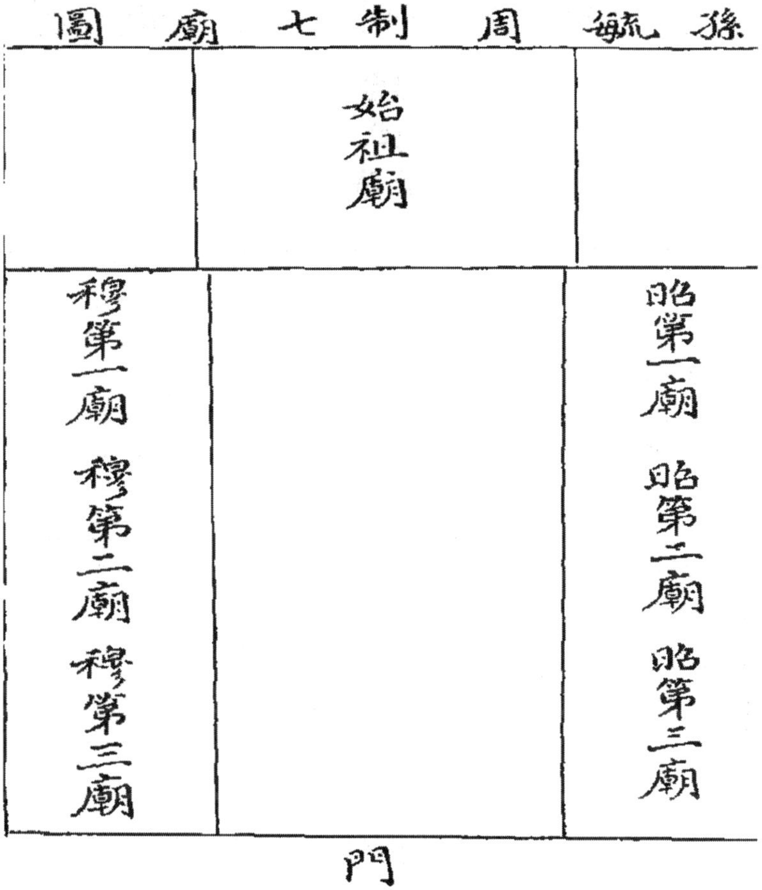

孫毓 周制七廟圖

	始祖廟	
穆第一廟 穆第二廟 穆第三廟		昭第一廟 昭第二廟 昭第三廟

門

※ 출처: 『묘제도고(廟制圖考)』

그림 5-7 ▣ 주(周)나라의 구묘(九廟)-유흠(劉歆)의 주장

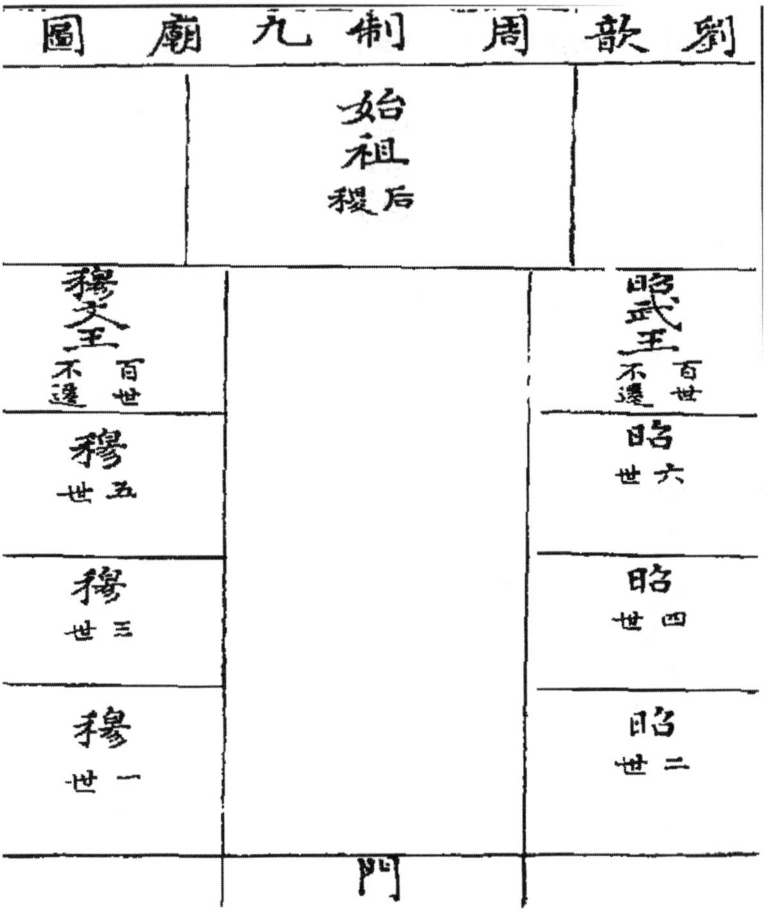

劉歆周制九廟圖

	始祖 后稷	
穆 文王 百世不遷		昭 武王 百世不遷
穆 五世		昭 六世
穆 三世		昭 四世
穆 一世		昭 二世
	門	

※ 출처: 『묘제도고(廟制圖考)』

그림 5-8 ▣ 노(魯)나라 세계도(世系圖) Ⅰ

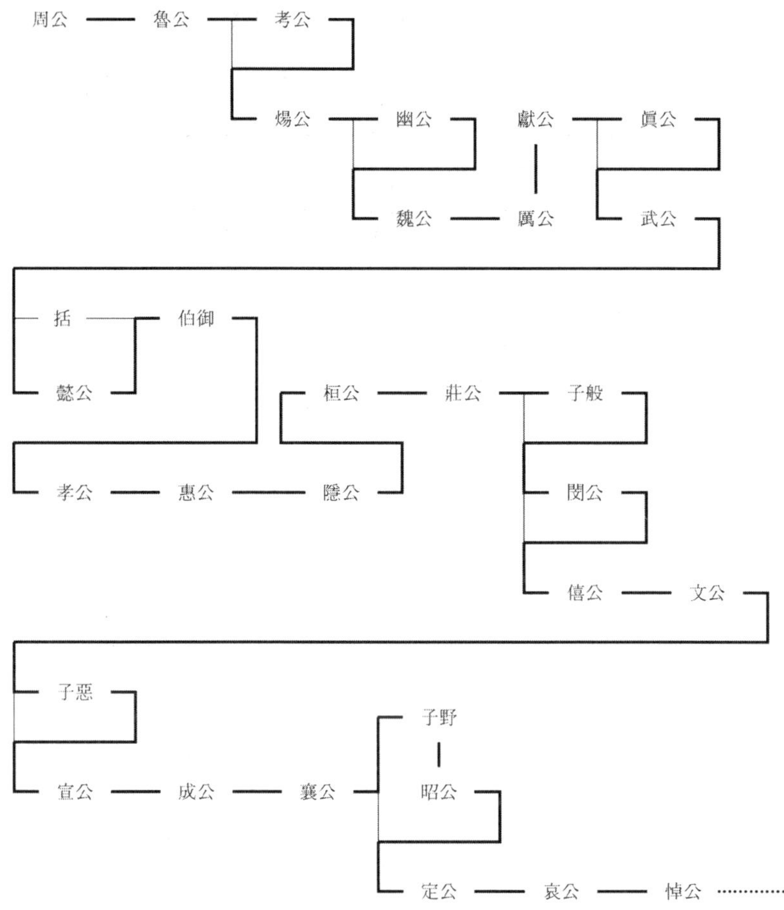

※ 출처: 『역사(繹史)』 1권 「역사세계도(繹史世系圖)」

그림 5-9 ▣ 종묘(宗廟) 건물의 각부 명칭

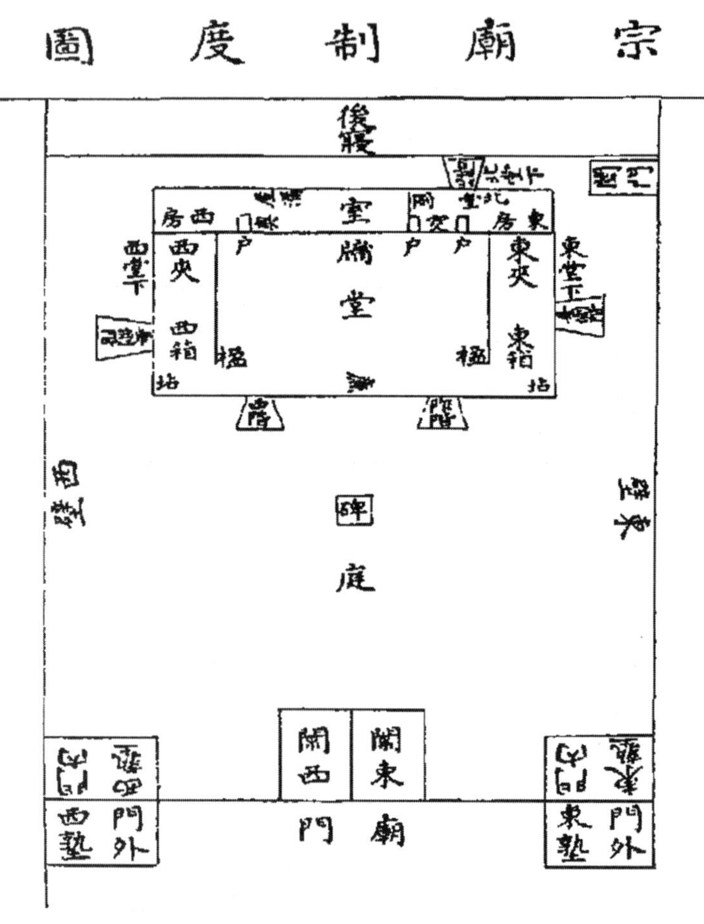

※ 출처: 『향당도고(鄕黨圖考)』 1권

그림 5-10 ▣ 대공복(大功服) 착용 모습

※ 출처: 『삼재도회(三才圖會)』「의복(衣服)」 3권

그림 5-11 ▣ 대공복(大功服) 각부 명칭

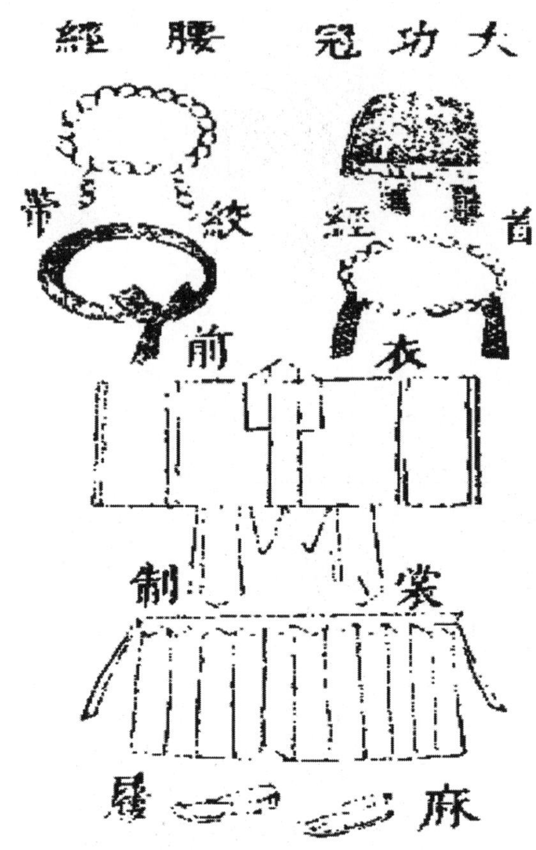

※ **출처:** 『삼재도회(三才圖會)』「의복(衣服)」 3권

그림 5-12 ▣ 소공복(小功服) 착용 모습

※ 출처: 『삼재도회(三才圖會)』「의복(衣服)」 3권

그림 5-13 ▣ 소공복(小功服) 각부 명칭

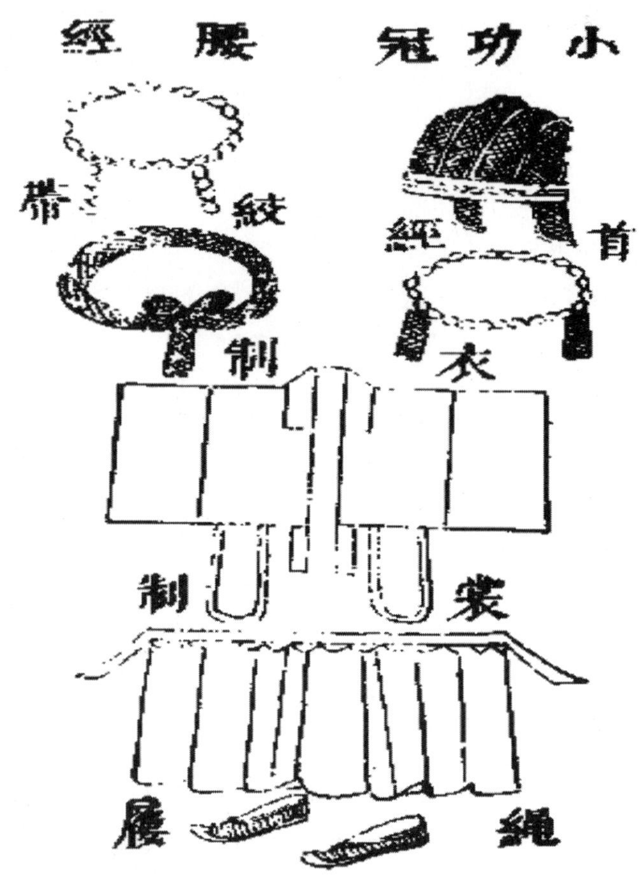

※ 출처: 『삼재도회(三才圖會)』「의복(衣服)」 3권

【549d】

諸侯立五廟, 一壇一墠, 曰考廟, 曰王考廟, 曰皇考廟, 皆月祭之; 顯考廟, 祖考廟, 享嘗乃止; 去祖爲壇, 去壇爲墠, 壇墠有禱焉祭之, 無禱乃止; 去墠爲鬼.

직역 諸侯는 五廟를 立하고, 一壇하고 一**墠**하니, 考廟라 曰하고, 王考廟라 曰하며, 皇考廟라 曰하니, 皆히 月마다 祭하고; 顯考廟와 祖考廟는 享嘗하고서 止하며; 祖를 去하면 壇을 爲하고, 壇을 去하면 **墠**을 爲하며, 壇**墠**에서는 禱가 有하면 祭하고, 禱가 無하면 止하고; **墠**을 去하면 鬼가 爲한다.

의역 제후는 5개의 묘(廟)를 세우고, 1개의 단(壇)과 1개의 선(**墠**)을 두니, 5개의 묘 중에서도 대수(代數)가 가까운 3개의 묘는 고묘(考廟), 왕고묘(王考廟), 황고묘(皇考廟)이며, 이들에 대해서는 모두 달마다 제사를 지낸다. 대수가 먼 나머지 2개의 묘인 현고묘(顯考廟)와 조고묘(祖考廟)에 대해서는 사계절마다 제사를 지낼 뿐이다. 또 조고묘보다도 대수가 더 멀어지게 되면 단(壇)에 모셔서 제사를 지내고, 단(壇)에 모시는 대상보다도 대수가 더 멀어지면 선(**墠**)에 모셔서 제사를 지내는데, 단(壇)과 선(**墠**)에 모시는 대상에 대해서는 기원을 해야 할 일이 있을 때에만 제사를 지내고, 기원할 일이 없다면 제사를 지내지 않는다. 또 선(**墠**)에 모시는 대상보다도 대수가 더 멀어지면 그러한 조상들은 '귀(鬼)'라고 한다.

集說 諸侯太祖之廟, 始封之君也. 月祭三廟, 下於天子也. 顯考 · 祖考, 四時之祭而已. 去祖爲壇者, 高祖之父, 雖遷主寄太祖之廟, 而不得於此受祭, 若有祈禱, 則去太祖之廟而受祭於壇也. 去壇而受祭於墠, 則高祖之祖也.

번역 제후에게 있는 태조의 묘(廟)는 처음 분봉을 받은 군주의 묘이다. 달마다 지내는 제사를 3개의 묘(廟)에서만 하는 것은 천자보다 낮추기 때문이다. 현고(顯考)와 조고(祖考)에 대해서는 사계절마다 제사를 지낼 뿐이다. '거조위단(去祖爲壇)'은 고조부의 부친은 비록 체천되어 그 신주가 태조의 묘(廟)에 의탁해 있더라도 이 장소에서 제사를 받을 수 없고, 만약 기원할 일이 생기면 태조의 묘에서 신주를 꺼내 제단에서 제사를 지내게 된다. 제단에서도 밀려나면 터에서 제사를 지내게 되니, 고조부의 조부를 뜻한다.

孔疏 ●"諸侯立五廟, 一壇一墠"者, 降天子, 故止有五廟. 壇·墠與天子同. 無功德之祖爲二祧也.

번역 ●經文: "諸侯立五廟, 一壇一墠". ○천자보다 낮추기 때문에 단지 5개의 묘(廟)만 세운다. 제단과 터의 경우는 천자와 동일하다. 공덕을 세운 조상에 대해 2개의 조묘(祧廟)에서 모시는 일이 없다.

孔疏 ●"曰考廟, 曰王考廟, 曰皇考廟, 皆月祭之"者, 天子月祭五, 諸侯卑, 故唯得月祭三也.

번역 ●經文: "曰考廟, 曰王考廟, 曰皇考廟, 皆月祭之". ○천자는 5개의 묘(廟)에 대해서 달마다 제사를 지낸다. 그러나 제후는 상대적으로 미천하기 때문에 오직 3개의 묘(廟)에 대해서만 달마다 제사를 지낼 수 있다.

孔疏 ●"顯考廟, 祖考廟, 享嘗乃止"者, 顯考, 高祖也; 祖考, 大祖也. 大祖乃不遷, 而與高祖並不得月祭, 止預四時, 又降天子也.

번역 ●經文: "顯考廟, 祖考廟, 享嘗乃止". ○'현고(顯考)'는 고조부를 뜻한다. '조고(祖考)'는 태조를 뜻한다. 태조의 묘(廟)는 체천시키지 않지만, 고조와 더불어서 달마다 제사를 지낼 수 없고, 단지 사계절마다 제사를 지내니, 이 또한 천자보다 낮추기 때문이다.

孔疏 ●"去祖爲壇"者, 去祖, 謂去大祖也, 卽高祖之父, 諸侯無功德二祧, 若高祖之父亦遷, 卽寄大祖, 而不得於大祖廟受時祭. 唯有祈禱, 則去大祖而往壇受祭也.

번역 ●經文: "去祖爲壇". ○'거조(去祖)'는 태조의 묘에서 빼낸다는 뜻이니, 고조부의 부친을 의미하며, 제후에게는 공덕을 세운 조상에 대해 세우는 2개의 조묘(祧廟)가 없다. 따라서 고조부의 부친이 체천되면, 태조의 묘에 신주를 의탁해두지만, 태조의 묘에서는 제사를 지낼 수 없다. 다만 기원할 일이 발생하면, 태조의 묘에서 신주를 꺼내 제단에서 제사를 지내게 된다.

訓纂 劉歆曰: 春秋傳曰, "日祭·月祀·時享·歲貢·終王." 祖禰則日祭, 高曾則月祀, 二祧則時享, 壇墠則歲貢, 大禘則終王. 彌遠彌尊, 故禘爲重矣.

번역 유흠이 말하길, 『춘추전』에서는 일제(日祭)·월사(月祀)·시향(時享)·세공(歲貢)·종왕(終王)이라고 했다.49) 조부와 부친에 대해서는 날마다 제사를 지내고, 고조부와 증조부에 대해서는 달마다 제사를 지내며, 2개의 조묘(祧廟)에 대해서는 사계절마다 제사를 지내고, 제단과 터에 모시는 대상에 대해서는 1년에 한 차례 제사를 지내며, 성대한 체(禘)제사는 군주의 통치 기간 중 한 차례 제사를 지낸다. 대수가 멀어질수록 더욱 존귀하게 여기기 때문에 체(禘)제사를 중대하게 여긴다.

集解 朱子曰: 月享無明文, 只祭法·國語有之, 恐未足據.

번역 주자가 말하길, 달마다 지내는 제사에 대해서는 명확한 기록이 없고, 단지 「제법」편과 『국어』에만 있을 뿐이므로, 아마도 근거로 삼기에는 충분치 않은 것 같다.

集解 愚謂: 周禮及春秋經·傳皆言"四時祭宗廟"而已, 惟國語有"日祭"·"月祀"之文. 日祭蓋謂喪中朝夕奠, 月祀蓋謂每月告朔也. 此篇言天子四親廟及大廟皆月祭, 諸侯曾祖以下皆月祭, 以爲告朔則不可通. 蓋天子告朔於明堂, 不於廟; 諸侯告朔於大廟, 不及群廟也. 此外惟有薦新之禮, 然新物非每月皆有, 若告朔·薦新之外又有月祭, 則瀆而不敬. 諸侯月祭, 止及曾祖, 而高祖·

---

49) 『국어(國語)』「주어상(周語上)」: 日祭·月祀·時享·歲貢·終王, 先王之訓也.

大祖不與, 則又有豐昵之嫌. 先王之典, 必不如此.

번역 내가 생각하기에, 『주례』와 『춘추』의 경문 및 전문에서는 모두 “사계절마다 종묘에서 제사를 지낸다.”라고 했을 뿐이며, 『국어』에서만 ‘일제(日祭)’나 ‘월사(月祀)’라는 기록이 나온다. 일제(日祭)는 아마도 상을 치르며 아침저녁으로 올리는 전제사[50]를 뜻하는 것 같고, 월사(月祀)는 아마도 매월 시행하는 고삭(告朔)[51]을 뜻하는 것 같다. 「제법」편에서는 천자는 4대(代)의 조상 묘(廟) 및 태묘에 대해서 모두 달마다 제사를 지낸다고 했고, 제후는 증조부로부터 그 이하의 조상에 대해서 모두 달마다 제사를 지낸다고 했는데, 이것을 고삭의 의례로 여긴다면 뜻이 통하지 않는다. 무릇 천자는 명당(明堂)에서 고삭을 시행했고, 묘(廟)에서 시행하지 않았다. 또 제후는 태묘에서 고삭을 시행했고, 뭇 묘들에 대해서 시행하지 않았기 때문이다. 이 외에는 오직 천신(薦新)[52]의 예법만 있는데, 새로 생산된 사물은 매월마다 바칠 수 없으니, 고삭과 천신 이외에 별도로 월제(月祭)가 있다면, 너무 거리낌 없이 굴어 공경스러운 태도가 아니다. 제후가 월제를 지내며 증조부까지만 지내고, 고조부와 태조를 포함시키지 않았다면, 또한 너무 친근한 대상에게만 제사를 지낸다는 혐의를 받게 된다. 따라서 선왕

---

50) 전제(奠祭)는 죽은 자 및 귀신들에게 음식을 헌상하는 제사이다. 상례(喪禮)를 치를 때, 빈소를 차리고 나면, 매일 아침과 저녁에 음식을 바치며 제사를 지내게 되는데, ‘전제’는 주로 이러한 제사를 뜻한다.

51) 고삭(告朔)은 ‘곡삭’이라고도 읽는다. 천자가 계동(季冬) 때 다음 해의 달력을 내려준 것을 뜻한다. 천자가 제후에게 달력인 삭(朔)을 반포하게 되면, 제후는 그것을 조묘(祖廟)에 보관하였다가 삭일(朔日)에 이르러 묘(廟)에서 고(告)제사를 지내고, 그것을 꺼내서 시행하게 되는데, 이러한 의식 자체를 ‘고삭’으로 부르기도 했다. 따라서 ‘고삭’은 매월 초하루마다 지내는 제사를 범칭하는 용어로도 사용된다. 『주례』「춘관(春官)·대사(大史)」편에는 “頒告朔于邦國.”이라는 기록이 있고, 이에 대한 정현의 주에서는 “天子頒朔于諸侯, 諸侯藏之祖廟, 至朔朝于廟, 告而受行之.”라고 풀이했다.

52) 천신(薦新)은 각 계절별로 생산된 신선한 음식물들을 바치는 제사를 가리킨다. 초하루와 보름마다 성대하게 지내는 전제사[奠祭]를 가리키기도 한다. 『의례』「기석례(既夕禮)」편에는 “朔月, 若薦新, 則不饋于下室.”이란 기록이 있고, 『예기』「단궁하(檀弓上)」편에는 “有薦新, 如朔奠.”이란 기록이 있다.

이 제정한 법도에 따른다면 반드시 이와 같지는 않았을 것이다.

그림 5-14 ▣ 제후의 오묘(五廟)

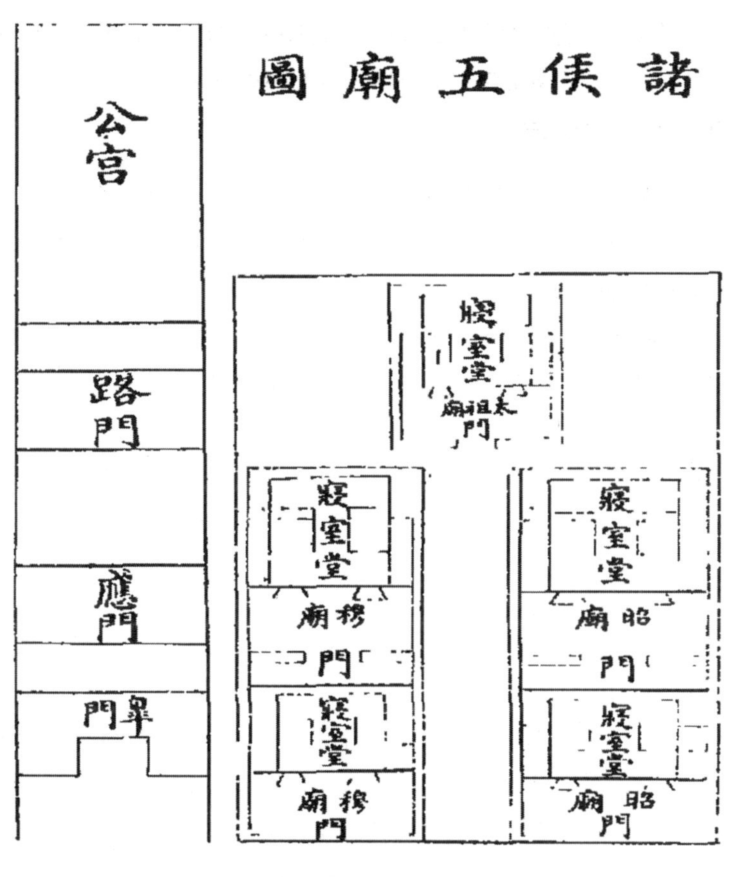

※ 출처: 『의례도(儀禮圖)』「의례방통도(儀禮旁通圖)」

【550a】

大夫立三廟, 二壇, 曰考廟, 曰王考廟, 曰皇考廟, 享嘗乃止; 顯考·祖考無廟, 有禱焉, 爲壇祭之; 去壇爲鬼.

직역 大夫는 三廟를 立하고, 二壇하니, 考廟라 曰하고, 王考廟라 曰하며, 皇考廟라 曰하니, 享嘗하고서 止하며; 顯考와 祖考에는 廟가 無하며, 禱가 有하면, 壇을 爲하여 祭하고; 壇을 去하면 鬼가 爲한다.

의역 대부는 3개의 묘(廟)를 세우고, 2개의 단(壇)을 두니, 3개의 묘는 고묘(考廟), 왕고묘(王考廟), 황고묘(皇考廟)이며, 이들에 대해서는 사계절마다 제사를 지낼 뿐이다. 현고(顯考)와 조고(祖考)에 대해서는 해당하는 묘가 없고, 기원해야 할 일이 있을 때에는 단(壇)에 모셔서 제사를 지낸다. 단(壇)에 모시는 대상보다도 대수가 더 멀어지면 그러한 조상들은 '귀(鬼)'라고 한다.

集說 大夫三廟, 有廟而無主, 其當遷者, 亦無可遷之廟, 故有禱則祭於壇而已. 然墠輕於壇, 今二壇而無墠者, 以太祖雖無廟, 猶重之也. 去壇爲鬼, 謂高祖若在遷去之數, 則亦不得受祭於壇, 祈禱亦不得及也.

번역 대부는 3개의 묘(廟)를 세우는데, 묘만 있고 신주는 없으며, 체천을 시켜야 하는 대상에 대해서도 체천시킬 수 있는 묘가 없다. 그렇기 때문에 기원할 일이 생기면 제단에서 제사를 지낼 따름이다. 그런데 터는 제단보다 상대적으로 덜 중요한데도, 현재 이곳에서는 2개의 제단을 마련하고 터는 마련하지 않는다고 했다. 그 이유는 태조에 대해서는 비록 묘를 세우지 않지만 여전히 중시여기기 때문이다. '거단위귀(去壇爲鬼)'는 고조부가 만약 체천시켜야 하는 대수(代數)에 해당한다면, 또한 제단에서도 제사를 지낼 수 없으니, 기원을 할 때에도 그 대상까지는 제사를 지낼 수 없다는 뜻이다.

孔疏 ●"大夫立三廟二壇"者, 大夫異於君, 故立二壇, 而不墠也.

번역 ●經文: "大夫立三廟二壇". ○대부는 군주와 차이를 두기 때문에

2개의 제단을 세우고 터는 세우지 않는다.

孔疏 ●"顯考 · 祖考無廟"者, 以其卑, 故高祖 · 大祖無廟也.

번역 ●經文: "顯考 · 祖考無廟". ○신분이 미천하기 때문에 고조부와 태조에 대해서는 묘(廟)를 세우지 않는다.

孔疏 ●"有禱焉, 爲壇祭之"者, 大夫無主, 故無所寄藏, 而高 · 大二祖旣又無廟, 若應有祈禱, 則爲壇祭之. 二壇之設, 實爲於此矣. 然墠輕於壇, 今二壇無墠者, 爲大祖雖無廟, 猶重之故也.

번역 ●經文: "有禱焉, 爲壇祭之". ○대부는 신주가 없기 때문에 의탁해서 보관할 것이 없고, 고조부와 태조라는 두 조상에 대해 또한 묘를 세우지 않으니, 만약 기원해야 할 일이 생기면 제단에서 제사를 지낸다. 2개의 제단을 설치하고 실제로 이곳에서 제사를 지낸다. 그런데 터는 제단보다 상대적으로 덜 중요한데도, 현재 이곳에서는 2개의 제단을 마련하고 터는 마련하지 않는다고 했으니, 태조에 대해서는 비록 해당하는 묘가 없지만 여전히 중시 여기기 때문이다.

孔疏 ●"去壇爲鬼"者, 謂高祖若遷去於壇, 則爲鬼, 不復得祭, 但薦之於大祖壇而已. 若大夫有大祖之廟者, 其義已具在王制疏.

번역 ●經文: "去壇爲鬼". ○고조부에 대해 만약 제단에서 체천시켜야 한다면 귀(鬼)로 여기며 재차 제사를 지내지 않는다. 다만 태조에 대한 제단에서 천(薦)만 할 따름이다. 대부 중 태조의 묘를 가지고 있는 자의 경우라면, 해당하는 의미는 이미 『예기』「왕제(王制)」편의 소에서 설명했다.

訓纂 盧注: 天子之大夫也.

번역 노식[53]의 주에서 말하길, 천자에게 소속된 대부를 뜻한다.

集解 愚謂: 王制, "大夫三廟, 一昭一穆, 與大祖之廟而三." 今此曾祖有廟, 而大祖乃無廟, 亦非也. 大夫非大宗子則以曾祖備三廟耳.

번역 내가 생각하기에, 『예기』「왕제(王制)」편에서는 "대부는 3개의 묘(廟)를 두니, 1개의 소묘(昭廟) 및 1개의 목묘(穆廟)와 태조의 묘를 합하여 3개가 된다."[54]라고 했다. 현재 이곳에서는 증조부에 대해서는 묘를 세우지만 태조에 대해서는 묘를 세우지 않는다고 했으니, 이 또한 잘못된 말이다. 대부 중 대종의 자식이 아닌 경우여야만, 증조부까지 모두 3개의 묘를 갖췄을 따름이다.

【550a~b】

適士二廟一壇, 曰考廟, 曰王考廟, 享嘗乃止; 皇[55]考無廟, 有禱焉, 爲壇祭之; 去壇爲鬼.

---

53) 노식(盧植, A.D.159?~A.D.192) : =노씨(盧氏). 후한(後漢) 때의 유학자이다. 자(字)는 자간(子幹)이다. 어려서 마융(馬融)을 스승으로 섬겼다. 영제(靈帝)의 건녕(建寧) 연간(A.D.168~A.D.172)에 박사(博士)가 되었다. 채옹(蔡邕) 등과 함께 동관(東觀)에서 오경(五經)을 교정했다. 후에 동탁(董卓)이 소제(少帝)를 폐위시키자, 은거하며 『상서장구(尙書章句)』, 『삼례해고(三禮解詁)』를 저술했지만, 남아 있지 않다.

54) 『예기』「왕제(王制)」【159a】: 天子七廟, 三昭三穆, 與大祖之廟而七, 諸侯五廟, 二昭二穆, 與大祖之廟而五, <u>大夫三廟, 一昭一穆, 與大祖之廟而三</u>, 士一廟, 庶人祭於寢.

55) '황(皇)'자에 대하여. 『십삼경주소(十三經注疏)』 북경대 출판본에서는 '황'자를 '현(顯)'자로 기록하고 있으며, "『민본(閩本)』·『감본(監本)』·『모본(毛本)』·『석경(石經)』·『악본(岳本)』·『가정본(嘉靖本)』 및 위씨(衛氏)의 『집설(集說)』에서는 동일하게 '현'자로 기록하고 있다. 진호(陳澔)의 『집설(集說)』에서는 '황'자로 기록하였다. 『경전석문(經典釋文)』에서는 '현고무묘(顯考無廟)라고 했는데, 현(顯)자의 음은 황(皇)이니 정현의 주에 따른 것이다.'라고 했다. 『석경고문제요(石經考文提要)』에서는 '『송대자본(宋大字本)』·『송본구경(宋本九經)』·『남송건상본(南宋巾箱本)』·『여인중본(余仁仲本)』·『유숙강본(劉叔剛本)』에서는 모두 현고(顯考)라고 기록했다. 이것은 한·당·송나라 이후로 현(顯)자는 마땅히 황(皇)자가 되어야 함을 알았음에도 감히 기록을

직역 適士는 二廟하고 一壇하니, 考廟라 曰하고, 王考廟라 曰하니, 享嘗하고서 止하며; 皇考에는 廟가 無하며, 禱가 有하면, 壇을 爲하여 祭하고; 壇을 去하면 鬼가 爲한다.

의역 적사는 2개의 묘(廟)를 세우고 1개의 단(壇)을 두니, 2개의 묘는 고묘(考廟), 왕고묘(王考廟)이며, 이들에 대해서는 사계절마다 제사를 지낼 뿐이다. 황고(皇考)에 대해서는 해당하는 묘가 없고, 기원해야 할 일이 있을 때에는 단(壇)에 모셔서 제사를 지낸다. 단(壇)에 모시는 대상보다도 대수가 더 멀어지면 그러한 조상들은 '귀(鬼)'라고 한다.

集說 適士, 上士也. 天子上·中·下之士, 及諸侯之上士, 皆得立二廟.

번역 '적사(適士)'는 상사(上士)이다. 천자에게 소속된 상사·중사·하사와 제후에게 소속된 상사는 모두 2개의 묘(廟)를 세울 수 있다.

鄭注 王制曰: "大夫·士有田則祭, 無田則薦." 適士, 上士也. 此適士云"顯考無廟", 非也. 當爲"皇考", 字之誤.

번역 『예기』「왕제(王制)」편에서는 "대부와 사 중 전지(田地)를 받은 자는 제사를 지내지만, 전지가 없는 자들은 천(薦)을 한다."[56]라고 했다. '적사(適士)'는 상사(上士)이다. 이곳에서 적사에 대해 '현고무묘(顯考無廟)'라고 했는데, 이것은 잘못된 기록이다. '현고(顯考)'는 마땅히 '황고(皇考)'라고 해야 하니, 글자를 잘못 기록한 것이다.

釋文 適, 丁歷反, 篇內同. 顯考無廟, 顯音皇, 出注.

고칠 수 없었다가 진호가 결국 글자를 고친 것이다.'"라고 했다.

56) 『예기』「왕제(王制)」【162a】: 天子社稷, 皆太牢, 諸侯社稷, 皆少牢, 大夫士宗廟之祭, 有田則祭, 無田則薦. 庶人, 春薦韭, 夏薦麥, 秋薦黍, 冬薦稻. 韭以卵, 麥以魚, 黍以豚, 稻以鴈.

번역 '適'자는 '丁(정)'자와 '歷(력)'자의 반절음이며, 「제법」편에 나오는 이 글자는 모두 이와 같다. '顯考無廟'에서의 '顯'자는 그 음이 '皇(황)'이니, 정현의 주에 나온다.

孔疏 ●"適士二廟一壇"者, 上士也. 天子三等, 諸侯上士, 悉二廟一壇也.

번역 ●經文: "適士二廟一壇". ○상사(上士)를 뜻한다. 천자에게 소속된 세 등급의 사와 제후에게 소속된 상사는 모두 2개의 묘(廟)와 1개의 제단을 세운다.

孔疏 ●"顯考無廟"者, 顯, 當爲皇. 皇考, 曾祖也. 曾祖無廟也.

번역 ●經文: "顯考無廟". ○'현(顯)'자는 마땅히 '황(皇)'자가 되어야 한다. '황고(皇考)'는 증조부를 뜻한다. 증조부에 대해서는 묘(廟)가 없다.

孔疏 ●"有禱焉, 爲壇祭之", 曾祖既無廟, 若有祈禱, 則爲壇祭之. 一壇之設, 爲於此也. 亦無禱乃止.

번역 ●經文: "有禱焉, 爲壇祭之". ○증조부에 대해서 이미 해당하는 묘(廟)가 없는데, 만약 기원해야 할 일이 생기면 제단에서 제사를 지낸다. 1개의 제단을 설치하고 여기에서 제사를 지낸다. 이러한 경우에도 기원할 일이 없으면 제사를 지내지 않는다.

孔疏 ●"去壇爲鬼者", 謂曾祖若遷去於壇, 則爲鬼, 不復祭也.

번역 ●經文: "去壇爲鬼者". ○증조부가 만약 체천되어 제단에서 제외된다면, 귀(鬼)가 되며 재차 제사를 지내지 않는다는 뜻이다.

【550b】

官師一廟, 曰考廟, 王考無廟而祭之, 去王考爲鬼.

직역 官師는 一廟하니, 考廟라 曰하고, 王考에는 廟가 無이나 祭하며, 王考에서 去하면 鬼라 爲한다.

의역 관사는 1개의 묘(廟)를 세우니, 고묘(考廟)이며, 왕고(王考)에 대해서는 해당하는 묘가 없지만 제사를 지내며, 왕고보다 대수가 멀어지면 그러한 조상들은 '귀(鬼)'라고 한다.

集說 官師者, 諸侯之中士·下士爲一官之長者, 得立一廟, 祖禰共之. 曾祖以上若有所禱, 則就廟薦之而已, 以其無壇也.

번역 '관사(官師)'는 제후에게 소속된 중사와 하사 중 한 관부의 수장을 맡고 있는 자이니, 이들은 1개의 묘(廟)를 세워서 조부와 부친을 함께 모실 수 있다. 증조부로부터 그 이상의 조상에 대해서 만약 기원할 일이 생기면 묘(廟)에 나아가 음식을 바칠 따름이니, 제단이 없기 때문이다.

鄭注 官師, 中士·下士.

번역 '관사(官師)'는 중사와 하사이다.

孔疏 ●"官師一廟"者, 謂諸侯中士·下上也. 謂爲官師者, 言爲一官之長也. 一廟, 祖·禰共之, 又無壇也.

번역 ●經文: "官師一廟". ○제후에게 소속된 중사와 하사를 뜻한다. 이들을 '관사(官師)'라고 부르는 것은 그들이 한 관부의 수장이라는 뜻이다. 1개의 묘(廟)를 세우니, 조부와 부친을 함께 모시는 것이며, 또한 제단은 없다.

孔疏 ●"曰考廟"者, 爲父立之也.

번역 ●經文: "曰考廟". ○부친을 위해서 세웠기 때문이다.

孔疏 ●"王考無廟而祭之"者, 王考, 祖也. 雖無廟而猶獲祭也. 謂在考廟者.

번역 ●經文: "王考無廟而祭之". ○'왕고(王考)'는 조부를 뜻한다. 비록 해당하는 묘(廟)가 없지만, 여전히 제사는 지낼 수 있다. 즉 고묘(考廟)에서 지낸다는 뜻이다.

孔疏 ●"去王考爲鬼"者, 謂曾祖則不得祭, 又無壇. 若有祈禱, 則薦之於廟也.

번역 ●經文: "去王考爲鬼". ○증조부의 경우 제사를 지낼 수 없고 또 모시는 제단도 없다는 뜻이다. 만약 기원할 일이 생기면 묘(廟)에서 천(薦)을 한다.

【550b】

庶士·庶人無廟, 死曰鬼.

직역 庶士와 庶人은 廟가 無하니, 死하면 鬼라 曰한다.

의역 서사와 서인들은 묘(廟)가 없으니, 그 조상이 죽게 되면 '귀(鬼)'라고 부르며 침(寢)에서 천(薦)을 한다.

集說 庶士, 府史之屬. 死曰鬼者, 謂雖無廟, 亦得薦之於寢也, 王制云, "庶人祭於寢."

번역 '서사(庶士)'는 부(府)[57]나 사(史)[58] 등의 부류이다. '사왈귀(死曰

鬼)'는 비록 묘(廟)가 없더라도 또한 침(寢)에서 천(薦)을 할 수 있다는 뜻이니, 『예기』「왕제(王制)」편에서는 "서인은 침(寢)에서 제사를 지낸다."[59]라고 했다.

大全 馬氏曰: 分地建國, 置都立邑, 雖其地之大小不同, 要之不出於孝饗而已. 說者, 以爲七廟之中, 祧廟二, 則爲文武之廟, 其說非也. 遠廟爲祧, 而二祧之廟, 止於享嘗而已. 苟文武之廟, 而祭止享嘗, 亦非先王所以尊祖宗之意也. 祧者, 有去之意. 說者, 以爲從兆者, 則以禮示之. 如孟子所謂爲之兆, 而有始之意也. 親盡而服窮, 祧所以去之, 以有可毁之理而毁之, 不可以無漸, 故去祧爲壇, 去壇爲墠. 二祧廟享嘗乃止, 則有常禮也, 至於壇墠無禱乃止, 則無常禮也. 去墠爲鬼, 則與庶人同. 凡此者皆先王親親之殺也. 天子之廟, 其常數止於七, 而其功德之大, 則數有加焉. 至諸侯止五廟而已. 雖有功德而數不增, 雖無功德而數不減, 先王之禮如此也. 王制所謂太祖則無可毁之理, 此天子諸侯大夫之廟, 而曰去祖爲壇, 則祖有可毁之理, 何也? 蓋祭法爲無功德者言之, 王制爲有功德者言之, 此其所以不同也.

번역 마씨가 말하길, 땅을 나눠주고 나라를 세워주며, 도(都)와 읍(邑)을 건립한다고 했는데, 비록 그 땅에 있어서는 크기에 차이가 있지만, 요약해보면 제사를 지낸다는 뜻에서 벗어나지 않을 따름이다. 해설하는 자에 따라서는 조묘(祧廟)가 7개의 묘(廟) 안에 포함된다고 여겨서, 조묘 2개는

---

57) 부(府)는 각 관부에 소속된 하급 관리 중 하나이다. 각 관부의 창고에 부관된 재화나 물건 등을 담당했던 관리이다. 『주례』「천관총재(天官冢宰)」편에는 "府, 六人; 史, 十有二人."이라는 기록이 있는데, 이에 대한 정현의 주에서는 "府, 治藏."이라고 풀이했고, 손이양(孫詒讓)의 『정의(正義)』에서는 "凡治藏之吏亦通謂之府也."라고 풀이했다.

58) 사(史)는 각 관부에 소속된 하급 관리 중 하나이다. 각 관부의 문서기록 및 보관, 그리고 문서기록과 관련된 각종 부수자재 등을 담당했던 관리이다. 『주례』「천관(天官) · 재부(宰夫)」편에는 "六曰史, 掌官書以贊治."라는 기록이 있는데, 이에 대한 정현의 주에서는 "贊治, 若今起文書草也."라고 풀이했다.

59) 『예기』「왕제(王制)」【159a】: 天子七廟, 三昭三穆, 與大祖之廟而七, 諸侯五廟, 二昭二穆, 與大祖之廟而五, 大夫三廟, 一昭一穆, 與大祖之廟而三, 士一廟, 庶人祭於寢.

문왕과 무왕의 묘가 된다고 했는데, 그 주장은 잘못되었다. 대수가 먼 조상의 묘(廟)는 조묘가 되고, 2개의 조묘에 대해서는 사계절마다의 제사로 그친다고 했을 뿐이다. 만약 문왕과 무왕의 묘에 대해서 사계절마다의 제사로만 그친다면, 이 또한 선왕이 조(祖)와 종(宗)을 존숭하도록 했던 뜻에 해당하지 않는다. '조(祧)'자에는 떠난다는 뜻이 있다. 해설하는 자에 따라서는 이 글자에 '조(兆)'자가 포함되어 있으니, 예법에 따라 보여준다고 여겼다. 『맹자』에서 말한 "조짐을 보였다."60)라는 경우에는 시작한다는 의미가 있다. 대수(代數)가 다하면 상복관계도 끝나게 되니 조(祧)는 떠나보내는 것이며, 훼철할 수 있는 이치가 있어서 훼철시키지만 점진적인 면이 없을 수 없기 때문에, 조묘에서 떠나면 제단에서 지내고 제단에서 떠나면 터에서 지낸다. 2개의 조묘에 대해서 사계절마다 제사를 지내는데 그친다면 일정한 예법이 있는 것이며, 기원할 일이 없을 때 제단과 터에서 제사를 지내지 않는다면 일정한 예법이 없는 것이다. 터에서 떠나게 되어 귀(鬼)가 된다면, 이것은 서인의 경우와 동일하다. 무릇 이러한 것들은 모두 선왕이 친근한 자를 친근하게 대할 때 점진적으로 낮춘 규정에 해당한다. 천자의 묘에 있어서 규정된 수치는 7개에서 그치지만, 공덕을 크게 세운 자가 있다면 그 수가 증가된다. 제후에게 있어서는 5개의 묘(廟)만 세울 수 있을 따름이다. 따라서 비록 공덕을 세운 자가 있더라도 정해진 수에서 더 늘릴 수 없고, 비록 공덕을 세운 자가 없더라도 정해진 수에서 줄일 수 없으니, 선왕이 제정한 예법이 이와 같다. 『예기』「왕제(王制)」편에서 말한 '태조(太祖)'에 대해서는 훼철시킬 수 있는 도리가 없는데, 이곳에서는 천자·제후·대부의 묘에 대해서 "조(祖)에서 떠나면 제단에서 지낸다."라고 했으니, 조(祖)에 대해서 훼철시킬 수 있는 이치가 있는 것은 어째서인가? 무릇 「제법」편의 내용은 공덕이 없는 자의 경우로 말한 것이며, 「왕제」편의 경우는 공덕이 있는 자의 경우로 말한 것이니, 이것이 서로 차이를 보이는 이유이다.

---

60) 『맹자』「만장하(萬章下)」: 曰, 爲之兆也. 兆足以行矣, 而不行, 而後去, 是以未嘗有所終三年淹也.

鄭注 庶士, 府史之屬.

번역 '서사(庶士)'는 부(府)나 사(史) 등의 부류이다.

孔疏 ●"庶士·庶人無廟"者, 庶士, 府史之屬. 庶人, 平民也. 賤, 故無廟也.

번역 ●經文: "庶士·庶人無廟". ○'서사(庶士)'는 부(府)나 사(史) 등의 부류이다. '서인(庶人)'은 평민들을 뜻한다. 그들은 미천하기 때문에 묘(廟)를 세울 수 없다.

孔疏 ●"死曰鬼"者, 旣無廟, 故死則曰鬼. 鬼亦得薦之於寢也. 王制云"庶人祭於寢", 是也.

번역 ●經文: "死曰鬼". ○이미 묘(廟)가 없다고 했기 때문에, 죽게 되면 '귀(鬼)라고 부른다고 했다. 귀(鬼)에 대해서는 또한 침(寢)에서 천(薦)을 할 수 있다. 『예기』「왕제(王制)」편에서 "서인은 침(寢)에서 제사를 지낸다."라고 한 말이 이러한 사실을 나타낸다.

孔疏 ◎注"建國"至"之誤". ○正義曰: 引"書曰三壇同墠"者, 證壇·墠之義. 按金縢"武王有疾, 周公爲之請命, 爲三壇同墠, 以告大王·王季·文王", 故三壇也. 云"王·皇皆君也. 顯, 明也. 祖, 始也"者, 皆爾雅·釋詁文. 云"天子遷廟之主, 以昭穆合藏於二祧之中"者, 昭之遷主, 其數雖多, 總合藏武王祧中. 穆之遷主, 總合藏文王祧中. 故鄭注周禮·守祧"先公遷主, 藏於后稷之廟. 先王之遷主, 藏于文·武之廟". 鄭必知然者, 按文二年八月丁卯"大事于大廟", 公羊傳云"大事者何? 大祫也. 毁廟之主, 陳于太祖". 是毁廟在大廟, 祫乃陳之, 故知不窋以下先公遷主藏于后稷廟也. 文·武二廟旣不毁, 則文武以下遷主, 不可越文·武上藏后稷之廟, 故知藏於文·武廟也. 此遷主所藏曰祧者, 是對例言之耳. 若散而通論, 則凡廟曰祧. 故昭元年左傳云"其敢愛豐氏之祧?", 彼祧, 遠祖廟也. 襄九年左傳云: "君冠, 必以先君之祧處之." 服虔注云: "曾祖之廟曰祧者, 以魯襄公於時冠於衛成公之廟, 成公是衛今君之曾祖, 曰祧也.” 云“享嘗, 謂四時之祭”者, 以四時之祭, 秋嘗物之備具, 故持擧享嘗以明四時之祭. 此經祖·禰月祭, 楚語云“日祭祖禰”, 非鄭義, 故異義駁鄭所不用. 云“鬼亦在祧, 顧遠之於無事, 祫乃祭之爾”者, 以壇·墠之主祈禱禮畢, 乃藏之於祧. 去墠爲鬼主, 亦如壇·墠之主藏在祧, 故云“亦”也. 旣俱在祧, 所以特名鬼者, 反顧以其疏遠, 主在無事, 唯祫乃祭之, 故特曰鬼也. 引春秋文二年傳者, 證毁廟之主, 祫祭乃及. 云“魯煬公者[61], 伯禽之子也, 至昭公·定公, 久已爲鬼, 而季氏禱之, 而立其宮, 則鬼之主在祧明矣”者, 鄭引更證明鬼主恒在. 春秋定公元年立煬宮, 依世本, 煬公, 伯禽之子, 定公元年始立煬公宮, 于時昭公出·定公未入之前, 季氏禱于煬公之鬼, 明知于煬公鬼主而禱之也. 云“唯天子·諸侯有主禘祫”者, 按王制天子諸侯有禘祫, 故知有主. 云“大夫有祖考者, 亦鬼其百世”者, 按王制云“大夫三廟, 一昭一穆, 與大祖而三”, 大祖卽是大夫之祖考, 旣有祖考, 明應遷之祖, 以制幣招其神而藏焉, 故云“亦鬼其百世”. 大夫若無祖考, 只得立曾祖與祖及父三廟而已, 則不得鬼百世也. 云“不禘·祫無主爾”者, 雖有百世之鬼, 不得禘祫無主爾. 按左傳衛大夫孔悝有主者, 鄭駁異義從公羊說“大夫無主”, 許君謹按“卿大夫士無昭穆, 不得有主”, 鄭云“孔悝祏主者, 祭其所出之君, 爲之主耳”. 宗廟之主所用之木, 按異義: “今春秋公羊說‘祭有主者, 孝子以[62]主繫心, 夏后氏以松, 殷人以柏, 周人以栗’. 又周禮說‘虞主用桑, 練主以栗’, 無夏后氏以松爲主之事. 許君謹按: ‘從周禮說’, 論語所云‘謂社主也’.” 鄭氏無駁, 從許義也. 其主之制, 按漢儀: “高帝廟主九寸, 前方後圓, 圍一尺. 后主七寸.” 文二年作僖公主, 何休云: “主狀正方, 穿中央, 達四方. 天子長一尺二寸, 諸侯長一尺.” 此是木主之制也. 云“其無祖考”者, 上旣明其有祖考之文, 此明無祖考者, 謂庶士以下及官師等, 并適士等,

---

61) ‘자(者)’자에 대하여. ‘자’자 뒤에는 본래 ‘자(自)’자가 기록되어 있었는데, 완원(阮元)의 『교감기(校勘記)』에서는 “혜동(惠棟)의 『교송본(校宋本)』에는 ‘자(自)’자가 없으니, 이곳 판본에는 잘못하여 연문으로 들어간 것이다.”라고 했다.

62) ‘이(以)’자에 대하여. ‘이’자는 본래 ‘지(之)’자로 기록되어 있었는데, 손이양(孫詒讓)의 『교기(校記)』에서는 “진수기(陳壽祺)는 ‘지’자는 마땅히 ‘이’자가 되어야 하니, 『초학기(初學記)』에서 인용하고 있는 『백호통(白虎通)』의 기록에서도 ‘이’자로 기록했으니, 이것을 증거로 삼을 수 있다.”라고 했다.

總擧有祖考之人於前, 歷說無祖考之人於下. 云"庶士以下鬼其考 · 王考"者, 此卽無祖考之一色. 庶士及庶人無廟, 故鬼其祖父與於寢中薦之. 云"官師鬼其皇考"者, 此又是無祖考之一色, 官師一廟, 祖 · 禰共之, 曾祖無廟, 故曰鬼其皇考於祖廟, 而薦皇考也. 云"適士鬼其顯考"者, 此又是無祖考之一色, 適士得立祖 · 禰二廟, 又立曾祖一壇, 唯高祖爲鬼, 故云"鬼其顯考"而已. 就曾祖之壇, 而薦顯考, 諸本或云大夫·適士者, 若大夫鬼其顯考, 於義不合. 庾氏云: "諸侯之大夫云'大夫祖考, 謂別子也'者, 以上云大夫有祖考, 故鄭明之, 云'大夫祖考, 謂別子也'". 謂於周之世, 別子爲卿, 大夫後世子孫立其廟不毁, 謂之祖考. 雖於周之世, 非別子爲大夫, 但立父·祖及曾祖三廟, 無祖考廟者, 則經中三廟是也. 若夏 · 殷之世, 雖非別子, 但始爵者及異姓爲卿大夫者, 其後世子孫皆立之爲祖考, 此義已具於王制. 云"凡鬼者薦而不祭"者, 若其薦祭俱爲, 則鬼與見廟, 其事何異? 若都不薦祀, 何須存鬼? 薦輕於祭, 鬼疏於廟, 故知薦而不祭. 云"此適士云'顯考無廟', 非也"者, 適士二廟, 祖廟 · 禰廟, 曾祖無廟. 故云"顯考無廟, 非也", 是顯考當爲皇考, 字之誤也.

번역 ◎鄭注: "建國"~"之誤". ○정현이 "『서』에서는 '3개의 제단을 만드는데 터는 동일하게 했다.'라고 했다."라고 했는데, 이것은 제단[壇]과 터[墠]의 뜻을 증명한 것이다. 『서』「금등(金縢)」편을 살펴보면, "무왕에게 병이 생겨, 주공은 그 일로 인해 명령을 내려주길 청원하여, 3개의 제단을 만드는데 터는 동일하게 하여, 태왕 · 왕계 · 문왕에게 아뢰었다."라고 했다.[63] 그렇기 때문에 3개의 제단을 만든 것이다. 정현이 "'왕(王)'자와 '황(皇)'자는 모두 군주[君]라는 뜻이다.[64] '현(顯)'자는 "밝다[明]."는 뜻이다.[65] '조(祖)'자는 시조[始]를 뜻한다.[66]"라고 했는데, 이 모두는 『이아』「석고(釋詁)」편의 문장이다. 정현이 "천자는 천묘(遷廟)한 신주는 소목(昭穆)

---

63) 『서』「주서(周書) · 금등(金縢)」: 旣克商二年, 王有疾, 弗豫, 二公曰, 我其爲王穆卜. 周公曰, 未可以戚我先王. 公乃自以爲功, 爲三壇同墠, 爲壇於南方, 北面, 周公立焉, 植璧秉珪, 乃告大王王季文王.

64) 『이아』「석고(釋詁)」: 林 · 烝 · 天 · 帝 · 皇 · 王 · 后 · 辟 · 公 · 侯, 君也.

65) 『이아』「석고(釋詁)」: 緝熙 · 烈 · 顯 · 昭 · 晧 · 熲, 光也.

66) 『이아』「석고(釋詁)」: 初 · 哉 · 首 · 基 · 肇 · 祖 · 元 · 胎 · 俶 · 落 · 權輿, 始也.

의 질서에 따라 2개의 조묘(祧廟)에 보관한다."라고 했는데, 소묘(昭廟)에서 천묘된 신주는 그 수가 비록 많더라도 총괄적으로 무왕의 조묘 안에 보관한다. 목묘(穆廟)에서 천묘된 신주는 총괄적으로 문왕의 조묘 안에 보관한다. 그렇기 때문에 『주례』「수조(守祧)」편에 대한 정현의 주에서는 "선공 중 천묘된 신주는 후직의 묘에 보관한다. 선왕 중 천묘된 신주는 문왕과 무왕의 묘에 보관한다."[67]라고 한 것이다. 정현이 이러한 사실을 확실히 알 수 있었던 이유는 문공(文公) 2년 8월 정묘(丁卯)일의 기록을 살펴보면, "태묘에서 대사(大事)를 치렀다."[68]라고 했고, 『공양전』에서는 "대사(大事)란 무엇인가? 성대한 협(祫)제사를 뜻한다. 훼철된 묘의 신주를 태조의 묘(廟)에 진열한다."[69]라고 했다. 이것은 훼철된 묘의 신주가 태묘에 있고, 협(祫)제사를 지내게 되면 신주를 진열한다는 사실을 나타낸다. 그렇기 때문에 불줄(不窋)로부터 그 이하의 선공 중 천묘된 신주는 후직의 묘(廟)에 보관한다는 사실을 알았던 것이다. 문왕과 무왕의 묘(廟) 자체는 훼철되지 않으니, 문왕과 무왕으로부터 그 이하의 조상 중 체천된 신주는 문왕과 무왕을 뛰어넘어 그 위의 조상인 후직의 묘에 보관할 수 없다. 그렇기 때문에 문왕과 무왕의 묘에 보관한다는 사실을 알 수 있다. 이곳에서는 체천된 신주를 모시는 장소에 대해서 '조(祧)'라고 불렀는데, 이것은 서로 대비해서 나열시켜 말한 것일 뿐이다. 만약 범범하게 말하게 된다면, 모든 묘(廟)에 대해서 '조(祧)'라고 부른다. 그러므로 소공(昭公) 1년에 대한 『좌전』의 기록에서는 "풍씨의 조묘를 어찌 감히 아끼겠습니까?"[70]라고 말한 것이니, 이 기록에서 말한 '조(祧)'는 대수가 먼 조상의 묘(廟)를 뜻한다. 그리고 양공(襄公) 9년에 대한 『좌전』의 기록에서는 "군주의 관례(冠禮)는 반드시

---

67) 이 문장은 『주례』「춘관(春官)·수조(守祧)」편의 "守祧掌守先王先公之廟祧, 其遺衣服藏焉."이라는 기록에 대한 정현의 주이다.

68) 『춘추』「문공(文公) 2년」: 八月, 丁卯, 大事于大廟.

69) 『춘추공양전』「문공(文公) 2년」: 大事者何? 大祫也. 大祫者何? 合祭也, 其合祭奈何? 毁廟之主, 陳于大祖. 未毁廟之主, 皆升, 合食于大祖.

70) 『춘추좌씨전』「소공(昭公) 1년」: 子羽曰, "小國無罪, 恃實其罪. 將恃大國之安靖己, 而無乃包藏禍心以圖之? 小國失恃, 而懲諸侯, 使莫不憾者, 距違君命, 而有所壅塞不行是懼. 不然, 敝邑, 館人之屬也, 其敢愛豐氏之祧?"

선군의 조묘에서 시행합니다."[71]라고 했고, 복건[72]의 주에서는 "증조부의 묘를 '조(祧)'라고 부르는 것은 노나라 양공은 당시 위(衛)나라 성공(成公)의 묘에서 관례를 치렀는데, 성공은 당시 위나라 군주의 증조부가 된다. 그렇기 때문에 '조(祧)'라고 말한 것이다."라고 했다. 정현이 "'향상(享嘗)'은 사계절마다 지내는 제사를 뜻한다."라고 했는데, 사계절마다 지내는 제사는 가을의 상(嘗)[73]제사 때 제수를 온전히 갖춘다. 그렇기 때문에 특별히 '향상(享嘗)'이라고 제시하여 사계절의 제사를 나타낸 것이다. 이곳 경문에서는 조부와 부친에 대해서 달마다 제사를 지낸다고 했는데, 『국어』「초어(楚語)」편에서는 "조부와 부친에게서는 날마다 제사를 지낸다."[74]라고 했으니 정현의 뜻과 위배된다. 그렇기 때문에 『오경이의』에서는 정현이 이 주장을 채택하지 않은 것을 비판하였다. 정현이 "'귀(鬼)' 또한 조묘에 있게 되는데, 대수가 더욱 멀어서 제사를 지내지 않지만, 협(祫)제사를 지내게 되면 그들에게도 제사를 지낼 따름이다."라고 했는데, 제단과 터에서 제사를 지내는 신주는 기원하는 제례 절차가 끝나면, 곧 조묘에 보관한다. 그리고 터에서도 떠나게 된 신주는 귀주(鬼主)가 되며, 이 또한 제단과 터에서

---

71) 『춘추좌씨전』「양공(襄公) 9년」: 武子對曰, "君冠, 必以祼享之禮行之, 以金石之樂節之, 以先君之祧處之. 今寡君在行, 未可具也, 請及兄弟之國而假備焉."

72) 복건(服虔, ?~?) : 후한대(後漢代)의 유학자이다. 자(字)는 자신(子愼)이다. 초명은 중(重)이었으며, 기(祇)라고도 불렀다. 후에 이름을 건(虔)으로 고쳤다. 『춘추좌씨전(春秋左氏傳)』에 주석을 남겼지만, 산일되어 전해지지 않는다. 현재는 『좌전가복주집술(左傳賈服注輯述)』로 일집본이 편찬되었다.

73) 상(嘗)은 가을에 종묘(宗廟)에서 지내는 제사를 뜻한다. 『이아』「석천(釋天)」편에는 "春祭曰祠, 夏祭曰礿, 秋祭曰嘗, 冬祭曰烝."이라는 기록이 있다. 즉 봄에 지내는 제사를 '사(祠)'라고 부르며, 여름에 지내는 제사를 '약(礿)'이라고 부르고, 가을에 지내는 제사를 '상(嘗)'이라고 부르며, 겨울에 지내는 제사를 '증(烝)'이라고 부른다. 한편 '상'제사는 성대한 규모로 거행하였기 때문에, '대상(大嘗)'이라고도 불렀으며, 가을에 지낸다는 뜻에서, '추상(秋嘗)'이라고도 불렀다. 또한 『춘추번로(春秋繁露)』「사제(四祭)」편에서는 "四祭者, 因四時之所生孰而祭其先祖父母也. 故春曰祠, 夏曰礿, 秋曰嘗, 冬曰蒸. …… 嘗者, 以七月嘗黍稷也."이라고 하여, 가을 제사인 상(嘗)제사는 7월에 시행하며, 서직(黍稷)을 흠향하도록 지낸다는 뜻에서 맛본다는 뜻의 '상'자를 붙였다고 설명한다.

74) 『국어(國語)』「초어하(楚語下)」: 是以古者先王日祭·月享·時類·歲祀.

제사를 지내는 신주처럼 조묘에 보관한다. 그렇기 때문에 '또한[亦]'이라고 말한 것이다. 이러한 신주들은 이미 조묘에 모두 보관되는데, 특별히 '귀(鬼)'라고 부르는 것은 돌이켜보면 그들과의 관계가 소원하고 대수도 멀어져서, 신주에 대해서는 제사를 지내지 않고, 오직 협(祫)제사가 되어야만 그들에 대해서도 제사를 지낸다. 그렇기 때문에 특별히 '귀(鬼)'라고 부르는 것이다. 정현이 『춘추』 문공(文公) 2년에 대한 전문 기록을 인용한 것은 훼철된 묘의 신주에 대해서는 협(祫)제사를 지내야만 제사를 지낸다는 사실을 증명하기 위해서이다. 정현이 "노(魯)나라 양공(煬公)은 백금의 자식인데, 소공(昭公)과 정공(定公) 때가 되면 이미 대수가 오래되어 귀(鬼)가 되는데도, 계씨는 기도를 하며 그의 궁(宮)을 세웠으니, 귀(鬼)의 신주는 조묘(祧廟)에 있었던 것이 분명하다."라고 했는데, 정현은 이 기록을 인용하여 귀주(鬼主)가 항상 보관된다는 사실을 재차 증명한 것이다. 『춘추』 정공(定公) 1년에는 양궁(煬宮)을 세웠다고 했고,[75] 『세본』[76]에 따르면 양공(煬公)은 백금(伯禽)의 자식이 되며, 정공 1년이 되어서야 비로소 양공의 묘를 세운 것은 당시 소공(昭公)이 국경 밖으로 쫓겨났고 정공이 아직 나라로 들어오기 전이라서, 계씨가 양공의 귀주에 대해 기원을 했기 때문이니, 이것을 통해 양공의 귀주에 대해서 기원을 했다는 사실을 명확히 알 수 있다. 정현이 "다만 천자와 제후의 경우 신주를 세워두고 체(禘)제사와 협(祫)제사를 지낸다."라고 했는데, 『예기』「왕제(王制)」편을 살펴보면, 천자와 제후는 체(禘)제사와 협(祫)제사를 지낸다. 그렇기 때문에 신주가 있다는 사실을 알 수 있다. 정현이 "대부 중 조고(祖考)가 있는 경우에는 또한

---

75) 『춘추』「정공(定公) 1년」: 立煬宮.

76) 『세본(世本)』은 『세(世)』·『세계(世系)』 등으로 일컬어지기도 한다. 선진시대(先秦時代) 때의 사관(史官)이 기록한 문헌이라고 전해지지만, 진위여부를 확인할 수 없다. 『세본』은 고대의 제왕(帝王), 제후(諸侯) 및 경대부(卿大夫)들의 세계도(世系圖)를 기록한 서적이다. 일실되어 현존하지 않지만, 후대 학자들이 다른 문헌 속에 남아 있는 기록들을 수집하여, 일집본(佚輯本)을 남겼다. 이러한 일집본에는 여덟 종류의 주요 판본이 있는데, 각 판본마다 내용상의 차이를 보이고 있다. 1959년에는 상무인서관(商務印書館)에서 이러한 여덟 종류의 판본을 모아서 『세본팔종(世本八種)』을 출판하였다.

그 귀(鬼)는 100세대가 지나더라도 없어지지 않는다."라고 했는데, 「왕제」편을 살펴보면, "대부는 3개의 묘(廟)를 두니, 1개의 소묘(昭廟) 및 1개의 목묘(穆廟)와 태조의 묘를 합하여 3개가 된다."[77]라고 했으니, 태조는 곧 대부의 조고(祖考)에 해당한다. 이미 조고의 묘를 갖추고 있다면, 이것은 체천시키는 조상이 있음을 나타내고, 또 제폐(制幣)[78]로 그 신령을 불러서 보관하게 된다. 그렇기 때문에 "또한 귀(鬼)는 100세대가 지나더라도 없어지지 않는다."라고 말한 것이다. 대부 중 만약 조고의 묘가 없는 경우라면, 단지 증조부·조부·부친에 대한 3개의 묘만 세울 따름이니, 귀(鬼)를 영원토록 모실 수 없다. 정현이 "체(禘)제사나 협(祫)제사를 지내지 않아서 신주가 없을 따름이다."라고 했는데, 비록 영원토록 모실 수 있는 귀(鬼)가 있더라도, 체(禘)나 협(祫)제사를 지낼 수 없어서 신주가 없을 따름이다. 『좌전』을 살펴보면, 위(衛)나라 대부인 공리(孔悝)는 신주를 갖추고 있었는데, 정현의 『박오경이의』에서는 『공양전』의 주장에 따라서 "대부에게는 신주가 없다."라고 했다. 허신은 "경 · 대부 · 사는 소목(昭穆)의 질서를 세울 수 없어서, 신주를 둘 수 없다."라고 했는데, 정현은 "공리의 석주(祏主)[79]는 그의 가문이 파생된 군주에게 제사를 지내게 되어, 그 대상을 위해 만든 신주일 뿐이다."라고 했다. 종묘에 안치하는 신주는 나무를 사용해서 만드는데, 『오경이의』를 살펴보면, "현재 춘추공양가들은 '제사에 신주를 두는 것은 자식이 신주를 통해 마음을 연계시키기 위해서이며, 하후씨는 소나무로 만들었고, 은나라 때에는 측백나무로 만들었으며, 주나라는 밤나무로 만들었다.[80]'라고 했다. 또 『주례』에서는 '우주(虞主)[81]는 뽕나무로 만들고 연주

---

77) 『예기』「왕제(王制)」【159a】: 天子七廟, 三昭三穆, 與大祖之廟而七, 諸侯五廟, 二昭二穆, 與大祖之廟而五, 大夫三廟, 一昭一穆, 與大祖之廟而三, 士一廟, 庶人祭於寢.

78) 제폐(制幣)는 고대의 제사 때 바치게 되는 비단을 뜻한다. 제물로 사용되는 비단에는 일정한 규격이 있었기 때문에 '제(制)'자를 붙여서 부른 것이다. 『의례』「기석례(既夕禮)」편에는 "贈用制幣玄纁束."이라는 기록이 있는데, 이에 대한 정현의 주에서는 "丈八尺曰制."라고 풀이했다. 즉 1장(丈) 8척(尺)의 길이로 재단한 비단을 '제(制)'라고 부른다.

79) 석주(祏主)는 종주(宗主)라고도 부른다. 종묘(宗廟) 안에 보관해두는 신주(神主)를 뜻한다. 그렇기 때문에 '종주'자고도 부르는 것이다.

(練主)[82]는 밤나무로 만든다.'[83]라고 했는데, 하후씨가 소나무로 신주를 만든다는 사안은 나타나지 않는다. 허신은 '나는 『주례』의 주장에 따른다.'라고 했고, 『논어』에서 말한 '사주(社主)'라는 것이다."라고 했다. 정현이 이 대목에 대해 반박한 글이 없으니, 허신의 주장에 따른 것이다. 신주를 제작하는 방법에 있어서, 『한의』를 살펴보면, "고제(高帝)의 묘에 안치된 신주는 9촌(寸)의 길이이며, 전면은 사각형이지만 후면은 원형으로 되어 있고, 둘레는 1척(尺)이다. 후(后)의 신주는 7촌이다."라고 했다. 문공(文公) 2년에는 희공(僖公)의 신주를 만들었다고 했는데,[84] 하휴는 "신주의 모습은 정사각형인데, 중앙을 뚫어서 사방으로 통하는 것을 상징한다. 천자의 것은 그 길이가 1척 2촌이며, 제후의 것은 그 길이가 1척이다."라고 했다. 이것은 바로 나무로 만든 신주의 제도이다. 정현이 '조고(祖考)가 없는 경우'라고 했는데, 앞에서는 조고가 있는 경우를 기술하였으므로, 이곳에서는 조고가 없는 경우를 나타냈으니, 서사(庶士)로부터 그 이하의 계층 및 관사(官師) 등, 또 적사(適士) 등에 대해서, 앞에서는 조고를 갖춘 자를 총괄적으로 제시했으므로, 그 뒤에서는 조고가 없는 경우를 차례대로 설명한 것이다. 정현이 "서사(庶士)로부터 그 이하의 계층은 고(考)와 왕고(王考)를 귀(鬼)로 모신다."라고 했는데, 이것은 조고가 없는 경우이다. 서사와 서인에게는 묘(廟)가 없다. 그렇기 때문에 조부를 귀(鬼)로 모시고 침(寢)에서 함께 천(薦)을 올린다. 정현이 "관사(官師)는 황고(皇考)를 귀(鬼)로 모신다."라고 했는데, 이 또한 조고가 없는 경우이니, 관사는 1개의 묘(廟)를 세우며, 조부와 부친을 함께 모시는데, 증조부에 대해서는 해당하는 묘가 없다. 그렇

---

80) 『논어』「팔일(八佾)」: 哀公問社於宰我. 宰我對曰, "夏后氏以松, 殷人以栢, 周人以栗, 曰, 使民戰栗." 子聞之曰, "成事不說, 遂事不諫, 旣往不咎."

81) 우주(虞主)는 장례(葬禮)를 치른 뒤 우제(虞祭)를 지낼 때 세워두는 신주(神主)를 뜻한다.

82) 연주(練主)는 연제(練祭)를 지낼 때 세워두는 신주(神主)를 뜻하며, 조묘(祖廟)에 안치하여 제사를 지내게 된다.

83) 『춘추공양전』「문공(文公) 2년」: 丁丑, 作僖公主, 作僖公主者何? 爲僖公作主也. 主者, 曷用, 虞主用桑. 練主用栗. 用栗者, 藏主也. 作僖公主, 何以書. 譏, 何譏爾, 不時也, 其不時奈何? 欲久喪而後不能也.

84) 『춘추』「문공(文公)」: 丁丑, 作僖公主.

기 때문에 조묘에서 황고를 귀(鬼)로 여기며 황고에게 천(薦)을 올린다고 했다. 정현이 "적사(適士)는 현고(顯考)를 귀(鬼)로 모신다."라고 했는데, 이 또한 조고가 없는 경우이니, 적사는 조부와 부친에 대해서 2개의 묘를 세울 수 있고, 또 증조부에 대해서는 1개의 제단을 설치하므로, 오직 고조부에 대해서만 귀(鬼)로 여긴다. 그렇기 때문에 "현고를 귀(鬼)로 모신다." 라고 했을 따름이다. 증조부의 제단에 나아가서 현고에게 천(薦)을 올리는데, 여러 판본들 중에는 간혹 '대부와 적사'라고 기록한 것도 있다. 만약 대부가 현고를 귀(鬼)로 모신다면 의미상 부합되지 않는다. 유울[85]은 "제후의 대부에 대해서는 '대부의 조고는 별자(別子)를 뜻한다.'라고 했는데, 앞에서는 대부에게는 조고가 있다고 했다. 그렇기 때문에 정현이 그 사실을 밝혀서, '대부의 조고는 별자를 뜻한다.'"라고 했다. 즉 주나라 때 별자가 경의 신분이 되었고, 대부의 후대 자손들이 그의 묘를 세워서 훼철시키지 않고, 그것을 '조고(祖考)'라고 부르는 것이다. 비록 주나라 때라 하더라도 별자가 대부가 되지 않았다면, 단지 부친 · 조부 · 증조부에 대해서 3개의 묘를 세우게 되며, 조고의 묘가 없으니, 경문에서 3개의 묘를 세운다고 한 말이 이러한 사실을 나타낸다. 하나라나 은나라 때에는 비록 별자가 아니더라도, 단지 처음 작위를 받은 자와 이성(異姓) 중 경과 대부가 된 자에 있어서, 그들의 후세 자손들은 모두 그를 조고(祖考)로 세우게 되니, 그 의미에 대해서는 이미 『예기』「왕제(王制)」편에서 설명하였다. 정현이 "무릇 귀(鬼)에 대해서는 천(薦)만 하고 제사는 지내지 않는다."라고 했는데, 천(薦)과 제사를 함께 시행하게 된다면 귀(鬼)로 모시고 묘에서 알현하는 일에 있어서 그 사안에 어떤 차이점이 있겠는가? 만약 모두에 대해 천(薦)을 하지 않는다면 어찌하여 귀(鬼)를 모시겠는가? 천(薦)은 제사보다도 수위가 낮고, 귀(鬼)의 대상은 묘에서 모시는 대상보다 관계가 소원하다. 그렇기 때문에 천(薦)만 지내고 제사는 지내지 않는다는 사실을 알 수 있다. 정현이 "이곳에서 적사(適士)에 대해 '현고무묘(顯考無廟)'라고 했는데, 이

---

85) 유울(庾蔚, ?~?) : =유씨(庾氏). 남조(南朝) 때 송(宋)나라 학자이다. 저서로는 『예기약해(禮記略解)』, 『예론초(禮論鈔)』, 『상복(喪服)』, 『상복세요(喪服世要)』, 『상복요기주(喪服要記注)』 등을 남겼다.

것은 잘못된 기록이다."라고 했는데, 적사는 2개의 묘를 세우니 조부의 묘와 부친의 묘이며, 증조부에 대해서는 해당하는 묘가 없다. 그렇기 때문에 "'현고무묘(顯考無廟)'라고 했는데, 이것은 잘못된 기록이다."라고 말한 것이니, '현고(顯考)'는 마땅히 '황고(皇考)가 되어야 하며, 글자상의 오류이다.

訓纂 金氏榜曰: 天子七廟, 諸侯五廟, 大夫三廟. 其受命之王, 始封之君, 及大夫始爵者, 後世皆爲大祖之廟, 世世不毁, 如王制所云者, 周人之典祀也. 其始有天下·國·家者, 亦立七廟·五廟·三廟. 然天子有祖考而無二祧, 諸侯大夫並無祖考, 所設廟·祧·壇·墠皆閱世迭遷, 如祭法所云者, 周初建設之制也. 賈公彦守祧疏云, "當周公制禮之時, 文武在親廟四之內, 未毁, 不得爲祧. 然文武雖未爲祧, 已立其廟, 至後子孫, 文武應遷而不遷, 乃爲祧也." 喪服傳, "公子之子孫有封爲國君者, 則世世祖是人也, 不祖公子." 此諸侯始封者無祖考廟也. 今祭法云, "王立七廟", "有二祧", "諸侯立五廟", 有祖考廟, 大夫亦祭祖考於壇. 以大夫三廟推之, 此無大祖廟, 以皇考廟當其處, 則天子之二祧卽顯考之父若祖, 諸侯大夫祖考卽顯考之父, 故記言"去祧"·"去祖"·"去壇"者, 明其易世迭毁與親廟同. 然則爲壇爲墠, 卽祧祖之父若祖可知. 至受命之王已居祧廟, 始封之君已居祖考廟, 皆世世不毁, 則去顯考爲壇, 其大夫有祖考廟者, 亦爲壇祭其皇考, 又可與王制互求而得者.

번역 금방[86]이 말하길, 천자는 7개의 묘(廟)를 세우고, 제후는 5개의 묘를 세우며, 대부는 3개의 묘를 세운다. 천명을 받은 천자, 처음 분봉을 받은 제후, 처음 작위를 받은 대부에 대해서는 후세 자손들이 모두 그에 대한 태조의 묘를 세워서, 대대로 훼철시키지 않으니, 『예기』「왕제(王制)」편에서 말한 내용은 주나라 때 정한 제사의 제도이다. 천하·국·가를 처음으로 소유한 자 또한 7개의 묘, 5개의 묘, 3개의 묘를 세운다. 그러나 천자에게는

86) 금방(金榜, A.D.1735~A.D.1801) : 청(淸)나라 때의 학자이다. 자(字)는 예중(蕊中)·보지(輔之)이다. 한림원수찬(翰林院修撰) 등을 지냈으며, 외조부(外祖父)가 죽자 복상(服喪)을 하고, 이후 두문불출하며 오로지 독서와 저술에만 전념하였다. 대진(戴震)과 동학(同學)했으며, 『예전(禮箋)』 등을 저술하였다.

조고(祖考)는 있어도 2개의 조묘(祧廟)는 없고, 제후와 대부는 모두 조고가 없으며, 설치하는 묘(廟) · 조(祧) · 단(壇) · 선(墠)은 세대가 넘어가며 차례대로 체천되니, 「제법」편에서 말한 내용은 주나라 초기에 세운 제도에 해당한다. 『주례』「수조(守祧)」편에 대한 가공언[87]의 소에서는 "주공이 예법을 제정했을 때, 문왕과 무왕은 대수가 가까운 4개의 묘(廟) 대상에 포함되어 아직 훼철되지 않았으므로, 조묘(祧廟)를 세울 수 없다. 그러나 문왕과 무왕에 대해서 비록 아직까지 조묘를 세우지 않았더라도 미리 그 묘를 세웠고, 후대 자손에 이르러 문왕과 무왕에 대해 체천을 시켜야 했지만 체천시키지 않고 곧 조묘에 모셨던 것이다."라고 했다. 『의례』「상복(喪服)」편의 전문에서는 "공자(公子)의 자손들 중 봉지를 받아 제후가 된 경우라면, 대대로 그 사람을 태조로 삼으며, 공자를 태조로 삼지 않는다."[88]라고 했다. 이것은 제후들 중 처음 분봉을 받은 자에게는 조고(祖考)의 묘가 없었다는 사실을 나타낸다. 현재 「제법」편에서 "천자는 7개의 묘를 세운다."라고 했고, "2개의 조묘를 세운다."라고 했으며, "제후는 5개의 묘를 세운다."라고 했고, 조고의 묘가 있다고 했으며, 대부 또한 제단에서 조고에게 제사를 지낸다고 했다. 대부가 3개의 묘를 둔다는 사실을 통해 미루어보면, 이러한 경우에는 태조의 묘가 없이 황고(皇考)의 묘가 그 위치에 해당하게 되니, 천자가 세우는 2개의 조묘는 곧 현고(顯考)의 부친과 조부를 뜻하는 것이며, 제후와 대부의 조고는 곧 현고의 부친에 해당한다. 그렇기 때문에 『예기』에서는 "조(祧)를 떠난다."라고 말하고, "조(祖)를 떠난다."라고 말하며, "단(壇)을 떠난다."라고 한 것이니, 세대가 바뀌어 번갈아가며 훼철되는 것이 대수가 가까운 묘와 동일하다는 사실을 나타낸다. 그렇다면 제단과 터를 만드는 것은 곧 조(祧)와 조(祖)의 부친과 조부에 해당한다는 사실을 알 수 있다. 천명을 받은 천자의 신주가 이미 조묘(祧廟)에 있고, 처음 분봉

87) 가공언(賈公彦, ?~?) : 당(唐)나라 때의 유학자이다. 정현(鄭玄)을 존숭하였다. 예학(禮學)에 조예가 깊었다. 『주례소(周禮疏)』, 『의례소(儀禮疏)』 등의 저서를 남겼으며, 이 저서들은 『십삼경주소(十三經注疏)』에 포함되었다.

88) 『의례』「상복(喪服)」 : 若公子之子孫有封爲國君者, 則世世祖是人也, 不祖公子, 此自尊別於卑者也.

을 받은 제후의 신주가 이미 조고의 묘에 있다면, 이 모두는 대대로 훼철되지 않으니, 현고의 묘를 떠나게 되면 제단에서 모시며, 대부 중 조고의 묘가 있는 경우에도 제단을 세워서 황고에게 제사지낸다. 이것은 또한『예기』「왕제(王制)」편의 기록과 상호 호환하여 그 뜻을 대조할 수 있다.

訓纂 王氏引之曰: 祭法之祖考廟, 與王制太祖之廟不同. 王制大祖之廟, 謂始祖, 若周之后稷是也, 廟之不祧者也. 祭法祖考廟, 謂顯考之父, 廟之親盡則祧者也. 其曰"遠廟爲祧, 有二祧, 享嘗乃止", 則祖考廟乃廟之不遠者, 其爲顯考之父之廟無疑. 至二祧, 當一爲祖考之考, 一爲祖考之王考. 去祧爲壇, 則當爲祖考之皇考; 去壇爲墠, 當爲祖考之顯考; 去墠曰鬼, 則當爲祖考之祖考矣. 以諸侯五廟·一壇·一墠例之, 去祖爲壇, 謂祖考親盡則爲壇也. 則天子七廟亦當去祖爲祧, 祖考親盡則祧矣. 鄭注以祖考爲始祖, 正義以二祧爲文武二廟, 去祧爲壇爲高祖之父, 去壇爲墠爲高祖之祖, 皆與記文不合. 記明云"設廟·祧·壇·墠而祭之, 乃爲親疏多少之數". 則廟·祧·壇·墠皆依世之親疏爲序, 豈得旁引他書以亂本義乎? 議禮之家, 各記所聞, 不能盡合. 王肅家語廟制篇合王制·祭法爲一, 而以祖考爲大祖, 卽沿鄭注之誤. 至謂"二祧爲高祖及父母祖", 則以顯考·皇考廟爲二祧, 與祭法之文相刺謬矣. 遠廟爲祧, 顯考·皇考乃廟之近者, 而以爲祧可乎? 又曰: 享嘗, 約擧春秋言之, 如云"禘嘗"耳. 魯語, "嘗·禘·蒸·享之所致君胙者有數矣." 韋注曰, "秋祭曰嘗, 夏祭曰禘, 冬祭曰蒸, 春祭曰享." 大戴禮千乘篇, "方春三月, 於時有事享于皇祖皇考. 方夏三月, 於時有事禘于皇祖皇考. 方秋三月, 於時有事嘗于皇祖皇考. 方冬三月, 於時有事蒸于皇祖皇考."

번역 왕인지[89]가 말하길,「제법」편에 나오는 '조고묘(祖考廟)'는『예기』

89) 왕인지(王引之, A.D.1766~A.D.1834) : 청(淸)나라 때의 훈고학자이다. 자(字)는 백신(伯申)이고, 호(號)는 만경(曼卿)이며, 시호(諡號)는 문간(文簡)이다. 왕념손(王念孫)의 아들이다. 대진(戴震), 단옥재(段玉裁), 부친과 함께 대단이왕(戴段二王)이라고 일컬어졌다.『경전석사(經傳釋詞)』,『경의술문(經義述聞)』등의 저술이 있다.

「왕제(王制)」편에 나오는 태조(太祖)의 묘와는 다르다. 「왕제」편에서 말하는 태조의 묘는 시조(始祖)의 묘를 뜻하니, 마치 주나라의 후직(后稷)과 같은 자이며, 묘 중에서도 체천되지 않는 대상이다. 「제법」편에서 말하는 조고묘는 현고(顯考)의 부친으로 그 묘의 대수(代數)가 다하면 체천되는 대상을 뜻한다. "원묘(遠廟)는 조(祧)가 되어, 2개의 조(祧)를 두니, 사계절의 제사만 지내고 그친다."라고 했으니, 조고묘는 곧 대수가 멀지 않은 묘에 해당하여, 현고의 부친 묘임을 의심할 수 없다. 2개의 조묘(祧廟)에 있어서, 그 중 하나는 마땅히 조고의 부친 묘에 해당하고, 다른 하나는 조고의 조부묘에 해당한다. 조묘를 떠나면 단(壇)이 된다고 했으니 조고의 황고(皇考)가 되며, 제단을 떠나면 선(墠)이 된다고 했으니 조고의 현고(顯考)가 되며, 터를 떠나면 귀(鬼)라고 부른다고 했으니 조고의 조고(祖考)가 된다. 제후는 5개의 묘, 1개의 제단, 1개의 터를 차례대로 설치하는데, 조(祖)를 떠나면 단(壇)이 된다고 한 말은 조고의 대수가 다하게 되면 제단에서 모신다는 뜻이다. 따라서 천자의 7개 묘에 있어서도 조(祖)를 떠나게 되면 조(祧)에서 모시고, 조고의 대수가 다하게 되면 조(祧)에 모시는 것이다. 정현의 주에서는 조고를 시조로 여겼고, 『정의』에서는 2개의 조묘를 문왕과 무왕의 두 묘라고 여겼으며, 조(祧)를 떠나서 제단에서 모시는 대상을 고조부의 부친이라고 했고, 제단을 떠나서 터에서 모시는 대상을 고조부의 조부라고 했는데, 이 모두는 『예기』의 기록과 합치되지 않는다. 『예기』에서는 명확하게 "묘(廟) · 조(祧) · 단(壇) · 선(墠)을 설치하여 제사를 지내니, 곧 친소와 다소의 수를 정한다."라고 했다. 따라서 묘(廟) · 조(祧) · 단(壇) · 선(墠)은 모두 대수의 친소관계에 따라 질서를 정하게 되는데, 어찌 다른 기록들을 끌어들여 본지를 흩트릴 수 있겠는가? 『의례』에 대한 주석가들은 각각 자신들이 전해 들었던 내용을 기술했지만, 모두 합치되지 않는다. 왕숙의 『공자가어』「묘제(廟制)」편에서는 「왕제」편과 「제법」편의 내용을 합하여 하나의 내용으로 엮었지만, 조고(祖考)를 태조로 여겼으니, 정현의 잘못을 답습한 것이다. 그리고 "2개의 조묘(祧廟)는 고조 및 부모의 조부에 해당한다."라고 하여, 현고(顯考)와 황고(皇考)의 묘를 2개의 조묘로 여겼으니, 「제법」편의 문장과 매우 어긋난다. 원묘(遠廟)는 조(祧)가 된다고 했으니, 현고와 황고는 곧 대수가 가까운 대상이 되는데, 어떻게 조묘라고 여길 수 있는가? 또 말하길, '향상(享嘗)'은 봄과 가을에 지내는 제사를 요약해서 말한 것이니, 마치 '체상(禘嘗)'[90]이라고 말한 경우와 같을 따름이다. 『국어』「노어(魯語)」편에서는 "상(嘗)·체(禘)·증(蒸)·향(享)의 제사에서 군주의 제사를 지내고 남은 고기를 신하들에게 하사할 때에는 정해진 수치가 있다."[91]라고 했고, 위소의 주에서는 "가을 제사를 '상(嘗)'이라고 부르고, 여름 제사를 '체(禘)'라고 부르며, 겨울 제사를 '증(蒸)'이라고 부르고, 봄 제사를 '향(享)'이라고 부른다."라고 했다. 『대대례기』「천승(千乘)」편에서는 "봄 3월이 되면, 이 시기에 황조(皇祖)와 황고(皇考)에게 향(享)제사를 지낸다. 여름 3월이 되면, 이 시기에 황조와 황고에게 체(禘)제사를 지낸다. 가을 3월이 되면 이 시기에 황조와 황고에게 상(嘗)제사를 지낸다. 겨울 3월이 되면 이 시기에 황조와 황고에게 증(蒸)제사를 지낸다."[92]라고 했다.

集解 愚謂: 適士, 謂大宗世適爲士者也. 鄭氏以適士爲上士, 孔疏雖順註爲義, 而曾子問疏有"大宗子爲士, 得立祖·禰二廟"之說, 蓋已陰識鄭說之非矣. 適士二廟者, 一爲考廟, 一則別子爲祖者之廟也. 此乃以爲王考廟, 亦非也. 官師, 三等之士也. 春秋襄十五年"劉夏逆王后於齊", 左傳云, "官師從單靖公逆王后於齊." 杜預釋例云, "元士·中士稱名, 劉夏·石尙是也. 下士稱

---

90) 체상(禘嘗)은 체(禘)제사와 상(嘗)제사를 뜻한다. 주(周)나라의 예법에 따르면, 여름에 종묘에서 지내는 제사를 '체(禘)'제사라고 불렀고, 가을에 종묘에서 지내는 제사를 '상(嘗)'제사라고 불렀다. 고대에는 '체상'이라는 용어를 이용하여, 군주가 조상에게 지내는 제사를 범칭하였다.

91) 『국어』「노어상(魯語上)」: 公欲弛郈敬子之宅, 亦如之. 對曰, "先臣惠伯以命於司里, 嘗·禘·蒸·享之所致君胙者有數矣. 出入受事之幣以致君命者, 亦有數矣. 今命臣更次於外, 爲有司之以班命事也, 無乃違乎! 請從司徒以班徙次."

92) 『대대례기(大戴禮記)』「천승(千乘)」: 方春三月, 緩施生育, 動作百物, 於時有事, 享于皇祖皇考, 朝孤子八人, 以成春事. …… 方夏三月, 養長秀蕃庶物. 於時有事, 享于皇祖皇考, 爵士之有慶者七人, 以成夏事. …… 方秋三月, 收斂以時. 於時有事, 嘗新于皇祖皇考, 食農夫九人, 以成秋事. …… 方冬三月, 草木落. 庶虞藏, 五穀必入于倉. 於時有事, 蒸于皇祖皇考, 息國老六人, 以成冬事.

人, '公會王人于洮'是也." 是官師非專爲中 · 下士明矣. 官師一廟者, 凡三等之士非爲大宗子者, 皆惟立一廟也. 庶士 · 庶人無廟, 祭於寢也.

번역 내가 생각하기에, '적사(適士)'는 대종의 가문에서 적자 중 사의 신분이 된 자를 뜻한다. 정현은 적사를 상사(上士)라고 여겼고, 공영달의 소에서는 비록 정현의 주에 따라서 그 의미를 해설했지만, 『예기』「증자문(曾子問)」편에 대한 소에서는 "대종의 자식이 사의 신분이 되면, 조부와 부친에 대한 2개의 묘를 세울 수 있다."라고 주장했다. 무릇 이것은 이미 정현의 주장에 나타난 잘못을 넌지시 알고 있었기 때문이다. 적사는 2개의 묘를 세운다고 했는데 하나는 고묘(考廟)가 되니, 다른 하나는 별자(別子)를 시조로 모신 묘가 된다. 이것을 두고 왕고(王考)의 묘라고 여긴 것 또한 잘못된 주장이다. '관사(官師)'는 세 등급의 사를 뜻한다. 『춘추』에서는 양공(襄公) 15년에 "유하(劉夏)가 제(齊)나라에 가서 왕후를 맞이하였다."[93]라고 했고, 『좌전』에서는 "관사(官師)가 단정공(單靖公)을 따라서 제나라에 가서 왕후를 맞이하였다."[94]라고 했다. 두예[95]의 『춘추석례』에서는 "원사(元士)와 중사(中士)에 대해서는 이름을 지칭하니, 유하(劉夏)나 석상(石尙)이라고 기록한 것이 그 용례에 해당한다. 하사(下士)에 대해서는 '인(人)'이라고 지칭하니, '희공(僖公)이 조(洮)에서 왕인(王人)과 회맹을 가졌다.'[96]라고 한 말이 그 용례에 해당한다."라고 했다. 따라서 이 말은 '관사(官師)'가 전적으로 중사나 하사만을 뜻하지 않는다는 사실을 나타낸다. 관사는 1개의 묘를 세운다고 했는데, 무릇 세 등급에 해당하는 사들 중 대종의 자식이 아닌 자들은 모두 1개의 묘만 세울 수 있다는 뜻이다. 서사(庶士)와 서인(庶

93) 『춘추』「양공(襄公) 15년」: 劉夏逆王后于齊.

94) 『춘추좌씨전』「양공(襄公) 15년」: 官師從單靖公逆王后于齊. 卿不行, 非禮也.

95) 두예(杜預, A.D.222~A.D.284): =두원개(杜元凱). 서진(西晉) 때의 유학자이다. 경조(京兆) 두릉(杜陵) 출신이다. 자(字)는 원개(元凱)이다. 『춘추경전집해(春秋經典集解)』를 저술하였는데, 이 책은 현존하는 『춘추(春秋)』의 주석서 중 가장 오래된 것이며, 『십삼경주소(十三經注疏)』의 『춘추좌씨전정의(春秋左氏傳正義)』에도 채택되어 수록되었다.

96) 『춘추』「희공(僖公) 8년」: 八年, 春, 王正月, 公會王人 · 齊侯 · 宋公 · 衛侯 · 許男 · 曹伯 · 陳世子款 · 鄭世子華 · 盟于洮.

人)은 묘를 세우지 않기 때문에 침(寢)에서 제사를 지낸다.

그림 5-15 ▣ 사(士)의 침(寢) 구조

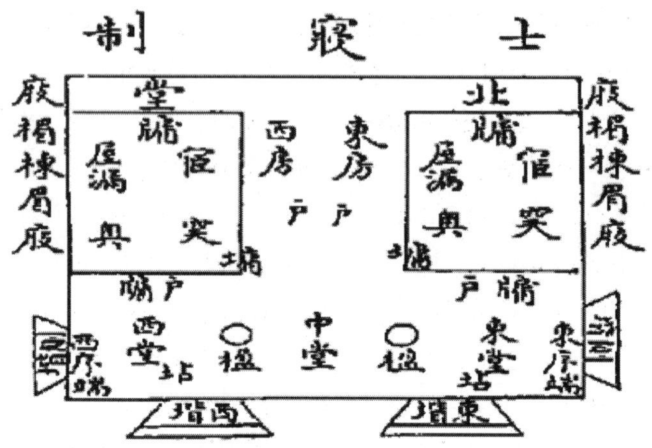

※ 출처: 『삼례도(三禮圖)』 2권

그림 5-16 ▣ 주공(周公)이 제단과 터를 만드는 모습

※ 출처: 『흠정서경도설(欽定書經圖說)』 26권 「삼단동선도(三壇同墠圖)」

그림 5-17 ▣ 제단과 터에서 제사를 지내며 축문을 읽는 모습

※ **출처**: 『흠정서경도설(欽定書經圖說)』 26권 「태사책축도(太史冊祝圖)」

그림 5-18 ▣ 위(衛)나라 세계도(世系圖) I

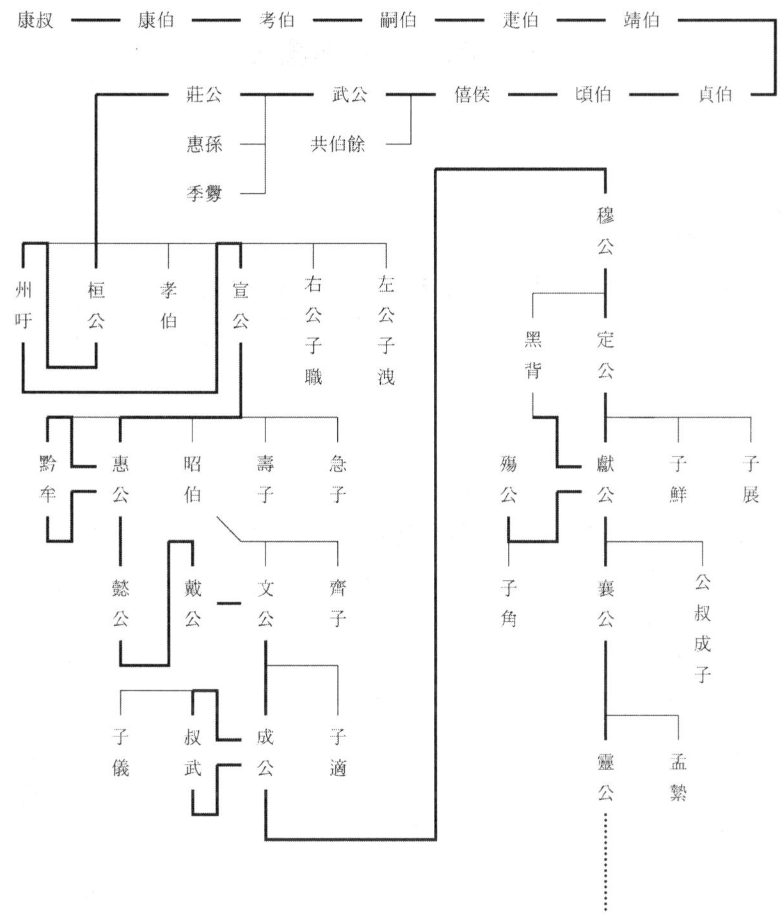

※ 출처: 『역사(繹史)』 1권 「역사세계도(繹史世系圖)」

• 제 6 절 •

대사(大社) · 왕사(王社) · 국사(國社) · 후사(侯社) · 치사(置社)

【550d】

王爲群姓立社, 曰大社. 王自爲立社, 曰王社. 諸侯爲百姓立社, 曰國社. 諸侯自爲立社, 曰侯社. 大夫以下成群立社, 曰置社.

직역 王은 群姓을 爲하여 社를 立하니, 大社라 曰한다. 王은 自히 爲하여 社를 立하니, 王社라 曰한다. 諸侯는 百姓을 爲하여 社를 立하니, 國社라 曰한다. 諸侯는 自히 爲하여 社를 立하니, 侯社라 曰한다. 大夫로부터 下는 群을 成하여 社를 立하니, 置社라 曰한다.

의역 천자는 관리들과 백성들을 위해서 사(社)에게 제사지내는 제단을 설치하니, 그 제단을 '대사(大社)'라고 부른다. 천자 스스로 사에게 제사지내기 위해 만든 제단은 '왕사(王社)'라고 부른다. 제후는 백성들을 위해서 사에게 제사지내는 제단을 설치하니, 그 제단을 '국사(國社)'라고 부른다. 제후 스스로 사에게 제사지내기 위해 만든 제단은 '후사(侯社)'라고 부른다. 대부로부터 그 이하의 무리들은 100가(家) 이상의 규모가 되면, 사에게 제사지내기 위한 제단을 설치하니, 그 제단을 '치사(置社)'라고 부른다.

集說 疏曰: 太社在庫門之內右. 王社所在, 書傳無文, 崔氏云, "王社在藉田, 王所自祭以供粢盛." 國社亦在公宮之右. 侯社在藉田. 置社者, 大夫以下包士庶, 成群聚而居滿百家以上得立社, 爲衆特置, 故曰置社.

번역 공영달의 소에서 말하길, '태사(太社)'는 고문(庫門)[1] 안쪽 우측에 있다. '왕사(王社)'의 위치에 대해서는 『서전』에 관련 기록이 없는데, 최영은[2]은 "왕사는 자전(藉田)[3]에 있으니, 천자가 직접 제사를 지낼 때 자성(粢盛)[4]을 공급하기 위해서이다."라고 했다. '국사(國社)' 또한 궁궐의 우측에 있다. '후사(侯社)'는 자전에 있다. '치사(置社)'는 대부로부터 그 이하로 사 및 서인을 포함하여, 무리를 이루어 100가(家) 이상의 규모를 이루게 되면 사(社)를 세울 수 있으니, 무리를 위해서 특별히 설치한 것이다. 그렇

---

1) 고문(庫門)에 대해서는 크게 두 가지 해설이 있다. 첫 번째는 치문(雉門)에 대한 해설처럼, 제후의 궁(宮)에 있는 문으로, 천자의 궁에 있는 고문(皐門)에 해당한다고 보는 의견이다. 이것은 치문과 마찬가지로 『예기』「명당위(明堂位)」편의 "大廟, 天子明堂. 庫門, 天子皐門. 雉門, 天子應門."이라는 기록에 근거한 해설이다. 손희단(孫希旦)의 『집해(集解)』에서는 이 문장 및 『시(詩)』, 『서(書)』, 『예(禮)』, 『춘추(春秋)』에 나타난 기록들을 근거로, 천자 및 제후는 실제로 3개의 문(門)만 설치했다고 풀이한다. 그러나 정현은 이 문장에 대해서, "言廟及門如天子之制也. 天子五門, 皐庫雉應路. 魯有庫雉路, 則諸侯三門與."라고 풀이하였다. 즉 종묘(宗廟) 및 문(門)에 대한 제도에서, 천자와 제후 사이에는 차등이 있다. 따라서 천자는 5개의 문을 궁에 설치하는데, 그 문들은 고문(皐門), 고문(庫門), 치문(雉門), 응문(應門), 노문(路門)이다. 제후의 경우에는 천자보다 적은 3개의 문을 궁에 설치하는데, 그 문들은 고문(庫門), 치문(雉門), 노문(路門)이다. 두 번째 설명은 천자의 궁에 설치된 문들 중에서, 치문(雉門) 밖에 설치하는 문으로 해석하는 의견이다. 즉 이때의 고문(庫門)은 치문과 고문(皐門) 사이에 설치하는 문이 된다. 『예기』「교특생(郊特牲)」편에는 "獻命庫門之內, 戒百官也."라는 기록이 있는데, 이에 대한 정현의 주에서는 "庫門, 在雉門之外. 入庫門則至廟門外矣."라고 풀이하고 있다.

2) 최영은(崔靈恩, ?~?) : =최씨(崔氏). 남북조(南北朝) 때의 학자이다. 오경(五經)에 능통하였고, 다른 경전에도 두루 해박하였다고 전해진다. 『모시(毛詩)』, 『주례(周禮)』 등에 주석을 달았고, 『삼례의종(三禮義宗)』, 『좌씨경전의(左氏經傳義)』 등을 지었다.

3) 자전(藉田)은 적전(籍田)이라고도 부른다. 천자와 제후가 백성들을 동원해서 경작하는 땅이다. 처음 농사일을 시작할 때, 천자와 제후는 이곳에서 직접 경작에 참여함으로써, 농업을 중시한다는 뜻을 보이게 된다.

4) 자성(粢盛)의 자(粢)자는 곡식의 한 종류인 기장을 뜻하고, 성(盛)자는 그릇에 기장을 풍성하게 채워놓은 모양을 뜻한다. 따라서 '자성'은 제기(祭器)에 곡물을 가득 채워놓은 것을 뜻하며, 제물(祭物)로 사용되었다. 『춘추공양전』「환공(桓公) 14년」편에는 "御廩者何, 粢盛委之所藏也."라는 기록이 있는데, 이에 대한 하휴(何休)의 주에서는 "黍稷曰粢, 在器曰盛."이라고 풀이하였다.

기 때문에 '치사(置社)'라고 부른다.

集說 方氏曰: 王有天下, 故曰群姓; 諸侯有一國, 故曰百姓而已. 天子曰兆民, 諸侯曰萬民, 亦此之意.

번역 방씨가 말하길, 천자는 천하를 소유하기 때문에 백성들을 '군성(群姓)'이라고 부른다. 제후는 한 나라를 소유하고 있기 때문에 백성들을 '백성(百姓)'이라고 부를 따름이다. 천자의 백성을 '조민(兆民)'이라고 부르고, 제후의 백성을 '만민(萬民)'이라고 부르는 것 또한 이러한 의미이다.

大全 馬氏曰: 社者, 土神而有生物之功, 故王諸侯大夫立社, 皆所以教民美報而有反本復始之意也. 王謂之王社, 諸侯有君之道, 謂之國社, 謂之侯社, 至於大夫以下, 皆北面之臣, 則謂之置社.

번역 마씨가 말하길, '사(社)'는 토지의 신으로 만물을 생육시키는 공덕이 있다. 그렇기 때문에 천자 · 제후 · 대부는 모두 사에 대한 제단을 세우니, 이 모두는 백성들에게 잘 보답하도록 가르치는 방법이며, 여기에는 근본에 보답하고 시초를 돌이키는 뜻이 포함되어 있다. 천자가 세우는 제단을 '왕사(王社)'라고 부르고, 제후에게는 군주의 도리가 포함되므로, 제후가 세우는 제단을 '국사(國社)'라고 부르고 '후사(侯社)'라고 부르며, 대부로부터 그 이하의 자들은 모두 북쪽을 바라보게 되는 신하이므로, 그들이 세운 제단을 '치사(置社)'라고 부른다.

大全 長樂陳氏曰: 有天下之社, 有一國之社, 有衆人之社, 有一人之社, 有失國之社. 大社, 天下之社也. 國社, 一國之社也. 王社 · 侯社, 一人之社也. 喪國之社屋之, 失國之社也. 三社之制, 大社爲大, 此孟子所謂民爲貴, 社稷次之, 君爲輕也. 喪國之社, 天子所以爲戒, 則又次於王社矣, 以言安不可以忘危也. 書曰, 夏社, 禮與春秋曰, 亳社, 皆以爲戒而已. 然則諸侯有國社侯社與春秋之亳社, 亦三社矣. 天子之社, 在雉門之右, 而綿詩曰, 乃立應門, 繼之曰乃立冢土, 冢土, 社也, 則諸侯之社, 亦在門內也. 天子之牲太牢, 則諸侯當用少牢. 若郊特牲曰社事單出里, 丘乘供粢盛, 此大夫以下之社也. 社稷之重於古也如此, 而孟子曰旱乾水溢, 則變置社稷. 夫水旱者, 天事也, 人事不勝, 故天變見於時, 而社稷, 土示也, 豈其罪哉? 然則謂之變者, 猶曰以變置諸侯爾.

번역 장락진씨가 말하길, 천하에 대한 사(社)의 제단이 있고, 한 나라에 대한 사의 제단이 있으며, 무리를 위한 사의 제단이 있고, 한 사람을 위한 사의 제단이 있으며, 나라를 잃은 사의 제단이 있다. '대사(大社)'는 천하에 대한 사의 제단이다. '국사(國社)'는 한 나라에 대한 사의 제단이다. '왕사(王社)'와 '후사(侯社)'는 한 사람을 위한 사의 제단이다. 패망한 나라의 사 제단에는 지붕을 올리니,[5] 나라를 잃은 사의 제단이기 때문이다. 세 종류의 사 제단 중 대사가 가장 중대하니, 이것은 『맹자』에서 "백성들이 가장 존귀하며, 사직이 그 다음이고, 군주가 가장 덜 중요하다."[6]라고 한 말에 해당한다. 나라를 잃은 사의 제단은 천자가 그것을 보고 경계를 하기 위한 것이니, 또한 왕사 다음으로 중요하다. 이것을 통해서 태평성대에도 위태로움을 잊어버릴 수 없음을 뜻하기 때문이다. 『서』에서는 '하사(夏社)'[7]라고 했고, 『예기』[8]와 『춘추』[9]에서는 '박사(亳社)'라고 했는데, 이 모두는 경계를 위해 남겨둔 것일 뿐이다. 그렇다면 제후는 국사(國社)·후사(侯社)와 『춘추』에서 말한 박사(亳社)를 갖추어 또한 3개의 사 제단을 세운다. 천자의 사 제단은 치문(雉門)[10]의 우측에 있는데, 『시』「면(緜)」편에서는 "응문(應

---

5) 『예기』「교특생(郊特牲)」【325c】: 天子大社, 必受霜露風雨, 以達天地之氣也. 是故<u>喪國之社屋之</u>, 不受天陽也. 薄社北牖, 使陰明也.
6) 『맹자』「진심하(盡心下)」: 孟子曰, <u>民爲貴, 社稷次之, 君爲輕</u>. 是故得乎丘民而爲天子, 得乎天子爲諸侯, 得乎諸侯爲大夫.
7) 『서』「상서(商書)·탕서(湯誓)」: 湯旣勝夏, 欲遷其社, 不可, 作<u>夏社</u>, 疑至, 臣扈. 夏師敗績, 湯遂從之, 遂伐三朡, 俘厥寶玉. 誼伯, 仲伯, 作典寶.
8) 『예기』「교특생(郊特牲)」【325c】: 天子大社, 必受霜露風雨, 以達天地之氣也. 是故喪國之社屋之, 不受天陽也. <u>薄社</u>北牖, 使陰明也.
9) 『춘추』「애공(哀公) 4년」: 六月, 辛丑, <u>亳社</u>災.
10) 치문(雉門)에 대해서는 크게 두 가지 해설이 있다. 첫 번째는 제후의 궁(宮)에 있는 문으로, 천자의 궁에 있는 응문(應門)에 해당한다는 주장이다. 두 번째는 천자의 궁에는 다섯 개의 문이 있는데, 그 중 네 번째 위치한 문으로,

門)[11]을 세운다."라고 했고, 이어서 "총토(冢土)를 세운다."라고 했는데,[12] '총토(冢土)'는 곧 사(社)의 제단을 뜻하니, 제후가 세우는 사의 제단 또한 문의 안쪽에 있다. 천자는 제사를 지내며 희생물로 태뢰(太牢)[13]를 사용하니, 제후는 마땅히 소뢰(少牢)를 사용하는 것이다. 『예기』「교특생(郊特牲)」편에서는 "사(社)에 대한 제사를 지낼 때에만, 한 마을에 있는 사람들이 모두 나와서 그 제사를 돕는다."[14]라고 했고, 또 "구승(丘乘)[15]의 행정구역

바깥쪽에 위치한 문을 가리킨다는 주장이다. 첫 번째 주장은 『예기』「명당위(明堂位)」편의 "大廟, 天子明堂. 庫門, 天子皐門. 雉門, 天子應門."이라는 기록에 근거한 해설이다. 이 기록에 대한 손희단(孫希旦)의 『집해(集解)』에서는 유창(劉敞)의 말을 인용하여, "此經有五門之名, 而無五門之實. 以詩書禮春秋考之, 天子有皐, 應, 畢, 無皐, 雉, 路. 諸侯有庫, 雉, 路, 無皐, 應, 畢. 天子三門, 諸侯三門, 門同而名不同."이라고 했다. 즉 천자의 궁에는 5개의 문이 있다고 하지만, 실제적으로 천자나 제후는 모두 3개의 문만을 설치해었다. 『시(詩)』, 『서(書)』, 『예(禮)』, 『춘추(春秋)』에 나타난 기록들을 고증해보면, 천자는 고(皐), 응(應), 필(畢)이라는 3개의 문을 설치하고, 고(皐), 치(雉), 노(路)라는 문은 없다. 또한 제후는 고(庫), 치(雉), 노(路)라는 3개의 문을 설치하고, 고(皐), 응(應), 필(畢)이라는 문은 없다. 두 번째 주장은 『주례』「천관(天官)·혼인(閽人)」편의 "閽人掌守王宮之中門之禁."이라는 기록에 근거한 해설이다. 이 기록에 대해 정현은 정사농(鄭司農)의 말을 인용하여, "王有五門, 外曰皐門, 二曰雉門, 三曰庫門, 四曰應門, 五曰路門."이라고 풀이하였다. 즉 천자는 5개의 문을 설치하는데, 가장 안쪽에 있는 노문(路門)으로부터 응문(應門), 고문(庫門), 치문(雉門), 고문(皐門) 순으로 설치해 두었다.

11) 응문(應門)은 궁(宮)의 정문을 가리킨다. 『시』「대아(大雅)·면(緜)」편에는 "迺立應門, 應門將將."이라는 기록이 있는데, 이에 대한 모전(毛傳)에서는 "王之正門曰應門."이라고 풀이하였다.

12) 『시』「대아(大雅)·면(緜)」: 迺立皐門, 皐門有伉. 迺立應門, 應門將將. 迺立冢土, 戎醜攸行.

13) 태뢰(太牢)는 제사에서 소[牛], 양(羊), 돼지[豕] 3가지 희생물을 갖춘 것을 뜻한다. 『장자』「지악(至樂)」편에는 "具太牢以爲膳."이라는 기록이 있는데, 이에 대한 성현영(成玄英)의 소(疏)에서는 "太牢, 牛羊豕也."라고 풀이하였다.

14) 『예기』「교특생(郊特牲)」【326a】: 唯爲社事, 單出里.

15) 구승(丘乘)은 구전(丘甸)을 뜻한다. 도비(都鄙)에 소속되어 있는 경작지를 가리킨다. 9명의 농부가 경작하는 땅의 크기를 정(井)이라고 하며, 4개의 정(井)이 모이면, 1개의 읍(邑)이 되고, 4개의 읍(邑)이 모이면, 1개의 구(丘)가 되며, 4개의 구(丘)가 모이면, 1개의 승(乘)이 된다. 『禮記』「郊特牲」편의 "唯社, 丘乘共粢盛."이라는 기록에 대해 鄭玄의 注에서는 "丘, 十六井也. 四丘, 六十四井曰甸, 或謂之乘. 乘者, 以於車賦出長轂一乘."이라고 풀이했고, 孔穎

에서 제사 때 진설하는 자성(粢盛)을 공급하게 한다."[16]라고 했는데, 이것은 대부로부터 그 이하의 계층이 세우는 사의 제단을 뜻한다. 이처럼 고대에는 사직의 제단을 중시했는데, 『맹자』에서는 "가뭄이 들고 홍수가 발생하면, 사직의 제단을 옮겨서 설치한다."[17]라고 했다. 홍수나 가뭄은 하늘이 시행하는 일이므로, 사람이 어쩔 수 없는 대상이다. 그렇기 때문에 하늘의 변화는 그 시기를 통해 드러내는데, 사직은 토지의 신에 해당하므로, 어찌 죄를 물을 수 있겠는가? 그러므로 '변(變)'이라는 말은 "제후를 바꾸어 세운다."라고 한 말일 뿐이다.

鄭注 群, 衆也. 大夫以下, 謂下至庶人也. 大夫不得特立社, 與民族居. 百家以上則共立一社, 今時里社是也. 郊特牲曰: "唯爲社事單出里."

번역 '군(群)'자는 무리[衆]라는 뜻이다. 대부로부터 그 이하의 계층은 밑으로 서인(庶人)까지를 뜻한다. 대부는 자기만을 위한 사(社)의 제단을 세울 수 없으니, 무리들과 함께 세운다. 100가(家) 이상의 규모가 되면 공동으로 1개의 사 제단을 세우니, 현재의 '이사(里社)'가 여기에 해당한다. 『예기』「교특생(郊特牲)」편에서는 "오직 사(社)에 대한 제사를 지낼 때에만, 한 마을에 있는 사람들이 모두 나와서 그 제사를 돕는다."[18]라고 했다.

釋文 爲, 于僞反, 下皆同, 注"爲社事"亦同.

번역 '爲'자는 '于(우)'자와 '僞(위)'자의 반절음이며, 아래문장에 나오는 글자들도 모두 그 음이 이와 같고, 정현의 주에 나오는 '爲社事'에서의 '爲'자도 그 음이 이와 같다.

達의 疏에서는 "丘乘者, 都鄙井田也. 九夫爲井, 四井爲邑, 四邑爲丘, 四丘爲乘. 唯祭社而使丘乘共其粢盛也."라고 풀이했다.

16) 『예기』「교특생(郊特牲)」【326b】: 唯社, 丘乘供粢盛, 所以報本反始也.

17) 『맹자』「진심하(盡心下)」: 諸侯危社稷, 則變置. 犧牲既成, 粢盛既絜, 祭祀以時, 然而旱乾水溢, 則變置社稷.

18) 『예기』「교특생(郊特牲)」【326a】: 唯爲社事, 單出里.

孔疏 ●"王爲"至"置社". ○正義曰: 此一經明天子以下立社之義.

번역 ●經文: "王爲"~"置社". ○이곳 경문은 천자로부터 그 이하의 계층이 사(社)의 제단을 세우는 뜻을 나타내고 있다.

孔疏 ●"王爲群姓立社, 曰大社"者, 群姓, 謂百官以下及兆民, 言群姓者, 包百官也. 大社在庫門內之[19]右, 故小宗伯云"右社稷".

번역 ●經文: "王爲群姓立社, 曰大社". ○'군성(群姓)'은 모든 관료로부터 그 이하로 백성들까지를 총칭하는 말이니, '군성(群姓)'이라고 말했다면 모든 관료들[20]을 포함한다. '대사(大社)'는 고문(庫門) 안의 우측에 있다. 그렇기 때문에 『주례』「소종백(小宗伯)」편에서는 "사직(社稷)을 우측으로 둔다."[21]라고 말한 것이다.

孔疏 ●"王自爲立社, 曰王社"者, 其王社所在, 書傳無文, 或云與大社同處, 王社在大社之西. 崔氏並云"王社在藉田, 王自所祭, 以供粢盛". 今從其說, 故詩·頌云"春藉田而祈社稷", 是也. 其諸侯國社亦在公宮之右, 侯社在藉田.

번역 ●經文: "王自爲立社, 曰王社". ○'왕사(王社)'의 위치에 대해서는 『서전』에 관련 기록이 없는데, 혹자는 대사(大社)와 동일한 곳에 있으니, 왕사는 대사의 서쪽에 있다고 주장한다. 최영은은 또한 "왕사는 자전(藉田)이 있는 곳에 있으니, 천자가 직접 제사를 지낼 때 자성(粢盛)을 공급하기

---

19) '내지(內之)'에 대하여. '내지'는 본래 '지내(之內)'로 기록되어 있었는데, 완원(阮元)의 『교감기(校勘記)』에서는 "혜동(惠棟)의 『교송본(校宋本)』에는 '내지'로 기록되어 있고, 위씨(衛氏)의 『집설(集說)』에도 동일하게 기록되어 있다. 따라서 이곳 판본은 '내지'라는 두 글자는 거꾸로 기록한 것이다."라고 했다.

20) 백관(百官)은 공경(公卿) 이하의 관리들을 뜻한다. 또한 각 부서의 하급 관리들을 총칭하는 용어로도 사용되었다. 『예기』「교특생(郊特牲)」편에는 "獻命庫門之內, 戒百官也."라는 기록이 있고, 이에 대한 정현의 주에서는 "百官, 公卿以下也."라고 풀이하였다.

21) 『주례』「춘관(春官)·소종백(小宗伯)」: 小宗伯之職, 掌建國之神位, 右社稷, 左宗廟.

위해서이다."라고 했다. 현재는 그 주장에 따른다. 그렇기 때문에 『시』의 송(頌)에서는 "봄에 자전에서 경작을 시작하며 사직에게 제사를 지낸다."[22] 라고 말한 것이다. 제후가 설치하는 국사(國社) 또한 궁궐의 우측에 있고, 후사(侯社)는 자전이 있는 곳에 있다.

孔疏 ●"大夫以下成群立社, 曰置社"者, 大夫以下, 謂包士·庶. 成群聚而居, 其群衆滿百家以上, 得立社, 爲衆特置, 故曰"置社".

번역 ●經文: "大夫以下成群立社, 曰置社". ○대부로부터 그 이하의 계층은 사와 서인까지도 포괄한다는 뜻이다. 무리를 이루어 거주하는데, 그 무리가 100가(家) 이상의 규모가 되면 사(社)의 제단을 세울 수 있으니, 무리를 위해서 특별히 설치하는 것이다. 그렇기 때문에 '치사(置社)'라고 부른다.

孔疏 ◎注"群衆"至"出里". ○正義曰: 此云"大夫以下", 謂下至士庶人者, 謂大夫至庶人等共在一處也. 云"大夫不得特立社, 與民族居. 百家以上則共立一社, 今時里社是也"者, 大夫, 北面之臣, 不得自專土地, 故不得特立社, 社以爲民, 故與民居. 百家以上, 則可以立社. 知百家者, 詩·頌云"百室盈止, 殺時犉牡", 故曰百家, 言以上, 皆不限多少, 故鄭駁異義引州[23]長職曰"以歲時祭祀州社", 是二千五百家爲社也. 雖云"百家以上", 唯治民大夫乃得立社, 故鄭駁異義云"有國及治民之大夫, 乃有社稷", 是也. 此大夫所主立社稷, 則田主是也. 故鄭駁異義引大司徒職云"樹之田主, 各以其野之所宜木, 遂以名其社與其野", 注云"田主, 田神, 后土·田正之所依也". 后土則社神, 田正則稷神. 其義已具郊特牲疏.

번역 ◎鄭注: "群衆"~"出里". ○이곳에서 '대부이하(大夫以下)'라고 한 말은 대부로부터 그 아래로 사와 서인까지도 포괄한다는 뜻이니, 대부로부

---

22) 『시』「주송(周頌)·재삼(載芟)」편의 「모서(毛序)」: 載芟, 春籍田而祈社稷也.
23) '주(州)'자에 대하여. '주'자는 본래 없던 글자인데, 완원(阮元)의 『교감기(校勘記)』에서는 "혜동(惠棟)의 『교송본(校宋本)』에는 '주'자가 기록되어 있으니, 이곳 판본에는 '주'자가 누락된 것이다."라고 했다.

터 서인에 이르기까지 그들은 공동으로 1개의 장소에 제단을 설치한다는 의미이다. 정현이 "대부는 자기만을 위한 사(社)의 제단을 세울 수 없으니, 무리들과 함께 세운다. 100가(家) 이상의 규모가 되면 공동으로 1개의 사 제단을 세우니, 현재의 '이사(里社)'가 여기에 해당한다."라고 했는데, 대부는 북면(北面)[24]을 하는 신하이니, 땅을 자기 마음대로 할 수 없다. 그렇기 때문에 자기만을 위한 사의 제단을 세울 수 없으니, 사는 백성들을 위해 세우는 것이기 때문에 백성들과 함께 세운다. 100가(家) 이상의 규모가 되면 사의 제단을 세울 수 있다. 100가(家)의 규모가 기준이 된다는 사실을 알 수 있는 이유는 『시』의 송(頌)에서 "백실(百室)이 모두 가득하니, 이에 입술이 검은 숫짐승을 잡는다."[25]라고 했기 때문이다. 그래서 '백가(百家)'라고 말한 것이다. 또 '이상(以上)'이라고 말한 것은 규모의 차이를 제한하지 않기 때문이다. 그러므로 정현은 『오경이의』의 주장을 반박하며, 『주례』「주장(州長)」편을 인용하여 "한 해의 사계절마다 주사(州社)에게 제사를 지낸다."[26]라고 한 것이니, '주사(州社)'라는 것은 2,500가(家) 규모의 행정구역에 설치한 사(社)의 제단을 뜻한다. 비록 '백가이상(百家以上)'이라고 했지만, 오직 백성들을 직접적으로 다스리는 대부여야만 사의 제단을 세울 수 있다. 그러므로 정현은 『오경이의』의 주장을 반박하며, "나라를 소유하고 있거나 또는 백성들을 다스리는 대부만이 사직의 제단을 세운다."라고 한 것이다. 대부가 주관하여 사직의 제단을 세우게 되는데, 그때의 신 및 신령이 깃드는 신주는 '전주(田主)'라고 부른다. 그러므로 정현은 『오경이의』의 주장을 반박하며, 『주례』「대사도(大司徒)」편의 직무 기록을 인용하여 "전주(田主)를 세우고, 각각 그 땅에 적합한 나무로 만들게 되어, 사(社)의 제단 및 그 제단이 있는 야외에 대해서도 나무의 이름을 붙여서 부른다."[27]라고 했고, 또 정현의 주에서는 "'전주(田主)'는 토지의 신이니, 후토

---

24) 북면(北面)은 특정 공간에서 남쪽에 위치하여 북쪽을 바라보며 있다는 뜻이다. 일반적으로 군주 및 주인 등은 남면(南面)을 하게 되므로, '북면'은 신하가 군주를 알현할 때나, 낮은 자가 높은 자를 찾아뵐 때를 가리킨다.

25) 『시』「주송(周頌)·양사(良耜)」: 百室盈止, 婦子寧止. 殺時犉牡, 有捄其角.

26) 『주례』「지관(地官)·주장(州長)」: 若以歲時祭祀州社, 則屬其民而讀法, 亦如之. 春秋以禮會民而射于州序.

(后土)나 전정(田正)이 깃드는 곳이다."라고 했다. '후토(后土)'는 사(社)의 신이며, '전정(田正)'[28]은 직(稷)의 신이다. 그 의미에 대해서는 이미 『예기』「교특생(郊特牲)」편의 소에서 기술하였다.

訓纂 說文: 社, 地主也. 春秋傳曰, "共工之子句龍爲社神." 周禮二十五家爲社. 各樹其土所宜木.

번역 『설문』[29]에서 말하길, '사(社)'는 토지신의 신주를 뜻한다. 『춘추전』에서는 "공공(共工)의 자식 구룡(句龍)[30]이 사(社)의 신이 되었다."라고 했다. 『주례』에서는 25개의 가(家)마다 사(社)를 세운다고 했다. 각각 그 땅에 알맞은 나무를 사용하여 신주를 세운다.

訓纂 五經通義: 天子大社 · 王社, 諸侯國社 · 侯社, 制度奈何? 曰: 社皆有垣無屋, 樹其中以木. 有木者, 土主生萬物, 萬物莫善于木, 故樹木也.

번역 『오경통의』에서 말하길, 천자가 세우는 대사(大社)와 왕사(王社), 제후가 세우는 국사(國社)와 후사(侯社)의 제도는 어떤 것인가? 대답하자면, 사(社)에는 모두 담장을 두르지만 지붕을 올리지는 않고, 그 중심에 나무를 세운다. 나무를 심는 것은 땅은 만물을 생장시키는 것을 위주로 하고, 만물 중에는 나무보다 선한 것이 없기 때문에 나무를 심는다.

---

27) 『주례』「지관(地官) · 대사도(大司徒)」: 而辨其邦國都鄙之數, 制其畿疆而溝封之, 設其社稷之壝而樹之田主, 各以其野之所宜木, 遂以名其社與其野.

28) 전정(田正)은 고대에 경작을 담당했던 관부의 수장을 뜻한다. 이후에는 신으로 추앙받아서 직(稷)의 신을 지칭하는 용어로 사용되었다. '전정'의 '전(田)'자는 경작을 뜻하며, '정(正)'자는 관부의 수장을 뜻한다.

29) 『설문해자(說文解字)』는 후한(後漢) 때의 학자인 허신(許愼)이 찬(撰)했다고 전해지는 자서(字書)이다. 『설문(說文)』이라고도 칭해진다. A.D.100년경에 완성되었다고 전해진다. 글자의 형태, 뜻, 음운(音韻)을 수록하고 있다.

30) 구룡(句龍)은 공공(共工)의 아들이었다고 전해지며, 치수 사업을 잘했던 인물이다. 후세에는 그를 후토(后土)의 신(神)으로 여겨서, 그에게 제사를 지내기도 했다. 『춘추좌씨전』「소공(昭公) 29년」편에는 "共工氏有子曰句龍, 爲后土."라는 기록이 있다.

集解 愚謂: 大社祭畿內之地祇, 國社祭一國之地祇. 郊特牲曰, "惟社, 丘乘共齊盛." 州黨祭社, 其齊盛出於民之所自供, 則其社固民之所自立也. 蓋大夫以下, 於所居之州黨, 得與同居之民相與立社, 而治地大夫若州長者爲之主其祭也.

번역 내가 생각하기에, '대사(大社)'는 천자의 수도에 해당하는 토지신에게 제사를 지내는 곳이며, '국사(國社)'는 제후국의 토지신에게 제사를 지내는 곳이다. 『예기』「교특생(郊特牲)」편에서는 "오직 사(社)에 대한 제사에서만, 구승(丘乘)의 행정구역에서 제사 때 진설하는 자성(粢盛)을 공급하게 한다."[31]라고 했다. 주(州)와 당(黨)의 행정구역에서 사(社)에게 제사를 지내게 된다면, 그때 사용하는 자성의 경우 백성들이 자발적으로 공급한 곡물에서 충당하니, 사는 진실로 백성들이 세운 제단이기 때문이다. 무릇 대부로부터 그 이하의 경우 그들이 거처하는 주와 당에 있어서, 함께 거처하는 백성들과 서로 도와서 사의 제단을 세울 수 있는데, 그 땅을 다스리는 대부, 즉 주장(州長)[32]과 같은 자들은 백성들을 대신하여 제사를 주관하게 된다.

集解 "王社"·"侯社", 不見於他經, 鄭氏於此篇亦無註說, 崔氏謂"王社在藉田". 今按天子之社, 祭畿內之土神也. 諸侯之社, 祭一國之土神也. 州社, 祭一州之土神也. 所載有廣狹, 故其神有尊卑, 其祭之之禮有隆殺. 故王制云, "天子之社稷用大牢, 諸侯之社稷用少牢." 大司樂, "奏大簇, 歌應鐘, 舞咸池, 以祭地祇", 此天子社稷之祭也. 舞師, "敎帗舞, 帥而舞社稷之祭祀", 此大夫以下所置社稷之祭也. 若藉田, 天子止千畝, 諸侯止百畝, 則未知其神居何等, 而祭之又用何禮耶? 天子有大社, 諸侯有國社, 則藉田已在其中矣, 又別立社

31) 『예기』「교특생(郊特牲)」【326b】: 唯社, 丘乘供粢盛, 所以報本反始也.

32) 주장(州長)은 주(周)나라 때의 관직으로, 1개 주(州)의 수장을 뜻한다. 중대부(中大夫) 1명이 담당을 했으며, 그 주에서 시행하는 교화와 정령을 담당했다. 『주례』「지관(地官)·사도(司徒)」편에는 "州長, 每州中大夫一人."이라는 기록이 있고, 『주례』「지관·주장(州長)」편에는 "各掌其州之敎治政令之法."이라는 기록이 있다.

稷於藉田, 而名之曰王社·侯社, 於禮則瀆, 於情則私, 必非先王之典也.

번역 '왕사(王社)'나 '후사(侯社)'에 대해서는 다른 경전에 기록이 나타나지 않고, 정현도 「제법」편에 대해서 그 용어에 대한 설명을 달지 않았는데, 최영은은 "왕사는 자전(藉田)에 있다."라고 했다. 현재 살펴보니, 천자가 세우는 사(社)는 천자의 수도에 해당하는 토지신에게 제사를 지내기 위한 것이다. 또 제후가 세우는 사(社)는 제후국의 토지신에게 제사를 지내기 위한 것이다. '주사(州社)'는 한 주(州)에 해당하는 토지신에게 제사를 지내기 위한 것이다. 해당 토지에는 넓이의 차이가 있기 때문에, 해당 신에게도 또한 존비의 차등이 있으며, 그들에 대한 제사에서도 높이거나 낮추는 예법의 차이가 있다. 그렇기 때문에 『예기』「왕제(王制)」편에서는 "천자의 사직에 대한 제사에서는 태뢰를 사용하고, 제후의 사직에 대한 제사에서는 소뢰를 사용한다."[33]라고 한 것이다. 『주례』「대사악(大司樂)」편에서는 "태주(大簇)음을 중심으로 연주하고, 응종(應鐘)음을 중심으로 노래하며, 함지(咸池)[34]라는 악무를 추어서, 땅의 신에게 제사를 지낸다."[35]라고 했는데, 이것은 천자가 지내는 사직의 제사를 뜻한다. 또 『주례』「무사(舞師)」편에서는 "불무(帗舞)를 가르치고, 악공들을 인솔하여 사직의 제사에서 춤을 추게 한다."[36]라고 했는데, 이것은 대부로부터 그 이하의 계층이 세운 사직의 제사에 해당한다. 자전(藉田)의 경우 천자는 1,000무(畝)의 크기이며, 제후는 100무(畝)의 크기였고, 그 신들은 어떤 등급에 해당하는지 알 수 없는데, 그들에 대한 제사에서는 또한 어떤 예법을 사용해야 한단 말인가? 천자는 대사(大社)를 갖추고 제후는 국사(國社)를 갖춘다면, 자전은 이미 그 안에 포함된 것인데, 별도로 자전 안에 사직에 대한 제단을 세워서 그것을

33) 『예기』「왕제(王制)」【162a】: 天子社稷, 皆太牢, 諸侯社稷, 皆少牢, 大夫士宗廟之祭, 有田則祭, 無田則薦. 庶人, 春薦韭, 夏薦麥, 秋薦黍, 冬薦稻. 韭以卵, 麥以魚, 黍以豚, 稻以鴈.

34) 대함(大咸)은 요(堯)임금 때의 악무(樂舞)이다. 주(周)나라의 육무(六舞) 중 하나로 정착하였다. 또한 함지(咸池)라고도 부른다.

35) 『주례』「춘관(春官)·대사악(大司樂)」: 乃奏大族, 歌應鍾, 舞咸池, 以祭地示.

36) 『주례』「지관(地官)·무사(舞師)」: 舞師, 掌敎兵舞, 帥而舞山川之祭祀; 敎帗舞, 帥而舞社稷之祭祀; 敎羽舞, 帥而舞四方之祭祀; 敎皇舞, 帥而舞旱暵之事.

‘왕사(王社)’나 ‘후사(侯社)’라고 부른다면, 예법에 대해서는 무람되며, 정감에 대해서는 너무 사적이니, 분명 선왕의 제도는 아닐 것이다.

그림 6-1 ▣ 천자오문삼조도(天子五門三朝圖)

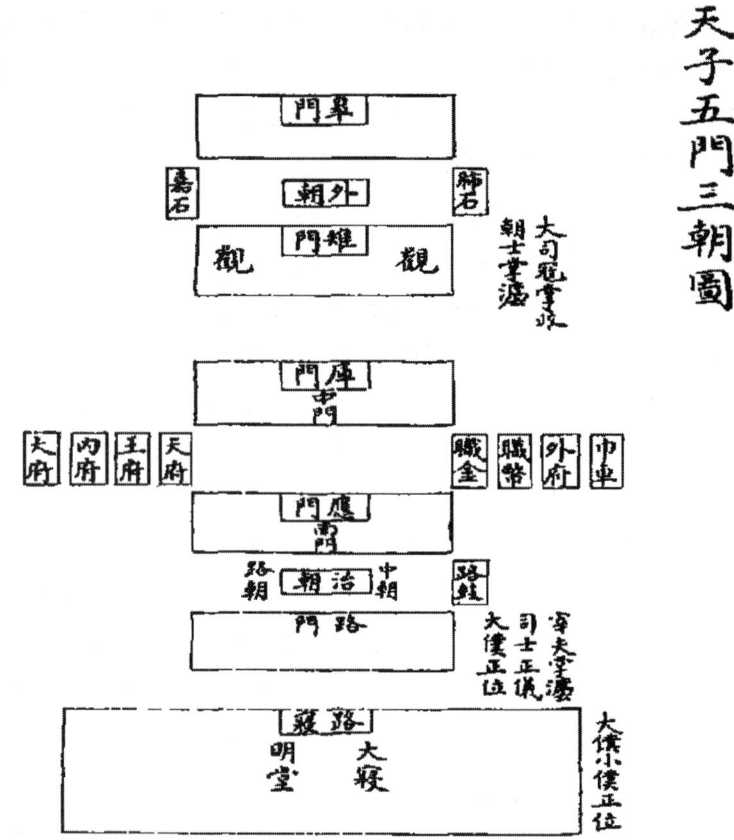

◎ 노침(路寢)의 앞마당=연조(燕朝)

※ **출처**: 『주례도설(周禮圖說)』 상권

그림 6-2 ▣ 주(周)나라 때의 왕성(王城) · 육향(六鄕) · 육수(六遂)

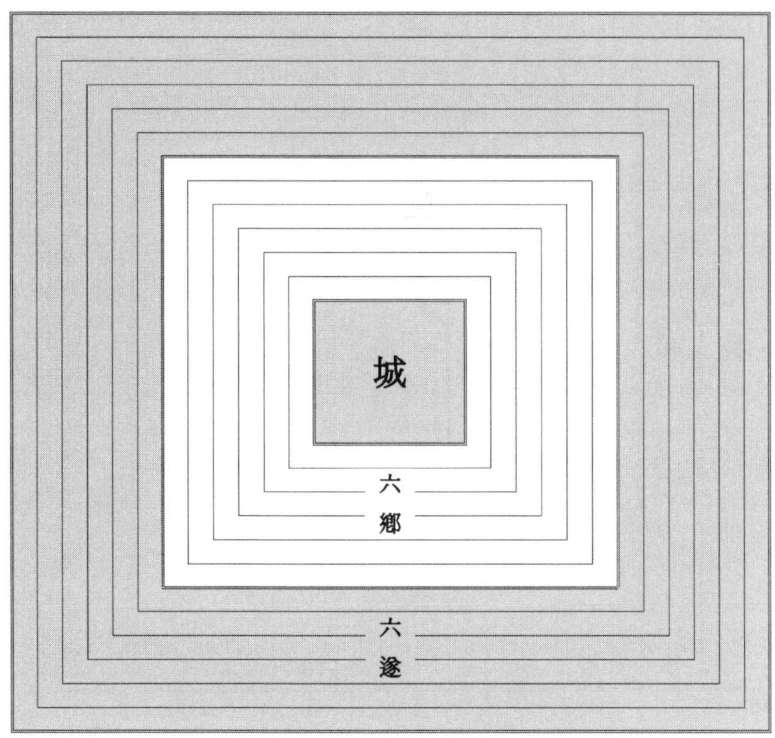

그림 6-3 ▣ 향(鄕)의 행정구역 및 담당자

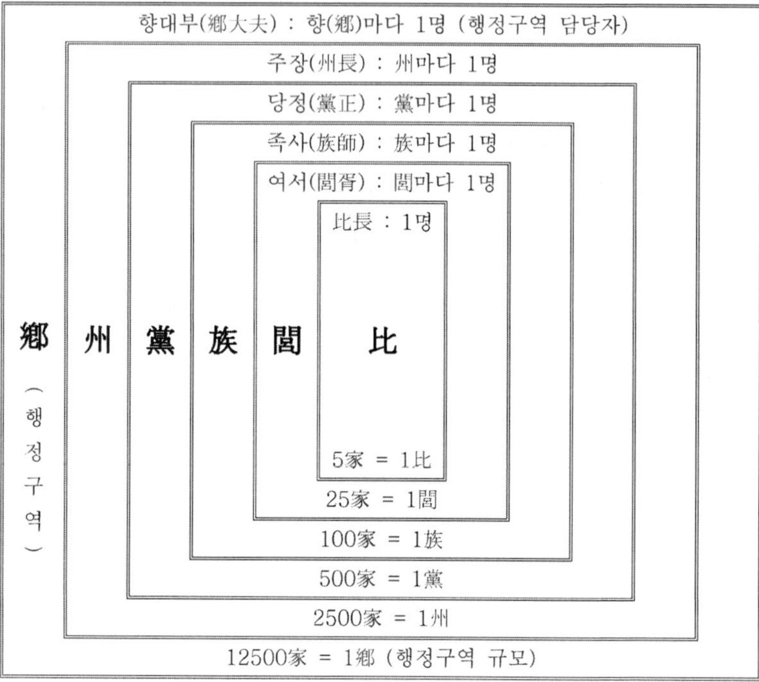

그림 6-4 ▣ 수(遂)의 행정구역 및 담당자

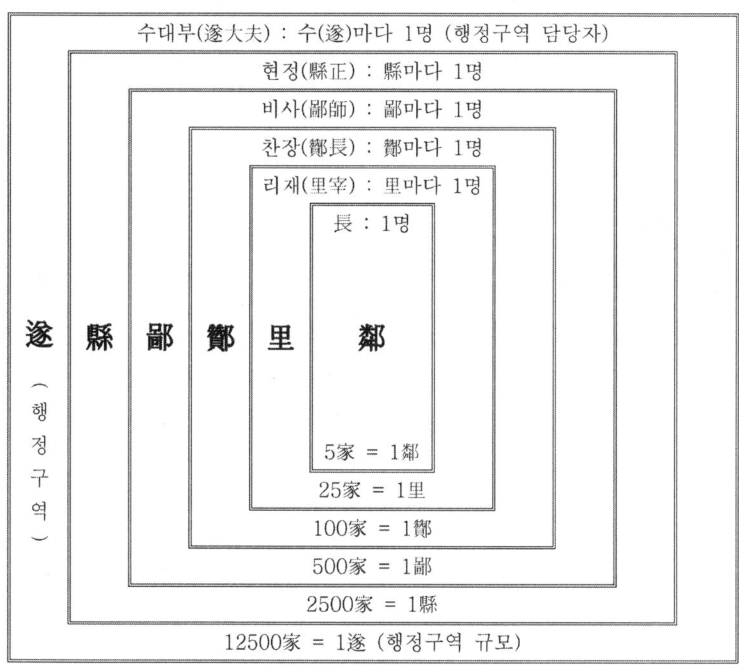

• 제 7 절 •

칠사(七祀) · 오사(五祀) · 삼사(三祀) · 이사(二祀) · 일사(一祀)

【551b】

王爲群姓立七祀, 曰司命, 曰中霤, 曰國門, 曰國行, 曰泰厲, 曰戶, 曰竈. 王自爲立七祀. 諸侯爲國立五祀, 曰司命, 曰中霤, 曰國門, 曰國行, 曰公厲. 諸侯自爲立五祀. 大夫立三祀, 曰族厲, 曰門, 曰行. 適士立二祀, 曰門, 曰行. 庶士·庶人立一祀, 或立戶, 或立竈.

직역 王은 群姓을 爲하여 七祀를 立하니, 司命이라 曰하고, 中霤라 曰하며, 國門이라 曰하고, 國行이라 曰하며, 泰厲라 曰하고, 戶라 曰하며, 竈라 曰한다. 王은 自히 爲하여 七祀를 立한다. 諸侯는 國을 爲하여 五祀를 立하니, 司命이라 曰하고, 中霤라 曰하며, 國門이라 曰하고, 國行이라 曰하며, 公厲라 曰한다. 諸侯는 自히 爲하여 五祀를 立한다. 大夫는 三祀를 立하니, 族厲라 曰하고, 門이라 曰하며, 行이라 曰한다. 適士는 二祀를 立하니, 門이라 曰하며, 行이라 曰한다. 庶士와 庶人은 一祀를 立하니, 或은 戶를 立하고, 或은 竈를 立한다.

의역 천자는 관리들과 백성들을 위하여 7가지의 제사를 지내니, 그 대상은 사명(司命) · 중류(中霤) · 국문(國門) · 국행(國行) · 태려(泰厲) · 호(戶) · 조(竈)이다. 천자는 또한 자신을 위해서도 이러한 7대상에 대해 제사를 지낸다. 제후는 나라를 위하여 5가지의 제사를 지내니, 그 대상은 사명(司命) · 중류(中霤) · 국문(國門) · 국행(國行) · 공려(公厲)이다. 제후는 또한 자신을 위해서도 이러한 5대상에 대해 제사를 지낸다. 대부는 3가지 대상에게 제사를 지내니, 그 대상은 족려(族厲) · 문(門) · 행(行)이다. 적사는 2가지 대상에게 제사를 지내니, 그 대상은 문

(門) · 행(行)이다. 서사와 서인들은 1가지 대상에게 제사를 지내니, 그 대상은 호(戶) 또는 조(竈)이다.

集說 司命, 見周禮. 中霤 · 門 · 行 · 戶 · 竈, 見月令. 泰厲, 古帝王之無後者. 公厲, 古諸侯之無後者. 族厲, 古大夫之無後者. 左傳云, "鬼有所歸, 乃不爲厲", 以其無所歸, 或爲人害, 故祀之. 又按五祀之文, 散見經傳者非一, 此言七祀 · 三祀 · 二祀 · 一祀之說, 殊爲可疑, 曲禮"大夫祭五祀", 註言殷禮; 王制"大夫祭五祀", 註謂有地之大夫, 皆未可詳.

번역 '사명(司命)'[1]은 『주례』에 나온다.[2] 중류(中霤)[3] · 문(門)[4] · 행(行)[5] · 호(戶)[6] · 조(竈)[7]는 『예기』「월령(月令)」편에 나온다. '태려(泰厲)'

---

1) 사명(司命)은 별 이름이다. 문창(文昌)이라는 별자리 중 네 번째 별에 해당한다.
2) 『주례』「춘관(春官) · 대종백(大宗伯)」: 以禋祀祀昊天上帝, 以實柴祀日 · 月 · 星 · 辰, 以槱燎祀司中 · 司命 · 飌師 · 雨師.
3) 『예기』「월령(月令)」【208b】: 其祀中霤, 祭先心.
4) 『예기』「월령(月令)」【208c~d】: 其日庚辛, 其帝少皞, 其神蓐收, 其蟲毛, 其音商, 律中夷則, 其數九, 其味辛, 其臭腥, 其祀門, 祭先肝. / 『예기』「월령」【211a】: 其日庚辛, 其帝少皞, 其神蓐收, 其蟲毛, 其音商, 律中南呂, 其數九, 其味辛, 其臭腥, 其祀門, 祭先肝. / 『예기』「월령」【213d】: 其日庚辛, 其帝少皞, 其神蓐收, 其蟲毛, 其音商, 律中無射, 其數九, 其味辛, 其臭腥, 其祀門, 祭先肝.
5) 『예기』「월령(月令)」【216d】: 其日壬癸, 其帝顓頊, 其神玄冥, 其蟲介, 其音羽, 律中應鍾, 其數六, 其味鹹, 其臭朽, 其祀行, 祭先腎. / 『예기』「월령」【220a】: 其日壬癸, 其帝顓頊, 其神玄冥, 其蟲介, 其音羽, 律中黃鍾, 其數六, 其味鹹, 其臭朽, 其祀行, 祭先腎. / 『예기』「월령」【222c】: 其日壬癸, 其帝顓頊, 其神玄冥, 其蟲介, 其音羽, 律中大呂, 其數六, 其味鹹, 其臭朽, 其祀行, 祭先腎.
6) 『예기』「월령(月令)」【187a】: 其蟲鱗, 其音角, 律中太蔟, 其數八, 其味酸, 其臭羶, 其祀戶, 祭先脾. / 『예기』「월령」【193a】: 其日甲乙, 其帝太皞, 其神句芒, 其蟲鱗, 其音角, 律中夾鍾, 其數八, 其味酸, 其臭羶, 其祀戶, 祭先脾. / 『예기』「월령」【196a】: 其日甲乙, 其帝太皞, 其神句芒, 其蟲鱗, 其音角, 律中姑洗, 其數八, 其味酸, 其臭羶, 其祀戶, 祭先脾.
7) 『예기』「월령(月令)」【199c】: 其蟲羽, 其音徵, 律中中呂, 其數七, 其味苦, 其臭焦, 其祀竈, 祭先肺. / 『예기』「월령」【202b】: 其日丙丁, 其帝炎帝, 其神祝融. 其蟲羽, 其音徵, 律中蕤賓, 其數七, 其味苦, 其臭焦, 其祀竈, 祭先肺. / 『예기』「월령」【205b】: 其日丙丁, 其帝炎帝, 其神祝融, 其蟲羽, 其音徵, 律中林

는 고대의 제왕 중 후손이 없는 자를 뜻한다. '공려(公厲)'는 고대의 제후 중 후손이 없는 자를 뜻한다. '족려(族厲)'는 고대의 대부 중 후손이 없는 자를 뜻한다. 『좌전』에서는 "귀(鬼)는 회귀할 곳이 있어야만 곧 여귀(厲鬼)[8]가 되지 않는다."[9]라고 했는데, 그들은 회귀할 곳이 없기 때문에 간혹 사람들에게 피해를 입힌다. 그러므로 그들에게 제사를 지내는 것이다. 또 오사(五祀)에 대한 기록을 살펴보면, 경전(經傳)에 여기 저기 흩어져 나오며 동일하지 않은데, 이곳에서 칠사(七祀)·삼사(三祀)·이사(二祀)·일사(一祀)라고 한 주장은 자못 의심스럽다. 『예기』「곡례(曲禮)」편에서는 "대부는 오사(五祀)에게 제사를 지낸다."[10]라고 했는데, 정현의 주에서는 은나라 때의 예법이라고 했고, 『예기』「왕제(王制)」편에서는 "대부는 오사에게 제사를 지낸다."[11]라고 했는데, 정현의 주에서는 토지를 소유한 대부를 뜻한다고 했지만, 이 모든 주장에 대해서는 자세히 알 수 없다.

大全 馬氏曰: 聖足以饗帝, 孝足以饗親, 至於七祀之微, 有所不廢者, 所謂禮猶體之意也. 命降於五祀, 謂之制度. 自上而下降殺以兩, 故王立七祀, 則諸侯立五, 大夫三, 士庶人一, 皆以其制度之所自出也. 命者, 所以司其生, 厲者, 所以司其過, 以至於出入起居飮食之際, 莫不有神以司之, 凡有形有氣者, 皆不能逃於此. 此其所以戶竈門行之間, 一皆有以祭之也. 七祀之祭, 莫不各以其時, 各以其儀, 月令所載是也.

번역 마씨가 말하길, 성왕은 상제에게 제사를 지낼 수 있고, 자식은 부모에게 제사를 지낼 수 있는데, 칠사(七祀)의 제사처럼 미미한 대상에 대해

鍾, 其數七, 其味苦, 其臭焦, 其祀竈, 祭先肺.

8) 여귀(厲鬼)는 악귀(惡鬼)라는 뜻이다. 『춘추좌씨전』「소공(昭公) 7년」편에는 "今夢黃熊入于寢門, 其何厲鬼也."라는 용례가 있다.

9) 『춘추좌씨전』「소공(昭公) 7년」: 子産曰, "鬼有所歸, 乃不爲厲, 吾爲之歸也."

10) 『예기』「곡례하(曲禮下)」【62a】: 天子祭天地, 祭四方, 祭山川, 祭五祀, 歲徧. 諸侯方祀, 祭山川, 祭五祀, 歲徧. 大夫祭五祀, 歲徧. 士祭其先.

11) 『예기』「왕제(王制)」【160d】: 天子, 祭天地, 諸侯, 祭社稷, 大夫, 祭五祀. 天子, 祭天下名山大川, 五嶽, 視三公, 四瀆, 視諸侯. 諸侯, 祭名山大川之在其地者. 天子諸侯, 祭因國之在其地而無主後者.

서도 하나라도 빼놓지 않는 것은 곧 "예(禮)는 사람의 신체와 같다."[12]라는 뜻에 해당한다. 명령을 오사(五祀)의 제사에서 내리는 것을 '제도(制度)'라고 부른다.[13] 위로부터 아래로 내려갈수록 2만큼 줄이기 때문에 천자는 칠사(七祀)를 지내니, 제후는 오사(五祀)를 지내며 대부는 삼사(三祀)를 지내고 사와 서인은 일사(一祀)를 지내는 것으로, 이 모두는 제도가 도출되는 대상이기 때문이다. '명(命)'은 생겨나게 함을 주관하는 것이며, '여(厲)'는 재앙을 주관하는 것이니, 출입 · 기거 · 음식 등에 대해서도 신이 담당하지 않는 것들이 없고, 형체와 기운을 갖춘 것들은 모두 여기에서 벗어날 수 없다. 이것이 바로 방문[戶] · 부엌[竈] · 문(門) · 도로[行]에 대해서도 모두 제사를 지내는 이유이다. 칠사의 제사에서는 각각 해당하는 시기에 지내지 않는 것이 없고, 해당하는 의례에 따르지 않는 것이 없으니, 『예기』「월령(月令)」편의 기록이 이러한 뜻을 나타낸다.

鄭注 此非大神所祈報大事者也, 小神居人之間, 司察小過, 作譴告者爾. 樂記曰: "明則有禮樂, 幽則有鬼神." 鬼神謂此與. 司命, 主督察三命. 中霤, 主堂室居處. 門 · 戶, 主出入. 行, 主道路行作. 厲, 主殺罰. 竈, 主飮食之事. 明堂月令: "春曰其祀戶, 祭先脾. 夏曰其祀竈, 祭先肺. 中央曰其祀中霤, 祭先心. 秋曰其祀門, 祭先肝. 冬曰其祀行, 祭先腎." 聘禮曰使者出, "釋幣於行"; 歸, "釋幣於門". 士喪禮曰"疾病", "禱於五祀". 司命與厲, 其時不著. 今時民家, 或春秋祠司命 · 行神 · 山神, 門 · 戶[14] · 竈在旁, 是必春祠司命, 秋祠厲也. 或者

---

12) 『예기』「예기(禮器)」【305c~d】: 禮也者, 猶體也. 體不備, 君子謂之不成人. 設之不當, 猶不備也. 禮有大有小, 有顯有微. 大者不可損, 小者不可益, 顯者不可揜, 微者不可大也. 故經禮三百, 曲禮三千, 其致一也. 未有入室而不由戶者.

13) 『예기』「예운(禮運)」【276b】: 故, 政者, 君之所以藏身也. 是故, 夫政必本於天, 殽以降命. 命降于社之謂殽地, 降于祖廟之謂仁義, 降於山川之謂興作, 降於五祀之謂制度. 此聖人所以藏身之固也.

14) '호(戶)'자에 대하여. '호'자는 본래 없던 글자인데, 완원(阮元)의 『교감기(校勘記)』에서는 "혜동(惠棟)의 『교송본(校宋本)』에는 '호'자가 기록되어 있고, 『악본(岳本)』 · 『가정본(嘉靖本)』 및 위씨(衛氏)의 『집설(集說)』에도 동일하게 기록되어 있다. 『고문(考文)』에서 인용하고 있는 『고본(古本)』과 『족리본(足利本)』에도 동일하게 기록되어 있으니, 이곳 판본에는 '호'자가 누락된 것

合而祠之. 山卽厲也, 民惡言厲, 巫祝以厲山爲之, 繆乎! 春秋傳曰: "鬼有所歸, 乃不爲厲."

번역 여기에서 말하는 제사는 대신(大神)들에게 기원하고 보답하기 위해 지내는 성대한 제사를 뜻하지 않으니, 소신(小神)들은 사람이 거처하는 곳에 있으며, 작은 과실들을 자세히 살펴서 꾸짖거나 훈계만 할 따름이다. 『예기』「악기(樂記)」편에서는 "밝은 인간 세상에는 예(禮)와 악(樂)이 있고, 그윽한 저 세상에는 귀(鬼)와 신(神)이 있다."[15]라고 했으니, 귀(鬼)와 신(神)은 바로 이들을 뜻할 것이다. '사명(司命)'은 삼명(三命)[16]의 감찰을 주관한다. '중류(中霤)'는 당(堂)과 실(室) 등의 거처를 주관한다. '문(門)'과 '호(戶)'는 출입을 주관한다. '행(行)'은 도로에서 이동하는 것을 주관한다. '여(厲)'는 죽이거나 벌을 내리는 일을 주관한다. '조(竈)'는 음식에 대한 일을 주관한다. 『명당음양』에서는 "봄에 대해서 그 제사는 호(戶)에 대한 것이니, 제사를 지낼 때에는 희생물의 비장을 먼저 바친다. 여름에 대해서 그 제사는 조(竈)에 대한 것이니, 제사를 지낼 때에는 희생물의 폐를 먼저 바친다. 중앙에 대해서 그 제사는 중류(中霤)에 대한 것이니, 제사를 지낼 때에는 희생물의 심장을 먼저 바친다. 가을에 대해서 그 제사는 문(門)에 대한 것이니, 제사를 지낼 때에는 희생물의 간장을 먼저 바친다. 겨울에 대해서 그 제사는 행(行)에 대한 것이니, 제사를 지낼 때에는 희생물의 신장을 먼저 바친다."라고 했다. 『의례』「빙례(聘禮)」편에서는 사신이 밖으로 나선다고 하며 "도로에 석폐(釋幣)[17]를 한다."[18]라고 했고, 돌아오는 경우

이다."라고 했다.

15) 『예기』「악기(樂記)」【462a~b】: 大樂與天地同和, 大禮與天地同節. 和故百物不失, 節故祀天祭地. 明則有禮樂, 幽則有鬼神. 如此則四海之內合敬同愛矣. 禮者殊事合敬者也. 樂者異文合愛者也. 禮樂之情同, 故明王以相沿也. 故事與時並, 名與功偕.

16) 삼명(三命)은 수명(受命), 조명(遭命), 수명(隨命)을 뜻한다. '수명(受命)'은 사람의 수명을 좌우하는 것이고, '조명(遭命)'은 선행을 하거나 흉재(凶災)를 만나는 등의 일을 좌우하는 것이며, '수명(隨命)'은 사람이 시행한 선악(善惡)에 따라 그에 해당하는 결과를 좌우하는 것이다.

17) 석폐(釋幣)는 비단 등의 폐백을 차려서 종묘(宗廟) 및 신령에게 아뢰는 의식

에 대해서도 "문에 석폐를 한다."[19]라고 했다. 『의례』「사상례(士喪禮)」편에서는 "질병이 걸렸다."라고 했고, "오사에게 기도를 올린다."라고 했다.[20] 사명(司命)과 여(厲)에게 지내는 제사 시기는 드러나지 않는다. 현재 민가에서는 간혹 봄과 가을에 사명(司命) · 행신(行神) · 산신(山神)에게 제사를 지내며, 문(門) · 호(戶) · 조(竈)의 신들을 그 측면에 차례대로 모시고 있으니, 이것은 분명 사명에 대해서는 봄에 제사를 지내고 여에 대해서는 가을에 제사를 지냈다는 사실을 나타낸다. 혹자는 이들에 대해서 한꺼번에 제사를 지낸다고 주장한다. '산(山)'은 곧 여(厲)에 해당하니, 백성들은 여(厲)라고 말하기를 꺼려해서인데, 무당과 축관이 여산(厲山)이라고 불렀던 것은 매우 어긋나는 해석이다! 『춘추전』에서는 "귀(鬼)는 회귀할 곳이 있어야만 곧 여귀(厲鬼)가 되지 않는다."라고 했다.

釋文 霤, 力又反. 譴, 棄戰反. 此與音餘. 脾, 婢支反. 肺, 芳廢反. 肝音干. 腎, 上忍反. 使, 色厲反. 惡言, 烏路反. 繆音謬.

번역 '霤'자는 '力(력)'자와 '又(우)'자의 반절음이다. '譴'자는 '棄(기)'자와 '戰(전)'자의 반절음이다. '此與'에서의 '與'자는 그 음이 '餘(여)'이다. '脾'자는 '婢(비)'자와 '支(지)'자의 반절음이다. '肺'자는 '芳(방)'자와 '廢(폐)'자의 반절음이다. '肝'자의 음은 '干(간)'이다. '腎'자는 '上(상)'자와 '忍(인)'자의 반절음이다. '使'자는 '色(색)'자와 '厲(려)'자의 반절음이다. '惡言'에서의 '惡'자는 '烏(오)'자와 '路(로)'자의 반절음이다. '繆'자의 음은 '謬(류)'이다.

이다. 중요한 임무를 맡게 되어, 국경 밖으로 나갈 경우에 이러한 의식을 시행하였다.

18) 『의례』「빙례(聘禮)」: 又<u>釋幣于行</u>, 遂受命. 上介釋幣亦如之.

19) 『의례』「빙례(聘禮)」: <u>釋幣于門</u>, 乃至于禰. 筵几于室, 薦脯醢. 觴酒陳.

20) 『의례』「기석례(旣夕禮)」: 記. 士處適寢, 寢東首于北墉下. 有疾, 疾者齊. 養者皆齊, 徹琴瑟. <u>疾病</u>, 外內皆掃, 徹褻衣, 加新衣. 御者四人皆坐持體. 屬纊以俟絶氣. 男子不絶于婦人之手, 婦人不絶于男子之手. 乃行<u>禱于五祀</u>. 乃卒, 主人啼, 兄弟哭.

孔疏 ●"王爲"至"或立竈". ○正義曰: 此一經明天子以下立七祀·五祀之義.

번역 ●經文: "王爲"~"或立竈". ○이곳 경문은 천자로부터 그 이하의 계층이 칠사(七祀) 및 오사(五祀) 등을 지낸다는 뜻을 나타내었다.

孔疏 ●"曰司命"者, 宮中小神. 熊氏云: "非天之司命, 故祭於宮中." 皇氏云"司命者, 文昌宮星", 其義非也.

번역 ●經文: "曰司命". ○궁중에 머무는 소신(小神)이다. 웅안생은 "하늘의 사명(司命)이 아니다. 그렇기 때문에 궁중에서 제사를 지낸다."라고 했다. 황간은 "사명(司命)은 문창(文昌)이라는 별자리의 별이다."라고 했는데, 그 주장은 잘못되었다.

孔疏 ●"曰中霤"者, 主堂室神.

번역 ●經文: "曰中霤". ○당(堂)과 실(室)을 주관하는 신이다.

孔疏 ●"曰國門"者, 國門謂城門也.

번역 ●經文: "曰國門". ○'국문(國門)'은 성문을 뜻한다.

孔疏 ●"曰國行"者, 謂行神在國門外之西.

번역 ●經文: "曰國行". ○도로의 신에게 제사를 지내는 곳은 국문 밖의 서쪽에 위치한다.

孔疏 ●"曰泰厲"者, 謂古帝王無後者也. 此鬼無所依歸, 好爲民作禍, 故祀之也.

번역 ●經文: "曰泰厲". ○고대의 제왕 중 후손이 없는 자를 뜻한다. 이

귀(鬼)는 회귀할 곳이 없어서, 백성들에게 재앙을 자주 내린다. 그렇기 때문에 제사를 지낸다.

孔疏 ●"王自爲立七祀"者, 前是爲民所立, 與衆共之, 四時常祀, 及爲群姓禱祀. 其自爲立者, 王自禱祭, 不知其當同是一神, 爲是別更立七祀也.

번역 ●經文: "王自爲立七祀". ○앞의 것들은 백성들을 위해서 지내는 것이니, 백성들과 함께 하며 사계절마다 항상 제사를 지내고, 곧 관리들과 백성들을 위해 기도를 올리며 제사를 지낸다. 천자 스스로 지내는 제사는 천자가 직접 기도를 올리는 제사이니, 그들 대상이 동일한 신이라는 사실을 알 수 없으므로, 별도로 이러한 대상을 위해서 칠사(七祀)의 제사를 지낸다.

孔疏 ●"諸侯爲國立五祀"者, 減天子戶·竈二祀, 故爲立五祀也.

번역 ●經文: "諸侯爲國立五祀". ○천자보다 호(戶)와 조(竈)에 대한 두 제사를 줄인다. 그렇기 때문에 오사(五祀)의 제사를 지낸다.

孔疏 ●"曰公厲"者, 謂古諸侯無後者, 諸侯稱公, 其鬼爲厲, 故曰"公厲".

번역 ●經文: "曰公厲". ○고대의 제후 중 후손이 없는 자를 뜻한다. 제후에 대해서는 '공(公)'이라고 부르며, 그 귀(鬼)는 여귀(厲鬼)가 되었으므로, '공려(公厲)'라고 부른다.

孔疏 ●"諸侯自爲立五祀"者, 義與天子同.

번역 ●經文: "諸侯自爲立五祀". ○그 의미는 천자의 경우와 동일하다.

孔疏 ●"大夫立三祀"者, 減諸侯司命·中霤, 故爲三祀也.

번역 ●經文: "大夫立三祀". ○제후보다 사명(司命)과 중류(中霤)의 제

사를 줄이기 때문에, 삼사(三祀)의 제사를 지낸다.

孔疏 ●"曰族厲"者, 謂古大夫無後者鬼也. 族, 衆也. 大夫衆多, 其鬼無後者衆, 故言"族厲".

번역 ●經文: "曰族厲". ○고대의 대부 중 후손이 없어서 귀(鬼)가 된 자를 뜻한다. '족(族)'자는 무리[衆]를 뜻한다. 대부는 그 수가 많기 때문에 후손이 없어서 귀(鬼)가 된 자들이 많다. 그렇기 때문에 '족려(族厲)'라고 부른다.

孔疏 ●"曰門, 曰行"者, 其大夫無民·國, 故不言"國門·國行"也. 然鄭注曲禮"大夫五祀, 爲夏·殷法", 注王制"大夫五祀, 是有采地者", 鄭何以知然? 曲禮文連於"大夫五祀", 故知非周, 而王制立七廟, 故知是周禮. 以彼推此, 大夫三祀, 則周諸侯之大夫無地者也.

번역 ●經文: "曰門, 曰行". ○대부에게는 백성이나 나라가 없기 때문에, 국문(國門)이나 국행(國行)을 언급하지 않았다. 그런데 『예기』「곡례(曲禮)」편에 대한 정현의 주에서는 "대부가 오사(五祀)를 지내는 것은 하나라나 은나라 때의 법도이다."라고 했고, 『예기』「왕제(王制)」편에 대한 정현의 주에서는 "대부가 오사를 지내는 것은 채지를 소유한 자에 해당한다."라고 했다. 정현은 어떻게 이러한 사실을 알 수 있었는가? 「곡례」편의 문장은 "대부가 오사를 지낸다."라고 한 문장과 연결되어 있기 때문에, 주나라의 제도가 아니라는 사실을 알 수 있다. 또 「왕제」편에서는 칠묘(七廟)를 세운다고 했기 때문에, 주나라의 예법임을 알 수 있다. 이를 통해 이 내용을 미루어보면, 대부가 삼사(三祀)의 제사를 지낸다고 했으니, 이때의 대부는 주나라 제후에게 소속된 대부들 중 채지가 없는 자에 해당한다.

孔疏 ◎注"此非"至"爲厲". ○正義曰: "小神居人之間, 司察小過, 作譴告"者, 以其非郊廟社稷大神, 故云"小神". 以其門·戶·竈等, 故知居人間也. 以小神所祈, 故知司察小過. 作譴告, 謂作譴責以告人. 云"幽則有鬼神, 鬼神謂此與"者, 以禮: 天神·人鬼·地祇, 皆列其名. 而[21]樂記直云"幽則有鬼神", 是幽闇之處有細小之鬼神, 謂此小祀者與, 與是疑辭也. 云"司命, 主督察三命"者, 按援神契云"命有三科, 有受命以保慶, 有遭命以謫暴, 有隨命以督行. 受命謂年壽也. 遭命謂行善而遇凶也. 隨命謂隨其善惡而報之". 云"聘禮曰使者, 出釋幣於行; 歸, 釋幣於門"者, 證大夫有門·行. 云"士喪禮曰疾病, 禱於五祀"者, 證祀亦有五祀. 云"司命與厲, 其時不著"者, 以其餘五祀, 月令所祀, 皆著其時, 唯司命與厲祀時不顯著. 云"今時民家, 或春秋祠司命·行神·山神·門·戶·竈在旁"者, 鄭以無文, 故引今漢時民家或有春秋二時祠司命·行神·山神也. 民或然, 故云"或"也. 其祀此司命·行神·山神之時, 門·戶·竈三神在諸神之旁, 列位而祭也. 云"是必春祠司命, 秋祠厲也"者, 漢時旣春秋俱祠司命與山神, 則是周時必應春祠司命, 司命主長養, 故祠在春. 厲主殺害, 故祠在秋. 云"或者合而祠之"者, 鄭又疑之, 以見漢時司命與山神春秋合祭, 故云"或者合而祠之". 云"山卽厲也"者, 以漢時祭司命·行神·山神·門·戶·竈等, 此經亦有司命·門·行·戶·竈等, 漢時有山而無厲, 此有厲而無山, 故云"山卽厲也". 云"民惡言厲, 巫祝以厲山爲之"者, 鄭解厲稱山之意. 漢時人民嫌惡厲, 漢時巫祝之人, 意以厲神是厲山氏之鬼爲之, 故云"厲山". 云"謬乎"者, 謂巫祝以厲爲厲山之鬼, 於理謬乎! 所以爲謬者, 鬼之無後, 於是爲厲. 厲山氏有子曰柱, 世祀厲山之神, 何[22]得其鬼爲厲? 故云"謬"也. 引春秋傳者, 昭七年左傳文. 於時鄭良霄被殺而死, 其鬼爲厲. 子産立良霄之子良止爲後, 子大叔問其故, 子産曰"鬼有所歸, 乃不爲厲". 引之者, 證厲山氏旣有所歸, 不得爲厲.

---

21) '이(而)'자에 대하여. '이'자는 본래 없던 글자인데, 완원(阮元)의 『교감기(校勘記)』에서는 "혜동(惠棟)의 『교송본(校宋本)』에는 '이'자가 기록되어 있으니, 이곳 판본에는 '이'자가 누락된 것이다."라고 했다.

22) '하(何)'자에 대하여. '하'자는 본래 없던 글자인데, 완원(阮元)의 『교감기(校勘記)』에서는 "혜동(惠棟)의 『교송본(校宋本)』에는 '하'자가 기록되어 있으니, 이곳 판본에는 '하'자가 누락된 것이며, 『민본(閩本)』·『감본(監本)』·『모본(毛本)』에도 동일하게 누락되어 있으며, 위씨(衛氏)의 『집설(集說)』에는 또한 '하득위려야(何得爲厲也)'라고 기록되어 있다."라고 했다.

번역 ◎鄭注: "此非"~"爲厲". ○정현이 "소신(小神)들은 사람이 거처하는 곳에 있으며, 작은 과실들을 자세히 살펴서, 꾸짖거나 훈계만 할 따름이다."라고 했는데, 교(郊)나 종묘(宗廟)에서 지내는 제사와 사직(社稷)에서 지내는 제사에서는 그 대상이 대신(大神)이지만 이곳에서 말하는 대상들은 대신이 아니기 때문에 '소신(小神)'이라고 말한 것이다. 그들은 문(門) · 방문[戶] · 부엌[竈] 등을 담당하기 때문에, 사람이 거처하는 곳에 있다는 사실을 알 수 있다. 소신에게 기원하는 것이기 때문에 그들이 작은 과실들에 대해 살핀다는 사실을 알 수 있다. 꾸짖거나 훈계를 한다고 했는데, 이것은 그 책무에 대해 꾸짖어서 사람들에게 훈계를 한다는 뜻이다. 정현이 "그윽한 저 세상에는 귀(鬼)와 신(神)이 있다고 했으니, 귀(鬼)와 신(神)은 바로 이들을 뜻할 것이다."라고 했는데, 예법에 따르면 천신(天神) · 인귀(人鬼) · 지기(地祇)에 대해서는 모두 그 이름을 나열한다. 그러나 『예기』「악기(樂記)」편에서는 단지 "그윽한 저 세상에는 귀(鬼)와 신(神)이 있다."라고만 했으니, 이것은 그윽한 곳에는 미미하고 작은 신들이 있다는 뜻으로, 바로 소사(小祀)[23]의 대상을 뜻할 것이다. '여(與)'자는 의문을 뜻할 때 쓰는 말이다. 정현이 "'사명(司命)'은 삼명(三命)의 감찰을 주관한다."라고 했는데, 『원신계』를 살펴보면, "명(命)에는 삼과(三科)가 있으니, 수명(受命)으로 수명을 좌우하고, 조명(遭命)으로 재앙을 일으키며, 수명(隨命)으로 행실을 감독한다. '수명(受命)'은 사람의 수명을 뜻한다. '조명(遭命)'은 선을 시행하거나 재앙을 당한다는 뜻이다. '수명(隨命)'은 선악에 따라서 보답한다는 뜻이다."라고 했다. 정현이 "『의례』「빙례(聘禮)」편에서는 사신이 밖으로 나선다고 하며, 도로에 석폐(釋幣)를 한다고 했고, 돌아오는 경우에 대해서도 문에 석폐를 한다고 했다."라고 했는데, 이것은 대부의 제사에 문(門)과

---

23) 소사(小祀)는 비교적 규모가 작은 제사를 가리킨다. 또한 군사(群祀)라고 부르기도 한다. 사중(司中), 사명(司命), 풍백(風伯: =風師), 우사(雨師), 제성(諸星), 산림(山林), 천택(川澤) 등에 대해 지내는 제사이다. 『주례』「춘관(春官) · 사사(肆師)」편에는 "立小祀用牲."이라는 기록이 있는데, 이에 대한 정현의 주에서는 "鄭司農云 小祀司命已下. 玄謂 小祀又有司中風師雨師山川百物."이라고 풀이하였고, 『구당서(舊唐書)』「예의지일(禮儀志一)」에도 "司中司命風伯雨師諸星山林川澤之屬爲小祀."라는 기록이 있다.

행(行)이 포함된다는 사실을 증명한 것이다. 정현이 "『의례』「사상례(士喪禮)」편에서는 질병이 걸렸다고 했고, 오사에게 기도를 올린다고 했다."라고 했는데, 이것은 사(祀)에는 또한 오사(五祀)가 포함된다는 사실을 증명한 것이다. 정현이 "사명(司命)과 여(厲)에게 지내는 제사 시기는 드러나지 않는다."라고 했는데, 나머지 오사(五祀)에 대해서는 『예기』「월령(月令)」편에 제사를 지내는 기록이 나타나며, 모두 그 시기에 대해서 명확히 드러냈다. 오직 사명과 여에 대한 제사에 있어서만 그 시기가 드러나지 않는다. 정현이 "현재 민가에서는 간혹 봄과 가을에 사명(司命) · 행신(行神) · 산신(山神)에게 제사를 지내며, 문(門) · 호(戶) · 조(竈)의 신들을 그 측면에 모신다."라고 했는데, 정현은 이것과 관련된 명확한 근거가 없었기 때문에, 한나라 때 민가에서 지냈던 제사를 인용한 것이니, 그들 중에는 간혹 봄과 가을에 사명(司命) · 행신(行神) · 산신(山神)에게 제사를 지내는 경우가 있었다. 백성들 중에는 간혹 이처럼 따르는 자들이 있었기 때문에, '혹(或)'이라고 했다. 사명 · 행신 · 산신에게 제사를 지낼 때, 문(門) · 호(戶) · 조(竈)를 관장하는 세 명의 신들은 또한 여러 신들의 측면에 있으니, 그 신들의 자리를 차례대로 정렬하여 함께 제사를 지낸 것이다. 정현이 "이것은 분명 사명에 대해서는 봄에 제사를 지내고 여(厲)에 대해서는 가을에 제사를 지냈다는 사실을 나타낸다."라고 했는데, 한나라 때 이미 봄과 가을에 사명과 산신에게 모두 제사를 지낸다고 했으니, 주나라 때에는 분명 봄에는 사명에게 제사를 지냈던 것으로, 사명은 길러주는 것을 주관하기 때문에 봄에 제사를 지내는 것이다. 반면 여는 주살하고 해를 끼치는 일을 주관하기 때문에 가을에 제사를 지내는 것이다. 정현이 "혹자는 이들에 대해서 한꺼번에 제사를 지낸다고 주장한다."라고 했는데, 정현은 또한 이 말에 대해서 의문을 드러낸 것으로, 한나라 때 사명과 산신에 대해서는 봄과 가을에 함께 제사를 지낸다는 사실을 확인했기 때문에 "혹자는 이들에 대해서 한꺼번에 제사를 지낸다고 주장한다."라고 말한 것이다. 정현이 "'산(山)'은 곧 여(厲)에 해당한다."라고 했는데, 한나라 때에는 사명 · 행신 · 산신 · 문 · 호 · 조 등의 신들에게 제사를 지냈고, 이곳 경문에서는 또한 사명 · 문 · 행

·호·조 등에 대해 제사를 지낸다고 했다. 그런데 한나라 때의 기록에는 산(山)은 있어도 여(厲)가 없고, 이곳 기록에는 여(厲)는 있어도 산(山)이 없다. 그렇기 때문에 "산(山)은 곧 여(厲)에 해당한다."라고 말한 것이다. 정현이 "백성들은 여(厲)라고 말하기를 꺼려해서인데, 무당과 축관이 여산(厲山)이라고 불렀다."라고 했는데, 정현이 여(厲)를 산(山)이라고 지칭했던 뜻을 풀이한 말이다. 한나라 때 백성들은 여(厲)를 꺼려했고, 한나라 때의 무당과 축관은 의도적으로 여(厲)의 신을 여산씨(厲山氏)[24]의 귀(鬼)를 그에 해당하도록 한 것이다. 그렇기 때문에 '여산(厲山)'이라고 불렀다. 정현이 "매우 어긋나는 해석이다!"라고 했는데, 무당과 축관이 여(厲)를 여산씨의 귀(鬼)로 여긴 것은 이치상 잘못되었다는 뜻이다. 잘못된 이유는 귀(鬼) 중 후손이 없는 자가 곧 여귀가 되기 때문이다. 즉 여산씨는 자식이 있었으니, 그 이름은 주(柱)이며, 대대로 여산의 신에게 제사를 지냈는데, 어떻게 그 귀를 여귀로 여길 수 있겠는가? 그렇기 때문에 "어긋났다."라고 말한 것이다. 정현이 『춘추전』의 기록을 인용했는데, 이것은 소공(昭公) 7년에 대한 『좌전』의 기록이다. 이 시기에 정(鄭)나라 양소는 피살되어 죽었고, 그의 귀(鬼)는 여귀가 되었다. 자산은 양소의 자식인 양지를 후계자로 세웠고, 자대숙은 그 이유를 물었다. 그러자 자산은 "귀(鬼)는 회귀할 곳이 있어야만 곧 여귀(厲鬼)가 되지 않는다."라고 했다. 정현이 이 문장을 인용한 것은 여산씨는 이미 회귀할 곳이 있기 때문에 여귀가 될 수 없다는 사실을 증명하기 위해서이다.

集解 陳氏祥道曰: 周官雖天子止於五祀, 儀禮雖士亦備五祀, 則五祀無尊卑隆殺之數矣. 祭法曰"七祀", 推而下之, 至於"適士二祀", "庶人一祀", 非周制也.

번역 진상도가 말하길, 『주례』에서는 비록 천자라 하더라도 오사(五祀)

---

24) 여산씨(厲山氏)는 염제(炎帝)인 신농(神農)을 뜻한다. 염제는 여산(厲山)에서 기원하였기 때문에, '여산씨'라고 부르는 것이며, 또한 '열산씨(烈山氏)'라고도 부른다.

에 그친다고 했고, 『의례』에서는 비록 사라고 하더라도 또한 오사의 제사를 모두 치른다고 했으니, 오사에 대해서는 신분의 차등에 따라 높이거나 낮추는 수치가 없다. 「제법」편에서는 '칠사(七祀)'라고 말하고, 이것을 미루어 계층적으로 낮춰 "적사(適士)는 이사(二祀)를 지낸다."라고 했고, "서인(庶人)은 일사(一祀)를 지낸다."라고 했는데, 이것은 주나라 때의 제도가 아니다.

集解 愚謂: 五祀有二, 其大者爲五行之神, 大宗伯"以血祭祭五祀", 左傳"社稷 · 五祀, 是尊是奉", 是也. 其小者爲戶 · 竈 · 門 · 行 · 中霤之神, 曲禮 · 王制 · 月令 · 周禮小祝 · 士喪禮之所言者, 是也. 蓋戶 · 竈 · 門 · 行 · 中霤, 皆關於飮食起居之至切近者, 故自天子以下皆祭其神. 若司命以爲文昌宮星, 則大宗伯以槱燎祭之者不當祭於宮中, 若如以爲宮中小神督察三命者, 則不知其於天神 · 地祇 · 人鬼何所屬耶? 至泰厲 · 公厲, 則天子諸侯所祭因國之在其地而無主後者, 亦不當與中霤 · 戶 · 竈 · 門 · 行爲類. 且五祀爲宮中之神, 故自天子以下各自祭之, 今乃謂"天子爲群姓立七祀", 有中霤 · 戶 · 竈, "諸侯爲國立五祀", 有中霤, 則是國人宮內之神, 而乃祭之於天子諸侯之宮, 有是理乎?

번역 내가 생각하기에, '오사(五祀)'에는 두 종류가 있다. 규모가 큰 것은 오행(五行)의 신들에게 제사를 지내는 것이니, 『주례』「대종백(大宗伯)」편에서 "혈제(血祭)[25]로 오사에게 제사를 지낸다."[26]라고 말했고, 『좌전』에서 "사직과 오사의 제사에서 배향하는 것은 존귀하게 여기며 받드는 것이다."[27]라고 말했는데, 바로 이 기록들에 나오는 '오사(五祀)'는 오행의 신

25) 혈제(血祭)는 희생물의 피를 받아서 신(神)에게 바치는 것이다. 『주례』「춘관(春官) · 대종백(大宗伯)」편에는 "以血祭祭社稷五祀五嶽."이라는 기록이 있고, 이에 대한 정현의 주에서는 "陰祀自血起, 貴氣臭也."라고 풀이하였으며, 가공언(賈公彦)의 소(疏)에서는 "先薦血以歆神."이라고 풀이하였다.

26) 『주례』「춘관(春官) · 대종백(大宗伯)」: 以血祭祭社稷 · 五祀 · 五嶽, 以貍沈祭山林 · 川澤, 以疈辜祭四方百物.

27) 『춘추좌씨전』「소공(昭公) 29년」: 社稷五祀, 是尊是奉. 木正曰句芒, 火正曰祝

들에 대한 제사이다. 규모가 작은 것은 호(戶)·조(竈)·문(門)·행(行)·중류(中霤)의 신들에게 제사를 지내는 것이니, 『예기』「곡례(曲禮)」·「왕제(王制)」·「월령(月令)」, 『주례』「소축(小祝)」편,[28] 『의례』「사상례(士喪禮)」편에서 말한 '오사(五祀)'가 바로 여기에 해당한다. 호(戶)·조(竈)·문(門)·행(行)·중류(中霤)는 모두 음식과 생활에 매우 밀접히 관련된 것들이다. 그렇기 때문에 천자로부터 그 이하의 계층은 모두 그 신들에게 제사를 지낸다. 사명(司命)을 문창(文昌)이라는 별자리의 별로 여긴다면, 『주례』「대종백(大宗伯)」편에서는 "유료(槱燎)로 제사를 지낸다."[29]라고 했으므로, 궁에서 제사를 지낼 수 없고, 만약 궁에 있는 소신들 중 삼명(三命)을 감찰하는 신으로 여긴다면, 천신·지기·인귀 중 어떤 곳에 포함되는지 모를 수 있겠는가? 태려(泰厲)와 공려(公厲)에 있어서, 천자와 제후가 제사를 지낼 때, 그 나라에 그에 해당하는 땅이 있지만 후손이 없는 경우에 따른다면, 이 또한 중류·호·조·문·행 등과 같은 부류가 되어서는 안 된다. 또 오사는 궁에 있는 신들이다. 그렇기 때문에 천자로부터 그 이하의 계층이 각각 제사를 지내게 되는데, 현재 "천자는 관리들과 백성들을 위해서 칠사(七祀)를 지낸다."라고 말하며, 그 대상에 중류·호·조가 포함되어 있고, 또 "제후는 나라를 위해 오사(五祀)를 지낸다."라고 말하며, 그 대상에 중류가 포함되어 있으니, 이것은 나라 사람들이 궁 안에 있는 신들에 대해서, 곧 천자와 제후의 궁에서 그들에 대한 제사를 지내는 것이 되는데, 이러한 이치가 있겠는가?

融, 金正曰蓐收, 水正曰玄冥, 土正曰后土.

28) 『주례』「춘관(春官)·소축(小祝)」: 及葬, 設道齎之奠, 分禱五祀.

29) 『주례』「춘관(春官)·대종백(大宗伯)」: 以禋祀祀昊天上帝, 以實柴祀日·月·星·辰, 以槱燎祀司中·司命·飌師·雨師.

• 제 8 절 •

각 계층에 따른 요절한 자의 제사

【551c~d】

王下祭殤五, 適子, 適孫, 適曾孫, 適玄孫, 適來孫. 諸侯下祭三, 大夫下祭二, 適士及庶人祭子而止.

직역 王은 下로 殤을 祭함이 五이니, 適子, 適孫, 適曾孫, 適玄孫, 適來孫이다. 諸侯는 下로 祭함이 三이고, 大夫는 下로 祭함이 二이며, 適士와 庶人은 子를 祭하고 止한다.

의역 천자는 자신보다 후대가 되는 자들 중 요절한 자에 대해서 제사를 지낼 때, 그 대상은 5명이다. 즉 적자 · 적손 · 적증손 · 적현손 · 적래손이다. 제후는 요절한 자에 대해서 제사를 지내는데, 그 대상은 3명이다. 대부는 요절한 자에 대해서 제사를 지내는데, 그 대상은 2명이다. 적사와 서인은 자식을 제사지내는데 그친다.

集說 方氏曰: 玄孫之子爲來者, 以其世數雖遠, 方來而未已也. 以尊祭卑, 故曰下祭.

번역 방씨가 말하길, 현손의 자식을 '내(來)'라고 부르는 것은 대수(代數)가 비록 멀어졌지만 앞으로 찾아와서 끝나지 않기 때문이다. 존귀한 자가 미천한 자를 제사지내기 때문에 '하제(下祭)'라고 부른다.

集說 石梁王氏曰: 庶殤全不祭, 恐非.

번역 석량왕씨가 말하길, 서자 중 요절한 자에 대해서는 모두 제사를 지내지 않는다고 했는데, 아마도 잘못된 기록인 것 같다.

大全 金華應氏曰: 祭殤之數, 尊者所及遠, 卑者所及近, 澤有厚薄, 則禮有隆殺也. 德厚者流光, 旣上及其祖, 又下及其殤. 祭及於五, 所祭者遠也, 祭止於適, 所重者正統也, 不混殽也.

번역 금화응씨[1]가 말하길, 요절한 자를 제사지낼 때 그 대상의 수에 있어서, 존귀한 자는 대수가 먼 자까지 미치고, 미천한 자는 가까운 자까지만 미치니, 은택에 두텁고 옅은 차이가 있다면, 예에도 높이고 낮추는 차이가 있기 때문이다. 후덕한 자는 그 은덕이 멀리 퍼지게 되어, 위로 그의 시조까지 제사를 지내고, 또 밑으로 요절한 후손까지도 제사를 지낸다. 제사를 지냄에 있어서 다섯 부류에 이르는 것은 제사를 지내는 대상이 대수가 먼 자에게까지 미치는 것이며, 제사의 대상이 각 대수의 적자에만 한정되는 것은 중시여기는 것은 조상의 정통을 계승한 자들이므로, 뒤섞이도록 할 수 없기 때문이다.

鄭注 祭適殤者, 重適也. 祭適殤於廟之奧, 謂之陰厭. 王子·公子祭其適殤於其黨之廟. 大夫以下庶子祭其適殤於宗子之家, 皆當室之白, 謂之陽厭. 凡庶殤不祭.

번역 적자들 중 요절한 자에 대해 제사를 지내는 것은 적자를 중시여기기 때문이다. 적자 중 요절한 자에게 제사를 지낼 때에는 묘실(廟室)의 아랫목에서 지내니, 이것을 '음염(陰厭)'[2]이라고 부른다. 왕자와 공자는 그들의 적장자 중 요절한 자에 대해서 그 당(黨)의 묘(廟)에서 제사를 지낸다. 대부로부터 그 이하로 서인까지는 그들의 적장자 중 요절한 자에 대해서 종자의 집에서 제사를 지내니, 모두 묘실(廟室) 중 밝은 장소에 해당하여, '양염(陽厭)'[3]이라고 부른다. 무릇 서자 중 요절한 자에 대해서는 제사를

---

1) 금화응씨(金華應氏, ?~?) : =응용(應鏞)·응씨(應氏)·응자화(應子和). 이름은 용(鏞)이다. 자(字)는 자화(子和)이다. 『예기찬의(禮記纂義)』를 지었다.

2) 음염(陰厭)은 적장자가 아직 성년이 되지 않은 상태에서 죽었을 때, 그에 대한 제사는 종묘(宗廟)의 그윽하고 음(陰)한 장소에서 간략하게 치르게 되는데, 이것을 '음염'이라고 부른다.

지내지 않는다.

釋文 殤音傷. 奥, 烏報反. 厭, 於豔反, 下同.

번역 '殤'자의 음은 '傷(상)'이다. '奥'자는 '烏(오)'자와 '報(보)'자의 반절음이다. '厭'자는 '於(어)'자와 '豔(염)'자의 반절음이며, 아래문장에 나오는 글자도 그 음이 이와 같다.

孔疏 ●"王下"至"而止". ○正義曰: 此明天子以下祭殤之差也.

번역 ●經文: "王下"~"而止". ○이곳 문장은 천자로부터 그 이하의 계층이 요절한 자에게 제사를 지낼 때 나타나는 차등을 밝혔다.

孔疏 ◎注"王子·公子祭其適殤於其黨之廟". ○正義曰: 王子, 謂王之庶子; 公子, 謂諸侯庶子, 不得爲先王先公立廟, 無處可祭適殤, 故祭於黨之廟. 謂王子·公子但爲卿大夫, 得自立廟, 與王子·公子同者, 就其廟而祭之. 適殤其義, 已具曾子問.

번역 ◎鄭注: "王子·公子祭其適殤於其黨之廟". ○'왕자(王子)'는 천자의 서자들을 뜻한다. '공자(公子)'는 제후의 서자들을 뜻한다. 이들은 선왕과 선공에 대해서 해당 묘(廟)를 세워 제사를 지낼 수 없으니, 그들의 적장자가 요절했을 때 제사를 지낼 수 있는 장소가 없다. 그렇기 때문에 당(黨)의 묘(廟)에서 제사를 지낸다. 이 말은 왕자와 공자 중 경이나 대부가 된 경우에만, 스스로 묘(廟)를 세울 수 있으니, 왕자 및 공자와 등위가 같은 자에 대해서는 해당 묘에 가서 제사를 지낼 수 있다는 뜻이다. 적장자가 요절했다는 뜻에 대해서는 이미 『예기』「증자문(曾子問)」편에서 기술하였다.

---

3) 양염(陽厭)은 시동이 묘실(廟室)을 빠져 나간 이후에, 시동에게 바쳤던 조(俎)와 돈(敦) 등을 거둬들여서, 서북쪽 모퉁이에 다시 진설을 하는 것이다.

集解 愚謂: 殤惟祔與除服二祭. 凡死未有不祔, 其服未有不除者也, 豈限適·庶耶? 殤與無後者從祖祔食, 如士·庶人之孫死, 若己爲適子, 則當爲之祔於禰, 若己爲庶子, 則己之昆弟爲父後者又當爲之祔矣, 安有祭子而止者耶? 鄭氏於曾子問及小記註, 皆云"庶殤不祭", 此爲祭法所誤也, 說已詳曾子問.

번역 내가 생각하기에, 요절한 자에 대해서는 오직 부제(祔祭)와 상복을 제거할 때의 두 제사만 지낸다. 무릇 죽은 자에 대해서는 부제를 치르지 않는 경우가 없고, 상복에 있어서도 상복을 제거하지 않은 경우가 없는데, 어찌 적자와 서자의 구분을 정하겠는가? 요절한 자와 성인(成人)이 된 상태에서 죽었지만 후손이 없는 자에 대해서는 조부를 따라 합사하여 흠향을 시키니, 예를 들어 사와 서인의 손자가 죽었을 때, 본인이 적자의 신분이라면 마땅히 그를 위해 부친의 묘에서 부제를 치러야 하며, 본인이 서자의 신분이라면 자기의 곤제들 중 부친의 후계자가 된 자가 또한 그를 위해 부제를 치러야 하는데, 어떻게 자식만 제사지내고 그치는 경우가 있겠는가? 정현은 『예기』「증자문(曾子問)」편 및 「상복소기(喪服小記)」편에 대한 주에서 모두 "서자 중 요절한 자에 대해서는 제사를 지내지 않는다."라고 했는데, 이것은 「제법」편의 기록에 따라 잘못된 주장을 한 것이니, 그 설명은 이미 「증자문」편에서 상세히 했다.

• 제 9 절 •

제사의 대상으로 정한 이유

【551d】

夫聖王之制祭祀也, 法施於民則祀之, 以死勤事則祀之, 以勞定國則祀之, 能禦大菑則祀之, 能捍大患則祀之.

직역 夫히 聖王이 祭祀를 制함에, 法을 民에게 施하면 祀하고, 死로써 事에 勤하면 祀하며, 勞로써 國을 定하면 祀하고, 能히 大菑를 禦하면 祀하며, 能히 大患을 捍하면 祀한다.

의역 무릇 성왕이 제사의 법칙을 제정했을 때, 그 대상은 다섯 부류가 된다. 첫 번째 백성들에게 올바른 법도를 시행한 자라면 그가 죽은 이후 대대로 제사를 지낸다. 두 번째 죽음을 무릅쓰고 자신의 본분에 최선을 다한 자라면 그가 죽은 이후 대대로 제사를 지낸다. 세 번째 수고로움을 무릅쓰고 나라를 안정시킨 자라면 그가 죽은 이후 대대로 제사를 지낸다. 네 번째 큰 재앙을 막았던 자라면 그가 죽은 이후 대대로 제사를 지낸다. 다섯 번째 큰 환란을 막았던 자라면 그가 죽은 이후 대대로 제사를 지낸다.

集說 此五者, 所當祭祀也, 下文可見.

번역 이 다섯 가지에 해당하는 자에 대해서는 마땅히 제사를 지내야 하니, 아래문장에 나타난다.

大全 嚴陵方氏曰: 聖王者, 言其有德又有位也. 有德而無其位, 有位而無其德, 皆不可制祭祀. 旣曰祭, 又曰祀者, 蓋祭者, 祀之事, 祀者, 祭之道. 聖王之制祭祀, 豈徒事其末爲哉? 故下皆言祀而不言祭也. 麤而不可不陳者法也, 施則所以陳之也. 勤故能免乎難, 定故能止乎一. 事欲免乎難而已, 故於事曰勤, 國欲止乎一而已, 故於國曰定. 言以死勤事, 則不敢偸生, 以勞定國, 則不敢自逸. 菑, 在天也, 可禦而已, 患, 在人也, 故可亢焉. 有一于此, 則皆在所祀也, 故每以祀言之. 聖王之制祭祀, 凡以有功烈於民而已, 故以法施於民爲首, 有民必有事, 故以以死勤事繼之. 民者, 國之本也, 事者, 國之治也, 故以以勞定國繼之. 國有民事爲有常, 菑患爲有變, 故以禦大菑, 捍大患繼之.

번역 엄릉방씨가 말하길, '성왕(聖王)'은 덕을 갖추고 또 지위도 갖춘 자를 뜻한다. 덕은 있지만 지위가 없고 지위가 있지만 덕이 없는 자는 모두 제사의 제도를 제정할 수 없다. 이미 '제(祭)'라고 말했는데 재차 '사(祀)'라고 말한 것은 무릇 '제(祭)'라는 것은 제사를 시행하는 일을 뜻하고, '사(祀)'는 제사의 도리를 뜻하기 때문이다. 성왕이 제사의 제도를 만들 때 어찌 말단에만 일삼았겠는가? 그렇기 때문에 아래문장에서는 모두 '사(祀)'라고 말하고 '제(祭)'를 말하지 않았다. 대략적이지만 진술하지 않을 수 없는 것은 법(法)이고, 시(施)라는 것은 진술하는 방법이 된다. 노력하였기 때문에 환란에서 벗어날 수 있었고, 정착하였기 때문에 통일된 곳에서 그칠 수 있었다. 사안에 있어서는 환란을 벗어나려고 하기 때문에 사(事)에 대해서는 '근(勤)'이라고 했고, 나라의 입장에서는 통일된 곳에서 그치기를 바라기 때문에 국(國)에 대해서는 '정(定)'이라고 했다. "죽음으로써 그 일에 부지런히 했다."라고 말했다면, 감히 목숨에 대해 구차하게 굴지 않았던 것이며, "수고로움으로써 나라를 안정시켰다."라고 했다면, 감히 스스로 나태하게 굴지 않았던 것이다. 재앙은 하늘에 달려 있는 문제이므로 예방만 할 수 있지만, 환란은 사람에게 달려 있는 문제이므로 항거할 수 있다. 이러한 것들에 대해서 한 가지 공이라도 있다면 모두 제사의 대상이 된다. 그렇기 때문에 매번 '사(祀)'라고 말한 것이다. 성왕이 제사를 제정했을 때, 그 대상은 모두 백성들에게 공을 세웠던 자들이기 때문에, 법(法)을 백성들에게 베푼다는 것을 처음에 기술하였고, 백성이 있으면 반드시 그에 따라 처리해야 할 일이 있기 때문에 목숨을 바쳐 그 일에 열심히 일했던 것을 그 다음에 기술하였다. 백성은 국가의 근본이며 사안은 나라를 다스리는 방법이다. 그렇기 때문에 수고롭게 일해 나라를 안정시켰던 것을 그 다음에 기술하였다. 나라에 백성과 사안이 있는 것은 항상됨이 있기 때문이며, 재앙과 환란은 변고가 발생한 것이다. 그렇기 때문에 큰 재앙을 막고 큰 환란을 막았던 일을 그 다음에 기술하였다.

鄭注 此所謂大神也, 春秋傳曰: "封爲上公, 祀爲大神."

번역 여기에서 말하는 자들은 이른바 '대신(大神)'에 해당하니, 『춘추전』에서는 "생전에는 분봉을 받아서 상공(上公)[1]이 되었고, 죽어서는 대신(大神)이 되었다."[2]라고 했다.

釋文 禦, 魚呂反. 菑音哉, 下同; 下文或作災, 注作灾, 並同. 扞, 胡旦反.

번역 '禦'자는 '魚(어)'자와 '呂(려)'자의 반절음이다. '菑'자의 음은 '哉(재)'이며, 아래문장에 나오는 글자도 그 음이 이와 같고, 아래문장 중 '災'자로 기록하고, 정현의 주에서 '灾'자로 기록한 글자들도 모두 그 음이 이와 같다. '扞'자는 '胡(호)'자와 '旦(단)'자의 반절음이다.

---

1) 상공(上公)은 주(周)나라 제도에 있었던 관직 등급이다. 본래 신하의 관직 등급은 8명(命)까지이다. 주나라 때에는 태사(太師), 태부(太傅), 태보(太保)와 같은 삼공(三公)들이 8명의 등급에 해당했다. 그런데 여기에 1명을 더하게 되면 9명이 되어, 특별직인 '상공'이 된다. 『주례』「춘관(春官)·전명(典命)」편에는 "上公九命爲伯, 其國家宮室車旗衣服禮儀, 皆以九爲節."이라는 기록이 있고, 이에 대한 정현의 주에서는 "上公, 謂王之三公有德者, 加命爲二伯. 二王之後亦爲上公."이라고 풀이하였다. 즉 '상공'은 삼공 중에서도 유덕(有德)한 자에게 1명을 더해주어, 제후들을 통솔하는 '두 명의 백(伯)[二伯]'으로 삼았다. 또한 제후의 다섯 등급을 나열할 경우, 공작(公爵)을 '상공'이라고 부르기도 한다.

2) 『춘추좌씨전』「소공(昭公) 29년」: 故有五行之官, 是謂五官, 實列受氏姓, 封爲上公, 祀爲貴神.

孔疏 ●"夫聖"至"祀典". ○正義曰: 前經明禘·郊·祖·宗及社稷之等·所配之人, 又論天地·日·月·星辰·山谷·丘陵之等, 此經總明其功, 有益於民, 得在祀典之事, 從此至"能捍大患則祀之", 與下諸神爲總也.

번역 ●經文: "夫聖"~"祀典". ○앞의 경문에서는 체(禘)·교(郊)·조(祖)·종(宗) 및 사직(社稷) 등의 제사와 함께 배향하는 자에 대해서 밝혔고, 또 천지·일·월·성신·산곡·구릉 등에 대해서 논의했는데, 이곳 경문에서는 공덕을 세워서 백성들을 유익하게 했던 자들은 모두 제사의 대상에 포함될 수 있다는 사안을 총괄적으로 나타내었다. 이곳 구문으로부터 "큰 환란을 막을 수 있다면 제사를 지낸다."라고 한 구문까지는 아래에 나오는 여러 신들에 대해서 총괄적으로 기술한 것이다.

孔疏 ●"法施於民則祀之"者, 若神農及后土, 帝嚳與堯, 及黃帝·顓頊與契之屬是也.

번역 ●經文: "法施於民則祀之". ○신농(神農)이나 후토(后土)와 같은 자들, 또 제곡(帝嚳)이나 요(堯)임금 및 황제(黃帝)·전욱(顓頊)·설(契) 등의 부류가 여기에 해당한다.

孔疏 ●"以死勤事則祀之"者, 若舜及鯀·冥是也.

번역 ●經文: "以死勤事則祀之". ○순(舜)임금·곤(鯀)·명(冥)과 같은 부류가 여기에 해당한다.

孔疏 ●"以勞定國則祀之"者, 若禹是也.

번역 ●經文: "以勞定國則祀之". ○우(禹)임금과 같은 자가 여기에 해당한다.

孔疏 ●"能禦大菑"及"能捍大患則祀之"者, 若湯及文·武也.

번역 ●經文: "能禦大菑"와 "能捍大患則祀之". ○탕(湯)임금이나 문왕(文王)·무왕(武王)과 같은 자들이 여기에 해당한다.

訓纂 韋昭國語注曰: 謂五帝·殷契·周文也.

번역 『국어』에 대한 위소의 주에서 말하길, 법(法)을 백성들에게 시행했다는 것은 오제(五帝), 은나라의 설(契), 주나라의 문왕 등을 뜻한다.

訓纂 韋注: 殷冥水死, 周棄山死, 是也.

번역 『국어』에 대한 위소의 주에서 말하길, 죽음을 무릅쓰고 일을 시행했다는 것은 은나라의 명(冥)이 치수사업에 목숨을 바치고, 주나라의 기(棄)가 산사태 정비에 목숨을 바쳤던 것이 여기에 해당한다.

訓纂 韋注: 虞幕, 夏杼, 殷上甲微, 周高圉·太王也.

번역 『국어』에 대한 위소의 주에서 말하길, 수고롭게 나라를 안정시켰다는 것은 우(虞) 때의 막(幕), 하나라 때의 저(杼), 은나라 때의 상갑미(上甲微), 주나라의 고어(高圉)와 태왕(太王)이 여기에 해당한다.

訓纂 韋注: 夏禹是也.

번역 『국어』에 대한 위소의 주에서 말하길, 큰 재앙을 막았다는 것은 하나라의 우임금이 여기에 해당한다.

訓纂 韋注: 殷湯, 周武是也.

번역 『국어』에 대한 위소의 주에서 말하길, 큰 환란을 막았다는 것은 은나라의 탕임금, 주나라의 무왕이 여기에 해당한다.

참고 『국어(國語)』「노어상(魯語上)」

원문 "夫聖王之制祀也, 法施於民則祀之, 以死勤事則祀之, 以勞定國則祀之, 能禦大災則祀之, 能扞大患則祀之."

번역 전금(展禽)이 장문중(臧文仲)에게 말하길, "무릇 성왕이 제사의 법칙을 제정했을 때, 백성들에게 올바른 법도를 시행했던 자라면 그가 죽은 이후 대대로 제사를 지낸다. 죽음을 무릅쓰고 자신의 본분에 최선을 다한 자라면 그가 죽은 이후 대대로 제사를 지낸다. 수고로움을 무릅쓰고 나라를 안정시킨 자라면 그가 죽은 이후 대대로 제사를 지낸다. 큰 재앙을 막았던 자라면 그가 죽은 이후 대대로 제사를 지낸다. 큰 환란을 막았던 자라면 그가 죽은 이후 대대로 제사를 지낸다."라고 했다.

【552a~b】

是故厲山氏之有天下也, 其子曰農, 能殖百穀; 夏之衰也, 周弃繼之, 故祀以爲稷.

직역 是故로 **厲**山氏가 天下를 有함에, 그 子는 **農**이라 曰하니, 能히 百穀을 殖했고; 夏가 衰함에, 周의 **弃**가 **繼**하니, 故로 祀하여 **稷**이라 爲했다.

의역 이러한 까닭으로 여산씨(**厲**山氏)가 천하를 소유했을 때, 그의 자손 중에는 농(**農**)이라고 불렸던 자가 있었으니, 그는 모든 곡식을 경작할 수 있었다. 하나라가 쇠약해지고, 주나라의 기(**弃**)가 그 자리를 이어받았기 때문에, 그에게 제사를 지내며 '직(**稷**)'으로 삼았다.

集說 厲山氏一云烈山氏, 炎帝神農也. 其後世子孫有名柱者, 能殖百穀, 作農官, 因名農, 見國語. 弃, 見舜典. 稷, 穀神也.

번역 여산씨(厲山氏)는 열산씨(烈山氏)라고도 부르는데, 염제(炎帝)인 신농(神農)을 가리킨다. 그의 후세 자손들 중에는 '주(柱)'라는 이름을 가진 자가 있었는데, 그는 모든 곡식을 경작할 수 있었으므로, 농업을 담당하는 관리로 세웠고, 또 그에 따라 '농(農)'이라고 불렀으니, 『국어』에 관련 기록이 나온다.[3] '기(弃)'에 대한 사안은 『서』「순전(舜典)」편에 나온다.[4] '직(稷)'은 곡식신이다.

鄭注 厲山氏, 炎帝也, 起於厲山, 或曰"有烈山氏". 棄, 后稷名也.

번역 '여산씨(厲山氏)'는 염제(炎帝)를 뜻하니, 여산에서 기원했기 때문이며, 혹은 '유열산씨(有烈山氏)'라고도 부른다.[5] '기(棄)'는 후직(后稷)의 이름이다.

釋文 厲, 力世反, 左傳作"列山".

번역 '厲'자는 '力(력)'자와 '世(세)'자의 반절음이며, 『좌전』에서는 '列山'으로 기록했다.

孔疏 ●"其子曰農, 能殖百穀"者, 農謂厲山氏後世子孫名柱, 能殖百穀, 故國語云"神農之名柱, 作農官, 因名農", 是也.

번역 ●經文: "其子曰農, 能殖百穀". ○'농(農)'은 여산씨의 후대 자손 중 이름이 주(柱)인 자를 뜻하는데, 그는 모든 곡식을 경작할 수 있었다. 그렇기 때문에 『국어』에서는 "신농의 이름은 주(柱)이니, 그를 농업을 담당하는

---

3) 『국어(國語)』「노어상(魯語上)」 : 昔烈山氏之有天下也, 其子曰柱, 能殖百穀百蔬; 夏之興也, 周棄繼之, 故祀以爲稷.
4) 『서』「우서(虞書)ㆍ순전(舜典)」 : 帝曰, 棄, 黎民阻飢, 汝后稷, 播時百穀.
5) 『춘추좌씨전』「소공(昭公) 29년」 : 有烈山氏之子曰柱爲稷, 自夏以上祀之. 周棄亦爲稷, 自商以來祀之.

관리로 정하여, 그에 따라 농(農)이라고 불렀다."라고 했다.

孔疏 ●"夏之衰也, 周弃繼之"者, 以夏末湯遭大旱七年, 欲變置社稷, 故廢農祀棄.

번역 ●經文: "夏之衰也, 周弃繼之". ○하나라 말기 탕임금은 큰 가뭄을 7년 동안 당하여 사직(社稷)을 옮겨 설립하고자 했다. 그렇기 때문에 농(農)에 대한 제사를 폐지하고 기(棄)에게 제사를 지냈다.

孔疏 ●"故祀以爲稷"者, 謂農及棄, 皆祀之以配稷之神.

번역 ●經文: "故祀以爲稷". ○농(農)과 기(棄)에 대해서는 모두 제사를 지내 직(稷)의 신에게 배향했다는 뜻이다.

訓纂 國語"厲山"作"烈山". 韋注, "烈山氏, 炎帝之號也. 起於烈山."

번역 『국어』에서는 '여산(厲山)'을 '열산(烈山)'이라고 기록했다. 위소의 주에서는 "열산씨는 염제(炎帝)의 칭호이다. 열산에서 기원했기 때문이다."라고 했다.

訓纂 國語"農"作"柱". 韋注, "柱爲后稷, 自夏以上祀之."

번역 『국어』에서는 '농(農)'자를 '주(柱)'자로 기록했다. 위소의 주에서는 "주는 후직(后稷)이 되니, 하나라로부터 그 이전에는 그에게 제사를 지냈다."라고 했다.

訓纂 國語"衰"作"興". 韋注, "夏之興, 謂禹也. 棄能繼柱之功, 自商以來祀之."

번역 『국어』에서는 '쇠(衰)'자를 '흥(興)'자로 기록했다. 위소의 주에서는 "하나라가 흥성했다는 것은 우임금 때를 뜻한다. 기(棄)는 주(柱)의 공적을 계승할 수 있었으므로, 은나라로부터 그 이래로 그에게 제사를 지냈다."라고 했다.

참고 『국어(國語)』「노어상(魯語上)」

원문 "昔烈山氏之有天下也①, 其子曰柱, 能殖百穀百蔬②; 夏之興也, 周棄繼之, 故祀以爲稷."

번역 전금(展禽)이 장문중(臧文仲)에게 말하길, "옛날 열산씨(烈山氏)가 천하를 소유했을 때, 그의 자손 중에는 주(柱)라고 불렀던 자가 있었으니, 그는 모든 곡식과 소(蔬)를 경작할 수 있었다. 하나라가 흥성하게 되었을 때 그에게 제사를 지냈으며, 주나라의 기(棄)가 그 자리를 이어받았기 때문에 그에게 제사를 지내며 직(稷)으로 삼았다."라고 했다.

韋注-① 禮祭法以烈山爲厲山也.

번역 『예기』「제법」편에서는 '열산(烈山)'을 '여산(厲山)'이라고 기록했다.

韋注-② 草實曰蔬.

번역 초목의 과실을 '소(蔬)'라고 부른다.

【552b】

共工氏之霸九州也，其子曰后土，能平九州，故祀以爲社.

직역 共工氏가 九州를 霸함에, 그 子는 后土라 曰하니, 能히 九州를 平이라, 故로 祀하여 社라 爲했다.

의역 공공씨(共工氏)가 천하에 군주 노릇을 했을 때, 그의 자손 중에는 후토(后土)라고 불렸던 자가 있었으니, 그는 구주를 편안하게 다스릴 수 있었다. 그렇기 때문에 그에게 제사를 지내며 '사(社)'로 삼았다.

集說 左傳言共工氏以水紀官，在炎帝之前，太昊之後．社，土神也.

번역 『좌전』에서는 공공씨(共工氏)가 수(水)에 따라 관직명을 정했다고 했고, 염제(炎帝) 이전과 태호(太昊) 이후에 해당한다고 했다.[6] '사(社)'는 토지신이다.

鄭注 共工氏無錄而王，謂之霸，在大昊·炎帝之間.

번역 공공씨(共工氏)에 대해서는 기록이 없지만 왕노릇을 하여 '패(霸)'라고 한 것이며, 태호(太昊)와 염제(炎帝) 사이에 있었다.

釋文 共音恭，下及注同.

번역 '共'자의 음은 '恭(공)'이며, 아래문장 및 정현의 주에 나오는 글자도 그 음이 이와 같다.

---

6) 『춘추좌씨전』「소공(昭公) 17년」 : 昔者黃帝氏以雲紀，故爲雲師而雲名；炎帝氏以火紀，故爲火師而火名；共工氏以水紀，故爲水師而水名；大皞氏以龍紀，故爲龍師而龍名.

孔疏 ●"其子曰后土, 能平九州, 故祀以爲社"者, 是共工後世之子孫爲后土之官. 后, 君也, 爲君而掌土, 能治九州五土之神, 故祀以爲配社之神.

번역 ●經文: "其子曰后土, 能平九州, 故祀以爲社". ○공공(共工)의 후대 자손 중에는 후토(后土)의 관리를 맡은 자가 있었다는 뜻이다. '후(后)'자는 군주[君]를 뜻하니, 군주가 되어 토지와 관련된 일을 담당하여, 구주(九州)와 오토(五土)[7]의 신들을 다스릴 수 있었다. 그렇기 때문에 그에게 제사를 지내며 사(社)의 신에게 배향하였다.

訓纂 國語作"伯九有". 韋注, "共工氏, 伯者, 在戲·農之閒. 有, 域也."

번역 『국어』에서는 '패구주(霸九州)'를 '백구유(伯九有)'라고 기록했다. 위소의 주에서는 "공공씨(共工氏)에 대해서 '백(伯)'이라고 한 것은 희(戲)와 농(農) 사이에 있기 때문이다. '유(有)'자는 강역[域]을 뜻한다."라고 했다.

訓纂 國語作"九土". 韋注, "其子, 共工之裔子句龍也, 佐黃帝爲土官. 九土, 九州之土也. 后, 君也, 使君土官, 故曰后土. 社, 后土之神也."

번역 『국어』에서는 '구주(九州)'를 '구토(九土)'라고 기록했다. 위소의 주에서는 "'기자(其子)'는 공공(共工)의 후예인 구룡(句龍)을 뜻하니, 그는 황제(黃帝)를 보좌하여 오행(五行) 중 토(土)를 담당하는 관부의 수장이 되었다. '구토(九土)'는 구주(九州)의 땅을 뜻한다. '후(后)'자는 군주[君]를 뜻하니, 토(土)의 관부에 대해 군주노릇을 하도록 시켰기 때문에, '후토(后土)'라고 부른다. '사(社)'는 후토의 신을 뜻한다.

---

7) 오토(五土)는 다섯 종류의 지형을 뜻한다. '산림지형[山林]', '하천이나 연못지형[川澤]', '구릉지형[丘陵]', '저지대나 평탄한 지형[墳衍]', '평탄하거나 습한 지형[原隰]'을 가리킨다. 『공자가어(孔子家語)』「상로(相魯)」편에는 "乃別五土之性, 而物各得其所生之宜."라는 기록이 있는데, 이에 대한 왕숙(王肅)의 주에서는 "五土, 一曰山林, 二曰川澤, 三曰丘陵, 四曰墳衍, 五曰原隰."이라고 풀이하였다.

참고 『국어(國語)』「노어상(魯語上)」

원문 "共工氏之伯九有也①, 其子曰后土, 能平九土, 故祀以爲社."

번역 전금(展禽)이 장문중(臧文仲)에게 말하길, "공공씨(共工氏)가 구유(九有)에 백(伯)을 했을 때, 그의 자손 중에는 후토(后土)라고 불렀던 자가 있었으니, 그는 구토를 편안하게 다스릴 수 있었다. 그렇기 때문에 그에게 제사를 지내며 '사(社)'로 삼았다."라고 했다.

韋注-① 共工氏, 伯者, 名戲, 弘農之間有城. 案, 此注公序本作, "共工氏, 伯者, 在戲農之間. 有域也."

번역 공공씨가 백(伯)을 했다고 했는데, 이름은 희(戲)이며, 홍(弘)과 농(農) 사이에 영토를 소유하였다. 살펴보니, 이곳 주석 기록은 『공서본』에 따라서 "공공씨에 대해서 '백(伯)'이라고 한 것은 희(戲)와 농(農) 사이에 있기 때문이다. '유(有)'자는 강역[域]을 뜻한다."라고 기록해야 한다.

【552b】

帝嚳能序星辰以著衆.

직역 帝嚳은 能히 星辰을 序하여 衆을 著했다.

의역 제곡(帝嚳)은 하늘의 운행을 계산하여 별자리를 관측할 수 있었으니, 이를 통해 백성들이 시기를 계산할 수 있게끔 했다.

集說 序星辰, 知推步之法也. 著衆, 謂使民占星象而知休作之候也.

번역 '서성진(序星辰)'은 천상의 역법을 계산하는 법칙을 알았다는 뜻이다. '저중(著衆)'은 백성들로 하여금 별의 모습을 점치게 하여 휴식을 취하거나 일을 해야 할 시기를 알게 했다는 뜻이다.

鄭注 著衆, 謂使民興事, 知休作之期也.

번역 '저중(著衆)'은 백성들로 하여금 일을 시킬 때, 휴식을 취하고 일을 해야 할 기간을 알게끔 했다는 뜻이다.

孔疏 ●"帝嚳能序星辰以著"者, 嚳能紀星辰, 序時候以明著, 使民休作有期, 不失時節, 故祀之也.

번역 ●經文: "帝嚳能序星辰以著". ○제곡(帝嚳)은 별자리를 기록하여, 시기를 차례대로 드러냈고, 이를 통해 백성들로 하여금 휴식을 취하고 일을 할 때 정해진 기간이 있게끔 하고, 적절한 시기를 놓치지 않게끔 했다. 그렇기 때문에 그에게 제사를 지내는 것이다.

訓纂 韋注: 帝嚳, 黃帝之曾孫·玄囂之孫·蟜極之子帝高辛也.

번역 위소의 주에서 말하길, '제곡(帝嚳)'은 황제(黃帝)의 증손이자 현효(玄囂)의 손자이며 교극(蟜極)의 자식인 제왕 고신(高辛)이다.

참고 『국어(國語)』「노어상(魯語上)」

원문 "帝嚳能序三辰以固民①."

번역 전금(展禽)이 장문중(臧文仲)에게 말하길, "제곡은 삼신(三辰)을 차례대로 나열하여, 백성들을 편안하게 했다."라고 했다.

韋注-① 固, 安也. 三辰, 日 · 月 · 星. 謂能次序三辰, 以治歷明時, 教民稼穡以安也.

번역 '고(固)'자는 "편안하게 하다[安]."는 뜻이다. '삼신(三辰)'은 해·달·별이다. 삼신의 질서를 차례대로 정렬하여 시기를 다스릴 수 있었고, 이를 통해 백성들에게 농사를 짓고 수확하는 것을 가르쳐서 편안하게 만들었다는 뜻이다.

【552c】

堯能賞, 均刑法, 以義終.

직역 堯는 能히 賞하며, 刑法을 均하고, 義로써 終했다.

의역 요(堯)임금은 공적에 알맞게 상을 내렸으며, 죄목에 알맞게 형법을 부과하여 균등하게 시행했고, 제왕의 지위를 선양하여 의(義)로써 끝맺었다.

集說 能賞, 當其功也. 均刑法, 當其罪也. 以義終, 禪位得人也.

번역 상을 잘 주었다는 말은 해당 공적에 알맞도록 했다는 뜻이다. 형법을 균등하게 했다는 말은 해당 죄에 알맞도록 했다는 뜻이다. 의(義)로써 끝맺었다는 말은 제왕의 지위를 선양하여 알맞은 사람을 얻었다는 뜻이다.

鄭注 賞, 賞善, 謂禪舜, 封禹 · 稷等也. 能刑, 謂去四凶. 義終, 謂既禪二十八載乃死也.

번역 '상(賞)'은 선한 자에게 상을 내려준다는 뜻이니, 순(舜)임금에게 제위를 선양하고, 우(禹)와 직(稷) 등을 분봉해주었다는 뜻이다. 형벌에 능했다는 말은 사흉(四凶)[8]을 제거했다는 뜻이다. '의종(義終)'은 선양을 한

뒤 28년이 지나서 죽었다는 뜻이다.

孔疏 ●"堯能賞均刑法以義終"者, 堯以天下位授舜, 封禹·稷, 官得其人, 是能賞均平也. 五刑有宅, 是能刑有法也. 禪舜而老, 二十八載乃殂, 是義終也.

번역 ●經文: "堯能賞均刑法以義終". ○요(堯)임금은 천하를 순(舜)임금에게 물려주었고, 우(禹)와 직(稷)을 분봉해 주었으며, 해당 관직에는 알맞은 사람을 앉혔으니, 이것은 상을 균평하게 시행한 것이다. 오형(五刑)[9]에 정해진 장소가 있게 만들었으니, 이것은 형벌을 시행함에 정해진 법도가 있었다는 사실을 뜻한다. 순(舜)임금에게 제왕의 지위를 선양하고서 늙어갔는데, 28년이 되어서 죽었으니, 이것은 의(義)에 따라 끝맺은 것이다.

訓纂 國語"賞"作"單", "義終"作"儀民". 韋注, "堯, 帝嚳之庶子陶唐氏放勳也. 單, 盡也. 均, 平也. 儀, 善也.

---

8) 사흉(四凶)은 요순(堯舜)시대 때 악명(惡名)을 떨쳤던 네 부족의 수장들을 뜻한다. 다만 네 명의 수장들에 대해서는 이견(異見)이 있는데, 『춘추좌씨전』「문공(文公) 18년」편에서는 "舜臣堯, 賓于四門, 流四凶族, 渾敦·窮奇·檮杌·饕餮, 投諸四裔, 以禦螭魅."라고 하여, '사흉'을 혼돈(渾敦)·궁기(窮奇)·도올(檮杌)·도철(饕餮)이라고 하였다. 한편 『서』「우서(虞書)·순전(舜典)」편에서는 "流共工于幽洲, 放驩兜于崇山, 竄三苗于三危, 殛鯀于羽山. 四罪而天下咸服."이라고 하여, '사흉'을 공공(共工)·환두(驩兜)·삼묘(三苗)·곤(鯀)이라고 하였다. 이 문제에 대해 채침(蔡沈)의 『집전(集傳)』에서는 "春秋傳所記四凶之名與此不同, 說者以窮奇爲共工, 渾敦爲驩兜, 饕餮爲三苗, 檮杌爲鯀, 不知其果然否也."라고 하였다. 즉 『춘추좌씨전』과 『서』에서 설명하는 '사흉'의 이름이 다른데, 어떤 자들은 궁기(窮奇)를 공공(共工)으로 여기고, 혼돈(渾敦)을 환두(驩兜)라고 여기며, 도철(饕餮)을 삼묘(三苗)라고 여기고, 도올(檮杌)을 곤(鯀)으로 여기기도 하는데, 이 말이 맞는지에 대해서는 확신할 수 없다는 뜻이다.

9) 오형(五刑)은 다섯 가지 형벌을 뜻한다. '오형'의 구체적 항목에 대해서는 각 시대별 차이가 있지만, 『주례』의 기록에 근거하면, 묵형(墨刑), 의형(劓刑), 궁형(宮刑), 비형(剕刑: =刖刑), 대벽(大辟: =殺刑)이 된다. 『주례』「추관(秋官)·사형(司刑)」편에는 "掌五刑之灋, 以麗萬民之罪, 墨罪五百, 劓罪五百, 宮罪五百, 刖罪五百, 殺罪五百."이라는 기록이 있다.

번역 『국어』에서는 '상(賞)'자를 '단(單)'자로 기록했고, '의종(義終)'을 '의민(儀民)'이라고 기록했다. 위소의 주에서는 "요(堯)는 제곡(帝嚳)의 서자인 도당씨(陶唐氏) 방훈(放勳)이다. '단(單)'자는 '다하다[盡].'는 뜻이다. '균(均)'자는 '고르게 하다[平].'는 뜻이다. '의(儀)'자는 '선하게 하다[善].'는 뜻이다."라고 했다.

訓纂 王氏念孫曰: 案此篇自"聖王之制祭祀"以下, 皆魯語文. 彼文云"堯能單均刑法以儀民", 謂堯能盡平刑法以善其民也. 此作"堯能賞均刑法以義終"者. 賞, 當爲亶, 字之誤也. 亶, 與單通. 義, 與儀通. 終, 與衆通. 衆, 亦民也. "帝嚳能序星辰以著衆", "堯能單均刑法以儀衆", 二句文同一例, 皆法施於民之事也. 鄭未寤賞爲亶字之誤, 義終爲儀衆之通, 故因文生訓, 而失其本指. 周官大司樂注曰, "堯能殫均刑法以儀民", 從魯語而不從祭法, 較此注爲長.

번역 왕념손[10]이 말하길, 이곳 「제법」편에서 "성왕이 제사를 제정했다."라고 한 구문으로부터 그 이하의 내용들을 살펴보면, 이것들은 모두 『국어』「노어(魯語)」편에 나오는 문장이다. 「노어」편에서는 '요능단균형법이의민(堯能單均刑法以儀民)'이라고 기록했는데, 이것은 요(堯)임금은 형법을 지극히 고르게 하여 백성들을 선하게 했다는 뜻이다. 이곳에서는 이 문장을 '요능상균형법이의종(堯能賞均刑法以義終)'이라고 기록했다. '상(賞)'자는 마땅히 '단(亶)'자가 되어야 하니, 자형이 비슷해서 생긴 오류이다. '단(亶)'자는 '단(單)'자와 통용된다. '의(義)'자는 '의(儀)'자와 통용된다. '종(終)'자는 '중(衆)'자와 통용된다. '중(衆)'자는 또한 백성[民]을 뜻한다. '제곡능서성진이저중(帝嚳能序星辰以著衆)'이라는 구문과 '요능단균형법이의중(堯能單均刑法以儀衆)'이라는 구문은 문맥이 동일하며 동일한 체제에 따라 기록한 것이니, 이 모두는 백성들에게 법도를 시행했다는 것을 뜻

10) 왕념손(王念孫, A.D.1744~A.D.1832) : 청(淸)나라 때의 학자이다. 자(字)는 회조(懷祖)이고, 호(號)는 석구(石臞)이다. 부친은 왕안국(王安國)이고, 아들은 왕인지(王引之)이다. 대진(戴震)에게 학문을 배웠다. 저서로는 『독서잡지(讀書雜志)』 등이 있다.

한다. 정현은 '상(賞)'자가 '단(亶)'자를 잘못 기록한 것임을 깨닫지 못하고, 또 '의종(義終)'이 '의중(儀衆)'과 통용되는 말임을 깨닫지 못했다. 그렇기 때문에 글자에 따라 새로운 해석을 내놓았지만 본지를 놓친 주장이다. 『주례』「대사악(大司樂)」편에 대한 정현의 주에서는 "요(堯)임금은 형법을 지극히 균등하게 하여 백성들을 법도에 맞게끔 했다."[11]라고 했는데, 이것은 「노어」편의 기록에 따른 것이며 「제법」편의 기록에 따른 것이 아니니, 이곳의 주석과 비교해보면 「대사악」편의 주가 더 낫다.

참고 『국어(國語)』「노어상(魯語上)」

원문 "堯能單均刑法以儀民."

번역 전금(展禽)이 장문중(臧文仲)에게 말하길, "요임금은 형법을 지극히 고르게 하여 백성들을 선하게 만들었다."라고 했다.

【552c】

舜勤衆事而野死.

직역 舜은 衆事에 勤하여 野死했다.

의역 순(舜)임금은 모든 일에 최선을 다하여, 결국 순수(巡守)를 하다가 길에서 죽었다.

集說 巡守而崩也.

---

11) 이 문장은 『주례』「춘관(春官)·대사악(大司樂)」편의 "以樂舞教國子, 舞雲門·大卷·大咸·大韶·大夏·大濩·大武."라는 기록에 대한 정현의 주이다.

번역 순수(巡守)[12]를 하다가 죽었다는 뜻이다.

集說 石梁王氏曰: 舜死蒼梧之說不可信, 鄭氏謂因征有苗, 尤不可信.

번역 석량왕씨가 말하길, 순(舜)임금이 창오(蒼梧)의 땅에서 죽었다고 하는 주장은 믿을 수 없는데, 정현은 유묘(有苗)를 정벌하다가 죽었다고 했으니, 더욱 믿을 수 없는 말이다.

鄭注 野死, 謂征有苗, 死於蒼梧也.

번역 '야사(野死)'는 유묘(有苗)를 정벌하다가 창오(蒼梧)의 땅에서 죽었다는 뜻이다.

釋文 梧音吾.

번역 '梧'자의 음은 '吾(오)'이다.

---

12) 순수(巡守)는 '순수(巡狩)'라고도 부른다. 천자가 수도를 벗어나 제후의 나라를 시찰하는 것을 뜻한다. '순수'의 '순(巡)'자는 그곳으로 행차를 한다는 뜻이고, '수(守)'자는 제후가 지키는 영토를 뜻한다. 제후는 천자가 하사해준 영토를 대신 맡아서 수호하는 것이기 때문에, 천자가 그곳에 방문하여, 자신의 영토를 어떻게 관리하고 있는지를 시찰하게 된다. 『서』「우서(虞書)·순전(舜典)」편에는 "歲二月, 東巡守, 至于岱宗, 柴."라는 기록이 있고, 이에 대한 공안국(孔安國)의 전(傳)에서는 "諸侯爲天子守土, 故稱守. 巡, 行之."라고 풀이했으며, 『맹자』「양혜왕하(梁惠王下)」편에서는 "天子適諸侯曰巡狩. 巡狩者, 巡所守也."라고 기록하였다. 한편 『예기』「왕제(王制)」편에는 "天子, 五年, 一巡守."라는 기록이 있고, 『주례』「추관(秋官)·대행인(大行人)」편에는 "十有二歲王巡守殷國."이라는 기록이 있다. 즉 「왕제」편에서는 천자가 5년에 1번 순수를 시행하고, 「대행인」편에서는 12년에 1번 순수를 시행한다고 기록하고 있는데, 이러한 차이점에 대해서 정현은 「왕제」편의 주에서 "五年者, 虞夏之制也. 周則十二歲一巡守."라고 풀이했다. 즉 5년에 1번 순수를 하는 제도는 우(虞)와 하(夏)나라 때의 제도이며, 주(周)나라에서는 12년에 1번 순수를 했다.

孔疏 ●"舜能勤衆事而野死"者, 舜征有苗, 仍巡守陟方而死蒼梧之野, 是勤衆事而野死.

번역 ●經文: "舜能勤衆事而野死". ○순임금은 유묘(有苗)를 정벌했는데, 그에 따라 순수(巡守)를 하여 사방으로 찾아다니다가 창오(蒼梧)의 교외에서 죽었으니, 이것이 모든 일에 열심히 하다가 들에서 죽었다는 뜻이다.

訓纂 國語"衆"作"民". 韋注, "舜, 顓頊之後有虞帝重華也. 野死, 謂征有苗死於蒼梧之野."

번역 『국어』에서는 '중(衆)'자를 '민(民)'자로 기록했다. 위소의 주에서는 "순(舜)은 전욱(顓頊)의 후손인 유우(有虞) 제중화(帝重華)이다. '야사(野死)'는 유묘(有苗)를 정벌하기 위해 길을 떠났다가 창오(蒼梧)의 교외에서 죽었다는 뜻이다."라고 했다.

참고 『국어(國語)』「노어상(魯語上)」

원문 "舜勤民事而野死."

번역 전금(展禽)이 장문중(臧文仲)에게 말하길, "순임금은 백성들에 대한 일을 열심히 수행하다가 창오(蒼梧)의 교외에서 죽었다."라고 했다.

【552c】

鯀鄣鴻水而殛死, 禹能修鯀之功.

직역 鯀은 鴻水를 鄣하고 殛死한데, 禹가 能히 鯀의 功을 修했다.

의역 곤(鯀)은 홍수를 막았는데, 그 일을 끝내지 못하고 죽었다. 그래서 우(禹)임금이 그 일을 이어받아서 곤의 공적을 올바르게 마무리했다.

集說 鄣, 壅塞之也. 修者, 繼其事而改正之.

번역 '장(鄣)'자는 막았다는 뜻이다. '수(修)'는 그 일을 이어받아서 올바르게 했다는 뜻이다.

集說 石梁王氏曰: 祀禹非祀鯀也.

번역 석량왕씨가 말하길, 우(禹)임금에게 제사를 지낸 것이지 곤(鯀)에게 제사를 지낸 것이 아니다.

鄭注 殛死, 謂不能成其功也.

번역 '극사(殛死)'는 그 공적을 이루지 못했다는 뜻이다.

釋文 鄣音章. 殛, 紀力反, 注同. 尙書云"殛鯀於羽山", 又云"鯀則殛死".

번역 '鄣'자의 음은 '章(장)'이다. '殛'자는 '紀(기)'자와 '力(력)'자의 반절음이며, 정현의 주에 나오는 글자도 그 음이 이와 같다. 『상서』에서는 "곤(鯀)을 우산(羽山)에 가두었다."[13]라고 했고, 또 "곤(鯀)은 귀양을 보내 죽게 했다."[14]라고 했다.

孔疏 ●"鯀鄣鴻水而殛死"者, 鯀塞水而無功, 而被堯殛死于羽山, 亦是有微功於人, 故得祀之. 若無微功, 焉能治水九載? 又世本云"作城郭", 是有功

13) 『서』「우서(虞書)·순전(舜典)」: 流共工于幽洲, 放驩兜于崇山, 竄三苗于三危, 殛鯀于羽山.

14) 『서』「주서(周書)·홍범(洪範)」: 鯀則殛死, 禹乃嗣興, 天乃錫禹洪範九疇, 彝倫攸敍.

也. 鄭答趙商云: "鯀非誅死, 鯀放居東裔, 至死不得反於朝. 禹乃其子也, 以有聖功, 故堯興之. 若以爲殺人父·用其子, 而舜·禹何以忍乎?" 而尙書云"鯀則殛死, 禹乃嗣興"者, 箕子見武王誅紂, 今與己言, 懼其意有慙德, 爲說父不肖則罪, 子賢則擧之, 以滿武王意也.

번역 ●經文: "鯀鄣鴻水而殛死". ○곤(鯀)은 홍수 막는 일을 했지만 공적을 세우지 못하여, 요(堯)임금이 우산(羽山)으로 귀양을 보내 죽게 했다. 그러나 이 또한 사람들에게 미미한 공적이라도 세운 점이 있기 때문에 그에게 제사를 지낼 수 있었다. 만약 미미한 공적이라도 없었다면, 어떻게 홍수를 다스리는데 9년이나 보낼 수 있었겠는가? 또 『세본』에서는 "성곽을 만들었다."라고 했으니, 이것은 공적을 세웠다는 것을 나타낸다. 정현은 조상[15]에게 대답하며, "곤(鯀)은 주살을 당한 것이 아니니, 곤은 쫓겨나서 동쪽 변방에 머물렀고, 그가 죽음에 이르렀을 때 조정으로 되돌아올 수 없었다. 우(禹)임금은 그의 자식이 되는데, 성인에 해당하는 공적을 세웠다. 그렇기 때문에 요(堯)임금이 그를 발탁한 것이다. 만약 어떤 자의 부친을 죽였는데 그의 자식을 등용한다면, 순임금이나 우임금이 어찌 참아낼 수 있었겠는가?"라고 했다. 그리고 『상서』에서는 "곤(鯀)은 귀양을 보내 죽게 했고, 우임금이 뒤이어 일어났다."라고 했는데, 기자(箕子)는 무왕이 주임금을 주살한 것을 보고서, 기자가 무왕에게 말을 하며 그 뜻에 허물이 있을 것을 걱정하여, 부친이 못났다면 죄를 주지만 자식이 현명하다면 등용을 해야 한다고 설명하여, 무왕의 뜻을 충족시켰다.

孔疏 ●"禹能修鯀之功"者, 謂禹能脩父之功, 故祀之.

번역 ●經文: "禹能修鯀之功". ○우(禹)임금은 부친의 공적을 마무리할 수 있었기 때문에, 그에게 제사를 지낸다.

---

15) 조상(趙商, ?~?) : 정현(鄭玄)의 제자이다. 자(字)는 자성(子聲)이다. 하내(河內) 지역 출신이다.

訓纂 韋注: 殛, 誅也. 鯀, 顓頊之後, 禹之父也. 堯使治水, 鄣防百川, 績用不成, 堯用殛之于羽山. 禹爲天子而郊之, 取其勤事而死.

번역 위소의 주에서 말하길, '극(殛)'자는 "주살되다[誅]."는 뜻이다. 곤(鯀)은 전욱(顓頊)의 후손이며, 우(禹)임금의 부친이다. 요(堯)임금이 그로 하여금 홍수를 다스리도록 하여 모든 하천에 둑을 쌓도록 했지만, 공적을 완성하지 못해, 요임금은 그를 우산(羽山)에서 주살했다. 우임금은 천자가 되어서 그에게 교(郊)제사를 지냈으니, 그가 일에 열심히 노력하다가 죽었다는 뜻을 취한 것이다.

訓纂 韋注: 鯀功雖不成, 禹亦有所因, 故曰脩鯀之功.

번역 위소의 주에서 말하길, 곤(鯀)은 비록 공적을 완성시키지 못했지만, 우(禹)임금 또한 그가 이룬 것에 기인한 바가 있었기 때문에, "곤의 공적을 정비하다."라고 했다.

참고 『국어(國語)』「노어상(魯語上)」

원문 "鯀鄣洪水而殛死, 禹能以德修鯀之功."

번역 전금(展禽)이 장문중(臧文仲)에게 말하길, "곤은 홍수를 막는데 노력했지만 끝내 주살을 당했고, 우임금은 덕으로 곤의 공적을 정비하였다." 라고 했다.

【552d】

黃帝正名百物以明民共財, 顓頊能修之.

직역 黃帝는 百物을 正名하여 民에게 明하고 財를 共한데, 顓頊은 能히 修했다.

의역 황제(黃帝)는 모든 사물의 명칭을 바르게 정하여 이것을 통해 백성들을 밝게 깨우쳐주었고, 백성들과 재물을 함께 공유했다. 전욱(顓頊)은 그것을 잘 정비할 수 있었다.

集說 正名百物者, 立定百物之名也. 明民, 使民不惑也. 共財, 供給公上之賦斂也.

번역 '정명백물(正名百物)'은 모든 사물의 명칭을 바르게 정했다는 뜻이다. '명민(明民)'은 백성들로 하여금 의혹을 품지 않도록 했다는 뜻이다. '공재(共財)'는 조정에서 부여하는 세금에 공급했다는 뜻이다.

鄭注 明民, 謂使之衣服有章也.

번역 '명민(明民)'은 백성들로 하여금 의복을 만들 때 무늬가 들어가도록 했다는 뜻이다.

釋文 "顓頊能脩之", 本或作"顓頊修黃帝之功".

번역 '전욱능수지(顓頊能脩之)'라는 문장을 다른 판본에서는 '전욱수황제지공(顓頊修黃帝之功)'이라고도 기록한다.

孔疏 ●"黃帝正名百物"者, 上雖有百物, 而未有名, 黃帝爲物作名, 正名其體也.

번역 ●經文: "黃帝正名百物". ○그 이전에는 비록 모든 사물이 있었지만 아직까지 정해진 명칭이 없었는데, 황제(黃帝)는 사물들을 위해서 명칭을 정했으니, 그 본질에 대해서 올바른 명칭을 정한 것이다.

孔疏 ●"以明民"者, 謂垂衣裳, 使貴賤分明得其所也.

번역 ●經文: "以明民". ○상의와 하의에 무늬를 새겨서, 귀천의 등급을 분명하게 만들어서 각각 제자리를 찾게끔 했다.

孔疏 ●"共財"者, 謂山澤不鄣, 教民取百物以自贍也. 其如上事, 故得祀之.

번역 ●經文: "共財". ○산과 못에 대해서는 금지를 하지 않아서, 백성들로 하여금 만물을 취하여 풍요롭게 만들었다는 뜻이다. 앞의 사안과 같은 일들을 했기 때문에, 그에게 제사를 지낼 수 있다.

孔疏 ●"顓頊能修之"者, 謂能脩黃帝之法.

번역 ●經文: "顓頊能修之". ○황제(黃帝)가 만든 법도를 잘 다듬을 수 있었다는 뜻이다.

訓纂 國語"名"作"命". 韋注, "黃帝, 少典之裔子帝軒轅也. 命, 名也.

번역 『국어』에서는 '명(名)'자를 '명(命)'자로 기록했다. 위소의 주에서는 "황제(黃帝)는 소전(少典)의 후예인 제왕 헌원(軒轅)이다. '명(命)'자는 '명칭을 정하다[名].'는 뜻이다."라고 했다.

訓纂 韋注: 顓頊, 黃帝之孫·昌意之子帝高陽也.

번역 위소의 주에서 말하길, 전욱(顓頊)은 황제(黃帝)의 손자이자 창의(昌意)의 자식인 제왕 고양(高陽)이다.

참고 『국어(國語)』「노어상(魯語上)」

원문 "黃帝能成命百物, 以明民共財, 顓頊能修之."

번역 전금(展禽)이 장문중(臧文仲)에게 말하길, "황제는 모든 사물의 명칭을 완성하여, 이를 통해 백성들이 재물을 함께 하도록 드러냈고, 전욱은 그것들을 잘 다듬었다."라고 했다.

【552d】

契爲司徒而民成.

직역 契은 司徒가 爲하여 民을 成했다.

의역 설(契)은 사도(司徒)가 되어 백성들을 교화하여 풍속을 완성시켰다.

集說 司徒, 敎官之長. 民成, 化民成俗也.

번역 '사도(司徒)'는 교화를 담당하는 관부의 수장이다. '민성(民成)'은 백성들을 교화하여 풍속을 완성시켰다는 뜻이다.

鄭注 民成, 謂知五教之禮也.

번역 '민성(民成)'은 오교(五教)[16]의 예법을 알게끔 한다는 뜻이다.

孔疏 ●"契爲司徒而民成"者, 契爲堯之司徒, 司徒掌五教, 故民之五教得成.

---

16) 오교(五教)는 오상(五常)이라고도 부른다. 부의(父義), 모자(母慈), 형우(兄友), 제공(弟恭), 자효(子孝) 등의 다섯 가지 가르침을 뜻한다.

번역 ●經文: "契爲司徒而民成". ○설(契)은 요(堯)임금 때 사도(司徒)를 맡았는데, 사도는 오교(五敎)를 담당한다. 그렇기 때문에 백성들의 오교가 완성될 수 있었다.

訓纂 國語"成"作"輯". 韋注, "契, 殷之祖, 爲堯司徒, 能敬敷五敎. 輯, 和也."

번역 『국어』에서는 '성(成)'자를 '집(輯)'자로 기록했다. 위소의 주에서는 "설(契)은 은나라의 시조이며, 요(堯)임금 때 사도(司徒)를 맡아서, 오교(五敎)를 공경스럽게 시행하여 널리 펼칠 수 있었다. '집(輯)'자는 '조화롭다[和].'는 뜻이다."라고 했다.

참고 『국어(國語)』「노어상(魯語上)」

원문 "契爲司徒而民輯."

번역 전금(展禽)이 장문중(臧文仲)에게 말하길, "설은 사도가 되어 백성들을 조화롭게 했다."라고 했다.

【552d】

冥勤其官而水死.

직역 冥은 그 官에 勤하여 水死했다.

의역 명(冥)은 치수를 담당하는 관부의 일을 열심히 하다가 물에 빠져 죽었다.

集說 冥, 卽玄冥也, 月令冬之神, 水死未聞.

번역 '명(冥)'은 곧 현명(玄冥)을 뜻하는데, 『예기』「월령(月令)편에서는 겨울에 해당하는 신이라고 했지만, 물에서 죽었다는 말은 들어보지 못했다.

鄭注 冥, 契六世之孫也, 其官玄冥, 水官也.

번역 '명(冥)'은 설(契)의 6세손이며, 그가 담당했던 관부는 현명(玄冥)이니, 오행(五行) 중 수(水)에 해당하는 관부이다.

孔疏 ●"冥勤其官而水死"者, 冥, 契六世孫, 其官玄冥, 水官也.

번역 ●經文: "冥勤其官而水死". ○'명(冥)'은 설(契)의 6세손이며, 그가 담당했던 관부는 현명(玄冥)이니, 오행(五行) 중 수(水)에 해당하는 관부이다.

訓纂 韋注: 冥, 契後六世孫, 根圉之子也. 爲夏水官, 勤於其職, 而死於水也.

번역 위소의 주에서 말하길, '명(冥)'은 설(契)의 6세손이며, 근어(根圉)의 자식이다. 하나라를 위해 수(水)의 관부를 맡았고, 직무를 열심히 수행하다가 물에 빠져 죽었다.

참고 『국어(國語)』「노어상(魯語上)」

원문 "冥勤其官而水死."

번역 전금(展禽)이 장문중(臧文仲)에게 말하길, "명은 관부의 일을 열심히 수행하다가 물에 빠져 죽었다."라고 했다.

【552d】

湯以寬治民而除其虐.

직역 湯은 寬으로써 民을 治하여 그 虐을 除했다.

의역 탕(湯)임금은 너그러움으로 백성들을 통치하여 사나움을 제거했다.

集說 書曰: 克寬克仁, 又言, 代虐以寬.

번역 『서』에서는 "능히 너그럽고 능히 인자하다."[17]라고 했고, 또 "사나움을 대신하여 너그럽게 하시다."[18]라고 했다.

孔疏 ●"湯以寬治民而除其虐", 謂放桀於南巢也.

번역 ●經文: "湯以寬治民而除其虐". ○남소(南巢)로 걸왕을 내쫓았다는 뜻이다.[19]

訓纂 國語"虐"作"邪". 韋注, "湯, 冥後九世·主癸之子, 爲夏諸侯, 以寬得民. 除其邪, 謂放桀, 扞大患也.

번역 『국어』에서는 '학(虐)'자를 '사(邪)'자로 기록했다. 위소의 주에서는 "탕(湯)은 명(冥)의 9세손이며 주계(主癸)의 자식으로, 하나라 때 제후가 되어, 관대함으로 백성들의 신임을 얻었다. '제기사(除其邪)'는 걸왕을 내쫓아서 큰 환란을 막았다는 뜻이다.

17) 『서』「상서(商書)·중훼지고(仲虺之誥)」: 德懋懋官, 功懋懋賞, 用人惟己, 改過不吝, 克寬克仁, 彰信兆民.
18) 『서』「상서(商書)·이훈(伊訓)」: 惟我商王, 布昭聖武, 代虐以寬, 兆民允懷.
19) 『서』「상서(商書)·중훼지고(仲虺之誥)」: 成湯放桀于南巢, 惟有慙德.

訓纂 國語此下有“稷勤百穀而山死”句. 韋注, “稷, 周棄也, 勤播百穀, 死於黑水之山.”

번역 『국어』에는 이곳 구문 뒤에 “직(稷)은 모든 곡식을 경작하는 일에 열심히 노력하여 산에서 죽었다.”라는 구문이 있다. 위소의 주에서는 “직(稷)은 주나라의 기(棄)이니, 모든 곡식을 파종하는데 열심히 일하여, 흑수의 산에서 죽었다.”라고 했다.

참고 『국어(國語)』「노어상(魯語上)」

원문 “湯以寬治民而除其邪.”

번역 전금(展禽)이 장문중(臧文仲)에게 말하길, “탕임금은 백성들을 관대하게 다스리고 큰 환란을 제거했다.”라고 했다.

그림 9-1 ▣ 걸(桀)이 남소(南巢)로 추방되는 모습

※ **출처**: 『흠정서경도설(欽定書經圖說)』 11권 「방걸남소도(放桀南巢圖)」

【552d~553a】

文王以文治, 武王以武功去民之菑, 此皆有功烈於民者也.

직역 文王은 文으로써 治했고, 武王은 武功으로써 民의 菑를 去했으니, 此는 皆히 功이 有하여 民에게 烈한 者이다.

의역 문왕(文王)은 문덕(文德)으로 백성들을 다스렸고, 무왕(武王)은 무공(武功)으로 백성들의 재앙을 제거했으니, 이들은 모두 공덕을 세워서 백성들에게 큰 보탬을 주었던 자들이다.

集說 陳氏曰: 自農·弃至堯, 自黃帝至契, 法施於民者也; 舜·鯀與冥, 以死勤事者也; 禹修鯀功, 以勞定國者也; 湯除其虐, 文武之去民菑, 能禦大菑, 能捍大患者也.

번역 진씨가 말하길, 농(農)과 기(弃)로부터 요(堯)에 이르기까지, 또 황제(黃帝)로부터 설(契)에 이르기까지는 법도를 백성들에게 베푼 자들이다. 순(舜)·곤(鯀)·명(冥)은 죽음을 무릅쓰고 맡은 일에 열심히 했던 자들이다. 우(禹)는 곤(鯀)의 공적을 이어받아 완성했으니, 수고로움으로써 나라를 안정시킨 자이다. 탕(湯)은 사나움을 제거했고, 문왕과 무왕은 백성들의 재앙을 제거했으니, 큰 재앙을 막을 수 있었고 큰 환란을 막을 수 있었던 자들이다.

鄭注 虐·菑, 謂桀·紂也. 烈, 業也.

번역 '학(虐)'과 '치(菑)'는 주왕과 걸왕을 뜻한다. '열(烈)'자는 업적[業]을 뜻한다.

釋文 文治, 直吏反. 去, 起呂反.

번역 '文治'에서의 '治'자는 '直(직)'자와 '吏(리)'자의 반절음이다. '去'자는 '起(기)'자와 '呂(려)'자의 반절음이다.

孔疏 ●"文王以文治, 武王以武功去民之菑"者, 謂伐紂也, 此皆有功烈於民者也. 結上厲山以下也. 所得祀之人, 有功烈於人故也.

번역 ●經文: "文王以文治, 武王以武功去民之菑". ○주왕을 정벌했다는 뜻인데, 이들은 모두 백성들에 대해서 공적과 업적을 세웠던 자들이다. 이것은 앞서 말한 여산(厲山)으로부터 그 이하의 자들에 대해서 결론을 맺은 것이다. 제사를 받을 수 있는 사람은 백성들에 대해서 공적과 업적을 세웠기 때문이다.

訓纂 國語"治"作"昭". 韋注, "文王演易."

번역 『국어』에서는 '치(治)'자를 '소(昭)'자로 기록했다. 위소의 주에서는 "문왕은 『역』의 8괘를 넓혀 64괘로 만들었다."라고 했다.

訓纂 國語"菑"作"穢". 韋注, "穢, 謂紂也."

번역 『국어』에서는 '치(菑)'자를 '예(穢)'자로 기록했다. 위소의 주에서는 "'예(穢)'는 주임금을 뜻한다."라고 했다.

참고 『국어(國語)』「노어상(魯語上)」

원문 "文王以文昭, 武王去民之穢."

번역 전금(展禽)이 장문중(臧文仲)에게 말하길, "문왕은 문덕으로 밝혔고, 무왕은 백성들의 재앙을 제거했다."라고 했다.

【553a】

及夫日月星辰, 民所瞻仰也; 山林·川谷·丘陵, 民所取財用也. 非此族也, 不在祀典.

직역 及히 夫히 日月과 星辰은 民이 瞻仰하는 所이며; 山林·川谷·丘陵은 民이 財用을 取하는 所이다. 此族이 非라면, 祀典에 不在한다.

의역 그리고 해·달·별은 백성들이 우러러 보는 대상이다. 그리고 산림·하천과 계곡·구릉지대는 백성들이 재물을 취하는 곳이다. 따라서 이러한 부류들이 아니라면, 제사의 법도를 기록한 문헌에 수록되지 않는다.

集說 族, 類也. 祀典, 祭祀之典籍.

번역 '족(族)'자는 부류[類]를 뜻한다. '사전(祀典)'은 제사의 법도를 기록한 전적이다.

大全 嚴陵方氏曰: 言日月星辰, 而不言天, 言山林川谷丘陵, 而不言地者, 以天地之功至大, 祀典所不得而言故也.

번역 엄릉방씨가 말하길, 해·달·별은 언급하고 하늘은 언급하지 않았고, 산림·하천과 계곡·구릉지대는 언급하고 땅은 언급하지 않았는데, 하늘과 땅의 공덕은 매우 커서, 사전(祀典)에서 언급할 수 없는 대상이기 때문이다.

鄭注 族, 猶類也. 祀典, 謂祭祀也.

번역 '족(族)'자는 부류[類]를 뜻한다. '사전(祀典)'은 제사를 뜻한다.

釋文 夫音扶. 丠, 此古丘字, 王于況反.

번역 '夫'자의 음은 '扶(부)'이다. '丠'자는 고대의 '丘'자이니, 왕음(王音)

은 '于(우)'자와 '況(황)'자의 반절음이다.

孔疏 ●"及夫日·月·星辰, 民所瞻仰也"者, 釋上文"燔柴於泰壇, 瘞埋於泰折, 王宮祭日, 夜明祭月, 幽禜祭星"之等, 及上有祭地·祭天·祭四時·祭寒暑·祭水旱. 此不言之者, 擧日·月則天地可知, 四時·寒暑·水旱則日·月陰陽之氣, 故擧日·月以包之也.

번역 ●經文: "及夫日·月·星辰, 民所瞻仰也". ○앞의 경문에서 "태단(泰壇)에서 번시(燔柴)를 하고, 태절(泰折)에서 예매(瘞埋)를 하며, 왕궁(王宮)에서 해에게 제사를 지내고, 야명(夜明)에서 달에게 제사를 지내며, 유영(幽禜)에서 별에게 제사를 지낸다."라고 했던 문장 등을 풀이한 말이고, 또 앞에는 땅에게 제사를 지내며, 하늘에게 제사를 지내고, 사계절에게 제사를 지내며, 추위와 더위에 대해 제사를 지내고, 수재와 가뭄에 대해 제사를 지낸다는 말이 나오는데, 이곳에서 그 사안을 언급하지 않은 것은 해와 달을 거론했다면 하늘과 땅이 포함된다는 사실을 알 수 있고, 사계절, 추위와 더위, 수재와 가뭄은 해와 달에 따른 음양의 기운이다. 그렇기 때문에 해와 달을 거론하여 이러한 것들을 포함시킨 것이다.

孔疏 ●"非此族也, 不在祀典"者, 合結上事也. 族, 類也, 若非上自厲山以下及日·月·丘陵之等, 無益於民者, 悉不得預於祭祀之典也. 按上陳宗廟及七祀, 幷通適殤以下, 此經不覆明之者, 此經所云, 謂是外神, 有功於民, 故具載之. 其宗廟與殤以下之親屬七祀之等, 宮中小神, 所以此經並皆不載.

번역 ●經文: "非此族也, 不在祀典". ○앞에 나온 사안들을 결론 맺은 말이다. '족(族)'자는 부류[類]를 뜻하니, 만약 앞에서 언급한 여산(厲山)으로부터 그 이하의 대상과 해·달·구릉 등이 아닌 백성들에게 무익한 것들은 모두 제사의 전적에 기록할 수 없다. 앞의 기록을 살펴보면 종묘(宗廟) 및 칠사(七祀)에 대해서 언급하고, 아울러 적자 중 요절한 자에게 제사지내는 일로부터 그 이하의 사안들을 함께 나타내고 있는데, 이곳 경문에서 재차 그 사안을 밝히지 않은 것은 이곳 경문에서 언급한 내용은 외신(外神)[20]에 해당하며, 백성들에게 공덕을 세웠기 때문에 모두 기록해둔 것이다. 종묘 및 요절한 자로부터 그 이하의 친족과 칠사(七祀)에 해당하는 대상들은 궁 안에 머무는 소신(小神)들이니, 이곳 경문에서는 그들에 대해서 모두 기록하지 않았다.

孔疏 ◎注"春秋"至"祀也". ○正義曰: 引春秋左傳昭二十九年蔡墨辭云: "厲山氏, 炎帝也, 起於厲山"者, 按帝王世紀云"神農氏本起於烈山, 或時稱之神農, 卽炎帝也", 故云"厲山氏, 炎帝也". 云"或曰有烈山氏"者, 按二十九年傳文也. 云"棄, 后稷名也"者, 稱舜典云"棄汝后稷", 是棄爲后稷名也. 云"共工氏無錄而王, 謂之霸, 在大昊·炎帝之間"者, 是漢·律曆志文. 又按月令"春, 其帝大皡. 夏, 其帝炎帝", 不載共工氏, 是無錄, 以水紀官, 是無錄而王. 按昭十七年左傳郯子稱"黃帝氏以雲紀, 炎帝以火紀, 共工氏以水紀, 大皡氏以龍紀". 從下逆陳, 是在炎帝之前·大昊之後也. 云"著衆, 謂使民興事, 知休作之則也"者, 由序曆星辰, 敬授明時, 使民興造其事, 知休作之期, 民得顯著. 云"二十八載乃死也"者, 虞書文也. 云"殛死, 謂不能成其功也"者, 鯀被殛羽山, 以至於死, 所以殛者, 由不能成其功也. 云"明民, 謂使之衣服有章"者, 按易·繫云"黃帝·堯·舜垂衣裳而天下治, 蓋取乾坤", 是也. 云"冥, 契六世之孫也"者, 按世本"契生昭明, 昭明生相土, 相土生昌若, 昌若生曹圉, 曹圉生根國, 根國生冥", 是契六世孫也.

번역 ◎鄭注: "春秋"~"祀也". ○정현이 『춘추좌전』의 소공(昭公) 29년에 채묵(蔡墨)이 한 말을 인용하여, "'여산씨(厲山氏)'는 염제(炎帝)를 뜻하

20) 외신(外神)은 내신(內神)과 상대되는 말이다. 교(郊)나 사(社) 등에서 지내는 제사 대상을 '외신'이라고 부른다. 『예기』「곡례하(曲禮下)」편에 대한 손희단(孫希旦)의 『집해(集解)』에서는 오징(吳澄)의 주장을 인용하여, "宗廟所祭者, 一家之神, 內神也, 故曰內事. 郊·社·山川之屬, 天下一國之神, 皆外神也, 故曰外事."라고 설명하였다. 즉 종묘(宗廟)에서 제사를 지내는 대상은 한 집안의 신(神)으로 '내신'이라고 부르며, 그 제사들을 내사(內事)라고 부른다. 또 교, 사 및 산천(山川) 등에 지내는 제사는 그 대상이 천하 및 한 국가의 신들이기 때문에, 그들을 '외신'이라고 부르며, 그 제사를 외사(外事)라고 부른다.

니, 여산에서 기원했기 때문이다."라고 했는데, 『제왕세기』[21]를 살펴보면, "신농씨(神農氏)는 열산(烈山)에서 기원했는데, 간혹 때에 따라 '신농(神農)'이라고 지칭하니, 염제(炎帝)에 해당한다."라고 했다. 그렇기 때문에 "여산씨(厲山氏)는 염제(炎帝)이다."라고 말한 것이다. 정현이 "혹은 '유열산씨(有烈山氏)'라고도 부른다."라고 했는데, 소공 29년에 대한 『좌전』의 기록이다. 정현이 "'기(棄)'는 후직(后稷)의 이름이다."라고 했는데, 『서』「순전(舜典)」편에서는 "기(棄)야, 너를 후직(后稷)으로 삼는다."[22]라고 했으니, 이것은 기(棄)가 후직의 이름임을 뜻한다. 정현이 "공공씨(共工氏)는 기록이 없지만 왕노릇을 하여 '패(霸)'라고 한 것이며, 태호(太昊)와 염제(炎帝) 사이에 있었다."라고 했는데, 이것은 『한서』「율력지(律曆志)」의 기록이다. 또 『예기』「월령(月令)」편을 살펴보면, "봄에는 해당하는 상제는 태호(太皞)이다."[23]라고 했고, 또 "여름에는 해당하는 상제는 염제(炎帝)이다."[24]라고 하여, 공공씨에 대해서는 수록하지 않았으니, 이것은 기록이 없다는 뜻이며, 수(水)에 따라 관직명을 정했으니, 이것은 기록이 없지만 왕노릇을 했다는 뜻이다. 소공 17년에 대한 『좌전』의 기록에서는 담자(郯子)가 "황제씨(黃帝氏)는 운(雲)으로써 정했고, 염제(炎帝)는 화(火)로써 정했으며, 공공씨(共工氏)는 수(水)로써 정했고, 태호씨(太皞氏)는 용(龍)으로써 정했다."[25]라고 했다. 이것은 밑으로부터 거꾸로 기술한 것이니, 공공씨

---

21) 『제왕세기(帝王世紀)』는 서진(西晉) 때의 학자인 황보밀(皇甫謐)이 지은 서적이다. 이 서적은 역대 제왕(帝王)들의 가계도와 연대에 따른 사적들을 기록하고 있다. 삼황(三皇)들이 통치했다고 전해지는 시대로부터 한(漢)나라 및 위(魏)나라의 역사를 기록하고 있는데, 현재 남아있는 『제왕세기』는 10권으로 구성되어 있다.

22) 『서』「우서(虞書)·순전(舜典)」: 帝曰, 棄, 黎民阻飢, 汝后稷, 播時百穀.

23) 『예기』「월령(月令)」【186d】: 其帝太皞, 其神句芒. / 『예기』「월령」【193a】: 其日甲乙, 其帝太皞, 其神句芒, 其蟲鱗, 其音角, 律中夾鍾, 其數八, 其味酸, 其臭羶, 其祀戶, 祭先脾. / 『예기』「월령」【196a】: 其日甲乙, 其帝太皞, 其神句芒, 其蟲鱗, 其音角, 律中姑洗, 其數八, 其味酸, 其臭羶, 其祀戶, 祭先脾.

24) 『예기』「월령(月令)」【199b】: 其日丙丁, 其帝炎帝. / 『예기』「월령」【202b】: 其日丙丁, 其帝炎帝, 其神祝融. 其蟲羽, 其音徵, 律中蕤賓, 其數七, 其味苦, 其臭焦, 其祀竈, 祭先肺. / 『예기』「월령」【205b】: 其日丙丁, 其帝炎帝, 其神祝融, 其蟲羽, 其音徵, 律中林鍾, 其數七, 其味苦, 其臭焦, 其祀竈, 祭先肺.

는 염제 이전과 태호 이후가 된다. 정현이 "'저중(著衆)'은 백성들로 하여금 일을 시킬 때, 휴식을 취하고 일을 해야 할 기간을 알게 했다는 뜻이다."라고 했는데, 질서에 따라 별자리를 계산하여 명확한 때를 공경스럽게 나눠주어, 백성들로 하여금 그 일을 홍성하게 시작하도록 했고, 휴식할 때와 일을 해야 할 때를 알게끔 하여, 백성들이 현저히 깨닫게 되었다. 정현이 "28년이 지나서 죽었다."라고 했는데, 이것은 『서』「우서(虞書)」편의 기록이다. 정현이 "'극사(殛死)'는 그 공적을 이루지 못했다는 뜻이다."라고 했는데, 곤(鯀)은 우산(羽山)으로 추방당하여 그곳에서 죽게 되었으니, 그가 쫓겨나게 된 것은 공적을 이루지 못한 것에서 비롯된다. 정현이 "'명민(明民)'은 백성들로 하여금 의복을 만들 때 무늬가 들어가도록 했다는 뜻이다."라고 했는데, 『역』「계사전(繫辭傳)」을 살펴보면, "황제(黃帝)·요(堯)·순(舜)이 의상(衣裳)을 드리워서 천하가 다스려졌으니, 무릇 건괘(乾卦)와 곤괘(蠱卦)에서 취했기 때문이다."[26]라고 했다. 정현이 "'명(冥)'은 설(契)의 6세손이다."라고 했는데, 『세본』을 살펴보면, "설(契)은 소명(昭明)을 낳았고, 소명은 상사(相土)를 낳았으며, 상사는 창약(昌若)을 낳았고, 창약은 조어(曹圉)를 낳았으며, 조어는 근국(根國)을 낳았고, 근국은 명(冥)을 낳았다."라고 했으니, 이것은 설(契)의 6세손이 됨을 나타낸다.

集解 愚謂: 以義終, 謂堯崩, 以天下授舜, 而不私其子也. 共, 給也. 明民共財者, 百物之名定, 則民之視聽不惑, 故俗定事成, 而財用給足也. 冥嗣爲商侯, 入爲王朝玄冥之官, 溺死於河, 事見竹書紀年. 紂爲民患, 文王脩德, 使民忘如燬之虐, 而樂孔邇之仁, 是以文治去民之菑也. 武王伐紂救民, 是以武功去民之菑也. 此所言, 自"武王"以上, 農及后土, 配食社·稷之人也, 其餘則皆四代之所禘·郊·宗·祖. 孔疏以爲並外神, 非也. 蓋惟四親廟不論功德, 至於禘·郊·宗·祖, 必其功德足以堪之, 非子孫之所得而私也.

---

25) 『춘추좌씨전』「소공(昭公) 17년」: 郯子曰, 吾祖也, 我知之. 昔者黃帝氏以雲紀, 故爲雲師而雲名; 炎帝氏以火紀, 故爲火師而火名; 共工氏以水紀, 故爲水師而水名; 大皞氏以龍紀, 故爲龍師而龍名.

26) 『역』「계사하(繫辭下)」: 黃帝堯舜垂衣裳而天下治, 蓋取諸乾坤.

번역 내가 생각하기에, '이의종(以義終)'이라는 말은 요(堯)임금이 죽었을 때, 천하를 순(舜)임금에게 선양하고, 자신의 자식에게 사적으로 전해주지 않았다는 뜻이다. '공(共)'자는 "공급하다[給]."는 뜻이다. '명민공재(明民共財)'라는 말은 만물의 이름을 확정하면, 백성들이 보고 들음에 의혹을 느끼지 않았기 때문에 풍속이 안정되고 사업이 완성되어서 재화를 사용하고 공급하기에 풍족하게 되었다는 뜻이다. '명(冥)'은 그 지위를 계승하여 상후(商侯)가 되었고, 천자의 조정으로 들어가서 현명(玄冥)의 관리가 되었는데, 황하에 빠져 죽었으니, 그 사안은 『죽서기년』[27]에 나온다. 주임금은 백성들에게는 환란의 대상이 되었고, 문왕은 덕을 닦아서 백성들로 하여금 사람을 불로 태우는 잔혹한 정치를 잊게끔 하여, 매우 가까이 대하는 인자함을 즐거워하도록 만들었으니, 이것은 문덕으로 다스려서 백성들의 재앙을 제거했다는 뜻이다. 무왕은 주임금을 정벌하여 백성들을 구원하였으니, 이것은 무공으로 백성들의 재앙을 제거했다는 뜻이다. 이곳에서 언급한 대상들 중 '무왕(武王)'으로부터 그 이상의 인물인 농(農) 및 후토(后土)들은 모두 사직(社稷)에게 제사를 지내며 함께 배향하여 흠향시키는 자들이다. 그리고 그 이외의 대상들은 모두 사대(四代) 때 체(禘)·교(郊)·종(宗)·조(祖)의 제사에서 모셨던 자들이다. 공영달의 소에서는 이들을 모두 외신(外神)이라고 여겼으니, 잘못된 주장이다. 무릇 대수(代數)가 가까운 4개의 묘(廟)에 대해서는 그 대상에 대해서 공적이나 덕을 따지지 않지만, 체(禘)·교(郊)·종(宗)·조(祖)에 있어서는 반드시 공덕이 그에 걸맞아야만 하니, 자손들이 마음대로 정할 수 있는 대상이 아니다.

---

27) 『죽서기년(竹書紀年)』은 중국 하(夏)·은(殷)·주(周) 삼대(三代)와 위(魏)나라 양왕(襄王) 때까지의 역사를 기록한 책이다. 양왕의 무덤에서 『목천자전(穆天子傳)』 등과 함께 진(晉)나라 때 발굴되었다. 모두 죽간에 기록되어 있었고, 편년체로 기록된 역사서였기 때문에 '죽서기년'이라고 불렀으며, 발굴된 지명에 따라서 『급총기년(汲冢紀年)』이라고도 불렀다. 그러나 이후 이 서적은 산일되었고, 후대에 다시 유포된 것은 일반적으로 위서(僞書)로 판명되었다. 진나라 때 발굴된 것을 『고본죽서기년(古本竹書紀年)』이라고 부르며, 후대에 위작으로 만들어진 것을 『금본죽서기년(今本竹書紀年)』이라고도 부른다.

祭法 人名 및 用語 辭典

ㄱ

◎ **가공언(賈公彦, ?~?)** : 당(唐)나라 때의 유학자이다. 정현(鄭玄)을 존숭하였다. 예학(禮學)에 조예가 깊었다. 『주례소(周禮疏)』, 『의례소(儀禮疏)』 등의 저서를 남겼으며, 이 저서들은 『십삼경주소(十三經注疏)』에 포함되었다.

◎ **가규(賈逵, A.D.30~A.D.101)** : 후한(後漢) 때의 경학자이다. 자(字)는 경백(景伯)이다. 『춘추좌씨전해고(春秋左氏傳解詁)』를 지었지만, 현재 일실되어 존재하지 않는다. 청대(淸代) 마국한(馬國翰)의 『옥함산방집일서(玉函山房輯佚書)』와 황석(黃奭)의 『한학당총서(漢學堂叢書)』에 일집본(佚輯本)이 남아 있다.

◎ **가의(賈誼, B.C.200~B.C.168)** : =가생(賈生) · 가시중(賈侍中) · 가장사(賈長沙) · 가태부(賈太傅). 전한(前漢) 때의 유학자이다. 23세 때 박사(博士)가 되었고, 이후 태중대부(太中大夫)에 올랐다. 오행설(五行說)을 유학에 가미하여, 국가 및 예악(禮樂) 등에 대한 제도를 제정하였다. 저서로는 『신서(新書)』 등이 있다.

◎ **가정본(嘉靖本)** : 『가정본(嘉靖本)』에는 간행한 자의 정보가 기록되어 있지 않다. 『십삼경주소(十三經注疏)』의 판본이다. 20권으로 구성되어 있으며, 각 권의 뒤편에는 경문(經文)과 그에 따른 주(注)를 간략히 기록하고 있다. 단옥재(段玉裁)는 이 판본이 가정(嘉靖) 연간에 송본(宋

本)을 모방하여 간행된 것이라고 여겼다.

◎ 감본(監本) : 『감본(監本)』은 명(明)나라 국자감(國子監)에서 간행한 『십삼경주소(十三經注疏)』의 판본이다.

◎ 감생제(感生帝) : '감생제'는 감제(感帝)·감생(感生)이라고도 부른다. 태미오제(太微五帝)의 정기를 받아서 태어난 인간세상의 제왕을 뜻한다. 고대에는 각 왕조의 선조들이 모두 상제(上帝)의 기운을 받아서 태어났다고 여겼기 때문에, '감생제'라는 명칭이 생기게 되었다.

◎ 개성석경(開成石經) : 『개성석경(開成石經)』은 당(唐)나라 만들어진 석경(石經)을 뜻한다. 돌에 경문(經文)을 새겼기 때문에, '석경'이라고 부른다. 당나라 때 만들어진 '석경'은 대화(大和) 7년(A.D.833)에 만들기 시작하여, 개성(開成) 2년(A.D.837)에 완성되었기 때문에, '개성석경'이라고도 부르는 것이다.

◎ 경사(京師) : '경사'는 그 나라의 수도를 뜻한다. 『시』「대아(大雅)·공유(公劉)」편에는 "京師之野, 于時處處."라는 기록이 있고, 이에 대해 마서신(馬瑞辰)의 『통석(通釋)』에서는 오두남(吳斗南)의 주석을 인용해서, "京者, 地名. 師者, 都邑之稱. 如洛邑, 亦稱洛師之類."라고 풀이했다. 즉 '경(京)'자는 단순한 지명이었고, '사(師)'자가 수도를 뜻하는 단어였다. 이후에는 '경사'라는 단어를 그 나라의 수도를 가리키는 용어로 사용하였다.

◎ 고문(庫門) : '고문'에 대해서는 크게 두 가지 해설이 있다. 첫 번째는 치문(雉門)에 대한 해설처럼, 제후의 궁(宮)에 있는 문으로, 천자의 궁에 있는 고문(皐門)에 해당한다고 보는 의견이다. 이것은 치문과 마찬가지로 『예기』「명당위(明堂位)」편의 "大廟, 天子明堂. 庫門, 天子皐門. 雉門, 天子應門."이라는 기록에 근거한 해설이다. 손희단(孫希旦)의 『집해(集解)』에서는 이 문장 및 『시(詩)』, 『서(書)』, 『예(禮)』, 『춘추(春秋)』에 나타난 기록들을 근거로, 천자 및 제후는 실제로 3개의 문(門)만 설치했다고 풀이한다. 그러나 정현은 이 문장에 대해서, "言廟及門如天子之制也. 天子五門, 皐庫雉應路. 魯有庫雉路, 則諸侯三門與."라고 풀이하였다. 즉 종묘(宗廟) 및 문(門)에 대한 제도에서, 천자와 제후 사이에는 차등이 있다. 따라서 천자는 5개의 문을 궁에 설치하는데, 그 문들은 고문(皐門), 고문(庫門), 치문(雉門), 응문(應門), 노문(路門)이다. 제후의 경우에는 천자보다 적은 3개의 문을 궁에 설치하는데, 그

문들은 고문(庫門), 치문(雉門), 노문(路門)이다. 두 번째 설명은 천자의 궁에 설치된 문들 중에서, 치문(雉門) 밖에 설치하는 문으로 해석하는 의견이다. 즉 이때의 고문(庫門)은 치문과 고문(皐門) 사이에 설치하는 문이 된다. 『예기』「교특생(郊特牲)」편에는 "獻命庫門之內, 戒百官也."라는 기록이 있는데, 이에 대한 정현의 주에서는 "庫門, 在雉門之外. 入庫門則至廟門外矣."라고 풀이하고 있다.

◎ **고문송판(考文宋板)** : 『고문송판(考文宋板)』은 일본 학자 산정정(山井鼎) 등이 출간한 『칠경맹자고문보유(七經孟子考文補遺)』에 수록된 『예기정의(禮記正義)』를 뜻한다. 산정정은 『예기정의』를 수록할 때, 송(宋)나라 때의 판본을 저본으로 삼았다.

◎ **고삭(告朔)** : '고삭'은 '곡삭'이라고도 읽는다. 천자가 계동(季冬) 때 다음 해의 달력을 내려준 것을 뜻한다. 천자가 제후에게 달력인 삭(朔)을 반포하게 되면, 제후는 그것을 조묘(祖廟)에 보관하였다가 삭일(朔日)에 이르러 묘(廟)에서 고(告)제사를 지내고, 그것을 꺼내서 시행하게 되는데, 이러한 의식 자체를 '고삭'으로 부르기도 했다. 따라서 '고삭'은 매월 초하루마다 지내는 제사를 범칭하는 용어로도 사용된다. 『주례』「춘관(春官) · 대사(大史)」편에는 "頒告朔于邦國."이라는 기록이 있고, 이에 대한 정현의 주에서는 "天子頒朔于諸侯, 諸侯藏之祖廟, 至朔朝于廟, 告而受行之."라고 풀이했다.

◎ **고신씨(高辛氏)** : '고신씨'는 곧 제곡(帝嚳)을 가리킨다. 제곡은 최초 신(辛)이라는 땅을 분봉 받았다가, 이후에 제(帝)가 되었으므로, 제곡을 '고신씨'라고도 부르는 것이다.

◎ **고양씨(高陽氏)** : '고양씨'는 곧 전욱(顓頊)을 가리킨다. 전욱이 천하를 소유하였을 때 '고양(高陽)'이라고 불렀으므로, 전욱을 '고양씨'라고 부른다.

◎ **공광(孔光, B.C.65~A.D.5)** : 전한 때의 학자이다. 자(字)는 자하(子夏)이다. 공자(孔子)의 14대손이다.

◎ **공안국(孔安國, ?~?)** : 전한(前漢) 때의 학자이다. 자(字)는 자국(子國)이다. 고문상서학(古文尙書學)의 개조(開祖)로 알려져 있다. 『십삼경주소(十三經注疏)』의 『상서정의(尙書正義)』에는 공안국의 전(傳)이 수록되어 있는데, 통상적으로 이 주석은 후대인들이 공안국의 이름에 가탁하여 붙인 문장으로 인식되고 있다.

◎ **공조(孔晁, ?~?)** : 생몰년에 대해서는 자세히 알려져 있지 않다. 진(秦)나라 때 오경박사(五經博士)가 되었다고 전해지며, 『일주서주(逸周書注)』를 저술하였다고 전해진다.

◎ **공최(功衰)** : '공최'는 상복(喪服)의 한 종류이다. 참최복(斬衰服)과 자최복(齊衰服)을 입고 치르는 상(喪)에서, 소상(小祥)을 지낸 이후에 착용하는 상복이다. 상복 재질의 거친 정도가 대공복(大功服)과 같기 때문에, '공최'라고 부르게 되었다.

◎ **관례(灌禮)** : '관례'는 제례(祭禮) 의식 중 하나이다. 술을 땅에 부어서 신(神)을 강림시키는 것이다. 『논어』「팔일(八佾)」편에는 "禘, 自既灌而往者, 吾不欲觀之矣."라는 기록이 있고, 이 기록에 대한 하안(何晏)의 『집해(集解)』에서는 공안국(孔安國)의 주장을 인용하여, "灌者, 酌鬱鬯灌於太祖以降神也."라고 풀이하였다.

◎ **관사(官師)** : '관사'는 하급 관리들을 부르는 말이다. 『서』「하서(夏書)·윤정(胤征)」편에는 "每歲孟春, 遒人以木鐸徇于路, 官師相規, 工執藝事以諫."이라는 기록이 있는데, 이에 대한 공안국(孔安國)의 전(傳)에서는 "官師, 衆官."이라고 풀이했다. 또한 『예기』「제법(祭法)」편에는 "官師一廟, 曰考廟. 王考無廟而祭之. 去王考爲鬼."라는 기록이 있는데, 이에 대한 정현의 주에서는 "官師, 中士下士庶士府史之屬."이라고 풀이하여, '관사'의 대상을 구체적으로 중사(中士), 하사(下士), 서사(庶士), 부사(府史)의 부류라고 설명한다.

◎ **교감기(校勘記)** : 『교감기(校勘記)』는 완원(阮元)이 학자들을 모아서 편차했던 『십삼경주소교감기(十三經註疏校勘記)』를 뜻한다.

◎ **교기(校記)** : 『교기(校記)』는 손이양(孫詒讓)이 지은 『십삼경주소교기(十三經注疏校記)』를 뜻한다.

◎ **교제(郊祭)** : '교제'는 '교사(郊祀)'라고도 부른다. 교외(郊外)에서 천지(天地)에 제사를 지냈기 때문에 붙여진 명칭이다. 음양설(陰陽說)이 성행했던 한(漢)나라 때에는 하늘에 대한 제사는 양(陽)의 뜻을 따라 남교(南郊)에서 지냈고, 땅에 대한 제사는 음(陰)의 뜻을 따라 북교(北郊)에서 지냈다. 『한서』「교사지하(郊祀志下)」편에는 "帝王之事莫大乎承天之序, 承天之序莫重於郊祀. …… 祭天於南郊, 就陽之義也. 地於北郊, 卽陰之象也."라는 기록이 있다. 한편 '교사'는 후대에 제사를 범칭하는 용어로도 사용되었다. '교사' 중의 '교(郊)'자는 규모가 큰 제사를

뜻하며, '사(祀)'는 비교적 규모가 작은 제사들을 뜻한다.

◎ **구룡(句龍)** : '구룡'은 공공(共工)의 아들이었다고 전해지며, 치수 사업을 잘했던 인물이다. 후세에는 그를 후토(后土)의 신(神)으로 여겨서, 그에게 제사를 지내기도 했다. 『춘추좌씨전』「소공(昭公) 29년」편에는 "共工氏有子曰句龍, 爲后土."라는 기록이 있다.

◎ **구망(句芒)** : '구망'은 오행(五行) 중 목(木)의 기운을 주관하는 천상의 신(神)이다. 목(木)의 기운을 담당했기 때문에, 그 관부의 이름을 따서 목관(木官)이라고도 부르고, 관부의 수장이라는 뜻에서 목정(木正)이라고도 부른다. '구망'은 소호씨(少皞氏)의 아들 또는 후손으로 알려져 있으며, 이름은 중(重)이었다고 전해진다. 생전에 목덕(木德)의 제왕이었던 태호(太皞: =伏羲氏)를 보좌하였고, 죽은 이후에는 목관(木官)의 신이 되었다고도 전해진다. '오행' 중 목(木)의 기운은 각 계절 및 방위와 관련되어, '구망'은 봄과 동쪽에 해당하는 신이라고도 부른다. 다만 목덕(木德)을 주관했던 상위의 신은 '태호'이고, '구망'은 태호를 보좌했던 신이다. 『예기』「월령(月令)」편에는 "其帝, 太皞, 其神, 句芒."이라는 기록이 있는데, 이에 대한 정현의 주에서는 "句芒, 少皞氏之子, 曰重, 爲木官."이라고 풀이했다. 『여씨춘추(呂氏春秋)』「맹춘기(孟春紀)」편에는 "其帝, 太皞, 其神, 句芒."이라는 기록이 있는데, 이에 대한 고유(高誘)의 주에서는 "句芒, 少皞氏之裔子曰重, 佐木德之帝, 死爲木官之神."이라고 풀이했다. 한편 『춘추좌씨전』「소공(昭公) 29년」편에는 "木正曰句芒."이라는 기록이 있다.

◎ **구승(丘乘)** : '구승'은 구전(丘甸)을 뜻한다. 도비(都鄙)에 소속되어 있는 경작지를 가리킨다. 9명의 농부가 경작하는 땅의 크기를 정(井)이라고 하며, 4개의 정(井)이 모이면, 1개의 읍(邑)이 되고, 4개의 읍(邑)이 모이면, 1개의 구(丘)가 되며, 4개의 구(丘)가 모이면, 1개의 승(乘)이 된다. 『禮記』「郊特牲」편의 "唯社, 丘乘共粢盛."이라는 기록에 대해 鄭玄의 注에서는 "丘, 十六井也. 四丘, 六十四井曰甸, 或謂之乘. 乘者, 以於車賦出長轂一乘."이라고 풀이했고, 孔穎達의 疏에서는 "丘乘者, 都鄙井田也. 九夫爲井, 四井爲邑, 四邑爲丘, 四丘爲乘. 唯祭社而使丘乘共其粢盛也."라고 풀이했다.

◎ **구주(九州)** : '구주'는 9개의 주(州)를 뜻한다. 고대 중국에서는 중원 지역을 9개의 주로 구분하여, 다스렸다. 따라서 '구주'는 오랑캐 지역과

대비되는 중국 땅을 지칭하는 용어로 사용되었다. '구주'의 포함되는 '주'의 이름들은 각 기록마다 차이를 보인다. 『서』「우서(虞書) · 우공(禹貢)」편에는 "禹敷土, 隨山刊木, 奠高山大川. 冀州既載. …… 濟河惟兗州. 九河既道. …… 海岱惟青州. 嵎夷既略, 濰淄其道. …… 海岱及淮惟徐州, 淮沂其乂, 蒙羽其藝. …… 淮海惟揚州, 彭蠡既豬, 陽鳥攸居. …… 荊及衡陽惟荊州. 江漢朝宗于海. …… 荊河惟豫州, 伊洛瀍澗, 既入于河. …… 華陽黑水惟梁州. 岷嶓既藝, 沱潛既道. …… 黑水西河惟雍州. 弱水既西."라는 기록이 있다. 즉 『서』에 기록된 '구주'는 기주(冀州) · 연주(兗州) · 청주(青州) · 서주(徐州) · 양주(揚州) · 형주(荊州) · 예주(豫州) · 양주(梁州) · 옹주(雍州)이다. 한편 『이아』「석지(釋地)」편에는 "兩河間曰冀州. 河南曰豫州. 河西曰雝州. 漢南曰荊州. 江南曰楊州. 濟河間曰兗州. 濟東曰徐州. 燕曰幽州. 齊曰營州."라는 기록이 있다. 즉 『이아』에 기록된 '구주'는 『서』의 기록과 달리, '서주'와 '양'주에 대한 기록이 없고, 대신 유주(幽州)와 영주(營州)가 기록되어 있다. 또 『주례』「하관(夏官) · 직방씨(職方氏)」편에는 "乃辨九州之國使同貫利. 東南曰揚州. …… 正南曰荊州. …… 河南曰豫州. …… 正東曰青州. …… 河東曰兗州. …… 正西曰雍州. …… 東北曰幽州. …… 河內曰冀州. …… 正北曰并州."라는 기록이 있다. 즉 『주례』에 기록된 '구주'는 『서』의 기록과 달리, '서주'와 '양주'에 대한 기록이 없고, 대신 '유주'와 병주(并州)에 대한 기록이 있다. 이외에도 일부 차이를 보이는 기록들이 있다.

◎ 궁상씨(窮桑氏) : '궁상씨'는 소호씨(少皞氏)를 뜻한다. 상구씨(桑丘氏)라고도 부른다.

◎ 금방(金榜, A.D.1735~A.D.1801) : 청(淸)나라 때의 학자이다. 자(字)는 예중(蕊中) · 보지(輔之)이다. 한림원수찬(翰林院修撰) 등을 지냈으며, 외조부(外祖父)가 죽자 복상(服喪)을 하고, 이후 두문불출하며 오로지 독서와 저술에만 전념하였다. 대진(戴震)과 동학(同學)했으며, 『예전(禮箋)』 등을 저술하였다.

◎ 금천씨(金天氏) : '금천씨'는 소호(少皞: =少昊)의 별칭이다. 『춘추좌씨전』「소공(昭公) 1년」편에는 "昔金天氏有裔子曰昧, 爲玄冥師."라는 기록이 있는데, 이에 대한 두예(杜預)의 주에서는 "金天氏, 帝少昊."라고 풀이했다. '소호'는 오행(五行) 중 금덕(金德)을 통해 제왕에 올랐기 때문

에, '금천(金天)'이라는 칭호가 붙게 되었다. 『한서(漢書)』「고금인표(古今人表)」편에는 "上上聖人, 少昊帝, 金天氏."라는 기록이 있는데, 이에 대한 안사고(顔師古)의 주에서는 장안(張晏)의 주장을 인용하여, "以金德王, 故號曰金天."이라고 풀이했다. '소호'는 고대 동이족의 제왕으로, 황제(黃帝)의 아들이었다고도 전해진다. 이름은 지(摯)인데, 질(質)이었다고도 한다. 새의 이름으로 관직명을 지었다고 전해지며, 사후에는 서방(西方)의 신(神)이 되었다고 전해진다. 『춘추좌씨전』「소공(昭公) 17년」편에는 "郯子曰 我高祖少皞摯之立也, 鳳鳥適至, 故紀於鳥, 爲鳥師而鳥名."이라는 기록이 있는데, 이에 대한 두예(杜預)의 주에서는 "少皞, 金天氏, 黃帝之子, 己姓之祖也."라고 풀이했다.

◎ **금화응씨(金華應氏, ?~?)** : =응용(應鏞) · 응씨(應氏) · 응자화(應子和). 이름은 용(鏞)이다. 자(字)는 자화(子和)이다. 『예기찬의(禮記纂義)』를 지었다.

ㄴ

◎ **남송석경(南宋石經)** : 『남송석경(南宋石經)』은 송(宋)나라 고종(高宗) 때 돌에 새긴 『십삼경주소(十三經注疏)』의 판본이다. 그러나 『예기(禮記)』에 대해서는 「중용(中庸)」 1편만을 기록하고 있다.

◎ **노식(盧植, A.D.159?~A.D.192)** : =노씨(盧氏). 후한(後漢) 때의 유학자이다. 자(字)는 자간(子幹)이다. 어려서 마융(馬融)을 스승으로 섬겼다. 영제(靈帝)의 건녕(建寧) 연간(A.D.168~A.D.172)에 박사(博士)가 되었다. 채옹(蔡邕) 등과 함께 동관(東觀)에서 오경(五經)을 교정했다. 후에 동탁(董卓)이 소제(少帝)를 폐위시키자, 은거하며 『상서장구(尙書章句)』, 『삼례해고(三禮解詁)』를 저술했지만, 남아 있지 않다.

◎ **노씨(盧氏)** : =노식(盧植)

ㄷ

◎ **당우(唐虞)** : '당우'는 당요(唐堯)와 우순(虞舜)을 병칭하는 용어이다. 요순(堯舜)시대를 가리키며, 의미상으로는 태평성세(太平盛世)를 뜻한다. 『논어』「태백(泰伯)」편에는 "唐虞之際, 於斯爲盛."이라는 용례가 있다.

◎ **대공복(大功服)** : '대공복'은 상복(喪服) 중 하나로, 오복(五服)에 속한다. 조밀한 삼베를 사용해서 만들지만, 소공복(小功服)에 비해서는 삼베의 재질이 거칠기 때문에, '대공복'이라고 부른다. 이 복장을 입게 되는 기간은 상황에 따라 차이가 생기지만, 일반적으로 9개월이다. 당형제(堂兄弟) 및 미혼인 당자매(堂姊妹), 또는 혼인을 한 자매(姊妹) 등을 위해서 입는다.

◎ **대구(大裘)** : '대구'는 천자가 제천(祭天) 의식을 시행할 때 입었던 복장이다. 『주례』「천관(天官)·사구(司裘)」편에는 "司裘掌爲大裘, 以共王祀天之服."이라는 기록이 있다. 즉 사구(司裘)는 '대구' 만드는 일을 담당하여, 천자가 하늘에 제사를 지낼 때 입는 의복으로 제공한다. 또한 이 기록에 대해 정현의 주에서는 정사농(鄭司農)의 주장을 인용하여, "大裘, 黑羔裘, 服以祀天, 示質."이라고 풀이했다. 즉 '대구'라는 의복은 검은 양의 가죽으로 만든 옷이며, 이것을 입고 하늘에 제사를 지내는 것은 질박함을 보이기 위함이다.

◎ **대미오제(大微五帝)** : '대미오제'는 하늘을 '다섯 방위[五方]'로 구분하였을 때, 이러한 오방(五方)을 주관하는 각각의 신(神)들을 총칭하는 말이다. 동방(東方)을 주관하는 신은 영위앙(靈威仰)이고, 남방(南方)을 주관하는 신은 적표노(赤熛怒)이며, 중앙을 주관하는 신은 함추뉴(含樞紐)이고, 서방(西方)을 주관하는 신은 백초거(白招拒)이며, 북방(北方)을 주관하는 신은 즙광기(汁光紀)이다. 『예기』「대전(大傳)」편에는 "禮, 不王不禘, 王者禘其祖之所自出, 以其祖配之."라는 기록이 있는데, 이에 대한 정현의 주에서는 "王者之先祖皆感大微五帝之精以生. 蒼則靈威仰, 赤則赤熛怒, 黃則含樞紐, 白則白招拒, 黑則汁光紀."라고 풀이하였다.

◎ **대정씨(大廷氏)** : =대정씨(大庭氏)

◎ **대정씨(大庭氏)** : '대정씨'는 대정씨(大廷氏)라고도 부른다. 전설시대에 존재했다고 전해지는 고대 제왕(帝王)의 이름이다. '대정씨'는 염제(炎帝)인 신농씨(神農氏)를 뜻하기도 한다. 혹은 고대 국가의 명칭을 뜻하는 용어로도 사용된다. 고국(故國) '대정씨'의 터는 노(魯)나라의 국성(國城) 안에 위치했었다고 전해지며, 노나라는 그 터에 창고를 지었다고 전해진다. 『춘추좌씨전』「소공(昭公) 18년」편에는 "宋·衛·陳·鄭皆火, 梓愼登大庭氏之庫以望之."라는 기록이 있는데, 이에 대한 두

예(杜預)의 주에서는 "大庭氏, 古國名, 在魯城內, 魯於其處作庫."라고 풀이했고, 공영달(孔穎達)의 소(疏)에서는 "先儒舊說皆云炎帝號神農氏, 一曰大庭氏."라고 풀이했다. 또 『장자(莊子)』「외편(外篇)·거협(胠篋)」편에는 "昔者, 容成氏·大庭氏·伯皇氏·中央氏·栗陸氏·驪畜氏·軒轅氏·赫胥氏·尊盧氏·祝融氏·伏羲氏·神農氏, 當是時也, 民結繩而用之."라는 기록이 있는데, 이에 대한 성현영(成玄英)의 소(疏)에서는 "已上十二氏, 並上古帝王也."라고 풀이했다. 『한서(漢書)』「고금인표(古今人表)」편에는 대정씨(大廷氏)로 기록되어 있는데, 이에 대한 안사고(顏師古)의 주에서는 "廷, 讀曰庭."이라고 풀이했다.

◎ **대제(大祭)** : '대제'는 큰 제사라는 뜻이며, 천지(天地)에 대한 제사 및 체협(禘祫) 등을 일컫는다. 『주례』「천관(天官)·주정(酒正)」에 "凡祭祀, 以法共五齊三酒, 以實八尊. 大祭三貳, 中祭再貳, 小祭壹貳, 皆有酌數."라는 기록이 있다. 이에 대한 정현의 주에서는 "大祭, 天地. 中祭, 宗廟. 小祭, 五祀."라고 풀이하여, '대제'는 천지에 대한 제사를 뜻한다고 설명한다. 그리고 『주례』「춘관(春官)·천부(天府)」편에는 "凡國之玉鎭大寶器藏焉, 若有大祭大喪, 則出而陳之, 旣事藏之."라는 기록이 있다. 이에 대한 정현의 주에서는 "禘祫及大喪陳之, 以華國也."라고 풀이하여, '대제'를 '체협'으로 설명한다. 그리고 '체(禘)'제사와 '대제'의 직접적 관계에 대해서는 『이아』「석천(釋天)」편에서 "禘, 大祭也."라고 풀이하고, 이에 대한 곽박(郭璞)의 주에서는 "五年一大祭."라고 풀이하여, '대제'로써의 '체'제사는 5년마다 지내는 제사로 설명한다.

◎ **대종(岱宗)** : '대종'은 오악(五嶽) 중 동악(東嶽)에 해당하는 태산(泰山)을 가리킨다. 대(岱)자는 태산을 뜻하고, 종(宗)자는 존귀하다는 의미에서 붙여진 것으로 풀이하기도 한다.

◎ **대천(大川)** : '대천'은 큰 강을 뜻한다. 고대에는 주로 '사독(四瀆)'을 뜻하는 용어로 사용되었다.

◎ **대함(大咸)** : '대함'은 요(堯)임금 때의 악무(樂舞)이다. 주(周)나라의 육무(六舞) 중 하나로 정착하였다. 또한 함지(咸池)라고도 부른다.

◎ **대향(大饗)** : '대향'은 대향(大享)이라고도 부른다. '대향'은 본래 선왕(先王)에게 협제(祫祭)를 지낸다는 뜻이다. 『예기』「예기(禮器)」편에는 "大饗, 其王事與."라는 기록이 있고, 이에 대한 정현의 주에서는 "謂祫祭先王."이라고 풀이하였고, 『순자』「예론(禮論)」편에는 "大饗尙玄尊,

俎生魚, 先大羹, 貴食飮之本也."라는 기록이 있는데, 이에 대한 양경(楊倞)의 주에서는 "大饗, 祫祭先王也."라고 풀이하였다. 또한 '대향'의 뜻 중에는 선왕뿐만 아니라, 천제(天帝)인 오제(五帝)에게 두루 제사지낸다는 뜻도 있다. 『예기』「월령(月令)」편에는 "是月也, 大饗帝."라는 기록이 있고, 이에 대한 정현의 주에서는 "言大饗者, 遍祭五帝也. 曲禮曰大饗不問卜, 謂此也."라고 풀이하였다.

◎ **동중서(董仲舒, B.C.179~B.C.104)** : 전한(前漢) 때의 유학자이다. 호(號)는 계암자(桂巖子)이다. 『공양전(公羊傳)』을 공부하여, 박사(博士)를 지냈으며, 유학의 관학화에 기여를 하였다. 저서로는 『춘추번로(春秋繁露)』, 『동자문집(董子文集)』 등이 있다.

◎ **두예(杜預, A.D.222~A.D.284)** : =두원개(杜元凱). 서진(西晉) 때의 유학자이다. 경조(京兆) 두릉(杜陵) 출신이다. 자(字)는 원개(元凱)이다. 『춘추경전집해(春秋經典集解)』를 저술하였는데, 이 책은 현존하는 『춘추(春秋)』의 주석서 중 가장 오래된 것이며, 『십삼경주소(十三經注疏)』의 『춘추좌씨전정의(春秋左氏傳正義)』에도 채택되어 수록되었다.

◎ **두원개(杜元凱)** : =두예(杜預)

ㅁ

◎ **마(禡)** : '마'는 군대를 출병할 때 지내는 제사이다. '마'제사와 관련된 예법은 망실되어, 자세한 내용을 알 수 없다. 다만 정벌한 지역에서 지내는 제사로, 병사들을 위해 기도하는 것이 주된 목적이었다. 『예기』「왕제(王制)」편에는 "天子將出征, 類乎上帝, 宜乎社, 造乎禰, 禡於所征之地, 受命於祖, 受成於學."이라는 기록이 있고, 이 문장에 대한 정현의 주에서는 "禡, 師祭也, 爲兵禱, 其禮亦亡."이라고 풀이했다.

◎ **마계장(馬季長)** : =마융(馬融)

◎ **마씨(馬氏)** : =마희맹(馬晞孟)

◎ **마언순(馬彥醇)** : =마희맹(馬晞孟)

◎ **마융(馬融, A.D.79~A.D.166)** : =마계장(馬季長). 후한대(後漢代)의 경학자(經學者)이다. 자(字)는 계장(季長)이며, 마속(馬續)의 동생이다. 고문경학(古文經學)을 연구하였으며, 『주역(周易)』, 『상서(尙書)』, 『모시(毛詩)』, 『논어(論語)』, 『효경(孝經)』 등을 두루 주석하고, 『노자(老子)』,

『회남자(淮南子)』 등도 주석하였지만 현재 전해지지 않는다.

◎ **마희맹(馬晞孟, ?~?)** : =마씨(馬氏) · 마언순(馬彦醇). 자(字)는 언순(彦醇)이다. 『예기해(禮記解)』를 찬술했다.

◎ **망질(望秩)** : '망질'은 해당 대상의 등급을 살펴서, 산천(山川) 등에 망제(望祭)를 지낸다는 뜻이다. '망질'의 '망(望)'자는 망제를 뜻하고, '질(秩)'자는 계급에 따른 등차를 뜻한다. 고대인의 관념에서는 산천의 중요성에 따라 각각 등급이 있었다. 예를 들어 오악(五嶽)에 대한 제사에서는 삼공(三公)에 대한 예법에 견주어서 희생물을 사용하였고, 사독(四瀆)에 대한 제사에서는 제후에 대한 예법에 견주어서 희생물을 사용하였으며, 나머지 산천 등에 대해서도 차례대로 백작 · 자작 · 남작 등의 예법에 견주어서 희생물을 사용하였다. 『서』「우서(虞書) · 순전(舜典)」편에는 "歲二月, 東巡守, 至于岱宗, 柴, 望秩于山川."이라는 기록이 있고, 이에 대한 공안국(孔安國)의 전(傳)에서는 "謂五嶽牲禮視三公, 四瀆視諸侯, 其餘視伯子男."이라고 풀이했다.

◎ **명당(明堂)** : '명당'은 일반적으로 고대 제왕이 정교(政敎)를 베풀던 장소를 지칭하는 용어로 사용되었다. 이곳에서는 조회(朝會), 제사(祭祀), 경상(慶賞), 선사(選士), 양로(養老), 교학(敎學) 등의 국가 주요업무가 시행되었다. 『맹자』「양혜왕하(梁惠王下)」편에는 "夫明堂者, 王者之堂也."라는 용례가 있고, 『옥태신영(玉台新詠)』「목난사(木蘭辭)」편에도 "歸來見天子, 天子坐明堂."이라는 용례가 있다. '명당'의 규모나 제도는 시대마다 다르다. 또한 '명당'이라는 건물군 중에서 남쪽의 실(室)을 가리키는 용어로도 사용되었다.

◎ **명산(名山)** : '명산'은 저명하고 큰 산을 뜻한다. '명(名)'자를 대(大)자의 뜻으로 풀이하기도 한다. 고대에는 대부분 '오악(五岳)'을 뜻하는 용어로 사용되었다. 『예기』「예기(禮器)」편에는 "因名山升中于天."이라는 기록이 있는데, 이에 대한 정현의 주에서는 "名, 猶大也."라고 풀이했고, 손희단(孫希旦)의 『집해(集解)』에서는 "名山, 謂五嶽也."라고 풀이했다.

◎ **모본(毛本)** : 『모본(毛本)』은 명(明)나라 말기 급고각(汲古閣)에서 간행된 『십삼경주소(十三經注疏)』의 판본이다. 급고각은 모진(毛晋)이 지은 장서각이었으므로, 이러한 명칭이 생겼다.

◎ **목록(目錄)** : 『목록(目錄)』은 정현이 찬술했다고 전해지는 『삼례목록(三禮目錄)』을 가리킨다. 『십삼경주소(十三經注疏)』에서 인용되고 있

지만, 이 책은 『수서(隋書)』가 편찬될 당시에 이미 일실되어 존재하지 않았다. 『수서』「경적지(經籍志)」편에는 "三禮目錄一卷, 鄭玄撰, 梁有陶弘景注一卷, 亡."이라는 기록이 있다.

◎ **민본(閩本)** : 『민본(閩本)』은 명(明)나라 가정(嘉靖) 연간 때 이원양(李元陽)이 간행한 『십삼경주소(十三經注疏)』 판본이다. 한편 『칠경맹자고문보유(七經孟子考文補遺)』에서는 이 판본을 『가정본(嘉靖本)』으로 지칭하고 있다.

ㅂ

◎ **방각(方慤)** : =엄릉방씨(嚴陵方氏)

◎ **방구(方丘)** : '방구'는 방택(方澤)과 같은 말이다. 고대에 제왕이 땅에 제사를 지냈던 제단이다. 그 모양이 사각형이었기 때문에 '방(方)'자를 붙이고, 언덕처럼 흙을 쌓아서 만들었기 때문에 '구(丘)'자를 붙여서 부르는 것이다.

◎ **방성부(方性夫)** : =엄릉방씨(嚴陵方氏)

◎ **방씨(方氏)** : =엄릉방씨(嚴陵方氏)

◎ **방택(方澤)** : =방구(方丘)

◎ **백관(百官)** : '백관'은 공경(公卿) 이하의 관리들을 뜻한다. 또한 각 부서의 하급 관리들을 총칭하는 용어로도 사용되었다. 『예기』「교특생(郊特牲)」편에는 "獻命庫門之內, 戒百官也."라는 기록이 있고, 이에 대한 정현의 주에서는 "百官, 公卿以下也."라고 풀이하였다.

◎ **백물(百物)** : '백물'은 사방의 백신(百神)들을 지칭한다. 백신은 온갖 신들을 총칭하는 말인데, 주요 신들은 제외되고, 주로 하위 신들을 가리킨다. 또한 고대에는 백신들에게 지내는 제사를 사(蜡)라고 부르기도 했다.

◎ **백초거(白招拒)** : '백초거'는 참위설(讖緯說)을 주장했던 자들이 섬기던 오제(五帝) 중 하나이다. 서방(西方)의 신(神)이자 가을을 주관하는 신이다. 『예기』「대전(大傳)」편에는 "禮, 不王不禘, 王者禘其祖之所自出, 以其祖配之."라는 기록이 있는데, 이에 대한 정현의 주에서는 "王者之先祖皆感大微五帝之精以生. 蒼則靈威仰, 赤則赤熛怒, 黃則含樞紐, 白則白招拒, 黑則汁光紀."라고 풀이하였다.

◎ **백호통(白虎通)** : 『백호통(白虎通)』은 후한(後漢) 때 편찬된 서적이다. 『백호통의(白虎通義)』라고도 부른다. 후한의 장제(章帝)가 학자들을 불러 모아서, 백호관(白虎觀)에서 토론을 시키고, 각 경전 해석의 차이점을 기록한 서적이다.

◎ **번시(燔柴)** : '번시'는 고대에 하늘에 대해 제사를 지내던 의식을 뜻한다. 옥백(玉帛)이나 희생물 등을 땔나무 위에 쌓아두고 태웠던 의식이다.

◎ **별록(別錄)** : 『별록(別錄)』은 후한(後漢) 때 유향(劉向)이 찬(撰)했다고 전해지는 책이다. 현재는 일실되어 존재하지 않으며, 『한서(漢書)』「예문지(藝文志)」편을 통해서 대략적인 내용만을 추측해볼 수 있다.

◎ **별자(別子)** : '별자'는 서자(庶子)와 같은 말로, 적정자 이외의 아들들을 뜻하는 말이다. 적장자는 대(代)를 이어받고, 나머지 '별자'들은 그 지위를 계승받지 못하므로, '별자'라고 부르는 것이다. 『예기』「대전(大傳)」편에는 "百世不遷者, 別子之後也, 宗其繼別子之所自出者."라는 기록이 있는데, 이에 대한 공영달(孔穎達)의 소(疏)에서는 "別子謂諸侯之庶子也. 諸侯之適子適孫繼世爲君, 而第二子以下悉不得禰先君, 故云別子."라고 풀이했다.

◎ **보의(黼扆)** : '보의'는 부의(斧依) 또는 부의(斧扆)라고도 부른다. 고대에는 제왕의 자리 뒤에 병풍을 설치했는데, 병풍에는 도끼 무늬를 새겼기 때문에 '보의' 또는 '부의'라고 부른다.

◎ **복건(服虔, ?~?)** : 후한대(後漢代)의 유학자이다. 자(字)는 자신(子愼)이다. 초명은 중(重)이었으며, 기(祇)라고도 불렀다. 후에 이름을 건(虔)으로 고쳤다. 『춘추좌씨전(春秋左氏傳)』에 주석을 남겼지만, 산일되어 전해지지 않는다. 현재는 『좌전가복주집술(左傳賈服注輯述)』로 일집본이 편찬되었다.

◎ **복생(伏生, ?~?)** : =복승(伏勝). 전한(前漢) 때의 학자이다. 자(字)는 자천(子賤)이다. 진(秦)나라 때 박사(博士)를 지냈으며, 분서갱유를 피해 『상서(尙書)』를 숨겨두었다가, 한(漢)나라 때 『금문상서(今文尙書)』를 전수하였다.

◎ **부(府)** : '부'는 각 관부에 소속된 하급 관리 중 하나이다. 각 관부의 창고에 부관된 재화나 물건 등을 담당했던 관리이다. 『주례』「천관총재(天官冢宰)」편에는 "府, 六人; 史, 十有二人."이라는 기록이 있는데, 이에 대한 정현의 주에서는 "府, 治藏."이라고 풀이했고, 손이양(孫詒讓)

의 『정의(正義)』에서는 "凡治藏之吏亦通謂之府也."라고 풀이했다.

◎ **부제(祔祭)** : '부제'는 '부(祔)'라고도 한다. 새로이 죽은 자가 있으면, 선조(先祖)에게 '부제'를 올리면서, 신주(神主)를 합사(合祀)하는 것을 말한다. 『주례』「춘관(春官)·대축(大祝)」편에는 "付練祥, 掌國事."라는 기록이 있고, 이에 대한 정현의 주에서는 "付當爲祔. 祭於先王以祔後死者."라고 풀이하였다.

◎ **북면(北面)** : '북면'은 특정 공간에서 남쪽에 위치하여 북쪽을 바라보며 있다는 뜻이다. 일반적으로 군주 및 주인 등은 남면(南面)을 하게 되므로, '북면'은 신하가 군주를 알현할 때나, 낮은 자가 높은 자를 찾아뵐 때를 가리킨다.

◎ **분연(墳衍)** : '분연'은 물가와 저지대의 평탄한 지형을 뜻한다. 『주례』「하관(夏官)·원사(邍師)」편에는 "掌四方之地名, 辨其丘陵墳衍邍隰之名."이란 기록이 있고, 이에 대한 가공언(賈公彥)의 소(疏)에서는 "水涯曰墳, 下平曰衍."이라고 풀이하였다.

ㅅ

◎ **사(蜡)** : '사'는 연말에 지내는 큰 제사를 뜻한다. 제사 대상은 천제(天帝) 등의 주요 신들을 제외한 나머지 하위 신들에 해당한다. 하위 신들은 그 수가 많아서, 일일이 제사를 지낼 수 없기 때문에, 연말에 합동으로 제사를 지냈던 것이다. 『예기』「잡기하(雜記下)」편에는 "子貢觀於蜡."라는 기록이 있는데, 이에 대한 정현의 주에서는 "蜡也者, 索也. 歲十二月, 合聚萬物而索饗之祭也."라고 풀이했다. 또 『예기』「교특생(郊特牲)」편에는 "蜡之祭也, 主先嗇而祭司嗇也, 祭百種, 以報嗇也."라는 기록이 있다.

◎ **사(史)** : '사'는 각 관부에 소속된 하급 관리 중 하나이다. 각 관부의 문서기록 및 보관, 그리고 문서기록과 관련된 각종 부수자재 등을 담당했던 관리이다. 『주례』「천관(天官)·재부(宰夫)」편에는 "六曰史, 掌官書以贊治."라는 기록이 있는데, 이에 대한 정현의 주에서는 "贊治, 若今起文書草也."라고 풀이했다.

◎ **사독(四瀆)** : '사독'은 네 개의 주요 하천을 가리킨다. 장강(長江), 황하(黃河), 회하(淮河), 제수(濟水)가 여기에 해당한다.

◎ 사마표(司馬彪, ?~A.D.306?) : 서진(西晉) 때의 학자이다. 자(字)는 소통(紹統)이다. 저서로는 『구주춘추(九州春秋)』·『속한서(續漢書)』 등이 있다.

◎ 사명(司命) : '사명'은 별 이름이다. 문창(文昌)이라는 별자리 중 네 번째 별에 해당한다.

◎ 사중(司中) : '사중'은 별 이름이다. 문창(文昌)이라는 별자리 중 다섯 번째에 해당한다.

◎ 사직(社稷) : '사직'은 토지신과 곡식신을 뜻한다. 천자와 제후가 지냈던 제사이다. '사직'에서의 '사(社)'자는 토지신을 가리키고, '곡(稷)'자는 곡식신을 뜻한다.

◎ 사흉(四凶) : '사흉'은 요순(堯舜)시대 때 악명(惡名)을 떨쳤던 네 부족의 수장들을 뜻한다. 다만 네 명의 수장들에 대해서는 이견(異見)이 있는데, 『춘추좌씨전』「문공(文公) 18년」편에서는 "舜臣堯, 賓于四門, 流四凶族, 渾敦·窮奇·檮杌·饕餮, 投諸四裔, 以禦螭魅."라고 하여, '사흉'을 혼돈(渾敦)·궁기(窮奇)·도올(檮杌)·도철(饕餮)이라고 하였다. 한편 『서』「우서(虞書)·순전(舜典)」편에서는 "流共工于幽洲, 放驩兜于崇山, 竄三苗于三危, 殛鯀于羽山. 四罪而天下咸服."이라고 하여, '사흉'을 공공(共工)·환두(驩兜)·삼묘(三苗)·곤(鯀)이라고 하였다. 이 문제에 대해 채침(蔡沈)』의 『집전(集傳)』에서는 "春秋傳所記四凶之名與此不同, 說者以窮奇爲共工, 渾敦爲驩兜, 饕餮爲三苗, 檮杌爲鯀, 不知其果然否也."라고 하였다. 즉 『춘추좌씨전』과 『서』에서 설명하는 '사흉'의 이름이 다른데, 어떤 자들은 궁기(窮奇)를 공공(共工)으로 여기고, 혼돈(渾敦)을 환두(驩兜)라고 여기며, 도철(饕餮)을 삼묘(三苗)라고 여기고, 도올(檮杌)을 곤(鯀)으로 여기기도 하는데, 이 말이 맞는지에 대해서는 확신할 수 없다는 뜻이다.

◎ 산천(山川) : '산천'은 오악(五嶽)과 사독(四瀆)의 신들을 가리키기도 하며, 산과 하천의 신들을 두루 지칭하기도 한다. 오악은 대표적인 다섯 가지 산으로, 중앙의 숭산(嵩山), 동쪽의 태산(泰山), 남쪽의 형산(衡山), 서쪽의 화산(華山), 북쪽의 항산(恒山)을 가리킨다. 사독은 장강(長江), 황하(黃河), 회하(淮河), 제수(濟水)를 가리킨다.

◎ 삼대(三代) : '삼대'는 하(夏), 은(殷), 주(周)의 세 왕조를 말한다. 『논어』「위령공(衛靈公)」편에는 "斯民也, 三代 之所以直道而行也."라는 기록

이 있고, 이에 대한 형병(邢昺)의 소(疏)에서는 "三代, 夏殷周也."로 풀이했다.

◎ 삼례의종(三禮義宗) : 『삼례의종(三禮義宗)』은 남북조시대(南北朝時代)의 학자인 최영은(崔靈恩, ?~?)이 지은 저서이다. 삼례(三禮)에 대한 주석서로 집필되었으나 현존하지 않는다.

◎ 삼명(三命) : '삼명'은 수명(受命), 조명(遭命), 수명(隨命)을 뜻한다. '수명(受命)'은 사람의 수명을 좌우하는 것이고, '조명(遭命)'은 선행을 하거나 흉재(凶災)를 만나는 등의 일을 좌우하는 것이며, '수명(隨命)'은 사람이 시행한 선악(善惡)에 따라 그에 해당하는 결과를 좌우하는 것이다.

◎ 상(嘗) : '상'은 가을에 종묘(宗廟)에서 지내는 제사를 뜻한다. 『이아』「석천(釋天)」편에는 "春祭曰祠, 夏祭曰礿, 秋祭曰嘗, 冬祭曰烝."이라는 기록이 있다. 즉 봄에 지내는 제사를 '사(祠)'라고 부르며, 여름에 지내는 제사를 '약(礿)'이라고 부르고, 가을에 지내는 제사를 '상(嘗)'이라고 부르며, 겨울에 지내는 제사를 '증(烝)'이라고 부른다. 한편 '상'제사는 성대한 규모로 거행하였기 때문에, '대상(大嘗)'이라고도 불렀으며, 가을에 지낸다는 뜻에서, '추상(秋嘗)'이라고도 불렀다. 또한 『춘추번로(春秋繁露)』「사제(四祭)」편에서는 "四祭者, 因四時之所生孰而祭其先祖父母也. 故春曰祠, 夏曰礿, 秋曰嘗, 冬曰蒸. …… 嘗者, 以七月嘗黍稷也."이라고 하여, 가을 제사인 상(嘗)제사는 7월에 시행하며, 서직(黍稷)을 흠향하도록 지낸다는 뜻에서 맛본다는 뜻의 '상'자를 붙였다고 설명한다.

◎ 상공(上公) : '상공'은 주(周)나라 제도에 있었던 관직 등급이다. 본래 신하의 관직 등급은 8명(命)까지이다. 주나라 때에는 태사(太師), 태부(太傅), 태보(太保)와 같은 삼공(三公)들이 8명의 등급에 해당했다. 그런데 여기에 1명을 더하게 되면 9명이 되어, 특별직인 '상공'이 된다. 『주례』「춘관(春官)·전명(典命)」편에는 "上公九命爲伯, 其國家宮室車旗衣服禮儀, 皆以九爲節."이라는 기록이 있고, 이에 대한 정현의 주에서는 "上公, 謂王之三公有德者, 加命爲二伯. 二王之後亦爲上公."이라고 풀이하였다. 즉 '상공'은 삼공 중에서도 유덕(有德)한 자에게 1명을 더해주어, 제후들을 통솔하는 '두 명의 백(伯)[二伯]'으로 삼았다. 또한 제후의 다섯 등급을 나열할 경우, 공작(公爵)을 '상공'이라고 부르기도 한다.

◎ **석경(石經)** : 『석경(石經)』은 당(唐)나라 개성(開成) 2년(A.D.714)에 돌에 새긴 『십삼경주소(十三經注疏)』의 판본이다. 당나라 국자학(國子學)의 비석에 새겨졌다는 판본이 바로 이것을 가리킨다.

◎ **석량왕씨(石梁王氏, ?~?)** : 자세한 이력이 남아 있지 않다.

◎ **석명(釋名)** : 『석명(釋名)』은 후한(後漢) 때의 학자인 유희(劉熙)가 지은 서적이다. 오래된 훈고학 서적의 하나로 꼽힌다.

◎ **석주(祏主)** : '석주'는 종주(宗主)라고도 부른다. 종묘(宗廟) 안에 보관해 두는 신주(神主)를 뜻한다. 그렇기 때문에 '종주'자고도 부르는 것이다.

◎ **석폐(釋幣)** : '석폐'는 비단 등의 폐백을 차려서 종묘(宗廟) 및 신령에게 아뢰는 의식이다. 중요한 임무를 맡게 되어, 국경 밖으로 나갈 경우에 이러한 의식을 시행하였다.

◎ **선공(先公)** : '선공'은 본래 천자 및 제후의 선조들을 존귀하게 높여 부르는 말이다. 따라서 '선왕(先王)'이라는 말과 동일하게 사용된다. 그러나 주(周)나라에 대해 선왕과 대비해서 사용하게 되면, 후직(后稷)의 후손 중 태왕(太王) 이전의 선조를 지칭한다. 주나라는 건립 이후 자신의 선조에 대해 추왕(追王)을 하여 왕(王)자를 붙였는데, 태왕인 고공단보(古公亶父)까지 왕(王)자를 붙였기 때문이다.

◎ **선색(先嗇)** : '선색'은 가장 먼저 농사를 지었던 자를 뜻하는 말이며, 농업 분야의 신(神)으로 모셔지는 대상이다. 신농(神農)을 가리키기도 한다. 『예기』「교특생(郊特牲)」편에는 "蜡之祭也, 主先嗇而祭司嗇也."라는 기록이 있는데, 이에 대한 정현의 주에서는 "先嗇, 若神農者."라고 풀이했다.

◎ **설문(說文)** : =설문해자(說文解字)

◎ **설문해자(說文解字)** : 『설문해자(說文解字)』는 후한(後漢) 때의 학자인 허신(許愼)이 찬(撰)했다고 전해지는 자서(字書)이다. 『설문(說文)』이라고도 칭해진다. A.D.100년경에 완성되었다고 전해진다. 글자의 형태, 뜻, 음운(音韻)을 수록하고 있다.

◎ **성생(騂牲)** : '성생'은 제사에 사용되는 적색의 희생물을 뜻한다.

◎ **성증론(聖證論)** : 『성증론(聖證論)』은 후한(後漢) 때 학자인 왕숙(王肅)의 저작으로, 정현의 학설을 반박하는 내용으로 구성되어 있다. 저서는 이미 산일되어 없어졌으나, 남아 있던 일부 기록들은 수합되어 『옥함산방집일서(玉函山房輯佚書)』에 수록되어 있으며, 청(淸)나라 때 학

자인 피석서(皮錫瑞)는『성증론보평(聖證論補評)』을 저술하였다.

◎ 세본(世本) :『세본(世本)』은『세(世)』·『세계(世系)』등으로 일컬어지기도 한다. 선진시대(先秦時代) 때의 사관(史官)이 기록한 문헌이라고 전해지지만, 진위여부를 확인할 수 없다.『세본』은 고대의 제왕(帝王), 제후(諸侯) 및 경대부(卿大夫)들의 세계도(世系圖)를 기록한 서적이다. 일실되어 현존하지 않지만, 후대 학자들이 다른 문헌 속에 남아 있는 기록들을 수집하여, 일집본(佚輯本)을 남겼다. 이러한 일집본에는 여덟 종류의 주요 판본이 있는데, 각 판본마다 내용상의 차이를 보이고 있다. 1959년에는 상무인서관(商務印書館)에서 이러한 여덟 종류의 판본을 모아서『세본팔종(世本八種)』을 출판하였다.

◎ 세실(世室) : '세실'은 대대로 신주(神主)가 모셔지는 묘(廟)를 뜻한다. 각 계급에 따라 종묘(宗廟)의 수는 정해져 있고, 각 종묘에 모셔진 신주는 대수(代數)가 끝나면, 해당 묘를 헐게 된다. 특별한 경우에만 대수에 상관없이 대대로 신주를 모시는 묘들이 있게 된다. 주(周)나라의 문왕(文王)이나 무왕(武王)의 묘가 여기에 해당한다. 태묘(太廟)는 어느 경우든 대수에 상관없이 대대로 모셔진다.

◎ 소공복(小功服) : '소공복'은 상복(喪服) 중 하나로, 오복(五服)에 속한다. 조밀한 삼베를 사용해서 만들며, 대공복(大功服)에 비해서 삼베의 재질이 조밀하기 때문에, '소공복'이라고 부른다. 이 복장을 입게 되는 기간은 상황에 따라 차이가 생기지만, 일반적으로 5개월이 된다. 백숙(伯叔)의 조부모나 당백숙(堂伯叔)의 조부모, 혼인하지 않은 당(堂)의 자매(姊妹), 형제(兄弟)의 처 등을 위해서 입는다.

◎ 소뢰(少牢) : '소뢰'는 제사에서 양(羊)과 돼지[豕] 두 가지 희생물을 사용하는 것을 뜻한다.『춘추좌씨전』「양공(襄公) 22년」편에는 "祭以特羊, 殷以少牢."라는 기록이 있는데, 이에 대한 두예(杜預)의 주에서는 "四時祀以一羊, 三年盛祭以羊豕. 殷, 盛也."라고 풀이하였다.

◎ 소사(小祀) : '소사'는 비교적 규모가 작은 제사를 가리킨다. 또한 군사(群祀)라고 부르기도 한다. 사중(司中), 사명(司命), 풍백(風伯: =風師), 우사(雨師), 제성(諸星), 산림(山林), 천택(川澤) 등에 대해 지내는 제사이다.『주례』「춘관(春官)·사사(肆師)」편에는 "立小祀用牲."이라는 기록이 있는데, 이에 대한 정현의 주에서는 "鄭司農云 小祀司命已下. 玄謂 小祀又有司中風師雨師山川百物."이라고 풀이하였고,『구당서(舊

唐書)』「예의지일(禮儀志一)」에도 "司中司命風伯雨師諸星山林川澤之屬爲小祀."라는 기록이 있다.

◎ 소호씨(少皞氏) : '소호씨'는 전설상의 인물이다. 소호(少昊)라고도 부른다. 고대 동이족의 제왕으로, 황제(黃帝)의 아들이었다고도 전해진다. 이름은 지(摯)인데, 질(質)이었다고도 한다. 호(號)는 금천씨(金天氏)이다. 소호(少皞)는 새의 이름으로 관직명을 지었다고 전해지며, 사후에는 서방(西方)의 신(神)이 되었다고 전해진다. 『춘추좌씨전』「소공(昭公) 17년」편에는 "郯子曰 我高祖少皞摯之立也, 鳳鳥適至, 故紀於鳥, 爲鳥師而鳥名."이라는 기록이 있는데, 이에 대한 두예(杜預)의 주에서는 "少皞, 金天氏, 黃帝之子, 己姓之祖也."라고 풀이했다.

◎ 손염(孫炎, ?~?) : 삼국시대(三國時代) 때의 학자이다. 자(字)는 숙연(叔然)이다. 정현의 문도였으며, 『이아음의(爾雅音義)』를 저술하여 반절음을 유행시켰다.

◎ 순수(巡守) : '순수'는 '순수(巡狩)'라고도 부른다. 천자가 수도를 벗어나 제후의 나라를 시찰하는 것을 뜻한다. '순수'의 '순(巡)'자는 그곳으로 행차를 한다는 뜻이고, '수(守)'자는 제후가 지키는 영토를 뜻한다. 제후는 천자가 하사해준 영토를 대신 맡아서 수호하는 것이기 때문에, 천자가 그곳에 방문하여, 자신의 영토를 어떻게 관리하고 있는지를 시찰하게 된다. 『서』「우서(虞書)·순전(舜典)」편에는 "歲二月, 東巡守, 至于岱宗, 柴."라는 기록이 있고, 이에 대한 공안국(孔安國)의 전(傳)에서는 "諸侯爲天子守土, 故稱守. 巡, 行之."라고 풀이했으며, 『맹자』「양혜왕하(梁惠王下)」편에서는 "天子適諸侯曰巡狩. 巡狩者, 巡所守也."라고 기록하였다. 한편 『예기』「왕제(王制)」편에는 "天子, 五年, 一巡守."라는 기록이 있고, 『주례』「추관(秋官)·대행인(大行人)」편에는 "十有二歲王巡守殷國."이라는 기록이 있다. 즉 「왕제」편에서는 천자가 5년에 1번 순수를 시행하고, 「대행인」편에서는 12년에 1번 순수를 시행한다고 기록하고 있는데, 이러한 차이점에 대해서 정현은 「왕제」편의 주에서 "五年者, 虞夏之制也. 周則十二歲一巡守."라고 풀이했다. 즉 5년에 1번 순수를 하는 제도는 우(虞)와 하(夏)나라 때의 제도이며, 주(周)나라에서는 12년에 1번 순수를 했다.

◎ 신주(神州) : '신주'는 곤륜(崑崙)의 동남쪽에 있는 사방 5000리(里)가 되는 땅을 가리킨다. 고대인들은 곤륜산이 세상의 중심에 위치한다고 생

각하였고, 그 동남쪽에 있는 땅을 9등분한 것이 중국의 구주(九州)라고 여겼다. 『지통서(地統書)』「괄지상(括地象)」편에는 "地中央曰崑崙. …… 其東南方五千里曰神州."라는 기록이 있다.

◎ **신창(神倉)** : '신창'은 제사를 지낼 때 소용되는 것들을 보관하는 창고이다.

◎ **실시(實柴)** : '실시'는 고대에 시행되었던 제사 절차이다. 희생물을 땔감 위에 올려두고 불을 피워서, 하늘로 올라가는 연기로 신들에게 흠향을 시키는 방법이다. 『주례』「춘관(春官)·대종백(大宗伯)」편에는 "以實柴祀日月星辰."이라는 기록이 있고, 이에 대한 정현의 주에서는 "實柴, 實牛柴上也."라고 풀이했다.

◎ **심정경(沈正卿)** : =오흥심씨(吳興沈氏)

◎ **심청신(沈清臣)** : =오흥심씨(吳興沈氏)

ㅇ

◎ **악본(岳本)** : 『악본(岳本)』은 송(頌)나라 악가(岳珂)가 간행한 『십삼경주소(十三經注疏)』의 판본이다.

◎ **양복(楊復, ?~?)** : 남송(南宋) 때의 학자이다. 주희(朱熹)의 제자이다. 『상제도(喪祭圖)』·『의례도(儀禮圖)』 등의 저서를 남겼다.

◎ **양사(陽祀)** : '양사'는 남교(南郊)에서 지내는 천(天)에 대한 제사와 종묘(宗廟)에 대한 제사를 가리킨다. 『주례』「지관(地官)·목인(牧人)」편의 기록에 대해서, 정현의 주에서는 "陽祀, 祭天於南郊及宗廟."라고 풀이했다.

◎ **양염(陽厭)** : '양염'은 시동이 묘실(廟室)을 빠져 나간 이후에, 시동에게 바쳤던 조(俎)와 돈(敦) 등을 거둬들여서, 서북쪽 모퉁이에 다시 진설을 하는 것이다.

◎ **양웅(楊雄, B.C.53~A.D.18)** : =양웅(揚雄)·양자(揚子). 전한(前漢) 때의 학자이다. 자(字)는 자운(子雲)이다. 사부작가(辭賦作家)로도 명성이 높았다. 왕망(王莽)에게 동조했다는 이유로 송(宋)나라 이후부터는 배척을 당하였다. 만년에는 경학(經學)에 전념하여, 자신을 성현(聖賢)이라고 자처하였다. 참위설(讖緯說) 등을 배척하고, 유가(儒家)와 도가(道家)의 사상을 절충하였다. 저서로는 『법언(法言)』, 『태현경(太玄經)』

등이 있다.

◎ **양웅(揚雄)** : =양웅(楊雄)

◎ **양자(揚子)** : =양웅(楊雄)

◎ **엄릉방씨(嚴陵方氏, ?~?)** : =방각(方慤)·방씨(方氏)·방성부(方性夫). 송대(宋代)의 유학자이다. 이름은 각(慤)이다. 자(字)는 성부(性夫)이다. 『예기집해(禮記集解)』를 지었고, 『예기집설대전(禮記集說大全)』에는 그의 주장이 많이 인용되고 있다.

◎ **여귀(厲鬼)** : '여귀'는 악귀(惡鬼)라는 뜻이다. 『춘추좌씨전』「소공(昭公) 7년」편에는 "今夢黃熊入于寢門, 其何厲鬼也."라는 용례가 있다.

◎ **여산씨(厲山氏)** : '여산씨'는 염제(炎帝)인 신농(神農)을 뜻한다. 염제는 여산(厲山)에서 기원하였기 때문에, '여산씨'라고 부르는 것이며, 또한 '열산씨(烈山氏)'라고도 부른다.

◎ **연주(練主)** : '연주'는 연제(練祭)를 지낼 때 세워두는 신주(神主)를 뜻하며, 조묘(祖廟)에 안치하여 제사를 지내게 된다.

◎ **연평주씨(延平周氏, ?~?)** : =주서(周諝)·주희성(周希聖). 송(宋)나라 때의 유학자이다. 이름은 서(諝)이다. 자(字)는 희성(希聖)이다. 『예기설(禮記說)』 등의 저서가 있다.

◎ **염제(炎帝)** : '염제'는 신농(神農)이다. 소전(少典)의 아들이고, 오행(五行)으로 구분했을 때 화(火)를 주관하며, 계절로 따지면 여름을 주관하고, 방위로 따지면 남쪽을 주관하는 자이다. 『여씨춘추(呂氏春秋)』「맹하기(孟夏紀)」편에는 "其日丙丁, 其帝炎帝."이라는 기록이 있고, 이에 대한 고유(高誘)의 주에서는 "炎帝, 少典之子, 姓姜氏, 以火德王天下, 是爲炎帝, 號曰神農, 死託祀於南方, 爲火德之帝."라고 풀이했다. 한편 '염제'는 신농의 후손들을 지칭하기도 한다. 『사기(史記)』「봉선서(封禪書)」편에는 "神農封泰山, 禪云云; 炎帝封泰山, 禪云云."라는 기록이 나오는데, 이에 대한 『사기색은(史記索隱)』의 주에서는 "神農後子孫亦稱炎帝而登封者, 律曆志, '黃帝與炎帝戰於阪泉', 豈黃帝與神農身戰乎? 皇甫謐云炎帝傳位八代也."라고 풀이했다. 즉 신농의 자손들 또한 시조의 명칭에 따라서 '염제'라고 부르기도 하는데, 『사기』「율력지(律曆志)」편에는 황제(黃帝)와 '염제'가 판천(阪泉)에서 전쟁을 벌였다는 기록이 있는데, 어떻게 시대가 다른 두 사람이 직접 전쟁을 할 수 있는가? 황보밀(皇甫謐)은 이 문제에 대해서 여기에서 말하는 '염제'는 신농의 8대

손이라고 풀이했다.

◎ 영위앙(靈威仰) : '영위앙'은 참위설(讖緯說)을 주장했던 자들이 섬기던 오제(五帝) 중 하나이다. 동방(東方)의 신(神)이자, 봄을 주관하는 신이다. 『예기』「대전(大傳)」편에는 "禮, 不王不禘, 王者禘其祖之所自出, 以其祖配之."라는 기록이 있는데, 이에 대한 정현의 주에서는 "王者之先祖皆感大微五帝之精以生. 蒼則靈威仰, 赤則赤熛怒, 黃則含樞紐, 白則白招拒, 黑則汁光紀."라고 풀이하였다.

◎ 영제(禜祭) : '영제'는 고대에 재앙을 물리칠 때 지냈던 제사를 뜻한다.

◎ 예매(瘞薶) : '예매'는 예매(瘞埋)라고도 부른다. 땅에 대한 제례 중 하나이다. 『예기』「제법(祭法)」편에는 "瘞埋於泰折, 祭地也."라는 기록이 있는데, 이에 대한 공영달(孔穎達)의 소에서는 "謂瘞繒埋牲, 祭神州地祇於北郊也."라고 풀이했다. 즉 비단과 희생물을 매장하여, 북쪽 교외에서 신주(神州)의 토지신에게 제사를 지낸다는 뜻이다.

◎ 오경이의(五經異義) : 『오경이의(五經異義)』는 후한(後漢) 때의 학자인 허신(許愼)이 지은 책이다. 유실되었는데, 송대(宋代) 때 학자들이 다시 모아서 엮었다. 오경(五經)에 관한 고금(古今)의 유설(遺說)과 이의(異義)를 싣고, 그에 대한 시비(是非)를 판별한 내용들이다.

◎ 오경통의(五經通義) : 『오경통의(五經通義)』는 황간(黃幹, A.D.1152~A.D.1221)의 저작이다.

◎ 오교(五敎) : '오교'는 오상(五常)이라고도 부른다. 부의(父義), 모자(母慈), 형우(兄友), 제공(弟恭), 자효(子孝) 등의 다섯 가지 가르침을 뜻한다.

◎ 오덕(五德) : '오덕'은 오행(五行)의 덕(德)인 금덕(金德)·목덕(木德)·수덕(水德)·화덕(火德)·토덕(土德)을 뜻한다. '오덕'은 고대 음양가(陰陽家)들이 만들어낸 개념으로, 오행의 작용을 각각의 덕성으로 비유한 것이다. 한편 역대 왕조들은 자신에게 해당하는 덕성을 부여받아서 천하를 통치하였다고 여겼다. 또한 오행이 상극(相克)과 상생(相生)을 하듯이, 각 왕조의 교체 역시 '오덕'의 상극 및 상생으로 이루어진다고 여겼다. 피상적인 개념이기는 하지만, 각 왕조의 정통성을 뒷받침하는 주요 관념으로 작용하였다.

◎ 오사(五祀) : '오사'는 본래 주택 내외에 있는 대문[門], 방문[戶], 방 가운데[中霤], 부뚜막[竈], 도로[行]를 주관하는 다섯 신(神)들을 가리키

기도 하며, 이들에게 지내는 제사를 지칭하기도 한다. 한편 계층별로 봤을 때, 통치자 계급은 통치 범위를 자신의 집으로 생각하여, 각각 다섯 대상에 대해서 대표적인 장소에서 제사를 지내기도 한다. 『예기』「월령(月令)」편에는 "天子乃祈來年于天宗, 大割祠于公社及門閭, 臘先祖五祀. 勞農以休息之."라는 기록이 있고, 이에 대한 정현의 주에서는 "五祀, 門, 戶, 中霤, 竈, 行也."라고 풀이했다. 한편 '오사' 중 행(行) 대신 우물[井]를 포함시키기도 한다. 『회남자(淮南子)』「시칙훈(時則訓)」편에는 "其位北方, 其日壬癸, 盛德在水, 其蟲介, 其音羽, 律中應鐘, 其數六, 其味鹹, 其臭腐. 其祀井, 祭先腎."이라는 기록이 있다. 그리고 이들에 대해 제사를 지내는 이유에 대해서, 『논형(論衡)』「제의(祭意)」편에서는 "五祀報門 · 戶 · 井 · 竈 · 室中霤之功. 門 · 戶, 人所出入, 井 · 竈, 人所欲食, 中霤, 人所託處, 五者功鈞, 故俱祀之."라고 설명한다. 즉 '오사'에 대한 제사는 그들에 대한 공덕에 보답을 하는 것으로, 문(門)과 호(戶)는 사람들이 출입을 하는데 편리함을 제공해주었고, 정(井)과 조(竈)는 사람들이 음식을 먹을 수 있도록 해주었으며, 중류(中霤)는 사람이 거처할 수 있도록 해주었기 때문에, 이들에 대해서 제사를 지내는 것이다.

◎ 오신(五神) : '오신'은 다섯 방위를 담당하는 신으로, 구망(句芒) · 축융(祝融) · 후토(后土) · 욕수(蓐收) · 현명(玄冥)을 뜻한다. 이들은 또한 오행(五行)을 관장하는 신이라고도 부른다.

◎ 오악(五岳) : '오악'은 오악(五嶽)이라고도 부르며, 다섯 방위에 따른 대표적인 산들을 뜻한다. 그러나 각 기록에 따라서 해당하는 산의 명칭에는 다소 차이가 있다. 첫 번째 주장은 동쪽의 태산(泰山), 남쪽의 형산(衡山), 서쪽의 화산(華山), 북쪽의 항산(恒山), 중앙의 숭산(嵩山:=嵩高山)을 '오악'으로 부른다. 『주례』「춘관(春官) · 대종백(大宗伯)」편에는 "以血祭祭社稷 · 五祀 · 五嶽."이라는 기록이 있는데, 이에 대한 정현의 주에서는 "五嶽, 東曰岱宗, 南曰衡山, 西曰華山, 北曰恒山, 中曰嵩高山."이라고 풀이했다. 두 번째 주장은 동쪽의 태산(泰山), 남쪽의 곽산(霍山), 서쪽의 화산(華山), 북쪽의 항산(恒山), 중앙의 숭산(嵩山)을 '오악'으로 부른다. 『이아』「석산(釋山)」편에는 "泰山爲東嶽, 華山爲西嶽, 翟山爲南嶽, 恒山爲北嶽, 嵩高爲中嶽."이라는 기록이 있다. 세 번째 주장은 동쪽의 대산(岱山), 남쪽의 형산(衡山), 서쪽의 화산(華山),

북쪽의 항산(恒山), 중앙의 악산(嶽山: =吳嶽)을 '오악'으로 부른다. 『주례』「춘관(春官)·대사악(大司樂)」편에는 "凡日月食, 四鎭·五嶽崩."이라는 기록이 있는데, 이에 대한 정현의 주에서는 "五嶽, 岱在兗州, 衡在荊州, 華在豫州, 嶽在雍州, 恒在幷州."라고 풀이했고, 『이아』「석산(釋山)」편에는 "河南, 華; 河西, 嶽; 河東, 岱; 河北, 恒; 江南, 衡."이라고 풀이했다.

◎ **오제(五帝)** : '오제'는 전설시대에 존재했다고 전해지는 다섯 명의 제왕(帝王)을 뜻한다. 그러나 다섯 명이 누구였는지에 대해서는 이설(異說)이 많다. 첫 번째 주장은 황제(黃帝: =軒轅), 전욱(顓頊: =高陽), 제곡(帝嚳: =高辛), 당요(唐堯), 우순(虞舜)으로 보는 견해이다. 『사기정의(史記正義)』「오제본기(五帝本紀)」편에는 "太史公依世本·大戴禮, 以黃帝·顓頊·帝嚳·唐堯·虞舜爲五帝. 譙周·應劭·宋均皆同."이라는 기록이 있고, 『백호통(白虎通)』「호(號)」편에도 "五帝者, 何謂也? 禮曰, 黃帝·顓頊·帝嚳·帝堯·帝舜也."라는 기록이 있다. 두 번째 주장은 태호(太昊: =伏羲), 염제(炎帝: =神農), 황제(黃帝), 소호(少昊: =摯), 전욱(顓頊)으로 보는 견해이다. 이 주장은 『예기』「월령(月令)」편에 나타난 각 계절별 수호신들의 내용을 종합한 것이다. 세 번째 주장은 소호(少昊), 전욱(顓頊), 고신(高辛), 당요(唐堯), 우순(虞舜)으로 보는 견해이다. 『서서(書序)』에는 "少昊·顓頊·高辛·唐·虞之書, 謂之五典, 言常道也."라는 기록이 있다. 또 『제왕세기(帝王世紀)』에는 "伏羲·神農·黃帝爲三皇, 少昊·高陽·高辛·唐·虞爲五帝."라는 기록이 있다. 네 번째 주장은 복희(伏羲), 신농(神農), 황제(黃帝), 당요(唐堯), 우순(虞舜)으로 보는 견해이다. 이 주장은 『역』「계사하(繫辭下)」편의 내용에 근거한 주장이다.

◎ **오제(五帝)** : '오제'는 천상(天上)의 다섯 신(神)을 가리킨다. 오행설(五行說)과 참위설(讖緯說)에 영향을 받은 것으로, 중앙의 황제(黃帝)인 함추뉴(含樞紐), 동쪽의 창제(蒼帝)인 영위앙(靈威仰), 남쪽의 적제(赤帝)인 적표노(赤熛怒), 서쪽의 백제(白帝)인 백소구(白昭矩: =白招拒), 북쪽의 흑제(黑帝)인 협광기(叶光紀)를 가리킨다.

◎ **오토(五土)** : '오토'는 다섯 종류의 지형을 뜻한다. '산림지형[山林]', '하천이나 연못 지형[川澤]', '구릉지형[丘陵]', '저지대나 평탄한 지형[墳衍]', '평탄하거나 습한 지형[原隰]'을 가리킨다. 『공자가어(孔子家語)』

「상로(相魯)」편에는 "乃別五土之性, 而物各得其所生之宜."라는 기록이 있는데, 이에 대한 왕숙(王肅)의 주에서는 "五土, 一曰山林, 二曰川澤, 三曰丘陵, 四曰墳衍, 五曰原隰."이라고 풀이하였다.

◎ **오형(五刑)** : '오형'은 다섯 가지 형벌을 뜻한다. '오형'의 구체적 항목에 대해서는 각 시대별 차이가 있지만, 『주례』의 기록에 근거하면, 묵형(墨刑), 의형(劓刑), 궁형(宮刑), 비형(剕刑: =刖刑), 대벽(大辟: =殺刑)이 된다. 『주례』「추관(秋官)·사형(司刑)」편에는 "掌五刑之灋, 以麗萬民之罪, 墨罪五百, 劓罪五百, 宮罪五百, 刖罪五百, 殺罪五百."이라는 기록이 있다.

◎ **오흥심씨(吳興沈氏, ?~?)** : =심청신(沈淸臣)·심정경(沈正卿). 이름은 청신(淸臣)이고, 자(字)는 정경(正卿)이다. 자세한 사항은 알려져 있지 않다.

◎ **옥편(玉篇)** : 『옥편(玉篇)』은 남북조시대(南北朝時代) 때 양(梁)나라 고야왕(顧野王, A.D.519~581)이 편찬한 자서(字書)이다. 이후 송(宋)나라 때 증보가 되어, 『대광익회옥편(大廣益會玉篇)』으로 간행되었다.

◎ **왕념손(王念孫, A.D.1744~A.D.1832)** : 청(淸)나라 때의 학자이다. 자(字)는 회조(懷祖)이고, 호(號)는 석구(石臞)이다. 부친은 왕안국(王安國)이고, 아들은 왕인지(王引之)이다. 대진(戴震)에게 학문을 배웠다. 저서로는 『독서잡지(讀書雜志)』 등이 있다.

◎ **왕부(王父)** : '왕부'는 부친의 아버지, 즉 조부(祖父)를 지칭하는 말이다. 『이아』「석친(釋親)」편에는 "父之考爲王父."라는 기록이 있다.

◎ **왕숙(王肅, A.D.195~A.D.256)** : =왕자옹(王子雍). 위진남북조(魏晉南北朝) 때의 위(魏)나라 경학자이다. 자(字)는 자옹(子雍)이다. 출신지는 동해(東海)이다. 부친 왕랑(王朗)으로부터 금문학(今文學)을 공부했으나, 고문학(古文學)의 고증적인 해석을 따랐다. 『상서(尙書)』, 『시경(詩經)』, 『좌전(左傳)』, 『논어(論語)』 및 삼례(三禮)에 대한 주석을 남겼다.

◎ **왕인지(王引之, A.D.1766~A.D.1834)** : 청(淸)나라 때의 훈고학자이다. 자(字)는 백신(伯申)이고, 호(號)는 만경(曼卿)이며, 시호(謚號)는 문간(文簡)이다. 왕념손(王念孫)의 아들이다. 대진(戴震), 단옥재(段玉裁), 부친과 함께 대단이왕(戴段二王)이라고 일컬어졌다. 『경전석사(經傳釋詞)』, 『경의술문(經義述聞)』 등의 저술이 있다.

◎ 외신(外神) : '외신'은 내신(內神)과 상대되는 말이다. 교(郊)나 사(社) 등에서 지내는 제사 대상을 '외신'이라고 부른다. 『예기』「곡례하(曲禮下)」편에 대한 손희단(孫希旦)의 『집해(集解)』에서는 오징(吳澄)의 주장을 인용하여, "宗廟所祭者, 一家之神, 內神也, 故曰內事. 郊·社·山川之屬, 天下一國之神, 皆外神也, 故曰外事."라고 설명하였다. 즉 종묘(宗廟)에서 제사를 지내는 대상은 한 집안의 신(神)으로 '내신'이라고 부르며, 그 제사들을 내사(內事)라고 부른다. 또 교, 사 및 산천(山川) 등에 지내는 제사는 그 대상이 천하 및 한 국가의 신들이기 때문에, 그들을 '외신'이라고 부르며, 그 제사를 외사(外事)라고 부른다.

◎ 욕수(蓐收) : '욕수'는 오행(五行) 중 금(金)의 기운을 주관하는 천상의 신(神)이다. 금(金)의 기운을 담당했기 때문에, 그 관부의 이름을 따서 금관(金官)이라고도 부르고, 관부의 수장이라는 뜻에서 금정(金正)이라고도 부른다. '욕수'는 소호씨(少皞氏)의 아들 또는 후손으로 알려져 있으며, 이름은 해(該)였다고 전해진다. 생전에 금덕(金德)의 제왕이었던 소호(少皞: =金天氏)를 보좌하였고, 죽은 이후에는 금관(金官)의 신이 되었다고도 전해진다. '오행' 중 금(木)의 기운은 각 계절 및 방위와 관련되어, '욕수'는 가을과 서쪽에 해당하는 신이라고도 부른다. 다만 금덕(金德)을 주관했던 상위의 신은 '소호'이고, '욕수'는 소호를 보좌했던 신이다. 『예기』「월령(月令)」편에는 "其日庚辛, 其帝少皞, 其神蓐收."라는 기록이 있는데, 이에 대한 정현의 주에서는 "蓐收, 少皞氏之子曰該, 爲金官."이라고 풀이했다. 『여씨춘추(呂氏春秋)』「맹추기(孟秋紀)」편에는 "其日庚辛, 其帝少皞, 其神蓐收."라는 기록이 있는데, 이에 대한 고유(高誘)의 주에서는 "少皞氏裔子曰該, 皆有金德, 死託祀爲金神."이라고 풀이했다.

◎ 우주(虞主) : '우주'는 장례(葬禮)를 치른 뒤 우제(虞祭)를 지낼 때 세워 두는 신주(神主)를 뜻한다.

◎ 운문(雲門) : '운문'은 황제(黃帝) 시대에 만들어진 악무(樂舞) 중 하나라고 전해진다. 주(周)나라의 육무(六舞) 중 하나로 정착하였다. 주로 천신(天神)에게 제사를 지낼 때 사용되었다.

◎ 웅씨(熊氏) : =웅안생(熊安生)

◎ 웅안생(熊安生, ?~A.D.578) : =웅씨(熊氏). 북조(北朝) 때의 경학자이다. 자(字)는 식지(植之)이다. 『주례(周禮)』, 『예기(禮記)』, 『효경(孝經)』 등

많은 전적에 의소(義疏)를 남겼지만, 모두 산일되어 남아 있지 않다. 현재 마국한(馬國翰)의 『옥함산방집일서(玉函山房輯佚書)』에 『예기웅씨의소(禮記熊氏義疏)』 4권이 남아 있다.

◎ 위소(韋昭, A.D.204~A.D.273) : 삼국시대(三國時代) 때 오(吳)나라의 학자이다. 자(字)는 홍사(弘嗣)이다. 사마소(司馬昭)의 이름을 피휘하여, 요(曜)로 고쳤다. 저서로는 『국어주(國語注)』 등이 있다.

◎ 유(類) : '유'는 천신(天神)에게 지내는 제사의 일종이다. 『서』「우서(虞書)·순전(舜典)」편에는 "肆類于上帝."라는 기록이 있다. '유'제사와 관련된 예법들은 망실되어 전해지지 않지만, 군대를 출병하게 될 때 상제(上帝)에게 '유'제사를 지냈다는 기록이 있다. 『예기』「왕제(王制)」편에는 "天子將出, 類乎上帝, 宜乎社, 造乎禰."라는 기록이 있고, 이 문장에 대한 정현의 주에서는 "類·宜·造, 皆祭名, 其禮亡."이라고 풀이했다.

◎ 유료(槱燎) : '유료'는 고대 제천 의식에서 치르던 의식 절차 중 하나이다. 희생물의 몸체를 땔나무 위에 올려두고, 땔나무와 함께 불로 태우는 것이다. 불로 태워서 그 연기가 하늘로 올라가도록 하여, 신에게 아뢰는 의식이다.

◎ 유생(黝牲) : '유생'은 제사에 사용되는 흑색의 희생물을 뜻한다. '유생'의 '유(黝)'자는 '유(幽)'자로 풀이하는데, '유(幽)'자는 흑색을 뜻한다. 『주례』「지관(地官)·목인(牧人)」편에는 "凡陽祀, 用騂牲毛之; 陰祀, 用黝牲毛."라는 기록이 있는데, 정현의 주에서는 정사농(鄭司農)의 주장을 인용하여, "黝讀爲幽. 幽, 黑也."라고 풀이했다.

◎ 유씨(劉氏) : =장락유씨(長樂劉氏)

◎ 유씨(庾氏) : =유울(庾蔚)

◎ 유울(庾蔚, ?~?) : =유씨(庾氏). 남조(南朝) 때 송(宋)나라 학자이다. 저서로는 『예기약해(禮記略解)』, 『예론초(禮論鈔)』, 『상복(喪服)』, 『상복세요(喪服世要)』, 『상복요기주(喪服要記注)』 등을 남겼다.

◎ 유이(劉彝) : =장락유씨(長樂劉氏)

◎ 유집중(劉執中) : =장락유씨(長樂劉氏)

◎ 유향(劉向, B.C77~A.D.6) : 전한(前漢) 때의 학자이다. 자(字)는 자정(子政)이다. 유흠(劉歆)의 부친이다. 비서성(秘書省)에서 고서들을 정리하였다. 저서로는 『설원(說苑)』·『신서(新序)』·『열녀전(列女傳)』·『별록(別錄)』 등이 있다.

◎ **유흠(劉歆, B.C.53~A.D.23)** : 전한(前漢) 때의 경학자이다. 자(字)는 자준(子駿)이다. 후에 이름을 수(秀), 자(字)를 영숙(潁叔)으로 고쳤다. 유향(劉向)의 아들이다. 저서에는 『삼통력보(三統曆譜)』 등이 있다.

◎ **육기(六祈)** : '육기'는 재앙이나 변고가 발생했을 때, 신에게 기도문을 올리며 그것들이 물러나기를 간청하는 여섯 가지 제사들이다. 여섯 가지 제사는 류(類), 조(造), 회(襘), 영(禜), 공(攻), 설(說)을 뜻한다. 정사농(鄭司農)은 '류'는 상제(上帝)에게 지내는 제사이며, '조'는 선왕(先王)들에게 지내는 제사이고, '영'은 일월(日月)·성신(星辰)·산천(山川)에게 지내는 제사라고 설명한다. 정현은 '류'와 '조'를 지낼 때에는 정성과 엄숙함을 더욱 가중하여, 뜻한 바를 얻고자 하는 것이고, '회'와 '영'은 당시에 발생한 재앙과 변고에 대해서 아뢰는 것이며, '공'과 '설'은 기도문을 읽어서 그것을 일으킨 요망한 기운을 책망하는 것이라고 설명한다. 또한 정현은 '조'·'류'·'회'·'영'을 지낼 때에는 희생물을 사용하였고, '공'과 '설'을 지낼 때에는 폐물만 바쳤다고 설명한다. 정현은 '회'에 대해서는 자세한 내용을 들어보지 못했다고 설명한다. 『주례』「춘관(春官)·대축(大祝)」편에는 "掌六祈, 以同鬼神示, 一曰類, 二曰造, 三曰襘, 四曰禜, 五曰攻, 六曰說."라는 기록이 있고, 이에 대한 정현의 주에서는 "鄭司農云, '類·造·襘·禜·攻·說, 皆祭名也. 類祭于上帝. …… 司馬法曰, 將用師, 乃告于皇天上帝·日月星辰, 以禱于后土·四海神祇·山川冢社, 乃造于先王. …… 禜, 日月星辰山川之祭也.' 玄謂類造, 加誠肅, 求如志. 襘禜, 告之以時有災變也. 攻說, 則以辭責之. …… 襘, 未聞焉. 造類襘禜皆有牲, 攻說用幣而已."라고 풀이했다.

◎ **육덕명(陸德明, A.D.550~A.D.630)** : =육원랑(陸元朗). 당대(唐代)의 경학자이다. 이름은 원랑(元朗)이고, 자(字)는 덕명(德明)이다. 훈고학에 뛰어났으며, 『경전석문(經典釋文)』 등을 남겼다.

◎ **육악(六樂)** : '육악'은 육무(六舞)와 같은 말이다. 고대 황제(黃帝), 요(堯), 순(舜), 우(禹), 탕(湯), 무왕(武王) 때의 악무(樂舞)인 운문(雲門), 대권(大卷), 대함(大咸), 대소(大磬: =大韶), 대하(大夏), 대호(大濩), 대무(大武)를 뜻한다. 『주례』「지관(地官)·대사도(大司徒)」편에는 "以六樂防萬民之情, 而教之和."라는 기록이 있고, 이에 대한 정현의 주에서는 정사농(鄭司農)의 주장을 인용하여, "六樂, 謂雲門·咸池·大韶·大

夏 · 大濩 · 大武.”라고 풀이했다.

◎ **육원랑(陸元朗)** : =육덕명(陸德明)

◎ **육종(六宗)** : ‘육종’은 고대에 제사를 지냈던 여섯 신들을 뜻하는데, 구체적인 신들에 대해서는 이견이 많다. 『서』「우서(虞書) · 요전(堯典)」편에는 “肆類於上帝, 禋於六宗, 望於山川, 遍於群神.”이라는 기록이 있는데, 한(漢)나라 때 복승(伏勝)과 마융(馬融)은 천(天) · 지(地) · 춘(春) · 하(夏) · 추(秋) · 동(冬)이라고 여겼다. 한나라 때 구양(歐陽) 및 대·소 하후(夏侯)와 왕충(王充)은 천지(天地)와 사방(四方) 사이에서 음양(陰陽)의 변화를 돕는 신들이라고 여겼다. 한나라 때 공광(孔光)과 유흠(劉歆)은 건곤(乾坤)의 육자(六子)로 여겼으니, 수(水) · 화(火) · 뇌(雷) · 풍(風) · 산(山) · 택(澤)을 가리킨다. 한나라 때 가규(賈逵)는 천종(天宗)의 셋인 일(日) · 월(月) · 성(星)과 지종(地宗)의 셋인 하(河) · 해(海) · 대(岱)로 여겼다. 한나라 때 정현(鄭玄)은 성(星) · 신(辰) · 사중(司中) · 사명(司命) · 풍사(風師) · 우사(雨師)라고 여겼다. 한나라 이후에도 여러 학자들이 다양한 의견을 제시했다.

◎ **음사(陰祀)** : ‘음사’는 북교(北郊)에서 지내는 지(地)에 대한 제사와 사직(社稷)에 대한 제사를 가리킨다. 『주례』「지관(地官) · 목인(牧人)」편의 기록에 대해서, 정현의 주에서는 “陰祀, 祭地北郊及社稷也.”라고 풀이했다.

◎ **음염(陰厭)** : ‘음염’은 적장자가 아직 성년이 되지 않은 상태에서 죽었을 때, 그에 대한 제사는 종묘(宗廟)의 그윽하고 음(陰)한 장소에서 간략하게 치르게 되는데, 이것을 ‘음염’이라고 부른다.

◎ **응문(應門)** : ‘응문’은 궁(宮)의 정문을 가리킨다. 『시』「대아(大雅) · 면(緜)」편에는 “迺立應門, 應門將將.”이라는 기록이 있는데, 이에 대한 모전(毛傳)에서는 “王之正門曰應門.”이라고 풀이하였다.

◎ **응소(應劭, ?~?)** : 후한(後漢) 때의 학자이다. 자(字)는 중원(仲遠) · 중원(仲援) · 중원(仲瑗)이다. 저서로는 『율략론(律略論)』 · 『풍속통의(風俗通義)』 · 『한관의(漢官儀)』 · 『한서집해(漢書集解)』 등이 있다.

◎ **응씨(應氏)** : =금화응씨(金華應氏)

◎ **응용(應鏞)** : =금화응씨(金華應氏)

◎ **응자화(應子和)** : =금화응씨(金華應氏)

◎ **인사(禋祀)** : =인제(禋祭)

◎ **인제(禋祭)** : '인제'는 연기를 피워 올려서 하늘에게 복을 구원했던 제사이다. 『시』「대아(大雅)·생민(生民)」편에는 "厥初生民, 時維姜嫄. 生民如何, 克禋克祀, 以弗無子."라는 기록이 있는데, 이에 대한 정현의 전(箋)에서는 "乃禋祀上帝於郊禖, 以祓除其無子之疾而得其福也"라고 풀이했다. 즉 교매(郊禖)를 제사지내는 곳에서 상제(上帝)에게 인(禋)제사를 올리며, 자식이 생기지 않는 병을 치료하고, 복을 받았다는 내용이다.

ㅈ

◎ **자림(字林)** : 『자림(字林)』은 고대의 자서(字書)이다. 진(晉)나라 때 학자인 여침(呂忱)이 지었다. 원본은 일실되어 전해지지 않고, 다른 문헌들 속에 일부 기록들만 남아 있다.

◎ **자미(紫微)** : '자미'는 삼원(三垣) 중의 하나이며, 자미원(紫微垣)·자미궁(紫微宮)으로 부르기도 한다. 고대 중국에서는 천체(天體) 상에 나타나는 별들을 삼원(三垣)과 28수(宿) 등으로 분류하였는데, 그 중 '삼원'은 태미원(太微垣), 자미원(紫微垣), 천시원(天市垣)을 송대(宋代)의 왕응린(王應麟)은 『소학감주(小學紺珠)』「천도(天道)·삼원(三垣)」편에서 "三垣, 上垣太微十星, 中垣紫微十五星, 下垣天市二十二星. 三垣, 四十七星."이라고 기록했다. 즉 '삼원' 중 '태미원'에는 10개의 별들이 속하고, '자미원'에는 15개의 별들이 속하며, '천시원'에는 22개의 별들이 속하여, '삼원'에는 모두 47개의 별들이 속해있다.

◎ **자성(粢盛)** : '자성'의 자(粢)자는 곡식의 한 종류인 기장을 뜻하고, 성(盛)자는 그릇에 기장을 풍성하게 채워놓은 모양을 뜻한다. 따라서 '자성'은 제기(祭器)에 곡물을 가득 채워놓은 것을 뜻하며, 제물(祭物)로 사용되었다. 『춘추공양전』「환공(桓公) 14년」편에는 "御廩者何, 粢盛委之所藏也."라는 기록이 있는데, 이에 대한 하휴(何休)의 주에서는 "黍稷曰粢, 在器曰盛."이라고 풀이하였다.

◎ **자전(藉田)** : '자전'은 적전(籍田)이라고도 부른다. 천자와 제후가 백성들을 동원해서 경작하는 땅이다. 처음 농사일을 시작할 때, 천자와 제후는 이곳에서 직접 경작에 참여함으로써, 농업을 중시한다는 뜻을 보이게 된다.

◎ **장락유씨(長樂劉氏, A.D.1017~A.D.1086)** : =유씨(劉氏)·유이(劉彝)·유집중(劉執中). 북송(北宋) 때의 성리학자이다. 자(字)는 집중(執中)이다. 복주(福州) 출신이며, 어려서 호원(胡瑗)에게서 학문을 배웠다. 『정속방(正俗方)』, 『주역주(周易注)』를 지었으나 현존하지 않는다. 『칠경중의(七經中議)』, 『명선집(明善集)』, 『거이집(居易集)』 등이 남아 있다.

◎ **장락진씨(長樂陳氏)** : =진상도(陳祥道)

◎ **장상(長殤)** : '장상'은 16~19세 사이에 요절한 자를 뜻한다. 『의례』「상복(喪服)」편에 "年十九至十六爲長殤."이라는 기록이 있다.

◎ **적사(適士)** : '적사'는 상사(上士)를 가리킨다. 사(士)라는 계급은 3단계로 세분되는데, 상사, 중사(中士), 하사(下士)가 그것이다. 『예기』「제법(祭法)」편의 경문에는 "適士二廟, 一壇, 曰考廟, 曰王考廟, 享嘗乃止."라는 기록이 있다. 이에 대한 정현의 주에서는 "適士, 上士也."라고 풀이했다.

◎ **적전(籍田)** : =자전(藉田)

◎ **적표노(赤熛怒)** : '적표노'는 참위설(讖緯說)을 주장했던 자들이 섬기던 오제(五帝) 중 하나이다. 남방(南方)의 신(神)이자 여름을 주관하는 신이다. 『예기』「대전(大傳)」편에는 "禮, 不王不禘, 王者禘其祖之所自出, 以其祖配之."라는 기록이 있는데, 이에 대한 정현의 주에서는 "王者之先祖皆感大微五帝之精以生. 蒼則靈威仰, 赤則赤熛怒, 黃則含樞紐, 白則白招拒, 黑則汁光紀."라고 풀이하였다. 『주례』「춘관(春官)·소종백(小宗伯)」편에는 "兆五帝於四郊."라는 기록이 있는데, 이에 대한 정현의 주에서는 "五帝 …… 赤曰赤熛怒, 炎帝食焉."이라고 풀이했고, 『주례』「춘관(春官)·대종백(大宗伯)」편의 "以禋祀祀昊天上帝."라는 기록에 대해, 가공언(賈公彥)의 소(疏)에서는 『춘추위문요구(春秋緯文耀鉤)』라는 위서(緯書)를 인용하여 "夏起赤受制, 其名赤熛怒."라고 풀이했다. 이렇듯 '적표노'는 적제(赤帝)를 뜻하는데, '적제'라는 것은 염제(炎帝)를 뜻하기도 한다.

◎ **전욱(顓頊)** : '전욱'은 고양씨(高陽氏)라고도 부른다. '전욱'은 고대 오제(五帝) 중 하나이다. 『산해경(山海經)』「해내경(海內經)」편에는 "黃帝妻雷祖, 生昌意, 昌意降處若水, 生韓流. 韓流, …… 取淖子曰阿女, 生帝顓頊."이라는 기록이 있다. 즉 황제(黃帝)의 처인 뇌조(雷祖)가 창의(昌意)를 낳았는데, 창의가 약수(若水)에 강림하여 거처하다가, 한류

(韓流)를 낳았다. 다시 한류는 아녀(阿女)를 부인으로 맞이하여 '전욱'을 낳았다. 또한 『회남자(淮南子)』「천문훈(天文訓)」편에는 "北方, 水也, 其帝顓頊, 其佐玄冥, 執權而治冬."이라는 기록이 있다. 즉 북방(北方)은 오행(五行)으로 배열하면 수(水)에 속하는데, 이곳의 상제(上帝)는 '전욱'이고, 상제를 보좌하는 신(神)은 현명(玄冥)이다. 이들은 겨울을 다스린다. 또한 '전욱'과 관련하여 『수경주(水經注)』「호자하(瓠子河)」편에는 "河水舊東決, 逕濮陽城東北, 故衛也, 帝顓頊之墟. 昔顓頊自窮桑徙此, 號曰商丘, 或謂之帝丘."라는 기록이 있다. 즉 황하의 물길은 옛날에 동쪽으로 흘러서, 복양성(濮陽城)의 동북쪽을 경유하였는데, 이곳은 옛 위(衛) 지역으로, '전욱'이 거처하던 터이며, 예전에 '전욱'이 궁상(窮桑) 땅으로부터 이곳으로 옮겨왔기 때문에, 이곳을 상구(商丘) 또는 제구(帝丘)라고도 부른다.

◎ **전정(田正)** : '전정'은 고대에 경작을 담당했던 관부의 수장을 뜻한다. 이후에는 신으로 추앙받아서 직(稷)의 신을 지칭하는 용어로 사용되었다. '전정'의 '전(田)'자는 경작을 뜻하며, '정(正)'자는 관부의 수장을 뜻한다.

◎ **전제(奠祭)** : '전제'는 죽은 자 및 귀신들에게 음식을 헌상하는 제사이다. 상례(喪禮)를 치를 때, 빈소를 차리고 나면, 매일 아침과 저녁에 음식을 바치며 제사를 지내게 되는데, '전제'는 주로 이러한 제사를 뜻한다.

◎ **정강성(鄭康成)** : =정현(鄭玄)

◎ **정사농(鄭司農)** : =정중(鄭衆)

◎ **정씨(鄭氏)** : =정현(鄭玄)

◎ **정의(正義)** : 『정의(正義)』는 『예기정의(禮記正義)』 또는 『예기주소(禮記注疏)』를 뜻한다. 당(唐)나라 때에는 태종(太宗)이 공영달(孔穎達) 등을 시켜서 『오경정의(五經正義)』를 편찬하였는데, 이때 『예기정의』에는 정현(鄭玄)의 주(注)와 공영달의 소(疏)가 수록되었다. 송대(宋代)에는 『오경정의』와 다른 경전(經典)에 대한 주석서를 포함한 『십삼경주소(十三經注疏)』가 편찬되어, 『예기주소』라는 명칭이 되었다.

◎ **정중(鄭衆, ?~A.D.83)** : =정사농(鄭司農). 후한(後漢) 때의 경학자이다. 자(字)는 중사(仲師)이다. 부친은 정흥(鄭興)이다. 부친에게 『춘추좌씨전(春秋左氏傳)』의 학문을 전수받았다. 또한 그는 대사농(大司農) 등의 관직을 역임하였기 때문에, '정사농'이라고도 불렀다. 한편 정흥과

그의 학문은 정현(鄭玄)에게 많은 영향을 주었기 때문에, 후대에서는 정현을 후정(後鄭)이라고 불렀고, 정흥과 그를 선정(先鄭)이라고도 불렀다. 저서로는 『춘추조례(春秋條例)』, 『주례해고(周禮解詁)』 등을 지었다고 하지만, 현재는 전해지지 않았다.

◎ **정현(鄭玄, A.D.127~A.D.200)** : =정강성(鄭康成)·정씨(鄭氏). 한대(漢代)의 유학자이다. 자(字)는 강성(康成)이다. 『주역(周易)』, 『상서(尙書)』, 『모시(毛詩)』, 『주례(周禮)』, 『의례(儀禮)』, 『예기(禮記)』, 『논어(論語)』, 『효경(孝經)』 등에 주석을 하였다.

◎ **제곡(帝嚳)** : '제곡'은 고신씨(高辛氏)라고도 부른다. '제곡'은 고대 오제(五帝) 중 하나이다. 황제(黃帝)의 아들 중에는 현효(玄囂)가 있었는데, '제곡'은 현효의 손자가 된다. 운(殷)나라의 복사(卜辭) 기록 속에서는 은나라 사람들이 '제곡'을 고조(高祖)로 여겼다는 기록도 나온다. 한편 '제곡'은 최초 신(辛)이라는 땅을 분봉 받았다가, 이후에 제(帝)가 되었으므로, '제곡'을 고신씨(高辛氏)라고도 부르는 것이다.

◎ **제성(齊盛)** : =자성(粢盛)

◎ **제왕세기(帝王世紀)** : 『제왕세기(帝王世紀)』는 서진(西晉) 때의 학자인 황보밀(皇甫謐)이 지은 서적이다. 이 서적은 역대 제왕(帝王)들의 가계도와 연대에 따른 사적들을 기록하고 있다. 삼황(三皇)들이 통치했다고 전해지는 시대로부터 한(漢)나라 및 위(魏)나라의 역사를 기록하고 있는데, 현재 남아있는 『제왕세기』는 10권으로 구성되어 있다.

◎ **제적(帝籍)** : '제적'은 제자(帝藉)라고도 부른다. 천자가 직접 경작하던 농작지를 뜻한다. 직접 농사를 지었다는 뜻은 아니며, 상징적인 의미를 갖는다. 이곳에서 생산된 곡식들은 천자가 지내는 제사 때 사용되었다. 『예기』「월령(月令)」편에는 "帥三公九卿諸侯大夫, 躬耕帝籍."이라는 기록이 있는데, 이에 대한 손희단(孫希旦)의 집해(集解)에서는 "天子藉田千畝, 收其穀爲祭祀之粢盛, 故曰帝藉."이라고 풀이했다. 즉 천자가 경작하는 땅은 1000무(畝)의 면적인데, 여기에서 수확되는 곡식들을 가지고 오제(五帝)에 대한 제사에 사용하였으므로, '제적'이라고 부르게 된 것이다.

◎ **제폐(制幣)** : '제폐'는 고대의 제사 때 바치게 되는 비단을 뜻한다. 제물로 사용되는 비단에는 일정한 규격이 있었기 때문에 '제(制)'자를 붙여서 부른 것이다. 『의례』「기석례(旣夕禮)」편에는 "贈用制幣玄纁束."이

라는 기록이 있는데, 이에 대한 정현의 주에서는 "丈八尺曰制."라고 풀이했다. 즉 1장(丈) 8척(尺)의 길이로 재단한 비단을 '제(制)'라고 부른다.

◎ 조(兆) : '조'는 고대에 사교(四郊)에 설치했던 일종의 제단(祭壇)이다. 또한 사교(四郊)에서 제사를 지내는 장소를 뜻한다. 『예기』「표기(表記)」편에는 "詩曰, 后稷兆祀, 庶無罪悔, 以迄于今."이라는 기록이 있고, 이에 대한 정현의 주에서는 "兆, 四郊之祭處也."라고 풀이했다. 한편 『예기』「예기(禮器)」편에는 "有以下爲貴者, 至敬不壇, 埽地而祭."라는 기록이 있다. 즉 지극히 공경을 표해야 하는 제사에서는 제단을 쌓지 않고, 단지 땅만 쓸고서 제사를 지낸다는 뜻이다. 이 문장에 대해 진호(陳澔)의 『집설(集說)』에서는 "封土爲壇, 郊祀則不壇, 至敬無文也."라고 풀이한다. 즉 흙을 높게 쌓아서 제단을 만들게 되는데, 교사(郊祀)와 같은 경우는 지극히 공경을 표해야 하는 제사에 해당하므로, 제단을 만들지 않는다. 그 이유는 이러한 제사에서는 화려한 꾸밈을 하지 않기 때문이다. 한편 『예기』「예기」편의 문장에 대해 공영달(孔穎達)의 소(疏)에서는 "此謂祭五方之天, 初則燔柴於大壇, 燔柴訖, 於壇下埽地而設正祭, 此周法也."라고 설명한다. 즉 지극히 공경을 표해야 하는 제사는 오방(五方)의 천신(天神)들에게 지내는 제사를 뜻하는데, 제사 초반부에는 태단(太壇)에서 섶을 태워서 신들에게 알리고, 섶 태우는 일이 끝나면, 제단 아래에서 땅을 쓸고, 본격적인 제사를 지내게 되는데, 이것은 주(周)나라 때의 예법에 해당한다.

◎ 조(造) : '조'는 부친의 묘(廟)에서 지내는 제사를 뜻한다. '조(造)'자는 "~에 이르다."는 뜻으로, 부친의 묘에 가서 지내는 제사이기 때문에, '조'라고 부른다.

◎ 조광(趙匡, ?~?) : 당(唐)나라 때의 학자이다. 자(字)는 백순(伯循)이다. 담조(啖助)로부터 춘추학(春秋學)을 전수받았다. 저서로는 『춘추천미찬류의통(春秋闡微纂類義統)』 등이 있다.

◎ 조묘(祧廟) : '조묘'는 천묘(遷廟)와 같은 뜻이다. '천묘'는 대수(代數)가 다한 신주(神主)를 모시는 묘(廟)를 뜻한다. 예를 들어 天子의 경우, 7개의 묘(廟)를 설치하는데, 가운데의 묘에는 시조(始祖) 혹은 태조(太祖)의 신주(神主)를 모시며, 이곳의 신주는 다른 곳으로 옮기지 않는 불천위(不遷位)에 해당한다. 그리고 좌우에는 각각 3개의 묘(廟)를 설

치하여, 소목(昭穆)의 순서에 따라 6대(代)의 신주를 모신다. 현재의 천자가 죽게 되어, 그의 신주를 묘에 모실 때에는 소목의 순서에 따라 가장 끝 부분에 있는 묘로 신주가 들어가게 된다. 만약 소(昭) 계열의 가장 끝 묘에 새로운 신주가 들어서게 되면, 밀려나게 된 신주는 바로 위의 소 계열 묘로 들어가게 되고, 최종적으로 밀려나서 더 이상 갈 곳이 없는 신주는 '천묘'로 들어가게 된다. 또한 '천묘'는 위에서 서술한 것처럼 신구(新舊)의 신주가 옮겨지게 되는 의식 자체를 지칭하기도 하며, '천묘'된 신주 자체를 가리키기도 한다. 주(周)나라 때에는 문왕(文王)과 무왕(武王)의 묘를 '천묘'로 사용하였다.

◎ **조상(趙商, ?~?)** : 정현(鄭玄)의 제자이다. 자(字)는 자성(子聲)이다. 하내(河內) 지역 출신이다.

◎ **주서(周諝)** : =연평주씨(延平周氏)

◎ **주장(州長)** : '주장'은 주(周)나라 때의 관직으로, 1개 주(州)의 수장을 뜻한다. 중대부(中大夫) 1명이 담당을 했으며, 그 주에서 시행하는 교화와 정령을 담당했다. 『주례』「지관(地官) · 사도(司徒)」편에는 "州長, 每州中大夫一人."이라는 기록이 있고, 『주례』「지관 · 주장(州長)」편에는 "各掌其州之敎治政令之法."이라는 기록이 있다.

◎ **주희성(周希聖)** : =연평주씨(延平周氏)

◎ **죽서기년(竹書紀年)** : 『죽서기년(竹書紀年)』은 중국 하(夏) · 은(殷) · 주(周) 삼대(三代)와 위(魏)나라 양왕(襄王) 때까지의 역사를 기록한 책이다. 양왕의 무덤에서 『목천자전(穆天子傳)』 등과 함께 진(晉)나라 때 발굴되었다. 모두 죽간에 기록되어 있었고, 편년체로 기록된 역사서였기 때문에 '죽서기년'이라고 불렀으며, 발굴된 지명에 따라서 『급총기년(汲塚紀年)』이라고도 불렀다. 그러나 이후 이 서적은 산일되었고, 후대에 다시 유포된 것은 일반적으로 위서(僞書)로 판명되었다. 진나라 때 발굴된 것을 『고본죽서기년(古本竹書紀年)』이라고 부르며, 후대에 위작으로 만들어진 것을 『금본죽서기년(今本竹書紀年)』이라고도 부른다.

◎ **즙광기(汁光紀)** : '즙광기'는 협광기(叶光紀)라고도 부른다. 참위설(讖緯說)을 주장했던 자들이 섬기던 오제(五帝) 중 하나이다. 북방(北方)의 신(神)이자 겨울을 주관하는 신이다. 『예기』「대전(大傳)」편에는 "禮, 不王不禘, 王者禘其祖之所自出, 以其祖配之."라는 기록이 있는데, 이에

대한 정현의 주에서는 "王者之先祖皆感大微五帝之精以生. 蒼則靈威仰, 赤則赤熛怒, 黃則含樞紐, 白則白招拒, 黑則汁光紀."라고 풀이하였다.

◎ **지자(支子)** : '지자'는 적장자(嫡長子)를 제외한 나머지 아들들을 말한다.

◎ **진상도(陳祥道, A.D.1159~A.D.1223)** : =장락진씨(長樂陳氏)·진씨(陳氏)·진용지(陳用之). 북송대(北宋代)의 유학자이다. 자(字)는 용지(用之)이다. 장락(長樂) 지역 출신으로, 1067년에 과거에 급제하여 태상박사(太常博士) 등을 지냈다. 왕안석(王安石)의 제자로, 그의 학문을 전파하는데 공헌하였다. 저서에는 『예서(禮書)』, 『논어전해(論語全解)』 등이 있다.

◎ **진씨(陳氏)** : =진상도(陳祥道)

◎ **진용지(陳用之)** : =진상도(陳祥道)

ㅊ

◎ **창제(蒼帝)** : '창제'는 창제(倉帝)·청제(青帝)라고도 하며, 동방(東方)을 주관하는 오제(五帝) 중 하나이다. 영위앙(靈威仰)을 가리킨다. 동쪽은 오행(五行)으로 따지면, 목(木)에 해당하는데, 나무의 색깔은 청색에 해당하여 '창(蒼)'자를 붙여서 부르는 것이다. 『사기(史記)』「천관서(天官書)」편에는 "蒼帝行德, 天門爲之開."라는 기록이 있고, 이에 대한 장수절(張守節)의 『정의(正義)』에서는 "蒼帝, 東方靈威仰之帝也."라고 풀이했다.

◎ **채옹(蔡邕, A.D.131~A.D.192)** : 후한(後漢) 때의 학자이다. 자(字)는 백개(伯喈)이다. A.D.189년 동탁(董卓)에게 발탁되어, 시어사(侍御史)와 좌중랑장(左中郎將) 등을 역임하였으나, 동탁이 죽은 후 투옥되어 옥중에서 죽었다. 박학하였으며 술수(術數), 천문(天文), 사장(辭章) 등에 조예가 깊었다.

◎ **천(薦)** : '천'은 제사의 일종이다. 정식 제사에 비해서 각종 형식과 제수들이 생략되어 간소하게만 지내니, 각 계절별로 생산되는 음식들을 바친다는 뜻에서 '천'이라고 부르는 것이다.

◎ **천묘(遷廟)** : =조묘(祧廟)

◎ **천신(薦新)** : '천신'은 각 계절별로 생산된 신선한 음식물들을 바치는 제사를 가리킨다. 초하루와 보름마다 성대하게 지내는 전제사[奠祭]를

가리키기도 한다. 『의례』「기석례(旣夕禮)」편에는 "朔月, 若薦新, 則不饋于下室."이란 기록이 있고, 『예기』「단궁하(檀弓上)」편에는 "有薦新, 如朔奠."이란 기록이 있다.

◎ **체상(禘嘗)** : '체상'은 체(禘)제사와 상(嘗)제사를 뜻한다. 주(周)나라의 예법에 따르면, 여름에 종묘에서 지내는 제사를 '체(禘)'제사라고 불렀고, 가을에 종묘에서 지내는 제사를 '상(嘗)'제사라고 불렀다. 고대에는 '체상'이라는 용어를 이용하여, 군주가 조상에게 지내는 제사를 범칭하였다.

◎ **체제(禘祭)** : '체제'는 천신(天神) 및 조상신(祖上神)에게 지내는 '큰 제사[大祭]'를 뜻한다. 『이아』「석천(釋天)」편에는 "禘, 大祭也."라는 기록이 있고, 이에 대한 곽박(郭璞)의 주에서는 "五年一大祭."라고 풀이하여, 대제(大祭)로써의 체제사는 5년마다 1번씩 지낸다고 설명한다. 그러나 『예기』「왕제(王制)」에 수록된 각종 제사들에 대한 기록을 살펴보면, 체제사는 큰 제사임에는 분명하나, 반드시 5년마다 1번씩 지내는 제사는 아니었다.

◎ **체협(禘祫)** : '체협'은 고대에 제왕(帝王)이 시조(始祖)에게 지냈던 제사를 뜻하니, 일종의 성대한 제사의례를 가리킨다. 간혹 '체협'을 구분하여 각각에 의미를 부여하기도 하며, 혹은 '체협'을 합쳐서 같은 의미로 사용하기도 한다. 이 문제에 대해서 장병린(章炳麟)은 『국고논형(國故論衡)』「명해고하(明解故下)」에서 "禘祫之言, 訩訩爭論旣二千年. 若以禘祫同爲殷祭, 祫名大事, 禘名有事, 是爲禘小於祫, 何大祭之云? 故知周之廟祭有大嘗 · 大烝, 有秋嘗 · 冬烝. 禘祫者大嘗 · 大烝之異語."라고 주장한다. 즉 '체협'이라는 말에 대해서 의견들이 분분한데, 만약 '체협'을 모두 은(殷)나라 때의 제사라고 말하며, '협(祫)'은 '중대한 사안[大事]'이 발생했을 때 지내는 제사를 뜻하고, '체(禘)'는 유사시에 지내게 되는 제사를 뜻한다고 한다면, '체'는 '협'보다 규모가 작은 것인데, 어떻게 대제(大祭)라고 말할 수 있겠는가? 그렇기 때문에 '체협'은 주(周)나라 때의 제사이다. 주나라 때 종묘(宗廟)에서 지내는 제사에는 대상(大嘗), 대증(大烝)이라는 용어가 있었고, 또 추상(秋嘗: 가을에 지내는 상(嘗)제사), 동증(冬烝: 겨울에 지내는 증(烝)제사라는 용어가 있었으니, '체협'은 대제(大祭)를 뜻하는 용어로, 대상이나 대증을 다르게 부른 명칭이다. 또한 『후한서(後漢書)』「장제기(章帝紀)」편에는

"其四時禘祫於光武之堂."이라는 기록이 있는데, 이에 대한 이현(李賢)의 주에서는 『속한서(續漢書)』를 인용하여, "五年再殷祭. 三年一祫, 五年一禘."라고 풀이한다. 즉 5년마다 2번의 성대한 제사를 지내게 되는데, 3년에 1번 '협'제사를 지내고, 5년에 1번 '체'제사를 지낸다.

◎ **최씨(崔氏)** : =최영은(崔靈恩)

◎ **최영은(崔靈恩, ?~?)** : =최씨(崔氏). 남북조(南北朝) 때의 학자이다. 오경(五經)에 능통하였고, 다른 경전에도 두루 해박하였다고 전해진다. 『모시(毛詩)』, 『주례(周禮)』 등에 주석을 달았고, 『삼례의종(三禮義宗)』, 『좌씨경전의(左氏經傳義)』 등을 지었다.

◎ **축융(祝融)** : '축융'은 전설시대에 존재했다고 전해지는 고대 제왕 중 한 명이다. 삼황(三皇) 중 한 명이다. '삼황'에 속한 인물들에 대해서 대부분 복희(伏羲)와 신농(神農)이 포함된다고 주장한다. 그러나 나머지 1명에 대해서는 이견(異見)이 많은데, 어떤 자들은 수인(燧人)을 포함시키기도 하고, 또 어떤 자들은 여왜(女媧)를 포함시키기도 하며, 또 어떤 자들은 '축융'을 포함시키기도 한다. 『잠부론(潛夫論)』「오덕지(五德志)」편에는 "世傳三皇五帝, 多以爲伏羲·神農爲二皇, 其一者或曰燧人, 或曰祝融, 或曰女媧, 其是與非未可知也."라는 기록이 있다. 한편 '축융'은 신(神)을 뜻하기도 한다. 고대인들은 '축융'을 전욱씨(顓頊氏)의 후손이며, 노동(老童)의 아들인 오회(吳回)로 여겼다. 또한 생전에는 고신씨(高辛氏)의 화정(火正)이 되었으며, 죽어서는 화관(火官)의 신이 되었다고 생각했다. 즉 고대에는 오행설(五行說)이 유행하여, 오행마다 주관하는 신들이 있었다고 여겨졌다. 그중 신농(神農)은 화(火)를 주관한다고 여겨졌고, '축융'은 신농의 휘하에서 '화'의 운행을 돕는 신으로 여겨졌다. 『예기』「월령(月令)」편에는 "其日丙丁, 其帝炎帝, 其神祝融."이라는 기록이 있고, 『여씨춘추(呂氏春秋)』「맹하기(孟夏紀)」편에는 "其神祝融."이라는 기록이 있는데, 이에 대한 고유(高誘)의 주에서는 "祝融, 顓頊氏後, 老童之子吳回也, 爲高辛氏火正, 死爲火官之神."이라고 풀이했다. 또한 '축융'은 오방(五方) 중 남쪽을 다스리는 신으로 여겨졌다. 이러한 사유 또한 오행설에 근거한 것으로, 고대인들은 '오방'마다 각각의 방위를 주관하는 신들이 있었다고 여겼다. 그러나 해당하는 신들에 대해서는 이견(異見)이 존재한다. 이러한 기록들 중 『관자(管子)』「오행(五行)」편에는 "得奢龍而辯於東方, 得祝融而辯於

南方."이라는 기록이 있고, 『한서(漢書)』「양웅전상(揚雄傳上)」편에는 "麗鉤芒與驂蓐收兮, 服玄冥及祝融."이라는 기록이 있는데, 이에 대한 안사고(顔師古)의 주에서는 "祝融, 南方神."이라고 풀이했다.

◎ 치문(雉門) : '치문'에 대해서는 크게 두 가지 해설이 있다. 첫 번째는 제후의 궁(宮)에 있는 문으로, 천자의 궁에 있는 응문(應門)에 해당한다는 주장이다. 두 번째는 천자의 궁에는 다섯 개의 문이 있는데, 그 중 네 번째 위치한 문으로, 바깥쪽에 위치한 문을 가리킨다는 주장이다. 첫 번째 주장은 『예기』「명당위(明堂位)」편의 "大廟, 天子明堂. 庫門, 天子皐門. 雉門, 天子應門."이라는 기록에 근거한 해설이다. 이 기록에 대한 손희단(孫希旦)의 『집해(集解)』에서는 유창(劉敞)의 말을 인용하여, "此經有五門之名, 而無五門之實. 以詩書禮春秋考之, 天子有皐, 應, 畢, 無皐, 雉, 路. 諸侯有庫, 雉, 路, 無皐, 應, 畢. 天子三門, 諸侯三門, 門同而名不同."이라고 했다. 즉 천자의 궁에는 5개의 문이 있다고 하지만, 실제적으로 천자나 제후는 모두 3개의 문만을 설치해었다. 『시(詩)』, 『서(書)』, 『예(禮)』, 『춘추(春秋)』에 나타난 기록들을 고증해 보면, 천자는 고(皐), 응(應), 필(畢)이라는 3개의 문을 설치하고, 고(皐), 치(雉), 노(路)라는 문은 없다. 또한 제후는 고(庫), 치(雉), 노(路)라는 3개의 문을 설치하고, 고(皐), 응(應), 필(畢)이라는 문은 없다. 두 번째 주장은 『주례』「천관(天官) · 혼인(閽人)」편의 "閽人掌守王宮之中門之禁."이라는 기록에 근거한 해설이다. 이 기록에 대해 정현은 정사농(鄭司農)의 말을 인용하여, "王有五門, 外曰皐門, 二曰雉門, 三曰庫門, 四曰應門, 五曰路門."이라고 풀이하였다. 즉 천자는 5개의 문을 설치하는데, 가장 안쪽에 있는 노문(路門)으로부터 응문(應門), 고문(庫門), 치문(雉門), 고문(皐門) 순으로 설치해 두었다.

◎ 칠정(七政) : '칠정'은 천문(天文)과 관련된 용어이다. 그러나 '칠정'이 가리키는 것에 대해서는 그 해석이 다양하다. 첫 번째는 해[日], 달[月]과 금(金), 목(木), 수(水), 화(火), 토(土)의 오성(五星)을 가리킨다. 『서』「우서(虞書) · 순전(舜典)」편에는 "在璿璣玉衡, 以齊七政."이란 기록이 있는데, 이에 대한 공안국(孔安國)의 전(傳)에서는 "七政, 日月五星各異政."이라고 풀이하였으며, 공영달(孔穎達)의 소(疏)에서도 "七政, 謂日月與五星也."라고 풀이했다. 두 번째는 천(天), 지(地), 인(人)과 춘(春), 하(夏), 추(秋), 동(冬)을 가리킨다. 『상서대전(尙書大傳)』에는 "七政者,

謂春, 秋, 冬, 夏, 天文, 地理, 人道, 所以爲政也."라는 기록이 있다. 세 번째는 북두칠성(北斗七星)을 가리킨다. 북두칠성은 일곱 개의 별들로 구성되어 있는데, 이 별들이 해[日], 달[月], 오성(五星)을 각각 주관한다고 여겼기 때문에, 북두칠성을 '칠정'으로 불렀다. 『사기(史記)』「천관서(天官書)」편에는 "北斗七星, 所謂'旋璣玉衡以齊七政."이라는 기록이 있는데, 이에 대한 배인(裴駰)의 집해(集解)에서는 마융(馬融)의 『상서(尙書)』에 대한 주를 인용하여, "七政者, 北斗七星, 各有所主. 第一曰正日. 第二曰主月. 第三曰命火, 謂熒惑也, 第四曰煞土, 謂塡星也. 第五曰伐水, 謂辰星也. 第六曰危木, 謂歲星也. 第七曰剽金, 謂太白也. 日月五星各異, 故曰七政也."라고 풀이한다.

ㅌ

◎ **태단(泰壇)** : '태단'은 남쪽 교외에 설치되었던 제단을 뜻한다. 하늘에 대한 제사를 지내던 곳이다. 제단 위에 섶을 쌓고, 그 위에 옥(玉)과 희생물을 올려놓고서, 불로 태워서 그 연기를 하늘로 피워 올리는 것이다. 태(泰)자는 천지(天地)와 같은 중요한 신들에게 제사를 지낸다는 뜻에서 붙여진 글자이다. 『예기』「제법(祭法)」편에는 "燔柴於泰壇, 祭天也."라는 기록이 있고, 이에 대한 공영달(孔穎達)의 소(疏)에서는 "謂積薪於壇上, 而取玉及牲, 置柴上燔之, 使氣達於天也."라고 풀이했다.

◎ **태뢰(太牢)** : '태뢰'는 제사에서 소[牛], 양(羊), 돼지[豕] 3가지 희생물을 갖춘 것을 뜻한다. 『장자』「지악(至樂)」편에는 "具太牢以爲膳."이라는 기록이 있는데, 이에 대한 성현영(成玄英)의 소(疏)에서는 "太牢, 牛羊豕也."라고 풀이하였다.

◎ **태미(太微)** : '태미'는 삼원(三垣) 중의 하나이다. 태미원(太微垣)·태미궁(太微宮)으로 부르기도 한다. 고대에는 천체(天體) 상에 나타나는 별들을 '삼원', 28수(宿) 등으로 분류하였는데, 그 중 '삼원'은 '태미원', 자미원(紫微垣), 천시원(天市垣)을 가리킨다. 송대(宋代)의 왕응린(王應麟)은 『소학감주(小學紺珠)』「천도(天道)·삼원(三垣)」편에서 "三垣, 上垣太微十星, 中垣紫微十五星, 下垣天市二十二星. 三垣, 四十七星."이라고 기록했다. 즉 '삼원' 중 '태미원'에는 10개의 별들이 속하고, '자미원'에는 15개의 별들이 속하며, '천시원'에는 22개의 별들이 속하여,

'삼원'에는 모두 47개의 별들이 속해있었다는 설명이다.

◎ **태사(太社)** : '태사'는 천자가 토지신이나 곡신(穀神)에게 제사 드리던 장소를 뜻한다.

◎ **태호(太皞)** : '태호'는 태호(太昊)라고도 부른다. '태호'는 복희(伏犧)를 가리킨다. 오행(五行)으로 구분했을 때 목(木)을 주관하며, 계절로 따지면 봄을 주관하고, 방위로 따지면 동쪽을 주관하는 자이다. 『여씨춘추(呂氏春秋)』「맹춘기(孟春紀)」편에는 "其帝, 太皞, 其神, 句芒."이라는 기록이 있고, 이에 대한 고유(高誘)의 주에서는 "太皞, 伏羲氏, 以木德王天下之號, 死祀於東方, 爲木德之帝."라고 풀이했다.

ㅍ

◎ **팔풍(八風)** : '팔풍'은 팔방(八方)에서 불어오는 바람으로, 각 문헌에 따라서 명칭이 조금씩 다르다. 『여씨춘추(呂氏春秋)』에 따르면, 동북풍(東北風)은 염풍(炎風), 동풍(東風)은 도풍(滔風), 동남풍(東南風)은 훈풍(熏風), 남풍(南風)은 거풍(巨風), 서남풍(西南風)은 처풍(淒風), 서풍(西風)은 료풍(飂風), 서북풍(西北風)은 려풍(厲風), 북풍(北風)은 한풍(寒風)이다. 『회남자(淮南子)』에 따르면, 동북풍(東北風)은 염풍(炎風), 동풍(東風)은 조풍(條風), 동남풍(東南風)은 경풍(景風), 남풍(南風)은 거풍(巨風), 서남풍(西南風)은 량풍(涼風), 서풍(西風)은 료풍(飂風), 서북풍(西北風)은 려풍(麗風), 북풍(北風)은 한풍(寒風)이다. 『설문해자(說文解字)』에 따르면, 동풍(東風)은 명서풍(明庶風), 동남풍(東南風)은 청명풍(淸明風), 남풍(南風)은 경풍(景風), 서남풍(西南風)은 량풍(涼風), 서풍(西風)은 창합풍(閶闔風), 서북풍(西北風)은 부주풍(不周風), 북풍(北風)은 광막풍(廣莫風), 동북풍(東北風)은 융풍(融風)이다. 『경전석문(經典釋文)』에 따르면, 동풍(東風)은 곡풍(谷風), 동남풍(東南風)은 청명풍(淸明風), 남풍(南風)은 개풍(凱風), 서남풍(西南風)은 량풍(涼風), 서풍(西風)은 창합풍(閶闔風), 서북풍(西北風)은 부주풍(不周風), 북풍(北風)은 광막풍(廣莫風), 동북풍(東北風)은 융풍(融風)이다. 『여씨춘추(呂氏春秋)』「유시(有始)」편에서는 "何謂八風. 東北曰炎風, 東方曰滔風, 東南曰熏風, 南方曰巨風, 西南曰淒風, 西方曰飂風, 西北曰厲風, 北方曰寒風."이라고 하였고, 『회남자(淮南子)』「추형훈

(墜形訓)」편에서는 "東北曰炎風, 東方曰條風, 東南曰景風, 南方曰巨風, 西南曰涼風, 西方曰飂風, 西北曰麗風, 北方曰寒風."이라고 하였으며, 『설문(說文)』「풍부(風部)」편에서는 "風, 八風也. 東方曰明庶風, 東南曰淸明風, 南方曰景風, 西南曰涼風, 西方曰閶闔風, 西北曰不周風, 北方曰廣莫風, 東北曰融風."이라고 하였고, 『춘추좌씨전』「은공(隱公) 5년」편에는 "夫舞所以節八音, 而行八風."이라는 기록이 있는데, 이에 대한 육덕명(陸德明)의 『경전석문(經典釋文)』에서는 "八方之風, 謂東方谷風, 東南淸明風, 南方凱風, 西南涼風, 西方閶闔風, 西北不周風, 北方廣莫風, 東北方融風."이라고 풀이하였다.

ㅎ

◎ **하정(夏正)** : '하정'은 하(夏)나라의 정월(正月)을 뜻한다. 이러한 뜻에서 파생되어 하나라의 역법(曆法)을 지칭하기도 한다. 하력(夏曆)을 기준으로 두었을 때, 은(殷)나라는 12월을 정월로 삼았으며, 주(周)나라는 11월을 정월로 삼았다. 『사기(史記)』「역서(曆書)」편에서는 "秦及漢初曾一度以夏曆十月爲正月, 自漢武帝改用夏正后, 曆代沿用."이라고 하여, 진(秦)나라와 전한초기(前漢初期)에는 하력에서의 10월을 정월로 삼았다가, 한무제(漢武帝)부터는 다시 하력을 따랐다고 전해진다. 또한 '하력'은 농력(農曆)이라고도 부르는데, '하력'에 기준을 두었을 때, 농사의 시기와 가장 잘 맞았기 때문이다. 따라서 역대 왕조에서 역법을 개정할 때에는 '하력'에 기준을 두게 되었다.

◎ **하휴(何休, A.D.129~A.D.182)** : 전한(前漢) 때의 금문경학자(今文經學者)이다. 자(字)는 소공(邵公)이다. 『춘추공양전해고(春秋公羊傳解詁)』를 지었으며, 『효경(孝經)』, 『논어(論語)』 등에 대해서도 주를 달았고, 『춘추한의(春秋漢議)』를 짓기도 하였다.

◎ **함지(咸池)** : =대함(大咸)

◎ **함추뉴(含樞紐)** : '함추뉴'는 참위설(讖緯說)을 주장했던 자들이 섬기던 오제(五帝) 중 하나이다. 중앙(中央)을 주관하는 신(神)이자 계절 중 중앙 계절을 주관하는 신이다. 『예기』「대전(大傳)」편에는 "禮, 不王不禘, 王者禘其祖之所自出, 以其祖配之."라는 기록이 있는데, 이에 대한 정현의 주에서는 "王者之先祖皆感大微五帝之精以生. 蒼則靈威仰, 赤

則赤熛怒, 黃則含樞紐, 白則白招拒, 黑則汁光紀."라고 풀이하였다.

◎ **향상(享嘗)** : '향상'은 계절마다 지내는 시제(時祭)를 뜻한다. 『예기』「제법(祭法)」편에는 "遠廟爲祧, 有二祧, 享嘗乃止."라는 기록이 있고, 이에 대한 정현의 주에서는 "享嘗, 謂四時之祭."라고 했다.

◎ **허숙중(許叔重)** : =허신(許愼)

◎ **허신(許愼, A.D.30~A.D.124)** : =허숙중(許叔重). 후한(後漢) 때의 학자이다. 자(字)는 숙중(叔重)이다. 『설문해자(說文解字)』의 저자로 널리 알려져 있으며, 다른 저서로는 『오경이의(五經異義)』가 있으나 산일되었다. 『오경이의』는 송대(宋代) 때 다시 편찬되었으나 진위를 따지기 힘들다.

◎ **헌원씨(軒轅氏)** : '헌원씨'는 황제(黃帝)를 뜻한다. 헌원(軒轅)은 '황제'의 이름이 된다. 『사기(史記)』「오제본기(五帝本紀)」편에는 "黃帝者, 少典之子, 姓公孫, 名曰軒轅."이라는 기록이 있다. 즉 '황제'는 소전(少典)의 아들로, 성(姓)은 공손(公孫)이고, 이름은 '헌원'이다. 또한 황제가 '헌원'이라는 언덕에 거처했기 때문에, 이러한 이름이 생겼다는 주장도 있다.

◎ **현명(玄冥)** : '현명'은 오행(五行) 중 수(水)의 기운을 주관하는 천상의 신(神)이다. 수(水)의 기운을 담당했기 때문에, 그 관부의 이름을 따서 수관(水官)이라고도 부르고, 관부의 수장이라는 뜻에서 수정(水正)이라고도 부른다. '오행' 중 수(水)의 기운은 각 계절 및 방위와 관련되어, '현명'은 겨울과 북쪽에 해당하는 신이라고도 부른다. 다만 수덕(水德)을 주관했던 상위의 신은 전욱(顓頊)이었고, '현명'은 '전욱'을 보좌했던 신이다. 한편 다른 오관(五官)의 신들과 달리, '현명'에 해당하는 인물에 대해서는 이견(異見)이 있다. 『예기』「월령(月令)」편에는 "其日壬癸, 其帝顓頊, 其神玄冥."이라는 기록이 있는데, 이에 대한 정현의 주에서는 "玄冥, 少皞氏之子曰脩, 曰熙, 爲水官."이라고 풀이한다. 즉 소호씨(少皞氏)의 아들 중 수(脩)와 희(熙)라는 인물이 있었는데, 이들은 생전에 수관(水官)이 되어 공덕(功德)을 쌓았고, 죽어서는 '현명'에 배향되었다고 설명한다. 『여씨춘추(呂氏春秋)』「맹동기(孟冬紀)」편에는 "其日壬癸, 其帝顓頊, 其神玄冥."이라는 기록이 있는데, 이에 대한 고유(高誘)의 주에서는 "玄冥, 官也. 少皞氏之子曰循, 爲玄冥師, 死祀爲水神."이라고 풀이한다. 즉 '현명'은 관직에 해당하는데, '소호씨'

의 아들이었던 순(循)이 생전에 '현명'이라는 관부의 수장을 지냈기 때문에, 그가 죽었을 때에는 수신(水神)으로 배향을 했다는 뜻이다.

◎ **혈제(血祭)** : '혈제'는 희생물의 피를 받아서 신(神)에게 바치는 것이다. 『주례』「춘관(春官)·대종백(大宗伯)」편에는 "以血祭祭社稷五祀五嶽."이라는 기록이 있고, 이에 대한 정현의 주에서는 "陰祀自血起, 貴氣臭也."라고 풀이하였으며, 가공언(賈公彦)의 소(疏)에서는 "先薦血以歆神."이라고 풀이하였다.

◎ **협제(祫祭)** : '협제'는 협(祫)이라고도 부른다. 신주(神主)들을 태조(太祖)의 묘(廟)에 모두 모셔놓고 지내는 제사이다. 『춘추공양전』「문공(文公) 2년」에 "八月, 丁卯, 大事于大廟, 躋僖公, 大事者何. 大祫也. 大祫者何. 合祭也, 其合祭奈何. 毁廟之主, 陳于大祖."라는 기록이 있다.

◎ **호천상제(昊天上帝)** : '호천상제'는 호천(昊天)과 상제(上帝)로 구분하여 해석하기도 하며, '호천상제'를 하나의 용어로 해석하기도 한다. 후자의 경우 '호천'이라는 말은 '상제'를 수식하는 말이다. 고대에는 축호(祝號)라는 것을 지어서 제사 때의 용어를 수식어로 꾸미게 되는데, '호천상제'의 경우는 '상제'에 대한 축호에 해당하며, 세부하여 설명하자면 신(神)의 명칭에 수식어를 붙이는 신호(神號)에 해당한다. 『예기』「예운(禮運)」편에는 "作其祝號, 玄酒以祭, 薦其血毛, 腥其俎, 孰其殽."라는 기록이 있고, 이에 대한 진호(陳澔)의 주에서는 "作其祝號者, 造爲鬼神及牲玉美號之辭. 神號, 如昊天上帝."라고 풀이했다. '호천'과 '상제'로 풀이할 경우, '상제'는 만물을 주재하는 자이며, '상천(上天)'이라고도 불렀다. 고대인들은 길흉(吉凶)과 화복(禍福)을 내릴 수 있는 능력을 갖추고 있었다고 생각하였다. 한편 '상제'는 오행(五行) 관념에 따라 동·서·남·북·중앙의 구분이 생기면서, 천상을 각각 나누어 다스리는 오제(五帝)로 설명되기도 한다. '호천'의 경우 천신(天神)을 뜻하는데, '상제'와 비슷한 개념이다. '호천'을 '상제'보다 상위의 개념으로 해석하여, 오제 위에서 군림하는 신으로 해석하는 경우도 있다.

◎ **환구(圜丘)** : '환구'는 원구(圓丘)라고도 부른다. 고대에 제왕이 동지(冬至)에 제천(祭天) 의식을 집행하던 곳이다. 자연적으로 형성된 언덕의 형상을 본떠서, 흙을 높이 쌓아올려 만들었기 때문에, '구(丘)'자를 붙여서 부른 것이며, 하늘의 둥근 형상을 본떴다는 뜻에서 '환(圜)' 또는 '원(圓)'자를 붙여서 부른 것이다. 『주례』「춘관(春官)·대사악(大司樂)」

편에는 "冬日至, 於地上之圜丘奏之."라는 기록이 있고, 이에 대한 가공언(賈公彦)의 소(疏)에서는 "土之高者曰丘, 取自然之丘. 圜者, 象天圜也."라고 풀이했다.

◎ **황간(皇侃, A.D.488~A.D.545)** : =황씨(皇氏). 남조(南朝) 때 양(梁)나라의 경학자이다. 『주례(周禮)』, 『의례(儀禮)』, 『예기(禮記)』 등에 해박하여, 『상복문구의소(喪服文句義疏)』, 『예기의소(禮記義疏)』, 『예기강소(禮記講疏)』 등을 지었지만, 현재는 전해지지 않는다. 그 일부가 마국한(馬國翰)의 『옥함산방집일서(玉函山房輯佚書)』에 수록되어 있다.

◎ **황씨(皇氏)** : =황간(皇侃)

◎ **황제(黃帝)** : '황제'는 헌원씨(軒轅氏), 유웅씨(有熊氏)이라고도 부른다. 전설시대에 존재했다고 전해지는 고대 제왕(帝王)이다. 소전(少典)의 아들이고, 성(姓)은 공손(公孫)이다. 헌원(軒轅)이라는 땅의 구릉 지역에 거주하였기 때문에, 그를 '헌원씨'라고도 부르는 것이다. 또한 '황제'는 희수(姬水) 지역에도 거주를 하였기 때문에, 이 지역의 이름을 따서 성(姓)을 희(姬)로 고치기도 하였다. 그리고 수도를 유웅(有熊) 땅에 마련하였기 때문에, 그를 '유웅씨'라고도 부르는 것이다. 한편 오행(五行) 관념에 따라서, 그는 토덕(土德)을 바탕으로 제왕이 되었다고 여겼는데, 흙[土]이 상징하는 색깔은 황(黃)이므로, 그를 '황제'라고 부르는 것이다. 『역』「계사하(繫辭下)」편에는 "神農氏沒, 黃帝·堯·舜氏作, 通其變, 使民不倦."이라는 기록이 있는데, 이에 대한 공영달(孔穎達)의 소(疏)에서는 "黃帝, 有熊氏少典之子, 姬姓也."라고 풀이했다. 한편 '황제'는 오제(五帝) 중 하나를 뜻한다. 오행(五行)으로 구분했을 때 토(土)를 주관하며, 계절로 따지면 중앙 계절을 주관하고, 방위로 따지면 중앙을 주관하는 신(神)이다. 『여씨춘추(呂氏春秋)』「계하기(季夏紀)」편에는 "其帝黃帝, 其神后土."라는 기록이 있고, 이에 대한 고유(高誘)의 주에서는 "黃帝, 少典之子, 以土德王天下, 號軒轅氏, 死託祀爲中央之帝."라고 풀이했다.

◎ **후토(后土)** : '후토'는 토지신을 뜻한다. 『주례』「춘관(春官)·대종백(大宗伯)」편에는 "王大封, 則先告后土."라는 기록이 있고, 이에 대한 정현의 주에서는 "后土, 土神也."라고 풀이했다.

번역 참고문헌

- 『禮記』, 서울 : 保景文化社, 초판 1984 (5판 1995) / 저본으로 삼은 책이다.
- 『禮記正義』 1~4(전4권, 『十三經注疏 整理本』 12~15), 北京 : 北京大學出版社, 초판 2000 / 저본으로 삼은 책이다.
- 朱彬 撰, 『禮記訓纂』 上·下(전2권), 北京 : 中華書局, 초판 1996 (2쇄 1998) / 저본으로 삼은 책이다.
- 孫希旦 撰, 『禮記集解』 上·中·下(전3권), 北京 : 中華書局, 초판 1989 (4쇄 2007) / 저본으로 삼은 책이다.
- 服部宇之吉 評點, 『禮記』, 東京 : 富山房, 초판 1913 (증보판 1984) / 鄭玄 注 번역에 대해 참고했던 서적이다.
- 竹內照夫 著, 『禮記』 上·中·下(전3권), 東京 : 明治書院, 초판 1975 (3판 1979) / 經文에 대한 이해에 참고했던 서적이다.
- 市原亨吉 외 2명 著, 『禮記』 上·中·下(전3권), 東京 : 集英社, 초판 1976 (3쇄 1982) / 經文에 대한 이해에 참고했던 서적이다.
- 陳澔 注, 『禮記集說』, 北京 : 中國書店, 초판 1994 / 『集說』에 대한 번역에 참고했던 서적이다.
- 王文錦 譯解, 『禮記譯解』 上·下(전2권), 北京 : 中華書局, 초판 2001 (4쇄 2007) / 經文 및 주석 번역에 참고했던 서적이다.
- 錢玄·錢興奇 編著, 『三禮辭典』, 南京 : 江蘇古籍出版社, 초판 1998 / 용어 및 器物 등에 대해 참고했던 서적이다.
- 張撝之 外 主編, 『中國歷代人名大辭典』 上·下권(전2권), 上海 : 上海古籍出版社, 초판 1999 / 인명에 대해 참고했던 서적이다.
- 呂宗力 主編, 『中國歷代官制大辭典』, 北京 : 北京出版社, 초판 1994 (2쇄 1995) / 관직명에 대해 참고했던 서적이다.
- 中國歷史大辭典編纂委員會 編纂, 『中國歷史大辭典』 上·下(전2권), 上海 : 上海辭書出版社, 초판 2000 / 용어 및 인명에 대해 참고했던 서적이다.
- 羅竹風 主編, 『漢語大詞典』 1~12(전12권), 上海 : 漢語大詞典出版

社, 초판 1988 (4쇄 1995) / 용어에 대해 참고했던 서적이다.

- 王思義 編集, 『三才圖會』 上 · 中 · 下(전3권), 上海 : 上海古籍出版社, 초판 1988 (4쇄 2005) / 器物 등에 대해 참고했던 서적이다.
- 聶崇義 撰, 『三禮圖集注』 (四庫全書 129책) / 器物 등에 대해 참고했던 서적이다.
- 劉續 撰, 『三禮圖』 (四庫全書 129책) / 器物 등에 대해 참고했던 서적이다.

역자 **정병섭(鄭秉燮)**

- 1979년 출생
- 2002년 성균관대학교 유교철학과 졸업
- 2004년 성균관대학교 대학원 유학과 석사
- 2013년 성균관대학교 대학원 유학과 철학박사
- 현재『역주 예기집설대전』완역을 위해 번역중이며,
  이후『의례』,『주례』,『대대례기』시리즈 번역과
  한국유학자들의 예학 관련 저작들의 번역을 계획 중이다.

예기집설대전 목록

제1편 곡례 상❶❷	**제14편 명당위**	제27편 애공문	제40편 투호
제2편 곡례 하	**제15편 상복소기**	제28편 중니연거	제41편 유행
제3편 단궁 상❶❷	**제16편 대전**	제29편 공자한거	제42편 대학
제4편 단궁 하❶❷	**제17편 소의**	제30편 방기	제43편 관의
제5편 왕제	**제18편 학기**	제31편 중용	제44편 혼의
제6편 월령	**제19편 악기❶❷**	제32편 표기	제45편 향음주의
제7편 증자문	**제20편 잡기上**	제33편 치의	제46편 사의
제8편 문왕세자	**제21편 잡기下**	제34편 분상	제47편 연의
제9편 예운	**제22편 상대기**	제35편 문상	제48편 빙의
제10편 예기	**제23편 제법**	제36편 복문	제49편 상복사제
제11편 교특생❶❷	제24편 제의	제37편 간전	
제12편 내칙	제25편 제통	제38편 삼년문	
제13편 옥조❶❷	제26편 경해	제39편 심의	

譯註
禮記集說大全 祭法
編 陳澔(元)
附 正義 · 訓纂 · 集解

초판 인쇄 2015년 9월 1일
초판 발행 2015년 9월 11일

역 자 | 정병섭
펴 낸 이 | 하운근
펴 낸 곳 | 學古房

주 소 | 경기도 고양시 덕양구 통일로 140 삼송테크노밸리 A동 B224
전 화 | (02)353-9908 편집부(02)356-9903
팩 스 | (02)6959-8234
홈페이지 | http://hakgobang.co.kr/
전자우편 | hakgobang@naver.com, hakgobang@chol.com
등록번호 | 제311-1994-000001호

ISBN 978-89-6071-535-6 94150
978-89-6071-267-6 (세트)

값: 25,000원

이 도서의 국립중앙도서관 출판시도서목록(CIP)은 서지정보유통지원시스템 홈페이지(http://seoji.nl.go.kr)와 국가자료공동목록시스템(http://www.nl.go.kr/kolisnet)에서 이용하실 수 있습니다.
(CIP제어번호: CIP2015020261)

※ 파본은 교환해 드립니다.